ACCESO GRATIS *a la Lectura en la Nube*

Para visualizar el libro electrónico en la nube de lectura envíe junto a su nombre y apellidos una fotografía del código de barras situado en la contraportada del libro y otra del ticket de compra a la dirección:

ebooktirant@tirant.com

En un máximo de 72 horas laborables le enviaremos el código de acceso con sus instrucciones.

ACCESO A LA JUSTICIA EN EL ÁMBITO DE LAS RELACIONES DE TRABAJO

Una mirada desde los sistemas latinos

Procedimiento de selección de originales, ver página web:
www.tirant.net/index.php/editorial/procedimiento-de-seleccion-de-originales

ACCESO A LA JUSTICIA EN EL ÁMBITO DE LAS RELACIONES DE TRABAJO

Una mirada desde los sistemas latinos

Joaquín García Murcia
Vasco Torres De León
Dirección

tirant lo blanch
Valencia, 2025

En caso de erratas y actualizaciones, la Editorial Tirant lo Blanch publicará la pertinente corrección en la página web www.tirant.com.

© TIRANT LO BLANCH
EDITA: TIRANT LO BLANCH
C/ Artes Gráficas, 14 - 46010 - Valencia
TELFS.: 96/361 00 48 - 50
FAX: 96/369 41 51
Email: tlb@tirant.com
www.tirant.com
Librería virtual: www.tirant.es
DEPÓSITO LEGAL: V-3498-2025
ISBN: 979-13-7021-024-3
MAQUETA: Dissset Ediciones

Si tiene alguna queja o sugerencia, envíenos un mail a: *atencioncliente@tirant.com*. En caso de no ser atendida su sugerencia, por favor, lea en *www.tirant.net/index.php/empresa/politicas-de-empresa* nuestro procedimiento de quejas.

Responsabilidad Social Corporativa: http://www.tirant.net/Docs/RSCTirant.pdf

Autores:

Pablo Arellano Ortiz
Marzia Barbera
Fernando Bolaños Céspedes
César Augusto Carballo Mena
Marie-Cécile Escande-Varniol
María Cristina Gajardo Harboe
María Katia García Landaburú
Joaquín García Murcia
Cristina Mangarelli
Nelson Mannrich
António Monteiro Fernandes
Juliana Morad Acero
Juan Pablo Mugnolo
Venera Protopapa
Alfredo Sánchez-Castañeda
Vasco Torres De León

Índice

Prólogo

Desde hace algún tiempo, la Organización Internacional del Trabajo (OIT) ha incorporado a su catálogo de objetivos el "acceso a la justicia laboral", en conexión con su conocida estrategia de fomento del diálogo social y de aplicación de fórmulas tripartitas en el gobierno de las relaciones laborales. Es una nueva línea de actuación que completa con naturalidad sus precedentes empeños de promoción del trabajo decente y que, como era de esperar, ha dado lugar ya a un considerable acervo de documentación interna y a buen número de estudios académicos. En última instancia, se trata de asegurar que todos los países cuenten con vías apropiadas para la resolución de las disputas y controversias laborales, bajo el presupuesto de que el conflicto es una realidad inevitable e insoslayable en los ámbitos de trabajo y de que quienes sufran alguna clase de agravio en ese contexto deben disponer de cauces aptos para encontrarle un remedio mínimamente institucionalizado. También busca la OIT una cierta implicación de los teóricos y analistas de las relaciones laborales en la enjundiosa tarea de investigación y diagnóstico de esa consustancial variable de la realidad social, con vistas especialmente a la evaluación de los medios de solución de litigios laborales ya existentes y a la propuesta, en su caso, de procedimientos o mecanismos dotados de mayor grado de adecuación y efectividad.

La expresión "acceso a la justicia laboral" es suficientemente gráfica acerca de sus intenciones y fundamentos, pero basta con una primera aproximación para darse cuenta de lo impreciso y complejo que puede resultar su alcance y contenido, sobre todo cuando se tiene el propósito de proyectarla sobre la experiencia cotidiana de un determinado país o bloque de países. Como salta a la vista, estamos ante tres palabras que, pese a su aparente sencillez y a su indiscutible tono de familiaridad, ofrecen sin embargo dudas razonables tanto en lo que tiene que ver con su sentido o su significado real como en lo que se refiere a sus potenciales exigencias. Empecemos por el término "laboral", que tradicionalmente se ha relacionado (y así habrá que seguir haciéndolo) con el trabajo dependiente por cuenta de una empresa ("trabajo asalariado"), pero que probablemente debamos contemplar ahora con mayor ambición y más despejados horizontes, con el fin de dar cabida a otras actividades productivas de carácter personal que de alguna manera pudieran participar de las necesidades de regulación y protección que inicialmente tan sólo fueron advertidas en el ámbito estricto de las prestaciones de trabajo a cambio de salario. Tal puede ser el caso, por poner algún ejemplo, de ciertas formas de trabajo asociado o cooperativo, o incluso de determinadas manifestaciones del trabajo autónomo, en tanto que, unas y otras, no dejan de aproximarse a la típica prestación de régimen laboral en muchos de sus aspectos y en buena parte de sus problemas. Si hablamos de acceso a la justicia, también deberíamos tener en cuenta, por otra parte, que los compromisos de trabajo muchas veces se desenvuelven en entornos de economía informal o sumergida, y que la intervención institucional encaminada a la tutela de derechos e intereses legítimos quedaría muy mermada en sus efectos si no consiguiera llegar a esos procelosos reductos.

Más allá de esa elemental constatación, la referencia al mundo "laboral" desde el plano de la justicia nos suscita también la necesidad de recordar que en el ámbito de las relaciones de trabajo pueden brotar conflictos de muy diversa índole o estirpe, entre otras razones porque operan sujetos de dimensión colectiva (en representación de trabajadores o empresarios), y porque el enfrentamiento que pide solución puede tener su origen no sólo en problemas más o menos convencionales de interpretación o aplicación de las normas vigentes (el clásico conflicto de tipo jurídico), sino también en divergencias nacidas de la más pura confrontación de intereses entre una y otra parte (conflicto de intereses o de regulación), como suele ocurrir con ocasión de la toma de decisiones de gestión de recursos humanos por parte de la dirección de la empresa, o, más aún, en el devenir de los procesos de negociación colectiva. Sin desconsiderar por supuesto el clásico y típico litigio individual, en nuestro contexto debe tenerse en cuenta, por lo tanto, que el conflicto puede revestir alcance colectivo (por afectar inexcusablemente a grupos de trabajadores), que en muchos casos tiene como protagonistas a sujetos de esa misma fisonomía (sindicatos, comités de empresa, asociaciones empresariales), y que con bastante habitualidad está más ligado a reivindicaciones de contenido económico sometidas a discusión que a disputas de tipo jurídico nacidas de una norma en vigor. De ahí que los mecanismos típicamente judiciales no sean siempre los más apropiados para la resolución del conflicto laboral, y que los procesos diseñados para atender contenciosos individuales –o en su caso "plurales"– no sean capaces de cubrir la totalidad de las situaciones potencialmente conflictivas en este complicado terreno.

Con ese tipo de reflexiones nos vamos acercando al segundo de los términos que conforman la fórmula en cuestión, que no es otro que el de "justicia". ¿Qué significa "justicia"? O, más bien, ¿qué podría o debería significar la palabra justicia en el contexto de la conflictividad laboral al que en estos momentos tratamos de ceñirnos? Ni que decir tiene que la justicia es una virtud a la que suelen aspirar todas las sociedades, y que en buena lógica debería buscarse y practicarse en todas y cada una de sus parcelas, incluida desde luego la que sirve de sustento a las prestaciones de trabajo. No es casualidad que figure con merecido protagonismo entre los objetivos globales y esenciales a cuya consecución decidió dedicarse desde su mismo origen la OIT, como es fácil de comprobar en el archiconocido preámbulo de su norma constitutiva. Paz y justicia vienen a ser, en ese significativo texto, los presupuestos indeclinables de una buena y satisfactoria convivencia social. Situados aún en ese plano de abstracción, la alusión a la justicia no es sólo una consigna para el conspicuo gobierno de las sociedades, sino también una tácita constatación de que un bien tan necesario y preciado no siempre se practica o se preserva, y de que, en consecuencia, deben programarse medidas eficaces con vistas a su realización efectiva. Especialmente en aquellos sectores sociales más transitados o golpeados por las diferencias de poder económico y de fuerza contractual que tantas veces suelen darse entre los ciudadanos, que son los más expuestos, por ello mismo, a la génesis de situaciones que, por contradicción con esos ideales, habría que calificar de injustas. Tal vez sea el caso –y muchas veces lo es– de las relaciones de trabajo, vivero constante de quejas y reclamaciones por parte de quienes se sienten más preteridos en sus condiciones existenciales. No en vano, lo laboral figura por sistema entre los espacios clásicos de reivindicación de justicia social.

Pero cuando hablamos de "acceso a la justicia" es muy probable que no la contemplemos exactamente en esa condición de ideal o valor social, sino más bien como soporte estructural y procedimental destinado a la resolución de los pleitos o litigios que inevitablemente brotan en la sociedad. Podremos seguir pensando en la justicia como objetivo o resultado deseable, pues en buena lógica deberíamos tender a la solución "justa" (o cuando menos éticamente aceptable) de los contenciosos en que se pueden o suelen ver envueltos los ciudadanos. Y es del todo cierto que cuando nos situamos en el terreno de la solución de controversias la palabra justicia alude tanto a la actividad como al resultado de tal actividad; tanto a la composición efectiva de los intereses enfrentados como al sentido que ética y socialmente debiera alcanzar dicha composición. Ahora bien, la apelación a la justicia en este contexto de la conflictividad laboral nos remite antes que nada a las instancias dispuestas por el Estado a fin de que los ciudadanos puedan obtener, en las hipótesis de incumplimiento o disputa, la debida tutela de sus derechos e intereses legítimos. Podremos acariciar la ilusión de que tales situaciones se resuelvan "en justicia", pero sobre todo habremos de procurar que quienes se encuentren inmersos en esta clase de contiendas tengan a su disposición vías apropiadas, en número y calidad, para que se les dé audiencia y se les atienda en sus pretensiones, esto es, para que se les imparta justicia.

Desde esta particular perspectiva, la alusión a la justicia conecta de forma natural con los procedimientos o medios de solución de conflictos. Con los medios realmente existentes en un momento dado y en una determinada sociedad, o, en su caso, con los medios ideales o deseables. Sobre todo, conecta con lo que de modo usual conocemos como "administración de justicia" o "servicio público de justicia", esto es, con los procedimientos y medios dispuestos por el Estado. Pero a sabiendas, de cualquier manera, de que también cabe una visión más amplia de los mecanismos capaces de "hacer justicia", comprensiva tanto de esas instancias estatales como de las innumerables formas de origen convencional que pueden servir para resolver controversias. Esta parece ser, precisamente, la concepción que en los últimos tiempos defiende y promueve la OIT, que trata de concentrar sus esfuerzos en la consecución de medios aptos para resolver el conflicto más que en la naturaleza de los instrumentos que a tal efecto pudieran ofrecerse o utilizarse. No deja de ser curioso el recorrido que en esta clase de cuestiones parece haber seguido esa venerable Organización Internacional, que desde su inicial empeño en la promoción de medios voluntarios o autónomos de solución del conflicto laboral, pasó a reclamar la tutela judicial de los derechos que iba proclamando en favor del trabajador, para concluir este particular itinerario con una apuesta más general por la "justicia laboral" con vistas a la protección efectiva de quienes tengan algo que reclamar o dirimir, sin importar tanto –por lo que parece—ni la fisonomía ni la naturaleza jurídica de los medios dispuestos a tal fin.

El tercer término en disputa es el de "acceso", que en este orden de consideraciones parece remitirnos ante todo al plano de la operatividad, la efectividad y la eficiencia. Accesible es lo de "fácil acceso o trato", según nuestros diccionarios al uso. Hablar de acceso es, así pues, hablar de disponibilidad real –y no sólo formal o retórica– de medios apropiados para la solución de conflictos y divergencias, y es apelar asimismo a un cabal y correcto funcionamiento de tales medios. Lo cual va mucho más allá de la mera existencia de un determinado entramado institucional con competencias en ese terreno, pues también remite al cumplimiento de determinadas exigencias de fondo y de forma en la configuración y actuación de esa clase de instrumentos. Se trata, en última instancia, de que los medios disponibles sean suficientes en parámetros de cantidad y calidad, de que puedan ser usados por parte de los interesados sin cargas excesivas, de que su activación no se complique con trámites desalentadores o disuasorios, y de que sean capaces de proporcionar respuestas ágiles y congruentes a las demandas que se les presenten. Si bien se mira, dar acceso a la justicia no puede ser otra cosa que facilitar a la ciudadanía servicios o medios apropiados para canalizar sus contenciosos y recibir respuestas solventes y convenientemente motivadas a las correspondientes pretensiones. La gratuidad de los medios y la sencillez de los procedimientos probablemente sean las mejores y más genuinas recetas para alcanzar esos fines. La implantación de buenos canales de información –acerca de los derechos en juego y de cómo protegerlos– supone de seguro una excelente medida de acompañamiento. Pero probablemente no baste con el mero acceso. También ha de valer la pena hacerlo. Y esa parece ser la razón de que la propia OIT se haya propuesto inculcar que cuando se habla de acceso a la justicia se presupone la concurrencia de una serie de ingredientes sin los cuales difícilmente podría hablarse de justicia: transparencia, eficiencia y rapidez en la maquinaria encargada de impartirla, igualdad y equidad en el desarrollo de los correspondientes procedimientos, independencia, imparcialidad y profesionalidad en quienes tienen la alta responsabilidad de tomar decisiones.

Sólo de esa forma podrán obtenerse soluciones “de justicia”, máxime en el delicado ámbito de las relaciones de trabajo, en el que deben evitarse a todo trance las dificultades de tipo económico o social que con frecuencia acechan a buena parte de sus protagonistas, y en el que debe garantizarse de manera especial la igualdad real y efectiva de los contendientes en el enjuiciamiento de las disputas. En este flanco social, la diferencia de posiciones típica del contrato de trabajo, junto al consabido riesgo de correlación entre la nota de subordinación contractual y la situación efectiva de vulnerabilidad, hace que la reflexión sobre el acceso a la justicia muestre todo su potencial cuando se proyecta sobre quienes, por tener el salario como única fuente de ingresos, pueden tropezarse con mayores obstáculos a la hora de hacer valer sus derechos e intereses legítimos por procedimientos contenciosos. Tanto por razones de formación e información, como por capacidad real de hacerse oír y defenderse en un proceso contradictorio. Por cierto, en este mismo contexto del trabajo asalariado tampoco debiera perderse de vista el desazonador e incómodo escenario de la economía informal o sumergida, más que nada para tener bien presente que quienes en ella se ven involucrados pueden necesitar mayor apoyo aún para hacer llegar sus reclamaciones y obtener así lo que pudiera corresponderles en justicia.

Bajo el lema de "acceso a la justicia laboral" late en definitiva todo un *corpus* de principios orientadores y cánones de regulación, unido a un no menos numeroso arsenal de conceptos (jurídicos y metajurídicos) que, por su propia naturaleza, quedan pendientes de determinación y plasmación por el legislador en el correspondiente espacio social. De ahí que resulte de especial interés conocer la respuesta concreta que los diferentes sistemas nacionales han ido dando al gran desafío de la justicia laboral. Es ése precisamente el objetivo –y objeto– de la obra colectiva que aquí prologamos, en la que el lector puede encontrar datos solventes y variados para hacerse cargo del estado de la cuestión. Podrá acceder, concretamente, a la situación actual de los catorce países que por el momento se encuentran representados en el grupo de estudio impulsado y animado por la Escuela Internacional de Diálogo Social, Tripartismo y Solución de Conflictos (EiDISTReC) de la Universidad de Panamá, a estos efectos apoyada –entre otras instancias interesadas en el devenir de las relaciones laborales y en la prevención y resolución de sus típicos e inevitables contenciosos del trabajo– por el Ministerio de Trabajo de esa nación y por la Organización Internacional del Trabajo, de cuyas iniciativas también se da cumplida cuenta en estas páginas. En su primera versión, los trabajos que conforman esta nueva publicación fueron expuestos y debatidos en el Seminario que tuvo lugar en la ciudad de Santiago de Chile en el mes de octubre de 2024, con la gentil y valiosa colaboración de la Corte Suprema de ese país y de la Universidad de Chile y de su Facultad de Derecho. A todas esas instituciones queremos transmitir ahora nuestra mayor gratitud, extensible desde luego a las personas que las dirigen y a todos cuantos tuvieron el ánimo y la amabilidad de participar en los correspondientes actos y debates académicos. Como otras veces, las actividades universitarias de referencia también fueron conectadas al proyecto de investigación PID2020-118499GB-C31, 32 y 33/ AEI/10.13039/501100011033.

JOAQUÍN GARCÍA MURCIA
VASCO TORRES DE LEÓN

Organización Internacional del Trabajo

Alcanzar la justicia social a través del acceso a la justicia laboral

Achieving social justice through access to labour justice

PABLO ARELLANO ORTIZ[1]

RESUMEN: Este trabajo pretende ilustrar los desarrollos más recientes de la noción de acceso a la justicia laboral dentro de la Organización Internacional del Trabajo. Se revisará las nociones de justicia social y de acceso a justicia laboral, así como también las normas internacionales del trabajo. Se destacarán algunos aspectos de las conclusiones de la Reunión técnica tripartita sobre el acceso a la justicia laboral para todos: Prevención y solución de conflictos laborales.

ABSTRACT: This paper aims to illustrate the most recent developments in the notion of access to labor justice within the International Labor Organization. It will review the notions of social justice and access to labor justice, as well as international labour standards. It will highlight some aspects of the conclusions of

---

1 Especialista Superior en Relaciones Laborales y Diálogo Social, en la Oficina Regional de la Organización Internacional del Trabajo para América Latina y el Caribe, Lima (Perú). Ha sido profesor de las Cátedras de Derecho del Trabajo y de Seguridad Social en la Pontificia Universidad Católica de Valparaíso (Chile). Abogado, Licenciado en Ciencias Jurídicas y Sociales en la Universidad de Concepción de Chile. Doctor en Derecho de la Université Paris Ouest Nanterre La Défense (Francia); Master 2 Recherche Droit Social et Droit de la Santé de la Université de Paris X Nanterre (Francia); Master 2 Recherche Droit Social de la Université de Paris II Panthéon Assas (Francia). Código ORCID: 0000-0002-5062-1636. Las opiniones expresadas incumben solamente al autor y no representan necesariamente los puntos de vista de la Oficina Internacional del Trabajo o de la Organización Internacional del Trabajo. Correo electrónico: arellano@ilo.org

the Tripartite Technical Meeting on Access to Labor Justice for All: Prevention and Resolution of Labor Disputes.

PALABRAS CLAVE: justicia social; acceso a la justicia laboral; prevención y resolución de conflictos; libertad sindical; negociación colectiva; normas internacionales del trabajo, Organización Internacional del Trabajo.

KEY WORDS: social justice; access to labour justice; dispute prevention and resolution; freedom of association; collective bargaining; international labour standards; International Labour Organization.

Primero, que nada quisiera agradecer la invitación formulada por la Escuela Interamericana de Diálogo Social, Tripartismo y Resolución de Conflictos (EI-DiSTReC) y a la Universidad Complutense de Madrid por la invitación a participar en el encuentro compartiendo experiencias de diversos países de Iberoamérica. También agradecer y felicitar al anfitrión de esta versión de la reunión del grupo de Panamá, me refiero a la Universidad de Chile y a su profesora Maria Cristina Gajardo.

El presente texto pretende dar cuenta de la presentación oral realizada dentro de las actividades del EI-DiSTReC que tuvo lugar en la Universidad de Chile durante el mes de octubre de 2024. De esta manera el texto pretende ilustrar desde un punto de vista internacional y comparado, los desarrollos recientes de los mecanismos de prevención y resolución de conflictos hacia la noción más amplia de acceso a la justicia laboral. Mostrando sus conexiones con el objeto de la Organización Internacional del Trabajo (OIT), las normas internacionales del trabajo y los desafíos que se presentan hoy en día en el mundo del trabajo para alcanzar la justicia social.

Las siguientes secciones trataran sobre las ideas de justicia social y su vinculación con la temática de este trabajo. Se tratarán las normas internacionales del trabajo relacionadas con los mecanismos de prevención y de resolución de conflictos laborales para luego hacer referencias a los desafíos que la temática propuesta enfrenta en el mercado de trabajo actual para alcanzar la justicia social. Se pondrá énfasis en las conclusiones de la reunión técnica tripartita realizada en Ginebra en febrero de 2025.

I.- INTRODUCCIÓN: JUSTICIA SOCIAL Y ACCESO A LA JUSTICIA LABORAL

La referencia a la justicia en materia laboral y sobre todo la idea de la justicia social no es algo nuevo. Ello es parte del origen y centro de acción de la OIT. Para poder comprobarlo basta con hacer una referencia al preámbulo de la Constitución de la OIT en el que se indica que:

"Considerando que la paz universal y permanente sólo puede basarse en la justicia social;

Considerando que existen condiciones de trabajo que entrañan tal grado de injusticia, miseria y privaciones para gran número de seres humanos, que el descontento causado constituye una amenaza para la paz y armonía universales; y considerando que es urgente mejorar dichas condiciones, por ejemplo, en lo concerniente a reglamentación de las horas de trabajo, fijación de la duración máxima de la jornada y de la semana de trabajo, contratación de la mano de obra, lucha contra el desempleo, garantía de un salario vital adecuado, protección del trabajador contra las enfermedades, sean o no profesionales, y contra los accidentes del trabajo, protección de los niños, de los adolescentes y de las mujeres, pensiones de vejez y de invalidez, protección de los intereses de los trabajadores ocupados en el extranjero, reconocimiento del principio de salario igual por un trabajo de igual valor y del principio de libertad sindical, organización de la enseñanza profesional y técnica y otras medidas análogas;

Considerando que si cualquier nación no adoptare un régimen de trabajo realmente humano, esta omisión constituiría un obstáculo a los esfuerzos de otras naciones que deseen mejorar la suerte de los trabajadores en sus propios países:

Las Altas Partes Contratantes, movidas por sentimientos de justicia y de humanidad y por el deseo de asegurar la paz permanente en el mundo, y a los efectos de alcanzar los objetivos expuestos en este preámbulo, convienen en la siguiente Constitución de la Organización Internacional del Trabajo".

El mantenimiento de la paz social, así como que los eventuales problemas o contradicciones que se susciten puedan ser resueltos de la manera más efectiva, rápida y pacífica, es uno de los principales objetivos del derecho del trabajo. Una forma de enfrentar esta cuestión es desde el derecho internacional del trabajo, aunque los desarrollos nacionales son en definitiva los que tienen un impacto mayor. Además, se puede constatar una creciente atención a los temas relacionados con acceso a la justicia laboral, la prevención y resolución de conflictos laborales,[2] lo que sugiere, en un futuro no muy lejano, un debate sobre el desarrollo de una norma laboral relativa al acceso a la justicia laboral[3].

---

2 Ver ARESE, Cesar, 2020 «Acceso a la tutela judicial efectiva laboral en países de América del Sur», ILO Working paper N° 10, Octobre 2020, Geneve. Diponible au https://www.ilo.org/wcmsp5/groups/public/--ed_dialogue/—dialogue/documents/publication/wcms_757104.pdf ; y también EBISUI, Minawa; COONEY, Sean y FENWICK, Colin (2016) (Eds) Resolving individual labour disputes: A comparative overview, International Labour Office, Geneva: ILO.

3 En la Sesión de noviembre de 2023 del Consejo de Administración de la OIT se adoptó la decisión de realizar en febrero de 2025 una Reunión Técnica Tripartita sobre acceso a justicia laboral para todos, en la que eventualmente se discutirá sobre un posible instrumento sobre acceso a justicia laboral. Ver *Decisión relativa al orden del día de futuras*

Se ha indicado que el número de disputas individuales que surgen de las quejas o reclamos cotidianos de los trabajadores ha aumentado en todo el mundo[4], ello antes de la crisis de Covid-19. A este respecto se indica que las causas son complejas y varían en los distintos países y regiones, aunque es posible observar una serie de características comunes que incluyen una mayor gama de protecciones de derechos individuales; una disminución en la densidad sindical y/o cobertura de negociación colectiva; mayores riesgos de terminación del empleo y desempleo[5]; reducción de la calidad y seguridad del trabajo debido al mayor uso de diversos acuerdos contractuales para empleo y otras formas de trabajo; y una mayor desigualdad como resultado de los mercados laborales segmentados.

Se ha advertido que "esta mayor complejidad y diversidad de disputas individuales se refleja en la evolución de los procesos y mecanismos para prevenir y resolver ellos. El aumento en la cantidad y variedad de disputas individuales ha dado lugar a una amplia gama de desafíos. Estos incluyen problemas de costos; casos de sobrecargas y demoras; una falta de independencia e imparcialidad; procedimientos complicados y formalistas; la fragmentación de los servicios; acceso limitado; remedios ineficaces; y un alcance reducido para la prevención voluntaria y la solución a través del diálogo social. Los países han respondido con revisiones y reformas. Algunas jurisdicciones han creado nuevas instituciones de resolución de disputas. Otros han reconfigurado las instituciones existentes o modificado las reglas de procedimiento"[6].

---

reuniones de la Conferencia Internacional del Trabajo,| International Labour Organization (ilo.org).

4 OIT, 2013a. *Social dialogue: Recurrent discussion under the ILO Declaration on Social Justice for a Fair Globalization*, Report VI, International Labour Conference, 102nd Session, Geneva, 2013 (Geneva).

5 Sobre este tema ver: OIT (2015) *World Employment and Social Outlook: Trends 2015* (Geneva).

6 EBISUI, Minawa; COONEY, Sean y FENWICK, Colin (2016) "Resolving individual labour disputes: A general introduction", in EBISUI,

La OIT, como hemos señalado, desde su creación en 1919 ha tenido como objetivo buscar la paz a través de la justicia social. Para ello, el diálogo social y el tripartismo son la base de todas sus actividades. Cabe hacer notar que no es por azar la vinculación del nacimiento de la OIT a un tratado que pone fin a la Primera Guerra Mundial. Los países firmantes del tratado estimaron que debían buscar un mecanismo para evitar las consecuencias nefastas de la guerra, un mecanismo que ayudara a la mantención de la paz duradera. La OIT surge como una vía para alcanzar la paz a través de la justicia social. Entonces, hay un vínculo desde los orígenes de la OIT con la búsqueda de relaciones armónicas en el trabajo, pero a la vez dentro de la sociedad en su conjunto. En esta búsqueda de la justicia social, la OIT ha propuesto líneas de trabajo en torno a la prevención y resolución de conflictos laborales, es decir, el acceso a la justicia laboral.

No es sino hasta la sesión de marzo de 2021 que la noción de acceso a la justicia laboral es incorporada en los documentos adoptados por el Consejo de Administración. A saber: la revisión de "los marcos jurídicos relacionados con la prevención y la solución de conflictos con el fin de ampliar y proteger los derechos de todos, simplifiquen los procedimientos y refuercen las calificaciones y la capacidad del personal"[7]. Además, en este mismo año, pero en la sesión de noviembre se cambia el epígrafe de "solución de conflictos laborales individuales" al de "Acceso a la justicia laboral: prevención y solución de conflictos laborales"[8]. En este punto es que el enfoque de las investigaciones de la oficina cambia. Ya no se refiere únicamente a las disputas individuales, sino que a todas las disputas tanto individuales como colectivas,

---

Minawa; COONEY, Sean y FENWICK, Colin (Eds) Resolving individual labour disputes: A comparative overview, International Labour Office, Geneva: ILO, p. 1.

7 Ver *Propuestas de Programa y Presupuesto para 2022-2023 presentadas por el Director General (ilo.org)*, párrafo 81.

8 Ver *Orden del día de futuras reuniones de la Conferencia Internacional del Trabajo (ilo.org)*, página 40.

que sean resueltas tanto por instituciones judiciales como no judiciales. Este nuevo enfoque permite un claro alineamiento con el ODS 16 manteniendo y reforzando el mandato fundador de la OIT de la búsqueda de la justicia social.

El futuro de este avance conceptual ha sido objeto de una discusión por parte de los mandantes tripartitos en la reunión que se realizó en febrero de 2025.[9] Antes de presentar los resultados de dicha discusión avanzaremos con las normas internacionales del trabajo relativas a la prevención y resolución de conflictos laborales.

II.- NORMAS INTERNACIONALES DEL TRABAJO RELATIVAS A ACCESO A LA JUSTICIA LABORAL

En esta sección se hará una breve referencia a los instrumentos de la OIT[10]. Esta sección no pretende ser exhaustiva, sino que más bien ilustrativa de aquellos instrumentos importantes para la discusión en relación a los mecanismos relativos al acceso a la justicia laboral, tanto mecanismos para disputas individuales, como colectivas, a través instituciones de resolución judicial y no-judicial.

En cuanto a lo que señalan las normas internacionales del trabajo de la OIT, existen tres recomendaciones en específico que

---

9 Ver *Decisión relativa al orden del día de futuras reuniones de la Conferencia Internacional del Trabajo | International Labour Organization (ilo.org)*

10 Pasajes de esta sección se encuentra fuertemente basado en trabajos anteriores del autor, aunque en esta versión se han revisado y actualizado las referencias. Ver: ARELLANO ORTIZ, Pablo, "Acceso a la justicia laboral: Recientes desarrollos a nivel internacional", en Joaquín García Murcia y Vasco Torres de León (dir.), *Medios de solución de conflictos laborales. Perspectiva Euroamericana,* Tirant lo Blanch, Valencia, 2023, 21-49. ARELLANO ORTIZ, Pablo, "Resolución de conflictos laborales: la mediación laboral. Aportes al debate desde la perspectiva de la OIT", en Juan Pablo López Moreno y Juliana Morad Acero (Dir.), *Mediación laboral y conflictos laborales en Colombia,* Tirant lo Blanch, 2020, pp.81-101.

tratan esta materia, estos son: la Recomendación sobre el examen de reclamaciones, 1967 (núm. 130)[11]; la Recomendación sobre la colaboración en el ámbito de la empresa, 1952 (núm. 94)[12]; y, la Recomendación sobre la conciliación y el arbitraje voluntarios, 1951 (núm. 92)[13].

Sin embargo, se puede constatar que actualmente no existe una norma internacional única que aborde de manera directa, holística y completa el tema del acceso a la justicia laboral, y en particular de la prevención y de la resolución de conflictos laborales. Además, existe una relativa falta de detalle en la orientación de las normas internacionales del trabajo existentes[14], ya que "los marcos jurídicos pueden tener un alcance reducido. La cobertura efectiva puede verse limitada por procedimientos engorrosos y prolongados. La coexistencia de múltiples instituciones y procesos puede generar duplicación jurisdiccional e incertidumbre"[15]. Al mismo tiempo, se debe tener en cuenta que las normas existentes son bastante antiguas, siendo el más reciente de 1967. Consideran

---

11 El texto de esta Recomendación se puede consultar en línea en el siguiente link https://www.ilo.org/dyn/normlex/es/f?p=NORMLEXPUB:12100:0::NO:12100:P12100_INSTRUMENT_ID:312468:NO.

12 El texto de esta Recomendación se puede consultar en línea en el siguiente link https://www.ilo.org/dyn/normlex/es/f?p=NORMLEXPUB:12100:0::NO:12100:P12100_INSTRUMENT_ID:312432:NO.

13 El texto de esta Recomendación se puede consultar en línea en el siguiente link https://www.ilo.org/dyn/normlex/es/f?p=NORMLEXPUB:12100:0::NO:12100:P12100_INSTRUMENT_ID:312430:NO.

14 BIT. 2013. *Suivi de la discussion sur le dialogue social tenue à la 102e session de la Conférence internationale du Travail (2013): Plan d'action.* Conseil d'administration. 319e session, Genève, 16-31 octobre 2013, paragraphes 23 á 26. Disponible au *https://www.ilo.org/wcmsp5/groups/public/—ed_norm/—relconf/documents/meetingdocument/wcms_222184.pdf.*

15 BIT, 2017, Deuxième question à l'Ordre du Jour, Ordre du jour de la Conférence internationale du Travail, Section institutionnelle INS, Conseil d'administration 329e session, Genève, 9-24 mars 2017, GB.329/INS/2, paragraphe 42. Disponible au https://www.ilo.org/gb/GBSessions/previous-sessions/GB329/ins/WCMS_544740/lang--fr/index.htm

el tema de la prevención y resolución de conflictos como parte de la estructura estatal, que apoyará el éxito del proceso de negociación colectiva voluntaria. Se puede agregar el ejemplo de la Recomendación sobre el examen de las quejas, 1967 (núm. 130), el cual sólo se refiere a las quejas individuales, pero en el lugar de trabajo. Las normas internacionales del trabajo existentes se elaboraron bajo el supuesto de una fuerte organización sindical y negociación colectiva, donde el Estado ejerce la supervisión del sistema, pero con una regulación limitada solo a los conflictos individuales. El mundo del trabajo ha cambiado drásticamente desde la adopción de dichos instrumentos, lo que plantea la cuestión de si se adaptan bien a las circunstancias actuales. De hecho, se señaló que los sistemas de resolución de conflictos laborales individuales han experimentado cambios considerables en los últimos años, a menudo debido al aumento del número de conflictos individuales, alimentados a su vez por la disminución de la densidad sindical y la consiguiente falta de disponibilidad de estructuras colectivas de resolución de conflictos para muchos trabajadores[16].

No obstante, en referencia a esta falta de un instrumento vinculante específico a la temática, cabe señalar que existen dentro del marco normativo de la OIT otros convenios, y otras recomendaciones, en complemento a los instrumentos indicados previamente, que hacen alusión en sus textos a la prevención y resolución de conflictos laborales. De esta manera, no resulta ser un obstáculo para el trabajo de la OIT que no exista un convenio en particular sobre esta temática, ahora bien, un posible desarrollo normativo al respecto puede contribuir enormemente al mantenimiento de relaciones laborales armoniosas.

---

16 EBISUI, Minawa; COONEY, Sean y FENWICK, Colin (2016) Resolving individual labour disputes: a comparative overview, International Labour Office. - Geneva: ILO, p. 30. Disponible en https://www.ilo.org/global/publications/books/WCMS_488469/lang--en/index.htm

Los instrumentos existentes que hacen alusión al acceso a la justicia laboral, prevención y la resolución de conflictos laborales que se pueden mencionar son, entre otros:

Convenios

- C 87, Convención sobre libertad sindical y protección del derecho de sindicación, 1948
- C 98, Convenio sobre el derecho de sindicación y de negociación colectiva, 1949
- C 135, Convenio sobre los representantes de los trabajadores, 1971
- C 150, Convención sobre la administración del trabajo, 1958
- C 151, Convenio sobre las relaciones de trabajo en la administración pública, 1978
- C 154, Convención sobre la negociación colectiva, 1981
- C 158, Convenio sobre la terminación de la relación de trabajo, 1982
- **Recomendaciones**
- R 92, Recomendación sobre la conciliación y el arbitraje voluntarios, 1951
- R 94, Recomendación sobre la colaboración en el ámbito de la empresa, 1952
- R 113, Recomendación sobre la consulta (ramas de actividad económica y ámbito nacional), 1960
- R 129, Recomendación sobre las comunicaciones dentro de la empresa, 1967
- R 130, Recomendación sobre el examen de reclamaciones, 1967
- R 158, Recomendación sobre la administración del trabajo, 1978

- R 159, Recomendación sobre las relaciones de trabajo en la administración pública, 1978
- R 163, Recomendación sobre la negociación colectiva, 1981

A continuación, haremos una breve revisión de algunas de estas normas que hacen referencia a la mediación/conciliación. Comenzaremos por la Recomendación sobre la conciliación y el arbitraje voluntarios, 1951 (núm. 92). Esta recomendación indica que se pondrá a disposición un mecanismo de conciliación voluntaria para ayudar a prevenir y resolver los conflictos laborales entre empleadores y trabajadores. Indica que el trámite debe ser gratuito y expedito; los plazos para los procedimientos que puedan ser establecidos por las leyes o reglamentos deben fijarse con antelación y reducirse al mínimo. También se indica que las partes o instituciones deben ser capaces de poder iniciar procedimientos. La recomendación no fomenta las huelgas o cierres patronales cuando las partes consientan en la conciliación de su disputa y establece que los acuerdos deben ser establecidos por escrito.

La Recomendación sobre el examen de reclamaciones, 1967 (núm. 130) se ocupa de los conflictos a nivel de empresa. No considera las reclamaciones colectivas para modificar las condiciones (disputas de intereses) sino las disputas de derechos en el lugar de trabajo. El objetivo es contar con sistemas simples, rápidos e informales que aseguren la participación y representación de las partes[17]. La Recomendación núm. 130 destaca la importancia de la protección contra represalias[18] y la importancia de una política de personal y la cooperación con los representantes de los trabajadores. También establece que cuando fracasen todos los esfuerzos para resolver una queja dentro de la empresa, debe ser posible, dada la naturaleza de la queja, resolverla definitivamente mediante uno o más de los siguientes procedimientos[19]:

---

[17] Párrafo 12, Recomendación núm. 130.

[18] Párrafo 9, Recomendación núm. 130.

[19] Párrafo 17, Recomendación núm.130.

- procedimientos previstos por contrato colectivo, tales como el examen conjunto del caso por las organizaciones de empleadores y de trabajadores interesadas, o el arbitraje voluntario por la persona o personas designadas con el consentimiento del empleador y del trabajador interesados o de sus organizaciones respectivas;
- conciliación o arbitraje por las autoridades públicas competentes;
- recurso ante un tribunal del trabajo o ante otra autoridad judicial;
- cualquier otro procedimiento apropiado, habida cuenta de las condiciones nacionales.

El Convenio sobre la negociación colectiva, 1981 (núm. 154) y la Recomendación sobre la administración del trabajo, 1978 (núm. 158) ofrecen algunas orientaciones adicionales. El primero indica de manera importante que los órganos y procedimientos para la resolución de conflictos laborales deben promover la negociación colectiva voluntaria y que la conciliación y/o el arbitraje voluntarios pueden ser parte de los procesos de negociación.

Por su parte el Artículo 2 del Convenio Núm.154 indica que: "A los efectos del presente Convenio, la expresión negociación colectiva comprende todas las negociaciones que tienen lugar entre un empleador, un grupo de empleadores o una organización o varias organizaciones de empleadores, por una parte, y una organización o varias organizaciones de trabajadores, por otra, con el fin de:

(a) fijar las condiciones de trabajo y empleo, o

(b) regular las relaciones entre empleadores y trabajadores, o

(c) regular las relaciones entre empleadores o sus organizaciones y una organización o varias organizaciones de trabajadores, o lograr todos estos fines a la vez".

Además, el artículo 6 del Convenio Núm. 154 señala que "Las disposiciones del presente Convenio no obstaculizarán el funcionamiento de sistemas de relaciones de trabajo en los que la negociación colectiva tenga lugar en el marco de mecanismos o de instituciones de conciliación o de arbitraje, o de ambos a la vez, en los que participen voluntariamente las partes en la negociación colectiva".

Por último, en el párrafo 2, 1) de la Recomendación sobre los contratos colectivos, 1951 (núm. 91), se define así el concepto de convenio colectivo: "todo acuerdo escrito relativo a las condiciones de trabajo y de empleo, celebrado entre un empleador, un grupo de empleadores o una o varias organizaciones de empleadores, por una parte, y, por otra, una o varias organizaciones representativas de trabajadores o, en ausencia de tales organizaciones, representantes de los trabajadores interesados, debidamente elegidos y autorizados por estos últimos, de acuerdo con la legislación nacional."

La Recomendación núm.158, por su parte, indica que los órganos competentes de la Administración del trabajo deben estar en situación de proveer, de acuerdo con las organizaciones interesadas de empleadores y de trabajadores, instancias de conciliación y mediación apropiadas a las condiciones nacionales, en los casos de conflicto colectivo[20].

Por último, podemos encontrar alguna indicación en el Convenio sobre la administración del trabajo, 1978 (núm. 150) en su artículo 10. Este convenio indica que el personal del sistema de administración del trabajo estará integrado por personas que estén adecuadamente calificadas para las actividades a las que estén asignadas, que tengan acceso a la capacitación necesaria para tales actividades y que sean independientes de influencias externas indebidas. Dicho personal deberá tener el estatus, los medios ma-

---

[20] Párrafo 10, Recomendación núm.158.

teriales y los recursos financieros necesarios para el desempeño eficaz de sus funciones[21].

Aunque se debe tener presente que el Convenio sobre la inspección del trabajo, 1947 (núm. 81) en su artículo 3 (2) advierte que ninguna otra función que se encomiende a los inspectores del trabajo deberá entorpecer el cumplimiento efectivo de sus funciones principales o perjudicar, en manera alguna, la autoridad e imparcialidad que los inspectores necesitan en sus relaciones con los empleadores y los trabajadores[22].

Cabe agregar que las normas internacionales del trabajo están respaldadas por un sistema de supervisión que es único a nivel internacional y que ayuda a garantizar que los países implementen los convenios que ratifican. Los órganos de control OIT examinan periódicamente la aplicación de las normas por parte de los Estados miembros y señala las áreas en las que podrían aplicarse mejor. Si hay algún problema en la aplicación de las normas, la Oficina busca ayudar a los países a través del diálogo social y de la asistencia técnica.

De esta manera, es posible encontrar orientaciones desde el trabajo de los órganos de control en relación a los mecanismos de resolución de conflictos, en particular en relación con el arbitraje obligatorio. Una de estas orientaciones es que el arbitraje obligatorio es una limitación del derecho de huelga y es incompatible con la negociación colectiva voluntaria. Solo es aceptable en determinadas circunstancias específicas. A este respecto la Comisión de Expertos en Aplicación de Convenios y Recomendaciones ha indicado: "De manera general, es contrario al principio de negociación voluntaria el arbitraje obligatorio cuando las partes no lleguen a un acuerdo. La Comisión considera que el arbitraje obligatorio sólo es aceptable en ciertas circunstancias específicas, a saber: i) en los servicios esenciales en el sentido estricto del térmi-

---

[21] Artículo 10, Convenio núm. 150.

[22] Artículo 3 (2), Convenio núm. 81.

no (es decir, aquellos servicios cuya interrupción pondría poner en peligro la vida, la seguridad o la salud de la persona en toda o parte de la población); ii) en los casos de conflicto en la función pública respecto de funcionarios que ejercen funciones de autoridad en nombre del Estado; iii) cuando, tras negociaciones prolongadas e infructuosas, puede justificarse la intervención de las autoridades, si es obvio que el bloqueo de las mismas no será superado sin una iniciativa de su parte; o iv) en caso de crisis aguda. Sin embargo, el arbitraje aceptado por ambas partes (voluntario) es siempre legítimo. En todos los casos, la Comisión considera que antes de imponer un arbitraje es en grado sumo deseable que las partes dispongan en todo momento de la oportunidad de negociar colectivamente durante un período de tiempo suficiente con la ayuda de una mediación independiente"[23].

Por último, en relación con las normas internacionales del trabajo, se debe mencionar que los instrumentos más recientes, es decir, el Convenio sobre la violencia y el acoso, 2019 (núm. 190)[24] y la Recomendación sobre la violencia y el acoso, 2019 (núm. 206)[25], contienen normas relativas a acceso a la justicia laboral. Así, por ejemplo, en el Convenio núm. 190 se incluyen procedimiento de quejas e investigación, mención a juzgados o tribunales

---

23 BIT, Etude d'ensemble sur les conventions fondamentales concernant les droits au travail à la lumière de la Déclaration de l'OIT sur la justice sociale pour une mondialisation équitable, 2008, Conférence internationale du Travail, 101e session, 2012 Troisième question à l'ordre du jour: Informations et rapports sur l'application des conventions et recommandations, Rapport de la Commission d'experts pour l'application des conventions et recommandations (articles 19, 22 et 35 de la Constitution), Rapport III (Partie 1B), Bureau international du Travail, Genève, paragraphe 247. Disponible au https://www.ilo.org/ilc/ILCSessions/previous-sessions/101stSession/reports/reports-submitted/WCMS_174829/lang--fr/index.htm

24 Consultar su texto complete en https://www.ilo.org/dyn/normlex/es/f?p=NORMLEXPUB:12100:0::NO::P12100_ILO_CODE:C190

25 Consultar su texto complete en https://www.ilo.org/dyn/normlex/es/f?p=NORMLEXPUB:12100:::NO:12100:P12100_ILO_CODE:R206:NO

y asistencia jurídica a los querellantes y victimas[26], y la Recomendación núm. 206 contiene una alusión a la posibilidad de la inversión de la carga de la prueba[27].

III.- LA INEVITABILIDAD DEL CONFLICTO EN MATERIA LABORAL. UN FACTOR IMPORTANTE A CONSIDERAR

Una vez ya presentado el contexto de las normas internacionales del trabajo, y antes de presentar los desarrollos de la noción de acceso a la justicia laboral, nos gustaría recordar que en materia de relacionales laborales, así como en cualquier relación entre individuos, la posibilidad que existan conflictos o disputas resulta inevitable.[28] Es parte de la naturaleza humana tener diferentes puntos de vistas, lo importante es cómo se pueden resolver dichas controversias. Y para el caso que nos convoca, el rol clave de la negociación colectiva como un mecanismo basado en el consenso para resolver controversias.

Los conflictos y las disputas se pueden minimizar, de alguna manera, sin embargo, por la naturaleza de las interacciones empleado-empleador en una economía de mercado se apunta a la inevitabilidad del conflicto. En el campo de las relaciones laborales en una economía de mercado, se acepta y reconoce que los trabajadores y la dirección de la empresa poseen intereses distintos y que cierto conflicto es inevitable y deberá ser, por tanto, gestionado.

---

[26] Artículo 10 del Convenio núm. 190.

[27] Párrafo 16 de la Recomendación núm. 206.

[28] Para profundizar sobre estas ideas se sugiere revisar CIF- OIT (2013) *Sistemas de resolución de conflictos laborales:* Directrices para mejorar el desempeño, Centro Internacional de Formación de la Organización Internacional del Trabajo, Turín, página 17 y ss. ver https://webapps.ilo.org/wcmsp5/groups/public/—ed_dialogue/—dialogue/documents/publication/wcms_337941.pdf

Entonces debemos tener en cuenta que los conflictos laborales pueden ser de poca o gran importancia, individuales o colectivos, limitarse a un lugar de trabajo o extenderse a lo largo de varias empresas. Las causas de dichos conflictos son muchas y diversas y van desde una simple queja de un trabajador sobre derechos de pago, una queja de un grupo de trabajadores respecto de condiciones laborales peligrosas o insalubres, hasta el paro de todos los trabajadores de un sitio de trabajo objetando que se les impide crear un sindicato para promover sus intereses.

Algunos conflictos son de naturaleza individual; otros, colectivos. Algunos son identificados como conflictos relativos a derechos, otros como conflictos relativos a intereses.

Tan solo para recordar, los tipos de conflictos pueden ser[29]:

Un conflicto individual tiene lugar entre un empleado y su empleador. También se considera como individual el conflicto entre un número de empleados y su empleador, siempre que los empleados actúen de forma individual y no como grupo.

Un conflicto colectivo tiene lugar entre un número de empleados que actúan en conjunto contra su empleador.

Un conflicto sobre derechos es aquel referido a derechos existentes fijados por ley, por un acuerdo de convenio colectivo o por un contrato de trabajo individual. Estos conflictos por lo general toman la forma de un reclamo de los empleados dado que no han visto satisfechos sus derechos, tales como el pago de su salario, el pago de horas extra, el goce de vacaciones y un entorno laboral adecuado (en efecto, todo derecho que ya exista por ley).

Los conflictos sobre derechos pueden ser individuales o colectivos.

---

[29] Las definiciones han sido extraídas de CIF- OIT (2013). Para mayor profundidad sobre éstas nociones revisar: GOLMAN, Alvin (2014) "Settlement of disputes over interest and rights", in BLANPAIN, Roger (ed) Comparative Labour Law and Industrial Relations in Industrialized Market Economies, Wolter Kluwer, pp. 799- 845.

Un conflicto sobre intereses es aquel concerniente a la creación de nuevos derechos y obligaciones. En la práctica, la mayoría de estos conflictos son una manifestación del fracaso del proceso de negociación, en el cual las partes no han logrado llegar a un acuerdo acerca de las condiciones de empleo que aplicarán en el futuro.

Los conflictos sobre intereses son por lo general de naturaleza colectiva.

Cabe indicar además que, si el conflicto es inevitable, la mejor forma de tratarlo es de una manera pacífica en que las partes acuerden una solución. De esta manera, la OIT ha indicado que un sistema eficaz comienza con procesos basados en el consenso, a los cuales otorga mayor peso, y procede luego con procesos basados en los derechos. El poder es utilizado solamente cuando no es posible encontrar otra solución.

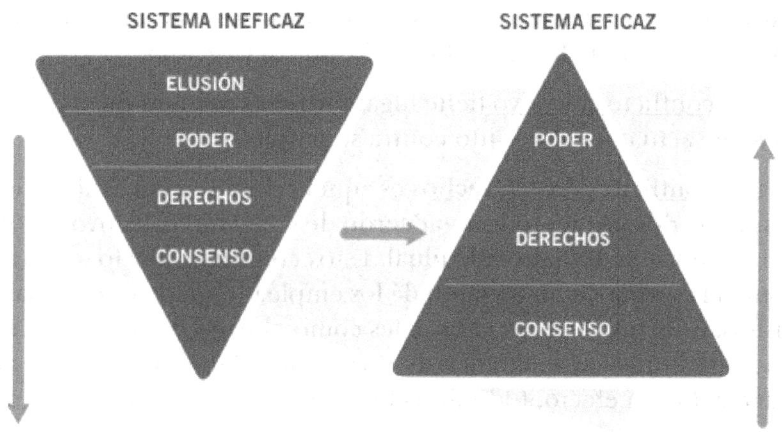

Fuente ITC, 2013, p. 20

Dentro de los mecanismos de resolución de conflictos laborales basados en el consenso y por lo tanto parte de un sistema eficaz, se encuentra la negociación. La cual puede entenderse como un "proceso en el que dos o más partes con intereses tanto en común como contrapuestos se reúnen para hablar y escuchar a fin de llegar a un acuerdo mutuamente aceptable"[30].

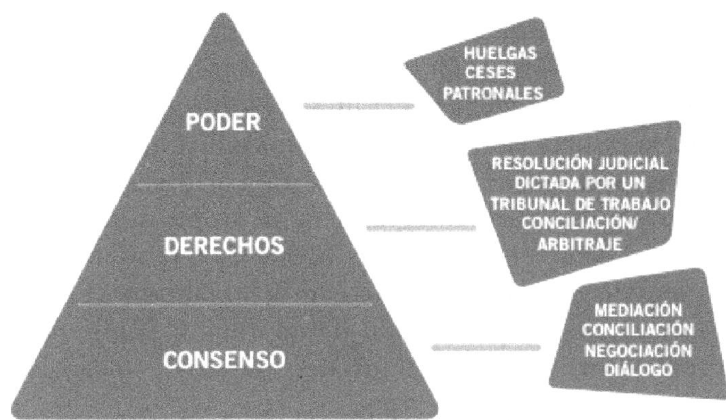

Fuente ITC, 2013, p. 21

IV.- ACCESO A LA JUSTICIA LABORAL: REUNIÓN TÉCNICA TRIPARTITA Y RECIENTES DESARROLLOS

Durante los días 17 al 21 de febrero de 2025 se realizó en Ginebra una Reunión técnica tripartita sobre el acceso a la justicia laboral para todos: Prevención y solución de conflictos laborales. Dicha reunión de acuerdo por lo aprobado por el Consejo de Administración tuvo por objeto la formulación de recomendaciones sobre nuevas medidas que proporcionen orientaciones claras e integradas en materia de políticas, de carácter normativo o no normativo, para lograr un acceso inclusivo a la justicia laboral, a través de la creación de instituciones y mecanismos eficaces de prevención y solución de conflictos laborales, teniendo en cuenta al mismo tiempo los principios generalmente aceptados de efi-

30 CIF- OIT (2013), p. 22.

cacia en el acceso a la justicia laboral, así como la diversidad de soluciones jurídicas y prácticas para ponerlos en práctica[31].

La discusión durante la reunión técnica tripartita fue guiada por un informe preparado por la Oficina Internacional del Trabajo.[32] Este informe pretende ofrecer una visión general del alcance del acceso a la justicia laboral y del conjunto de dimensiones que abarca. De esta manera, se basa en la premisa de que el acceso a la justicia laboral forma parte integrante de la propia noción de justicia social[33], así como en el supuesto de que la efectividad general de los sistemas de gobernanza de los conflictos laborales es un factor determinante en la prevención de conflictos, la observancia de los derechos en el trabajo y el fortalecimiento de la paz social.

En su párrafo 14, el informe define el objeto de estudio y delimita el objeto a tratar, indicando que "*El acceso a la justicia laboral es una noción compleja, en evolución y polifacética. Los mecanismos de prevención y solución de conflictos laborales están arraigados en los sistemas nacionales de relaciones laborales y, por lo tanto, tienen formas muy diversas. El alcance del informe abarca todos los mecanismos de solución de conflictos, tanto de derechos como de intereses, así como un análisis comparativo del derecho y práctica. Esto incluye los procedimientos de solución de conflictos relacionados con la negociación colectiva, así como los procesos de arbitraje voluntario para los conflictos de intereses y las acciones colectivas. El informe también aborda cuestiones pertinentes relacionadas con el futuro del trabajo, como la tecnología y la transición digital, así como las dimensiones transnacionales de los conflictos laborales. Sin embargo, no aborda la cuestión de la interpretación del Convenio sobre la libertad sindical y la protección del derecho de sindicación, 1948 (núm. 87) en relación*

---

31 Revisar documento GB.349/INS/2, para. 33.

32 Documento puede ser consultado en https://www.ilo.org/sites/default/files/2025-02/TMALJ-2025-%5BGOVERNANCE-241107-001%5D-Web-SP_0.pdf

33 Ver: OIT, Promoción de la justicia social: Memoria del Director General, ILC.111/I(A) (Rev.), 2023, párrs. 6 y 50.

con el derecho de huelga, que es objeto de un proceso específico supervisado por el Consejo de Administración".

Al término de la reunión se logró la adopción de conclusiones de los actores tripartitos que participaron en ella. De los concluido se debe destacar el reconocimiento que "*El acceso a la justicia laboral para todos entraña una serie de retos, oportunidades y cambios. Los conflictos laborales, tanto individuales como colectivos, imponen costos humanos y financieros a los trabajadores, los empleadores, los gobiernos y la sociedad. Invertir en la prevención y la solución de conflictos laborales fomenta el trabajo decente y unas relaciones laborales estables. Sin embargo, los obstáculos legales y prácticos, incluidas las exclusiones directas o indirectas del alcance de los marcos jurídicos y normativos, constituyen un obstáculo para la accesibilidad efectiva. Los sistemas de prevención y solución de conflictos varían, pero tienen características comunes. Si bien no existe una solución única válida para todos, los sistemas judiciales, no judiciales y cuasi judiciales se complementan. En vista de la globalización y del comercio internacional, el acceso a la justicia laboral no solo es una cuestión nacional, sino también transnacional. Si bien varios mecanismos de prevención y solución de conflictos laborales en el contexto de las cadenas de suministro han sido establecidos por acuerdos comerciales y acuerdos marco, entre otros, su eficacia varía y su complejidad puede plantear retos a los trabajadores y las empresas, especialmente las pymes*"[34].

En el punto 10 de las conclusiones se llama a los Gobiernos, en colaboración con las organizaciones de empleadores y de trabajadores, según proceda, para que orientes sus acciones debiendo:

"*a) reforzar el Estado de derecho y el diálogo social efectivo, y participar de buena fe en la prevención y solución de conflictos laborales;*

b) respetar, promover y hacer realidad todos los principios y derechos fundamentales en el trabajo, en particular la libertad de asociación y la libertad sindical y el reconocimiento efectivo del derecho de negociación colectiva;

---

[34] Ver https://www.ilo.org/sites/default/files/2025-02/TMALJ-2025-6-Conclusiones-%5BGOVERNANCE-250227-001%5D-Web-SP.pdf

c) establecer y/o fortalecer los procedimientos, instituciones y mecanismos de prevención y solución de conflictos laborales, teniendo en cuenta las normas internacionales del trabajo;

d) revisar la legislación y la práctica nacionales a fin de establecer salvaguardias adecuadas que protejan a los trabajadores, los empleadores y sus representantes, entre otros, frente a la victimización;

e) garantizar la igualdad y la no discriminación en el acceso a la justicia laboral, promover la igualdad de género, combatir la violencia y el acoso en el trabajo, y prestar especial atención a los trabajadores y las unidades económicas de la economía informal, los trabajadores pertenecientes a uno o varios grupos vulnerables, y los trabajadores en situaciones de vulnerabilidad;

f) evaluar y, cuando proceda, aprovechar las tecnologías digitales para mejorar la accesibilidad, la eficiencia y la equidad de los mecanismos de prevención y solución de conflictos laborales, incluso mediante la inversión en sistemas electrónicos de gestión de causas, a través de la consulta con los interlocutores sociales, para garantizar que dichas tecnologías no creen obstáculos adicionales,

y g) tomar medidas activas para desarrollar sistemas de prevención y solución de conflictos laborales eficaces, basados en los principios de eficacia generalmente aceptados enumerados en el párrafo 11, b) teniendo en cuenta las conclusiones arriba mencionadas y las enseñanzas extraídas con respecto a las acciones eficaces e ineficaces, en particular la promoción de una formación adecuada"[35].

Un aspecto de suma relevancia para el avance de la asistencia técnica que entrega la OIT a sus mandantes es la orientación que entregó esta reunión técnica. En este sentido, en las conclusiones se confirma que la orientación de la Oficina debe ser la promoción de un enfoque basado en principios tal como fue planteado en la Herramienta de diagnóstico para la autoevaluación de la efectividad de las instituciones de prevención y resolución de con-

[35] Ibid.

flictos laborales.[36] La cual es una herramienta de diagnóstico para la autoevaluación del funcionamiento de las instituciones judiciales y no judiciales para la prevención y resolución de conflictos, con el fin de ayudar a los gobiernos y a los actores sociales a lograr un entendimiento común de la situación actual, identificar posibles oportunidades y desafíos, y a diseñar juntos medidas para abordarlos.

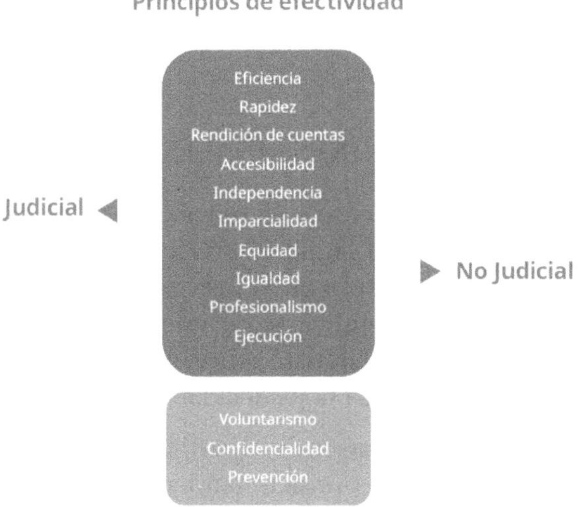

Fuente: Herramienta de diagnóstico, OIT 2023.

Las conclusiones señalan en relación a los principios que "*la Oficina debería seguir prestando apoyo a los mandantes tripartitos y sus organismos judiciales y no judiciales, en el marco de un enfoque integrado, para promover el acceso a la justicia laboral para todos y, con ese fin: b) impulsar el fomento de la capacidad y prestar asistencia técnica basándose en los principios de eficacia generalmente aceptados derivados del derecho y las prácticas comparados, y en las normas internacionales del trabajo. Diez de estos principios se aplican a las instituciones tanto judiciales como*

36 *Acceso a la justicia laboral: Una herramienta de diagnóstico para la autoevaluación de la efectividad de las instituciones de prevención y resolución de conflictos laborales, International Labour Organization.*

no judiciales, a saber: eficiencia, rapidez, accesibilidad, equidad, igualdad, rendición de cuentas, independencia, imparcialidad, profesionalismo y ejecución. Tres principios adicionales se aplican específicamente a las instituciones no judiciales: voluntarismo, confidencialidad y prevención. Estos principios complementarios de eficacia, recogidos en la Herramienta de diagnóstico para la autoevaluación de la efectividad de las instituciones de prevención y resolución de conflictos laborales, de la OIT, deberían seguir orientando el apoyo de la OIT en este ámbito. Debería promoverse una mayor aplicación de la herramienta de diagnóstico y proporcionarse información sobre las enseñanzas extraídas a este respecto",

V.- REFLEXIONES FINALES

Como se describió, existen ciertas limitaciones en las normas internacionales del trabajo, así como la creciente atención que se presta a los temas relacionados con la prevención y resolución de conflictos laborales[37], es posible esperar que, en un futuro no muy lejano, se pueda realizar un debate sobre el desarrollo de una norma laboral relativa al acceso a la justicia laboral[38].

La realización de la reunión técnica tripartita sin lugar a dudas constituye un gran avance en el posicionamiento de la temática

---

37 En relación a los desarrollos recientes ver Arese, Cesar, 2020 «Acceso a la tutela judicial efectiva laboral en países de América del Sur», ILO Working paper N° 10, Octobre 2020, Geneve. Diponible au https://www.ilo.org/wcmsp5/groups/public/—ed_dialogue/—dialogue/documents/publication/wcms_757104.pdf ; et aussi Ebisui, Minawa; Cooney, Sean; Fenwick, Colin F.(eds) 2016, Resolving individual labour disputes: a comparative overview, International Labour Office. - Geneva: ILO.

38 La cuestión sobre la iniciativa de una norma en relación con la resolución de conflictos individuales en el trabajo ya tuvo lugar en el Consejo de Administración en marzo de 2017. Ver BIT, 2017, Deuxième question à l'Ordre du Jour, Ordre du jour de la Conférence internationale du Travail, Section institutionnelle INS, Conseil d'administration 329e session, Genève, 9-24 mars 2017, GB.329/INS/2.

dentro del contexto internacional. Sobre todo por que se acepta que en esta materia existen un sin número de soluciones en los países miembros de la OIT. Pero por sobre todo que no existe una solución única válida para todos, los sistemas judiciales, no judiciales y cuasi judiciales se complementan.

Cabe además destacar que el enfoque basado en principios de efectividad se ratifica como un enfoque para el trabajo de la OIT y, a la vez, para que los países y actores sociales orientes sus acciones para la resolución pacifica de conflictos laborales.

Para la búsqueda de la paz sociales necesario que las relacionales laborales estén basadas en relaciones armónicas y sólidas, en donde la resolución de conflictos mediante mecanismos complementarios judiciales y no judiciales, juegan un rol clave para que todos los integrantes de los modelos de relaciones laborales puedan alcanzar la justicia social.

BIBLIOGRAFÍA

ARELLANO ORTIZ, Pablo, "Acceso a la justicia laboral: Recientes desarrollos a nivel internacional", en Joaquín García Murcia y Vasco Torres de León (dir.), *Medios de solución de conflictos laborales. Perspectiva Euroamericana,* Tirant lo Blanch, Valencia, 2023, 21-49.

ARELLANO ORTIZ, Pablo, "Resolución de conflictos laborales: la mediación laboral. Aportes al debate desde la perspectiva de la OIT", en Juan Pablo López Moreno y Juliana Morad Acero (Dir) MASC y conflictos laborales en Colombia, Tirant lo Blanch, 2020, pp. 81 - 101.

ARELLANO ORTIZ, Pablo (2011) La conformidad de la legislación chilena a las normas internacionales del trabajo de la OIT, Revista de Derecho de la Universidad Católica de la Santísima Concepción, Junio, pp. 39-60.

ARESE, Cesar, 2020 «Acceso a la tutela judicial efectiva laboral en países de América del Sur », ILO Working paper N° 10, Octobre 2020, Geneve. Disponible en https://www.ilo.org/wcmsp5/groups/public/—ed dialogue/—dialogue/documents/publication/wcms 757104.pdf

BIT, 2017, Deuxième question à l'Ordre du Jour, Ordre du jour de la Conférence internationale du Travail, Section institutionnelle INS, Conseil d'administration 329e session, Genève, 9-24 mars 2017, GB.329/INS/2.

Disponible au https://www.ilo.org/gb/GBSessions/previous-sessions/GB329/ins/WCMS_544740/lang–fr/index.htm

BIT. 2013. *Suivi de la discussion sur le dialogue social tenue à la 102e session de la Conférence internationale du Travail (2013): Plan d'action.* Conseil d'administration. 319e session, Genève, 16-31 octobre 2013.

BIT, Etude d'ensemble sur les conventions fondamentales concernant les droits au travail à la lumière de la Déclaration de l'OIT sur la justice sociale pour une mondialisation équitable, 2008, Conférence internationale du Travail, 101e session, 2012 Troisième question à l'ordre du jour: Informations et rapports sur l'application des conventions et recommandations, Rapport de la Commission d'experts pour l'application des conventions et recommandations (articles 19, 22 et 35 de la Constitution), Rapport III (Partie 1B), Bureau international du Travail, Genève, paragraphe 247. Disponible en https://www.ilo.org/ilc/ILCSessions/previous-sessions/101stSession/reports/reports-submitted/WCMS_174829/lang–fr/index.htm

EBISUI, Minawa; COONEY, Sean y FENWICK, Colin (2016) Resolving individual labour disputes: A comparative overview, International Labour Office, Geneva: ILO.

EBISUI, Minawa; COONEY, Sean y FENWICK, Colin (2016) "Resolving individual labour disputes: A general introduction", in EBISUI, Minawa; COONEY, Sean y FENWICK, Colin (Eds) Resolving individual labour disputes: A comparative overview, International Labour Office, Geneva: ILO, p. 1.

GOLMAN, Alvin (2014) "Settlement of disputes over interest and rights", in BLANPAIN, Roger (ed) Comparative Labour Law and Industrial Relations in Industrialized Market Economies, Wolter Kluwer, pp. 799- 845.

OIT (2025) Departamento de Gobernanza y Tripartismo, *Acceso a la justicia laboral para todos: Prevención y solución de conflictos laborales, Informe para la Reunión técnica tripartita sobre el acceso a la justicia laboral para todos,* Ginebra: Oficina Internacional del Trabajo, 2025

OIT, (2023*) Acceso a la justicia laboral: Una herramienta de diagnóstico para la autoevaluación de la efectividad de las instituciones de prevención y resolución de conflictos laborales | International Labour Organization*

OIT (2022) *Informe de la Encuesta de evaluación rápida: La respuesta de los mecanismos de resolución de conflictos laborales a la pandemia de COVID-19*

OIT (2021) *Acceso a la justicia laboral: Instituciones y procedimientos judiciales en países europeos seleccionados*

OIT (2021) *Acceso a la justicia laboral: Instituciones y procedimientos judiciales en países africanos seleccionados*

OIT (2021) *Acceso a la justicia laboral: Instituciones judiciales en países árabes seleccionados*

OIT (2021) *Acceso a la justicia laboral: Instituciones y procedimientos judiciales en países de Asia y el Pacífico seleccionados*

OIT (2021) *Acceso a la justicia laboral: Instituciones y procedimientos judiciales en países sudamericanos seleccionados*

OIT (2019) *Las reglas del juego: Una introducción a la actividad normativa de la Organización Internacional del Trabajo*, Ginebra, Oficina Internacional del Trabajo.

OIT (2013) *Social dialogue: Recurrent discussion under the ILO Declaration on Social Justice for a Fair Globalization*, Report VI, International Labour Conference, 102nd Session, Geneva, 2013 (Geneva).

CIF- OIT (2013) *Sistemas de resolución de conflictos laborales:* Directrices para mejorar el desempeño, Centro Internacional de Formación de la Organización Internacional del Trabajo, Turín, ver https://webapps.ilo.org/wcmsp5/groups/public/—ed_dialogue/—dialogue/documents/publication/wcms_337941.pdf

SOMAVIA, Juan (2014) *El trabajo decente. Una lucha por la dignidad humana*, Santiago, Organización Internacional del Trabajo.

WALKER ERRÁZURIZ, Francisco y ARELLANO ORTIZ, Pablo, (2016), *Derecho de las relaciones laborales, Tomo 1 Derecho Individual del Trabajo,* Librotecnia, Santiago.

Argentina

Acceso a la justicia y relaciones de trabajo en la experiencia argentina

JUAN PABLO MUGNOLO[1]

SUMARIO: 1. Introducción. Acceso a la Justicia dentro de los andariveles jurisdiccionales. 2 Acceso a la justicia y medios apropiados para su concreción. 3. Campo de aplicación subjetivo de la lógica jurídica del acceso a la justicia laboral. 4. Campo de aplicación objetivo de la lógica jurídica del acceso a la justicia laboral. 5. El acceso a la justicia laboral en Argentina: sobre la eficacia sistémica. 6. Organización de la jurisdicción laboral.7. Reflexión final.

SUMMARY: 1. Introduction. Access to Justice within the Jurisdictional Framework. 2. Access to Justice and Appropriate Means for Its Implementation. 3. Subjective Scope of the Legal Logic of Access to Labor Justice. 4. Objective Scope of the Legal Logic of Access to Labor Justice. 5. Access to Labor Justice in Argentina: Regarding Systemic Effectiveness. 6. Organization of Labor Jurisdiction.

RESUMEN: El presente trabajo propone un recorrido sobre el sistema judicial de resolución de conflictos laborales en la Argentina. Los particularismos del proceso judicial laboral, sus principios y normas, son descriptos siempre desde una perspectiva del acceso a la justicia. Acceso a la justicia que, desde una óptica sistémica, se ciñe a una de sus posible acepciones, cual es el derecho de toda persona a obtener una respuesta eficiente y justa frente a un conflicto sociolaboral originado en la vulneración de derechos.

ABSTRACT: The current paper reviews the judicial system for resolving labor disputes in Argentina. The specifics items of the labor judicial process, its principles and rules, are always described from the perspective of access to justice. Access to justice, which, from a systemic perspective, is limited to one of its possible

---

1 El presente trabajo ha sido elaborado con la inestimable colaboración del la Profesora Denise Tapiero, Docente Jefa de Trabajos Prácticos de la Facultad de Derecho, UBA.

meanings, which is the right of every person to obtain an efficient and fair response to a socio-labor dispute arising from the violation of rights.

PALABRAS CLAVE: acceso a la justicia, proceso, laboral, sistema, reglas.

KEY WORDS: access to justice, process, labor, system, rules.

1. INTRODUCCIÓN. ACCESO A LA JUSTICIA DENTRO DE LOS ANDARIVELES JURISDICCIONALES

La concepción teórica de acceso a la justicia en materia laboral suele hilvanar diversos estadios para el tratamiento de situaciones conflictivas de dicha índole. Bien es cierto que el acceso a la justicia implica la búsqueda de recursos que puedan contener y dar curso a los trámites necesarios para lograr subsanar, de modo sistémico, aquellas situaciones disvaliosas en el marco del funcionamiento y lógica propia de las relaciones laborales. Es así pues que los tratamientos de conflictos sociolaborales si bien suelen catalizarse dentro de la órbita de las instancias judiciales, también lo es que existen instrumentos que indagan idénticos fines por fuera de los límites del sistema jurisdiccional[2] de cada nación o de cada región[3].

Si bien el campo de actuación y el instrumental para la resolución de conflictos es susceptible de ser analizado más allá de las fronteras jurisdiccionales[4], por razones metodológicas que se pre-

---

2 Vid. CORBY, S. AND BURGESS, P., 2014. *Adjudicating Employment Rights. A Cross-National Approach.* Basingstoke: Palgrave Macmillan UK.

3 Cfr. VALDÉS DAL-RÉ, F., 2000. "Las jurisdicciones sociales en los países de la Unión Europea convergencias y divergencias". Actualidad Laboral, (1), pp. 103-117; BARBAGELATA, H. H., 2002. "Tendencias de los procesos laborales en Iberoamérica". Revista de la Facultad de Derecho, (21), pp. 27-44.

4 Dicha perspectiva se encontrará en publicaciones del grupo de estudios que contiene el presente trabajo específico: *Medios de solución de conflictos laborales. Perspectiva Euroamericana.* Directores: Joaquín García Murcia Vasco Torres de León; "Los medios de resolución de conflic-

anuncian, el análisis será focalizado sobre el sistema judicial laboral nacional lo cual no implica abandonar la convicción de que el acceso a la justicia es una tema propio de los derechos humanos[5] y que desborda los andariveles procesales clásicos del sistema[6].

Respecto al caso argentino, cabe efectuar algunas consideraciones preliminares a fin de ordenar el desarrollo del tratamiento del acceso a la justicia en lo que respecta a la jurisdicción laboral.

Es importante aclarar que la Justicia Nacional del Trabajo, que tiene su origen funcional en el tratamiento y tramitación de causas de carácter competencial federal, las que en términos de relaciones individuales del trabajo se ciñeron a la Capital Federal (la Ciudad de Buenos Aires). Ello ha sido así hasta el año 1994 en que la última reforma de la Constitución Nacional le otorgó estatus de Ciudad Autónoma, la cual en tal virtud, debería crear su propia jurisdicción laboral como cualquier otra provincia argentina. Léase pues que, el estatus de ciudad autónoma lo asemeja a aquella otra organización político-geográfica. Lo cierto es que la Ciudad Autónoma de Buenos Aires encontró la posibilidad de crear su propio fuero laboral obstruida por una trabada relación en torno a una disputa competencial con el Estado Nacional. Ha sido recién a finales del año 2024 que la Ciudad Autónoma de Buenos Aires a través de su órgano parlamentario creó finalmente juzgados, cámaras, fiscalías del trabajo. El proceso de traspaso se encuentra iniciado pero no concluido.

---

tos en la experiencia argentina" (Ed.Tirant Lo Blanch), España, 2023; *Negociación colectiva y solución de conflictos de trabajo*, Directores: Joaquín García Murcia y Vasco Torres de León; (Ed.Tirant Lo Blanch), España, 2024, pp. 62-86 ISBN Papel: 9788410716452.

5 Vid. LÓPEZ CABELLO, Andrés, TROVATO Margarita, GRIFFA Tomás y MORALES Diego, "El acceso a la justicia como una cuestión de derechos humanos"(CELS) Derechos humanos en la Argentina - Informe 2016.

6 Haydée Birgin y Beatriz Kohen: "Acceso a la Justicia Como Garantía de Igualdad. Instituciones, actores y experiencias comparadas". Editorial Biblos, 2006.

En virtud de la situación descripta, la competencia de la justicia nacional del trabajo se encuentra en una situación híbrida, en la que en virtud de haber sido Capital Federal, sus causas tramitan – aún hoy – en la justicia federal, denominada Justicia Nacional del Trabajo.

Excede al presente trabajo entablar cuestiones competenciales de "aldea" pero debe saber el lector que el estudio en esta oportunidad se ha ceñido a las descripciones de los aspectos funcionales que, en línea con el acceso a la justicia se presentan en la mentada Justicia Nacional del Trabajo, debiéndose aclarar que además de ella, cada Provincia argentina cuenta con su propias reglas procesales aunque el derecho de fondo tiene carácter federal pues es prerrogativa del Estado Federal Nacional el dictado de dicha tipología normativa (de fondo).

2. ACCESO A LA JUSTICIA Y MEDIOS APROPIADOS PARA SU CONCRECIÓN

Al analizar el acceso a la justicia y el instrumental que el sistema judicial estatal facilita, en primer lugar, debemos diferenciar de qué tipo de disputa se trata.

En el ámbito de la Federa, hoy ceñido a la Ciudad Autónoma de Buenos Aires, un trabajador se ve obligado en casos de conflictos de derecho de carácter individual, previo a iniciar el reclamo judicial propiamente dicho, a agotar obligatoriamente un trámite administrativo ante el Servicio de Conciliación Legal Obligatoria (SeCLO). Dicho procedimiento previo habilita a que el accionante dirija su petición o reclamo en instancia que, siendo administrativa, depende del Ministerio de Trabajo de la Nación.

Dicho trámite procedimental consta, generalmente, de la celebración de dos audiencias, que hoy se realizan de forma virtual, en las que el conciliador intentará acercar a las partes a solucionar su conflicto y así evitar un juicio posterior. El conciliador ostenta estabilidad en el cargo y es sorteado entre una nomina cerrada, profesionalizada y sujeta a impugnación de las partes.

De alcanzarse un acuerdo, tiene efectos similares a la cosa juzgada. Pero en cambio, si no se lograra arribar a una solución satisfactoria para ambas partes, a un acuerdo, entonces en ese caso el conciliador está obligado a labrar un acta de cierre sin acuerd. Es a partir de dicho acto administrativo que quedará habilitada la vía para que se inicie el juicio, ahora sí en la órbita jurisdiccional laboral.

Vale aclarar que el mentado procedimiento de conciliación obligatoria previa no es aplicable para casos que traten de procedimientos de carácter sumarísimos o medidas cautelares.

En segundo orden, cabe diferenciar aquellos reclamos judiciales que giren en torno a situaciones propias de accidentes de trabajo, incluyendo aquella tipología *in itinere,* o bien una enfermedad profesional.

En tales casos, el trabajador accionante, deberá iniciar un trámite administrativo ante las denominadas Comisiones Médicas instituidas por la ley N.° 27.348,que regula los riesgos de trabajo en la Argentina (idéntico tratamiento que se aplicará a aquellas provincias que hayan adherido a la ley N.° 27.348). Dicha instancia administrativa – al igual que como ocurre como el mencionado caso del SeCLO para casos de relaciones individuales de trabajo – resulta un procedimiento previo obligatorio el cual, recién una vez agotado, habilita las acciones en la jurisdicción laboral[7].

Finalmente, el personal de casas particulares, regulado por la ley 26.844, tiene la obligación de iniciar su reclamo ante el Tribunal pertinente previsto en aquella ley y, en ese caso, la Justicia Nacional del Trabajo funciona como tribunal revisor.

---

[7] Esto es así pues mayoritariamente la jurisprudencia laboral (Cámara Nacional de Apelaciones del Trabajo) ha aceptado la constitucionalidad de los artículos pertinentes de dicha ley sin que ello afecte el acceso a la justicia en el marco del sistema jurisdiccional laboral.

Se trata de un fuero especializado, de conformidad con la Opinión Consultiva 27/21, y, en ese sentido, es apropiado.

3. CAMPO DE APLICACIÓN SUBJETIVO DE LA LÓGICA JURÍDICA DEL ACCESO A LA JUSTICIA LABORAL

La ley argentina recoge un tesis amplia en lo refiere al acceso a la justicia por conflictos laborales de derecho[8]. Así pues, están habilitados para acceder a la reparación jurisdiccional todas las personas que tengan un trabajo en relación de dependencia, ya sea que el vínculo esté reconocido como tal, bien que sea una relación fuera de registro o que esté enmascarado en una figura que intenta encubrir su real naturaleza[9].

La ley de procedimiento laboral Nº 18.345 también permite el litisconsorcio activo hasta 20 trabajadores (art. 43 LO).

En clave con el acceso a la justicia, corresponde destacar que en la Argentina rige el principio de gratuidad para el trabajado no solo en el proceso judicial sino incluso ante que se inicie un pleito[10]. Así pues, los telegramas (comunicaciones postal con efectos legales) que el trabajador envíe son gratuitos. Ya en lo relativo estrictamente al proceso judicial, en la Argentina no se paga tasa de justicia e incluso se puede iniciar un pedido de beneficio de

---

8 Cfr. Zeballos, M., 2014. Jurisdicción social-laboral en Argentina. En: A. Baylos Grau, C. F. Thome, y R. García Schwarz, ed. 2014. Diccionario internacional de derecho del trabajo y de la seguridad social. Valencia: Tirant lo Blanch. pp. 1221–1224.

9 Vid. art. 23 de la LCT y otras presunciones que también impactan sobre la determinación del vínculo dependiente, tales como los arts. 57 y 58 de la misma LCT.

10 Vid. GONZALEZ, Marta, "El derecho de acceso a la justicia y el principio de gratuidad procesal laboral en el ordenamiento jurídico argentino" https://repositorio.21.edu.ar/server/api/core/bitstreams/21d705c4-735f-44ac-bfcb-7f4d930fee24/content

litigar sin gastos para el caso en que el trabajador sea condenado en costas.

En lo que respecta a la parte demandada, es legalmente posible que grupos de empresas puedan ser demandados tales como las uniones temporales de empresas (UTE), los conjuntos económicos (art. 31 LCT)[11].

En lo que refiere a la actuación sindical, la representación de los intereses individuales – que por cierto excede o mejor dicho amplía su rol sistémico – podría en virtud de lo establecido por el artículo 23 de la Ley de Asociaciones Profesionales, N.°. 23.551[12], siempre y cuando haya ratificación personal del actor interesado.

No obstante lo señalado en el párrafo precedente, en el sistema legal argentino, los sindicatos encuentran habilitada la instancia judicial "directa" cuya competencia en los temas más relevantes se encuentra dentro de la órbita de los tribunales laborales de segunda instancia, específicamente la Cámara Nacional de Apelaciones del Trabajo[13]. Puntualmente, en todos aquellos casos previstos en

---

11 "*Siempre que una o más empresas, aunque tuviesen cada una de ellas personalidad jurídica propia, estuviesen bajo la dirección, control o administración de otras, o de tal modo relacionadas que constituyan un conjunto económico de carácter permanente, serán a los fines de las obligaciones contraídas por cada una de ellas con sus trabajadores y con los organismos de seguridad social, solidariamente responsables, cuando hayan mediado maniobras fraudulentas o conducción temeraria*".

12 TITULO VII. — De las derechos y obligaciones de las asociaciones sindicales - Artículo 23. — La asociación a partir de su inscripción, adquirirá personería jurídica y tendrá los siguientes derechos: a) Peticionar y representar, a solicitud de parte, los intereses individuales de sus afiliados; b) Representar los intereses colectivos, cuando no hubiere en la misma actividad o categoría asociación con personería gremial; c) Promover:1° La formación de sociedades cooperativas y mutuales, 2° El perfeccionamiento de la legislación laboral, previsional de seguridad social, 3° La educación general y la formación profesional de los trabajadores; d) Imponer cotizaciones a sus afiliados; e) Realizar reuniones o asambleas sin necesidad de autorización previa.

13 Vid. PIROLO, M. A., *Derecho del Trabajo Comentado*, TOMO IV, Derecho Procesal del Trabajo (ante la Justicia Nacional y Federal), (Ed. La Ley –

el art. 62 de la ley 23551, el legislador habilitó el acceso a la justicia del sindicato como sujeto de derecho legitimado; a saber: (a) Las acciones que promueva la autoridad administrativa del trabajo; b) Los recursos contra resoluciones administrativas definitivas que decidan sobre el otorgamiento, de personería gremial, encuadramiento sindical u otros actos administrativos de igual carácter, una vez agotada la instancia administrativa; c) La demanda por denegatoria tácita de una personería gremial; d) La demanda por denegatoria tácita de una inscripción; e) Las acciones de encuadramiento sindical que se promuevan por haber vencido el plazo establecido para que se pronuncie la autoridad administrativa, sin que ésta lo hubiera hecho; f) Los recursos previstos en el artículo 36 de dicha ley[14].

Un señalamiento más que hace a la configuración del sistema legal sindical argentino que impone un régimen de sindicato único que, priorizando a aquella organización más representativa, despoja a la minoritaria de facultades para representar los "interés colectivos" de los trabajadores. Dicha manda legal ha sido declarada inconstitucional por la Corte Suprema de Justicia de la Nación[15], tras lo cual, al día de hoy, la representación de los intereses colectivos se extiende en tanto facultad de acción sindical también a las organizaciones gremiales minoritarias (denominados sindicatos simplemente inscriptos)[16].

Thomson Reuters), Buenos Aires, 2017, p. 583 – 681.

14 Artículo 36. — El máximo órgano deliberativo de las asociaciones sindicales de grado superior podrá disponer la intervención de las de grado inferior solo cuando los estatutos consagren esta facultad y por las causales que dichos estatutos determinen, garantizando el debido proceso. Esta resolución será recurrible ante la Cámara nacional de Apelaciones del Trabajo.

15 "Asociación Trabajadores del Estado c/Ministerio de Trabajo s/Ley de Asociaciones Sindicales", emitido el 11 de noviembre de 2008.

16 Vid. MUGNOLO, Juan Pablo, "El Aleph de la Corte", ABELEDO PERROT, Revista Laboral y Seguridad Social, Diciembre de 2008 – N° 23, Buenos Aires; "Deconstrucción del Modelo Sindical", Revista Derecho del Trabajo, La Ley, año LXXII, N° 1, Enero 2012, p. 5, Buenos Aires.

Por su parte, las relaciones de empleo público tramitan ante el Fuero Contencioso Administrativo Federal como regla general en proceso de deconstrucción por la doctrina. Hasta tanto, la Corte Suprema de Justicia de la Nación tiene dicho en sentencia en autos "Rizzo Carlos Adrián c/ Ministerio de Hacienda s/ juicio sumarísimo" de fecha 25 de octubre de 2022 tiene dicho que es competente la Justicia Nacional en lo Contencioso Administrativo Federal "al apreciarse que la vinculación jurídica existente entre las partes se desarrolló en el marco de actuación propio del Estado en la particular relación de empleo público, regida por normas y principios del derecho administrativo. Y que tal caracterización no se ve modificada por el hecho de que, además, en algún aspecto de la controversia pueda resultar aplicable una norma de derecho privado como lo son las concernientes a la tutela sindical de los empleados que reúnan las condiciones a las que la ley 23551 supedita esa protección, toda vez que el derecho administrativo no se desnaturaliza por la aplicación de distintos institutos de derecho común".

4. CAMPO DE APLICACIÓN OBJETIVO DE LA LÓGICA JURÍDICA DEL ACCESO A LA JUSTICIA LABORAL

La jurisdicción laboral, en la Argentina, tiene existencia desde 1945[17] ostenta competencias para asumir la resolución de todo tipo de reclamo que tenga su origen en un vínculo dependiente. Sea que se trate de un conflicto producido *ex ante* (por ej. Discriminación ejercida en el acto de la contratación), durante la propia relación contractual labora (por ej. Ius variandi abusivo, diferencias salariales, aplicación de una sanción considerada in-

---

[17] Sobre los orígenes de la Justicia Laboral en la Argentina vid. STAGNARO Andrés, "Derecho, trabajo y trabajadores: una reflexión sobre la justicia del trabajo en la argentina desde los extremos" *Historia, Direito e Trabalho: tópicos e aproximações metodológicas,* cap. IX, pp. 240 y ss.

debida), como así también *ex post* con las consecuencias de la ruptura del vínculo sea cual fuera su origen.

Si bien en la Argentina existe una jurisdicción especial en materia de Seguridad Social, la Justicia Federal de la Seguridad Social (pensiones, prestaciones, etc. etc.), bien es cierto que algunos aspectos propios de la materia son receptados por la Ley de Contrato de Trabajo N.° 20.744 (LCT) – que regula el empleo privado dependiente – y habilitan el acceso a la justicia laboral. Pueden mencionarse los casos previstos en el artículo 80[18] de la mencionada norma relativo a la obligatoriedad de entrega de los certificados de trabajo como así también los conflictos suscitados por retención indebida de aportes y contribuciones patronales al sistema de seguridad social, contemplados en el artículo 132 bis[19].

---

18 Art. 80. LCT Entrega de certificados. El Poder Ejecutivo Nacional establecerá en orden a la obligación de entrega de los certificados del artículo 80 de la Ley N° 20.744, un mecanismo opcional de cumplimiento de entrega a través de una plataforma virtual.

19 Art. 132 BIS. LCT. Si el empleador hubiere retenido aportes del trabajador con destino a los organismos de la seguridad social, o cuotas, aportes periódicos o contribuciones a que estuviesen obligados los trabajadores en virtud de normas legales o provenientes de las convenciones colectivas de trabajo, o que resulten de su carácter de afiliados a asociaciones profesionales de trabajadores con personería gremial, o de miembros de sociedades mutuales o cooperativas, o por servicios y demás prestaciones que otorguen dichas entidades, y al momento de producirse la extinción del contrato de trabajo por cualquier causa no hubiere ingresado total o parcialmente esos importes a favor de los organismos, entidades o instituciones a los que estuvieren destinados, deberá a partir de ese momento pagar al trabajador afectado una sanción conminatoria mensual equivalente a la remuneración que se devengaba mensualmente a favor de este último al momento de operarse la extinción del contrato de trabajo, importe que se devengará con igual periodicidad a la del salario hasta que el empleador acreditare de modo fehaciente haber hecho efectivo el ingreso de los fondos retenidos. La imposición de la sanción conminatoria prevista en este artículo no enerva la aplicación de las penas que procedieren en la hipótesis de que hubiere quedado configurado un delito del derecho penal.

Cabe destacar que, el campo de aplicación subjetivo y objetivo coinciden en la obligatoriedad impuesta por le legislación laboral sin la cual, el acceso a la justicia no prosperará. Puntualmente, en el caso argentino, es indispensable a efectos de estar a derecho, contar con patrocinio letrado, ya sea para iniciar una reclamación administrativa como un pleito judicial.

5. EL ACCESO A LA JUSTICIA LABORAL EN ARGENTINA: SOBRE LA EFICACIA DEL FUNCIONAMIENTO SISTÉMICO

En la Argentina, la Ley de Organización y Procedimiento de la Justicia Nacional del Trabajo N.° 18. 345 (LOP) prevé el impulso de oficio. Es decir que la acción y dinamismo de la causa judicial iniciada depende del accionar del juez, con excepción de la prueba informativa (art. 46)[20]. Dicho dato de carácter sistémico legal/ funcional, se encuentra lejos de garantizar un estándar de eficiencia en la resolución de causas judiciales de idéntico objeto y similar discurrir. La fluctuación en la demora resolutiva, tanto en la primera instancia como en la vía recursiva (Cámara Nacional de Apelaciones del Trabajo), constituye un dato negativo del funcionamiento real de acceso a la justicia el que responde a múltiples factores materiales, y va más allá del constructo tutelar procesal que garantiza, a priori y salvo excepciones, garantías formales de acceso a la protección de las leyes del trabajo. Así pues, el trabajador se encuentra habilitado por la norma legal para procurar la satisfacción de sus pretensiones (en sentido amplio) con las solas limitaciones procesales que, en el ámbito de la justicia nacional,

---

20 ARTICULO 46. LOP - Impulso de oficio. El procedimiento será impulsado de oficio por los jueces, con excepción de la prueba informativa. Este impulso de oficio cesará en oportunidad de practicarse la liquidación, una vez recibidos los autos de la Cámara o consentida o ejecutoriada la sentencia.

establece la ley de procedimiento laboral N °18. 345. Además, el juez está facultado a fallar *ultra petita* (art. 56 LO)[21].

En la misma línea de análisis, cabe mencionar - como un dato positivo en lo que acceso a la justicia refiere – cierta habilitación a instancias transaccionales que, de algún modo, promuevan la solución del conflicto jurídico contenido en la causa judicial. En particular, en los juicios ordinarios, luego de trabada la litis la ley impone la fijación de una audiencia en la que cual las partes serán convocadas a fin de procurar – el juez/la jueza – a arribar a una conciliación componedora[22]. Y más aún, siendo el resultado de dicha audiencia negativo en términos de acuerdo, la ley no impide a

---

21 ARTICULO 56. LOP - Facultades en materia de sentencias. Los tribunales podrán fallar ultra petisa, supliendo la omisión del demandante. La sentencia fijará los importes de los créditos siempre que su existencia este legalmente comprobada, aunque no resultare justificado su monto.

22 ARTICULO 80. LOP - Providencia de prueba. El juez, previa vista al fiscal, resolverá dentro del quinto día de contestado su traslado, las excepciones que no requieran prueba alguna. En el mismo plazo contado a partir del auto que tenga por contestada la demanda, la reconvención o las excepciones, proveerá al ofrecimiento de prueba rechazando por resolución fundada la que a su juicio fuera manifiestamente innecesaria, o tendiera a acreditar extremos ajenos a la forma en que quedará trabada la litis. Una vez examinada la prueba ofrecida y eliminada la superflua dispondrá que se produzca en primer lugar la correspondiente a las excepciones previas. La audiencia para la prueba oral se deberá celebrar dentro de los DIEZ (10) días posteriores al término del plazo que prescribe este artículo. En ella el juez intentará obtener de las partes un acuerdo conciliatorio. En cualquier estado del juicio podrá decretar las medidas de prueba que estime convenientes, requerir que las partes litigantes reconozcan los documentos que se les atribuyan, interrogar personalmente a las partes, a los peritos y a los testigos y recabar el asesoramiento de expertos: también podrá reiterar gestiones conciliatorias sin perjuicio de las que obligatoriamente deberá intentar en oportunidad de celebrarse la audiencia prevista en el párrafo tercero in fine. Asimismo el juez proveerá la liquidación e intimará el pago de las sumas y créditos derivados de la relación de trabajo que hayan sido consentidos en forma expresa o tácita por las partes en cualquier etapa procesal.

que el judicante convoque a otra audiencia nueva de conciliación (de oficio) o bien que haga efectivo un pedido de parte, en ambos casos tras la procura de conciliar intereses. Y más allá aún, las partes se encuentran habilitadas para presentar un acuerdo durante el transcurso del proceso judicial lo cual obligaría al juez a homologarlos en los términos del artículo 15 de la Ley de Contrato de Trabajo[23], en tanto se ajuste a una equilibrada composición respecto de los términos originales que dieron inicio al pleito.

Por último, resulta importante también destacar que en los casos de Recursos de Amparo o Juicios Sumarísimos, en la Argentina, el Código Procesal Civil y Comercial de la Nación en su artículo 360[24] establece la posibilidad procesal de una audiencia que, con fines conciliatorios, deberá celebrarse en este caso luego de trabada la litis y convocada por el juez de la causa a fin de indagar sobre la posibilidad de resolver el conflicto que le diera

---

23 Art. 15. LOP — Acuerdos transaccionales conciliatorios o liberatorios. Su validez. Los acuerdos transaccionales, conciliatorios o liberatorios sólo serán válidos cuando se realicen con intervención de la autoridad judicial o administrativa, y mediare resolución fundada de cualquiera de ésta que acredite que mediante tales actos se ha alcanzado una justa composición de los derechos e intereses de las partes. Sin perjuicio de ello, si una o ambas partes pretendieren que no se encuentran alcanzadas por las normas que establecen la obligación de pagar o retener los aportes con destino a los organismos de la seguridad social, o si de las constancias disponibles surgieren indicios de que el trabajador afectado no se encuentra regularmente registrado o de que ha sido registrado tardíamente o con indicación de una remuneración inferior a la realmente percibida o de que no se han ingresado parcial o totalmente aquellos aportes y contribuciones, la autoridad administrativa o judicial interviniente deber remitir las actuaciones a la Administración Federal de Ingresos Públicos con el objeto de que la misma establezca si existen obligaciones omitidas y proceda en su consecuencia.

24 Art. 360 CPCyCN. – "A los fines del artículo precedente el juez citará a las partes a una audiencia, que presidirá, con carácter indelegable. Si el juez no se hallare presente no se realizará la audiencia, debiéndose dejar constancia en el libro de asistencia. ....".

inicio, pudiendo incluso habilitar una instancia para mediación entre las partes.

En lo atinente a la posibilidad de que las partes cuenten con recursos procesales específicos y eficaces que le permitan impugnar aquellas soluciones judiciales que le resulte inaceptables, el régimen legal procesal laboral argentino cuenta con una coherente regulación de las competencias de la alzada. En el caso de la Justicia Nacional del Trabajo – tomada como delimitación a efectos del presente estudio y sin desmerecer las jurisdicciones provinciales en un país Federal - es la Cámara Nacional de Apelaciones del Trabajo. Los espacios recursivos son amplios, lo cual implica que durante el proceso, las partes encuentran habilitaciones legales para impugnar diversos tipos de resoluciones judiciales. Se prevé un mecanismo de apelación diferida durante toda la tramitación de la causa a fin de garantizar la celeridad del proceso (art. 110 LO)[25].

A su vez, las decisiones del mentado tribunal de alzada pueden ser revisadas mediante petición de parte y vía Recurso Extraordinario Federal y, en caso de ser este denegado, ir en Queja ante el Máximo Tribunal.

Última cuestión referida a la apelación de las decisiones judiciales en el proceso laboral en la Argentina: la revisión de lo resuelto solicitada y tramitada en instancias supranacionales. Argentina, al formar parte del Sistema Interamericano de Derechos Humanos[26], y al "haber aceptado" la competencia de la CIDH,

---

25 ARTICULO 110 LOP. - Apelaciones anteriores a la sentencia. Salvo el caso del artículo 146 y los de medidas cautelares, todas las apelaciones interpuestas aun en juicios priman facie inapelables, se tendrán presentes con efecto diferido hasta el momento en que se haya puesto fin al proceso de conocimiento, en primera instancia, con la sentencia definitiva.

26 Cfr. Comisión Interamericana de Derechos Humanos: "El Acceso a la Justicia como Garantía de los Derechos Económicos, Sociales y Culturales. Estudio de los Estándares fijados por el Sistema Interamericano de Derechos Humanos", en: https://www.cidh.oas.org/countryrep/AccesoDESC07sp/Accesodesci-ii.sp.htm

habilita la posibilidad de someter a una instancia supranacional aquellos casos en que el Estado Argentino vulnere o incumpla un Tratado Internacional en materia de Derechos Humanos[27]. Cabe subrayar que la instancia supranacional, en la Argentina, no puede ser considerada como una "cuarta instancia" pues así lo ha considerado la Corte Suprema de Justicia, lo cual conmina al apelante a que sus fundamentos de agravio no sean una revisión de lo decidido por la Corte Suprema de Justicia sino solo motivado por la conducta disvaliosa del Estado respecto de los Tratados Internacionales[28].

Un elemento más que desde la ingeniería procesal podría señalarse como garante del acceso a la justicia es la protección de los créditos laborales. Uno de los mecanismos referidos garantiza que con antelación a las decisiones judiciales pueda dictarse un embargo preventivo. Dicha acción pretende garantizar el crédito a futuro y puede ser solicitada ni bien se inicia la demanda como una medida cautelar inaudita parte, siempre que se den los supuestos del art. 62 de la ley 18345 que en su inciso a) establece que debe justificarse sumariamente que el deudor trata de enajenar, ocultar o transportar bienes, o que, por cualquier causa, se haya disminuido notablemente su responsabilidad en forma que perjudique los intereses del acreedor y siempre que el derecho del solicitante surja verosímilmente de los extremos probados. Supuesto que también se extiende ante la ausencia de contestación de demanda.

---

27 Cabe destacar que la Constitución Argentina, en su artículo 75 inc. 22 incorpora con jerarquía constitucional diversos tratados en materia de DDHH.

28 Vid. CSJN, "Ministerio de Relaciones Exteriores y Culto s/ informe sentencia dictada en el caso Fontevecchia y D`amico vs Argentina por la CIDH". El voto conjunto consideró que no correspondía hacer lugar a lo solicitado en tanto ello supondría transformar a la Corte IDH en una "cuarta instancia" revisora de los fallos dictados por los tribunales nacionales, en contravención de la estructura del sistema interamericano de derechos humanos y de los principios de derecho público de la Constitución Nacional.

Además de ello, ante la obtención de la sentencia de primera instancia, de acuerdo al art. 212 inc. 3 del CPCCN, la parte vencedora puede solicitar un embargo preventivo para asegurar el cobro de su crédito. En ese caso no necesita acreditar que se dan los supuestos antes enumerados, tan solo le basta con haber obtenido una sentencia favorable, aunque estuviese recurrida. En la etapa de ejecución se aplica el Código Procesal Civil y Comercial de la Nación y, en ese marco normativo, hay herramientas para perseguir la ejecución. Y la ley procesal labora, a su vez prevé la inapelabilidad de las resoluciones durante la ejecución (art. 109 LOP).

6. ORGANIZACIÓN DE LA JURISDICCIÓN LABORAL

El fuero laboral nacional se encuentra conformado por 80 juzgados de primera instancia y una Cámara Nacional del Trabajo que se divide, a su vez, en 10 salas, identificadas del I al X, integradas por un tribunal de 3 jueces cada una. A su vez, hay 8 fiscalías de primera instancia y una Fiscalía General del Trabajo que actúa ante la mentada Cámara Nacional de Apelaciones del Trabajo[29]. Cada una de las fiscalías de primera instancia evacúa vistas de 10 juzgados, quienes suelen solicitarle opinión al Ministerio Público Fiscal en el marco de la ley Orgánica del Ministerio Público Fiscal N ° 27.148 y en el marco de aquellas materias obligadas según la LOP (art. 80 ley N° 18.345). Los órganos judiciales (Juzgados y Salas) están conformados únicamente por personas que ingresaron mediando procesos propios de la carrera judicial. No todos los empleados deben contar con el título de abogado sino que solo es requerido de forma obligatoria para ciertos cargos. Además de la planta de los juzgados, el sistema cuenta con peritos especializados a los que recurren los magistrados según lo requiera las necesidades de la caus y el tipo de pleito (ver arts. 17 y 18 ley 18.345). Cabe hacer una aclaración, por cierto remitente a la

---

29 Cr. PIROLO, M. A., Derecho Procesal del Trabajo, Astrea, Buenos Aires, 2017, p. 2 – 62.

introducción del presente estudio, y es que en diciembre de 2024, la Legislatura de la Ciudad Autónoma de Buenos Aires, dictó una norma procesal propia que establece la creación de juzgados y fiscalías tanto para primer como segunda instancia (nada de ello sin un eventual/potencial conflicto competencial que por razones de economía literaria no introduciré en esta ocasión).

Volviendo sobre la dinámica del proceso laboral, en este caso focalizado en la prescripción legal, cabe afirmar que el proceso para la jurisdicción del trabajo es más rápido que el proceso civil en tanto la norma establece plazos cortos para las resoluciones provenientes del sistema. A modo de ejemplo, se establece un plazo de 3 días para que los jueces dicten providencias simples, 5 para las sentencias interlocutorias, 30 días para las sentencias definitivas de primera instancia y 60 para las de sala. Sumado a ello, el plazo con que cuentan las partes para contestar los traslados, impugnar pruebas u otros actos procesales de parte es 3 días. Finalmente, el plazo establecido por ley para apelar la sentencia definitiva son 6 días. También lo diferencia del proceso civil el hecho de que el traslado para contestación de demanda (art. 71 de la ley 18.345) permite al trabajador ofrecer prueba luego de que la parte demandada conteste la acción[30].

El inicio de la acción se construye desde la demanda siguiendo las prescripciones legales.

Siguiendo los recaudos del art. 65 LOP debiéndose adjuntar en dicho momento procesal la constancia de acta de cierre que da cuenta haber transitado por el Servicio de Conciliación Laboral Obligatorio ya mencionado (SeCLO) y del mismo modo, tributando a la obligación del patrocinio letrado, la demanda debe

---

30 ARTICULO 71 LOP. - Contestación de la demanda. La contestación de la demanda se formulará por escrito y se ajustará, en lo aplicable, a lo dispuesto en el artículo 65 de esta ley y en el artículo 356 del Código Procesal Civil y Comercial de la Nación. La carga prevista en el inciso 1° del artículo 356 del Código Procesal Civil y Comercial de la Nación no regirá respecto de los representantes designados en juicios universales.

estar firmada por un abogado (que puede ser apoderado o patrocinante).

Un dato importante el línea con el acceso a la justicia tiene que ver con el tratamiento de la prueba en el proceso laboral. El Código Procesal Civil y Comercial de la Nación (sección 2° - prueba documental) contempla un tratamiento riguroso de la prueba a fin de garantizar un proceso justo. Por su parte, la norma laboral de fondo contempla el asunto en sus artículos 9[31], 57[32] y 58[33] (LCT).

---

31 "*....En tal sentido se aplicará la regla general procesal, en virtud de la cual los hechos deben ser probados por quien los invoca, con plena vigencia de la facultad de los magistrados en la obtención de la verdad objetiva y el respeto a la seguridad jurídica*".

32 Art. 57. LO. Intimaciones. Presunción. Constituirá presunción en contra del empleador su silencio ante la intimación hecha por el trabajador de modo fehaciente, relativa al cumplimiento o incumplimiento de las obligaciones derivadas del contrato de trabajo sea al tiempo de su formalización, ejecución, suspensión, reanudación, extinción o cualquier otra circunstancia que haga que se creen, modifiquen o extingan derechos derivados del mismo. A tal efecto dicho silencio deberá subsistir durante un plazo razonable el que nunca será inferior a dos (2) días hábiles.

33 Art. 58. LOP. Renuncia al empleo. Exclusión de presunciones a su respecto. No se admitirán presunciones en contra del trabajador ni derivadas de la ley ni de las convenciones colectivas de trabajo, que conduzcan a sostener la renuncia al empleo o a cualquier otro derecho, sea que las mismas deriven de su silencio o de cualquier otro modo que no implique una forma de comportamiento inequívoco en aquél sentido. Respecto a la relación proceso / sujeto, el trabajador inmerso en un proceso laboral recibe quizás un trato tutelar más intenso y que podría sintetizarse en la aplicación del artículo 9 de la Ley de Contrato de Trabajo que positiviza el principio de la aplicación de la norma más favorable. Si se trata de juicios sumarísimos o amparos, estarán regidos por los arts. 43 de la CN, 321 y 498 del CPCCN, el art. 47 de la ley 23551 y la ley 16986. Y además de ello, debe confirmarse la existencia de procesos especiales, tanto ordinarios, como juicios ejecutivos (art. 139 LO), sumarísimos, cobro de aportes y contribuciones, indemnización por fallecimiento, reclamos por extensión de responsabilidad y juicios por ejecución de sentencia.

Por su parte, El art. 36 del CPCCN (aplicable directamente por el art. 155 LOP) y el art. 80 permiten al juez *decretar las medidas de prueba que estime convenientes, requerir que las partes litigantes reconozcan los documentos que se les atribuyan, interrogar personalmente a las partes, a los peritos y a los testigos y recabar el asesoramiento de expertos: también podrá reiterar gestiones conciliatorias sin perjuicio de las que obligatoriamente deberá intentar en oportunidad de celebrarse la audiencia prevista en el párrafo tercero in fine.*

En materia de prueba, es importante destacar la construcción pretoriana en cabeza de la Corte Suprema de Justicia de la Nación[34] que, en términos de acceso a la justicia, facilitó (y facilita) la acción reparativa perseguida por parte del trabajador[35]. La mentada interpretación sobre la carga[36] probatoria en el marco de relaciones laborales caracterizadas por un vínculo hiposuficiente, son una nota que en el sistema argentino de relaciones laborales tributan, reitero, a una ampliación del campo de protección tutelar en clave de acceso a la justicia. Y es que más allá del carácter de actor o demandado, en determinados supuestos, la carga de la prueba recae sobre ambas partes, en especial sobre aquella que se encuentre en mejores condiciones para producirla.

Dicha doctrina judicial ha tenido gran importancia en la resolución de distintos conflictos judiciales de diverso contenido.

---

34 Vid. MAZA, Miguel, 18 años de Jurisprudencia de la Corte Suprema de Justicia de la Nación en Derecho del Trabajo - 2003-2021 (Ed. Rubinzal Culzoni), Buenos Aires, p. 21 y ss.

35 Como criteriosamente señalaba CALAMANDREI respecto a la justicia: "...no es verdad que el proceso no tenga finalidad; si no la tuviese sería necesario inventarla para poder continuar estudiando ésta nuestra ciencia. Pero en realidad, finalidad tiene, y es altísima, la más alta que pueda existir en la vida: y se llama justicia". Cfr. CALAMANDREI Piero (1952); "Proceso y justicia"; Revista de Derecho Procesal; Año X nº 1, Buenos Aires.

36 Vid. GOLDSCHMIDT James (1936); "Derecho procesal civil"; Traducción de la 2da edición alemana por Leonardo Prieto Castro; Ed. Labor; Barcelona.

Sin dudas, el tratamiento de la discriminación en la relación de trabajo, en el marco del despido, ha sido uno de ellos y, por identificar una acción jurisprudencial inicial, cabe destacar la Sentencia "Pellicori"[37] del año 2011, donde CSJN dictó el precedente etableciendo que resulta suficiente, para la parte que afirma haber sido víctima de un despido discriminatorio, la acreditación de hechos que, prima facie evaluados, resulten idóneos para inducir su existencia, caso en el cual, corresponderá al demandado a quien se reprocha la comisión del trato impugnado, la prueba de que éste tuvo como causa un motivo objetivo y razonable ajeno a toda discriminación. Todo ello, enmarcado en la ponderación que el judicante debe hacer del corpues iuris elaborado por los comités de derechos humanos que -en tanto actúan en las condiciones de vigencia de los Tratados incorporados al artículo 75 inciso 22 de la Constitución Nacional Argentina- resultan intérpretes autorizados de dichos instrumentos en el plano internacional[38], en dos direcciones: (i) al reducir el grado de convicción que, respecto de la existencia del motivo discriminatorio, debe generar la prueba que recae sobre quien invoca ser víctima de dicho acto; (ii) al modular, a partir de lo anterior, la distribución de la carga de la prueba y la medida en que ésta pesa sobre el demandado al que se le imputa la responsabilidad por el mencionado acto. Todo ello

---

37 CSJN, C P. 489. XLIV, S 15/11/2011, "Pellicori, Liliana Silvia c/ Colegio Público de Abogados de la Capital Federal s/ amparo" y cita de sus precedentes Siri y Kot. El Tribunal tomó en cuenta, además, que el litigio ponía en juego el "ominoso flagelo" de la discriminación, cuya prohibición inviste el carácter de ius cogens, tal como ya lo había expresado en su precedente "Alvarez c. Cencosud SA", de 2010; que las pautas probatorias que asentaba no sólo asistían a las presuntas víctimas de discriminación en tanto que litigantes, sino que también tendían a evitar el desaliento que un régimen procesal opuesto pueda generar en otras víctimas en trance de decidir si acudirán o no en demanda de justicia; y que dichas pautas tributaban al combate contra la impunidad, la cual, "propicia la repetición crónica de las violaciones de derechos humanos".

38 Vid. CAJALEON CASTILLA, La convencionalización del Derecho del Trabajo y la estabilidad en el empleo, (Ed. Palestra), Perú, 2022.

-precisó el Alto Tribunal- parte de un dato realista: las serias dificultades probatorias por las que regularmente atraviesan dichas víctimas para acreditar, mediante plena prueba, el móvil discriminatorio, máxime cuando la temática involucra los principios de igualdad y no discriminación, elementos arquitectónicos del orden jurídico constitucional argentino e internacional que han alcanzado la preeminente categoría de ius cogens[39].

Cabe destacar que la apelación al recurso "procesal" de la apreciación probatoria no se limitó en la Argentina a los casos de discriminación, los cuales por la dimensión de su afectación de bien jurídico se destaca, sino que además puede mencionarse su expansión hacia otros campos de las relaciones laborales. Expansión que, según entendemos, debe ser leída en clave de acceso a la justicia (o la ampliación de su campo de juego real) y que involucró temas tales como aplicación convencional[40] o de Riesgos de trabajo[41]. Enumeración que sin ser taxativa pone en acto la impor-

---

39 Cfr. la posición de Hitters "SCBA, L 117.127, S 16/07/2014, "J. M. L. c/ Plunimar SA s/ Reinstalación (sumarísimo)".

40 SCBA, L 88.825, S 22/10/2008, "Espada Angélica Raimunda c/ Telefónica de Argentina SA s/diferencias de liquidación final" en la que se señaló que partir de la aplicación de las reglas que rigen la carga de la prueba, y en rigor de la perspectiva que brinda su atribución dinámica o interactiva, cabe reconocer que el empleador se encuentra en una posición de mejor y más fácil acceso a los medios que le posibilitarían acreditar que el trabajador -en vida- hubo de adherir al régimen del seguro de vida previsto por el art. 107 del C.C.T. 201/92, extremo negativo cuya configuración revelaría la improcedencia del reclamo del adicional por "quinquenio" establecido en el art. 63, 2° párrafo, del citado cuerpo convencional (CCT 201 Art. 107 Año 1992)".

41 SCBA, L 98.584, S 25/11/2009, "Bordessolies de Andres M c/ Consolidar SA y otro s/ Daños y Perjuicios" y 2 SCBA, L 116.857, S 27/08/2014, "P. R. A. c/ C. S y o A.D.T s/ Daños y Perjuicios". . "... no luce desacertada la decisión del a quo de atribuirle a la codemandada 'Consolidar A.R.T. S.A.' la carga de demostrar el efectivo cumplimiento de los deberes que -en materia de prevención, seguridad y fiscalización- la ley 24.557 y su reglamentación ponen en cabeza de las Aseguradoras de Riesgos del Trabajo. Si bien, de ordinario, corresponde a quien lo in-

tancia de la premisa relativa a la carga dinámica de la prueba y su incidencia en los procesos laborales.

En otra línea de análisis respecto del proceso laboral en sí, más precisamente la etapa final – podría decirse – de su devenir, cabe hacer referencia a la ejecución de las resoluciones judiciales.

Redundando sobre la centralidad que el acceso a la justicia adquiere en el presente estudio – condicionándolo y justificándolo – resulta fundamental que aquello que se haya decidido como resultante de un proceso judicial "justo" tenga total o máxima factibilidad de ser correspondido y cumplido. Es así pues que no pueden soslayarse aquellos cauces legalmente previstos para dar ejecución a las resoluciones judiciales en caso de que no se cumplan voluntariamente.

En la experiencia argentina, la legislación procesal atiende puntualmente a dicha problemática en la Sección 3 del Capítulo I al regular la liquidación e intimación, la excepción de pago y falsedad del documento que lo acredite, y el embargo y remate[42].

---

voca -el demandanteacreditar la culpa o negligencia del sujeto a quien le atribuye la responsabilidad, demostrando la configuración del factor subjetivo que torne viable dichadeterminación, en este caso, en cambio, atendiendo a la índole de las diligenciascuyo incumplimiento se invoca y, en particular, a las posturas asumidas por las partes en los escritos de constitución del proceso, no albergo dudas en cuanto a la necesidad de convalidar la decisión del a quo respecto de la adjudicación a la Aseguradora de Riesgos del Trabajo de la carga de acreditar el cumplimiento de los deberes cuya inobservancia denunció la accionante".

42 ARTICULO 132. - Liquidación e intimación. Recibidos loa autos de la Cámara o consentida o ejecutoriada la sentencia, el secretario del juzgado practicará liquidación y se intimará al deudor que, en el plazo fijado en la sentencia, pague su importe. Contra esta intimación solo procederá la excepción de pago, posterior a la fecha de la sentencia definitiva. ARTICULO 133. - Resolucldn de la excepción de pago. Si la prueba documental del pago no se agregare en el mismo acto en que se oponga la excepción, esta deberá ser rechazada sin más trámite. En caso contrario, el juez resolverá sumariamente, previa vista por TRES (3) días a la contraparte. En uno y otro supuesto la resolución será inapelable. ARTICULO 134. - Falsedad del documento. En caso de

A su vez, el embargo preventivo encuentra recepción en el art. 212 inc. 3 del Código Procesal Civil y Comercial de la Nación para los casos de obtención de sentencia en la primera instancia del proceso.

El proceso laboral, en lo que refiere al ejecución de sentencia, atiende dos situaciones fácticas posibles: a) pago voluntario, en cuyo caso se constituye una cuenta bancaria judicial a nombre del que resultó vencedor en el pleito y, la parte vencida, se encuentra pues obligada a depositar el monto que corresponda en dicha cuenta; b) si cupiera el embargo, habiéndose identificados fondos disponibles, se procede a transferirlos. En caso de un deudor renuente a cumplir, se pueden ejecutar/embargar/subastar/llevar a cabo medidas de cobro compulsivo a efectos de satisfacer el crédito reconocido.

También sobre la etapa de ejecución de sentencia cabe descotarse que, en el régimen legal argentino se prevé que cuando se trate resoluciones judiciales que declaran la nulidad de un despido (su ejecución), es el juez quien tras establecer fecha o plazo para que se proceda a reincorporar al trabajador/a, apercibe a la empleadora so pena de aplicar astreintes por cada día de retardo en el cumplimiento de la manda judicial.

---

no resultar auténtico el documento agregado para probar el pago, el juez impondrá al excepcionante una multa en favor de la contraparte, que no podrá exceder del TREINTA POR CIENTO (30°h) del monto de la liquidación. ARTICULO 135. - Deudor fallido o concursado. La ejecución contra el deudor fallido o concursado se deberá llevar al respectivo juicio universal. ARTICULO 136. - Embargo y remate. Si no se hubiere opuesto excepción o esta hubiere sido desestimada, se trabara embargo en bienes del deudor y se decretará la venta de ellos por el martillero que el juez designe, previo cumplimiento, en su caso, de la ley de prenda con registro e informe del deudor acerca de otros embargos sobre los mismos bienes, y, en lo sucesivo, se procederá de acuerdo con lo dispuesto en el Código Procesal Civil y Comercial para el cumplimiento de la sentencia de remate, pero los edictos se publicarán por un día en el Boletín Oficial. Para la designación de martillero no regirá lo dispuesto en el artículo 10 del Decreto - ley N° 4028/58.

7. REFLEXIÓN FINAL

El acceso a la justicia para el tratamiento de conflictos originados en las relaciones de trabajo en la Argentina encuentra un tratamiento completo y complejo.

La jurisdicción laboral cuenta con más de medio siglo de vigencia lo cual redunda en un estatus institucional destacable. Ello no implica necesariamente que su eficiencia se condiga con dicho estatus, ni que la sociedad mayoritariamente perciba que es "allí" el *core* de la justa composición de derechos. Sin embargo, podría concluirse con un dato que podrá resultar de utilidad para el operador jurídico, y es que, las fluctuantes dosis de insatisfacción que perciben o comprueban los actores sociales del trabajo y la sociedad toda, ha sido imputada a los contenidos de las normas de fondo y no, a priori, a las de forma. Dicho en otras palabras, más allá de su funcionamiento, las inconsistencias sistémicas parecieran radicar en la legislación laboral sustantiva la que, con razón o no, ha sido y es la destinataria de las reformas legislativas que se suceden ante la pétrea consistencia del régimen laboral procesal y su sistémica.

Brasil

Acesso à justiça, no âmbito das relações de trabalho, no Brasil[1].

NELSON MANNRICH

SUMARIO

RESUMO: No Brasil, há um modelo consolidado de facilitação do acesso do trabalhador à Justiça do Trabalho. Ele é gratuito aos trabalhadores de baixa renda ou que não conseguem pagar custas sem comprometer seu sustento. Às vezes notam-se abusos, contribuindo para eventual aumento dos processos trabalhistas, em especial pelo fato de o trabalhador não suportar honorários de sucumbência, quando vencido, entre outros entraves.

O acesso é facilitado de muitas formas, podendo o próprio trabalhador, por meio do *jus postulandi*, pleitear diretamente seus direitos. O mais comum, no entanto, é o trabalhador constituir advogado ou se utilizar de seu sindicato de classe. O Ministério Público do Trabalho e a Inspeção do Trabalho cumprem importante

---

[1] Texto apresentado no IV Encontro do Grupo do Panamá.

papel para que o trabalhador tenha facilidade de acesso à Justiça do Trabalho, da mesma forma que os sindicatos profissionais.

A Justiça do Trabalho é ramo especializado da Justiça, com competência para resolver conflitos entre empregado e empregador ou os decorrentes da relação de trabalho, inclusive dissídios entre empregados públicos e empresas públicas ou sociedades de economia mista. Também é competente para resolver outros conflitos envolvendo entidades sindicais, greves ou cobrança de multas impostas pela inspeção do trabalho, entre outros.

A Justiça do Trabalho não tem competência para solucionar questões previdenciárias ou decorrentes de acidentes do trabalho, tampouco conflitos envolvendo funcionários públicos da administração direta ou fundacional.

O Processo do Trabalho, desde o início, foi concebido para ser célere, com procedimentos simplificados. Aos poucos, no entanto, com o fenômeno da coletivização do processo e reconhecimento de interesses difusos e coletivos, houve legitimação extraordinária do Ministério Público do Trabalho ou de entidades sindicais para defesa dos interesses de coletividade de trabalhadores. Com essa massificação, houve aumento exponencial de reclamações trabalhistas e o Processo do Trabalho tornou-se extremamente complexo, inclusive nas instâncias recursais. Observa-se grande morosidade na fase de execução das sentenças.

PALAVRAS-CHAVE: Acesso à Justiça. Justiça gratuita. Honorários de sucumbência. Competência da Justiça do Trabalho. Relações de emprego e de trabalho. Celeridade. Processo do Trabalho. Recursos trabalhistas.

ABSTRACT: In Brazil, there is a consolidated model for facilitating workers' access to labor justice. Access to justice is free for low-income workers or those who cannot pay court fees without compromising their livelihood. Sometimes, abuses are noted, contributing to an eventual increase in the number of labor lawsuits, especially because the worker does not have to pay the legal fees if they lose.

Access to justice is facilitated in many ways, and the worker himself, through jus postulandi, can directly claim his rights, without a lawyer. The most common, however, is for the worker to hire a lawyer or seek out his trade union to file the lawsuit. The Labor Prosecutor's Office and the Labor Inspectorate play an important role in ensuring that workers have easy access to labor justice, as do professional unions.

The Labor Court is a specialized branch of the Judiciary, with jurisdiction to resolve disputes between employees and employers or those arising from employment relationships, including disputes between public employees and public or mixedeconomy companies. It is also competent to resolve other disputes involving labor unions, strikes or fines imposed on companies by labor inspectors.

The Labor Court does not have jurisdiction to resolve social security issues, nor disputes involving public employees of the direct administration or foundations.

The Labor Proceedings, from the beginning, were designed to be fast, with simplified procedures. Gradually, however, with the phenomenon of collectivization of the process and recognition of diffuse and collective interests, extraordinary legitimacy was given to the Labor Prosecutor's Office or labor unions to defend the collective interests of workers. With this massification, there was an exponential increase in labor complaints and the Labor Proceedings became extremely complex, especially in the appeals courts. Because of this, the execution phase of sentences is quite slow.

KEY WORDS: Access to Justice. Free legal aid. Legal fees. Jurisdiction of the Labor Court. Employment and labor relations. Procedural speed. Labor proceedings. Labor appeals.

1. INTRODUÇÃO

O direito de acesso à justiça compreende não só a garantia de ingressar em juízo, mas também a de ter um processo célere, efetivo e uma decisão proferida em tempo hábil.

O acesso à justiça, para Mauro Capelletti e Bryant Garth, representa o "mais básico dos direitos humanos e constitui requisito fundamental de um sistema jurídico moderno e igualitário que pretenda garantia, e não apenas proclamar os direitos de todos" [2]. No entanto, como advertem, corresponde a conceito amplo e comporta diversas variantes[3].

---

2 CAPPELLETTI, Mauro; GARTH, Bryant. Acesso à Justiça. Tradução de: Ellen Gracie Northfleet. Porto Alegre: Sergio Antonio Fabris Editor, 1988. p. 12-13.

3 CAPPELLETTI, Mauro; GARTH, Bryant. "Acesso à Justiça". In op cit., pág. 8.

No contexto do presente trabalho, a expressão "acesso à justiça" limita-se aos instrumentos oferecidos pelo Estado para prevenção e/ou solução de conflitos de natureza trabalhista, envolvendo empregador e empregado com subordinação típica e direta, bem como aquele que mantém relação de trabalho. O acesso refere-se tanto ao âmbito judicial, quando o órgão competente é a Justiça do Trabalho, quanto ao âmbito extrajudicial, quando são utilizados mecanismos alternativos, como mediação e arbitragem, tanto em espaços públicos, quanto privados.

Em outras palavras, a expressão "acesso à justiça", no contexto de prevenção e/ou resolução de conflitos trabalhistas, pode se referir tanto ao acesso aos Tribunais, para se obter uma solução judicial, quanto aos meios alternativos, como conciliação, mediação ou arbitragem.

No entanto, estes meios alternativos têm pouca utilização, como se dá com a arbitragem, cuja sentença arbitral nem sempre é reconhecida pela Justiça do Trabalho, nem sempre por questões formais. A própria mediação ou conciliação acabam ocorrendo no espaço da Justiça do Trabalho, pois os espaços privados nem sempre oferecem credibilidade.

A conciliação, por sua vez, constitui política judiciária disciplinada pelo Conselho Nacional de Justiça. A partir de 2006, introduziu-se importante movimento para incentivar a conciliação, embora desde o início da criação da Justiça do Trabalho, há previsão para se tentar a conciliação.

Mais recentemente, em especial com a pandemia, observa-se movimento importante de incentivo e valorização da mediação.

De qualquer forma, como será examinado mais adiante, quando se fala em acesso à justiça, no contexto deste artigo, está-se referindo especificamente à Justiça do Trabalho. Este acesso é facilitado ao extremo, seja em relação a custos, seja em relação ao apoio dado pelo Estado para quem pretende ingressar em juízo.

O acesso à justiça compreende questões teóricas e práticas. Quanto ao primeiro aspecto, há ampla doutrina a respeito, tema essencial para os estados democráticos de direito, para tornar efetivas as garantias envolvendo direitos fundamentais dos cidadãos; quanto ao segundo, envolvendo especificamente a *práxis* e volta-se ao funcionamento dos sistemas de acesso à justiça e como o ordenamento jurídico o viabiliza. E é este segundo aspecto que interessa para o presente texto, uma vez que o objetivo desta obra é facilitar a comparação com os diversos sistemas dos países envolvidos nesse projeto.

O presente texto está dividido em quatro partes, além da introdução e conclusão e, ao final, relação de autores consultados.

Incialmente, será examinada a influência dos instrumentos internacionais relativamente ao acesso à justiça. Em seguida, será feita análise da jurisdição como meio de solução de conflitos de trabalho, sob o prisma da competência da Justiça do Trabalho. Na parte seguinte, serão abordados aspectos processuais, como particularismos do Processo do Trabalho, além de outras questões como capacidade, legitimação e condições de acesso à Justiça. Será dada ênfase ao sistema de recursos contra decisões judiciais. Por fim, antes da Conclusão, será feita rápida referência à representação de interesses difusos ou coletivos e o papel de organizações como Ministério Público do Trabalho e sindicatos. Não haverá espaço suficiente para se enfrentar de forma mais abrangente a problemática da execução.

Por último, e não menos importante, aproveito para cumprimentar os coordenadores desse projeto, os professores Joaquim Garcia Murcia e Vasco Torres de Leon, bem como os colegas do chamado “Grupo do Panamá”, pelo aprendizado e convívio fraterno. Que esse esforço seja útil no sentido de aprimorar os sistemas de acesso à justiça como caminho seguro para fortalecer a democracia, de modo particular onde ela ainda está sendo consolidada, como ocorre com o Brasil.

2. INFLUÊNCIA DOS INSTRUMENTOS INTERNACIONAIS: A QUESTÃO DO ACESSO À JUSTIÇA, NO PLANO INTERNACIONAL, E SEUS IMPACTOS NO PLANO INTERNO

No âmbito da OIT – Organização Internacional do Trabalho, ao contrário do que ocorre com outras matérias trabalhistas, não existe norma específica sobre acesso à Justiça do Trabalho. Isso em razão dos diversos modelos nacionais e dos complexos e distintos procedimentos adotados pelos distintos países, o que certamente dificulta a construção de uma diretriz própria por parte de organismos internacionais, especialmente da OIT.

A amplitude do conceito de acesso à justiça não deveria impedir o preenchimento dessa lacuna, pela importância que o tema representa para as relações de trabalho, em especial no que se refere à solução e prevenção de conflitos do trabalho, mesmo porque corresponde a direito humano fundamental.

Talvez por essa razão, a OIT promoveu, no início de 2025, "Reunião técnica tripartite sobre acesso à justiça laboral para todos: prevenção e solução de conflitos laborais"[4]. Como se depreende desse documento, o objetivo do debate, que reuniu cerca de cinquenta países, foi o de apresentar, ao Conselho de Administração, recomendações sobre medidas eficazes para o acesso à Justiça do Trabalho.

Entre as propostas apresentadas, destaca-se a criação de instituições e mecanismos com vistas à prevenção e solução de conflitos, considerando-se as diversas práticas nacionais em matéria de acesso à Justiça do Trabalho.

Não se pode ignorar que o tema acesso à Justiça é um dos mais caros aos estados democráticos de direito, pela tradição milenar

---

4 Conf. https://www.ilo.org/es/meetings-and-events/reunion-tecnica-tripartita-sobre-el-acceso-la-justicia-laboral-para-todos (acesso em 25 de abril de 2025).

de se assegurar o devido processo legal, mesmo antes de surgirem esses organismos internacionais. Por óbvio que aos poucos foram sendo aperfeiçoados os instrumentos adequados para garantia de um julgamento justo, com forte influência de importantes documentos internacionais. Em consequência, foram sendo construídos sistemas complexos que dificultam a comparação, dificuldade esta que se pretende superar, na medida do possível, por meio dessa obra, em que o foco é a comparação, na medida do possível, dos modelos de acesso à Justiça do Trabalho, nos diversos países envolvidos.

Como assinalado, não há instrumentos vinculantes, no âmbito da OIT, em matéria específica de acesso à Justiça do Trabalho. Apontam-se apenas alguns que fazem referências a esse tema, de modo particular os relativos, de um lado, à negociação coletiva - instância de relevo para prevenção e solução de conflitos coletivos de trabalho e, de forma indireta, aos conflitos individuais de trabalho; e de outro lado, a mecanismos de conciliação e arbitragem.

Os únicos instrumentos, no âmbito da OIT, relativos a acesso à Justiça do Trabalho, são bastante antigos e correspondem a três Recomendações: n. 130, de 1967, relativa ao exame de reclamações; n. 94, de 1952, relativa à colaboração no âmbito da empresa e n. 92, de 1951, sobre conciliação e arbitragem voluntários.

Mesmo sem instrumentos vinculantes, a influência de tratados internacionais e outros instrumentos, em especial da OIT, bem como de seus princípios fundamentais e do conjunto de medidas de proteção ao trabalhador é extremamente importante para determinar as principais diretrizes do ordenamento jurídico brasileiro na construção de um aparato eficiente de acesso à justiça, de modo particular à Justiça do Trabalho.

Essa influência não deixou marcas apenas no chamado devido processo legal, quando a garantia do acesso à justiça se dá mediante o direito à ampla defesa ou ao contraditório ou mesmo ao duplo grau de jurisdição, como no acesso à própria Justiça do Trabalho. Ou seja, influenciou o sistema de tutela dos direitos de primeira geração, no âmbito das liberdades públicas, quando se observa o fenômeno da universalização do acesso à justiça, como um dever do Estado e um direito subjetivo do cidadão. Como se vê, essas portas de acesso à justiça estão abertas a todos os cidadãos em geral.

Entretanto, quando se fala que as diretrizes internacionais influenciaram o sistema de acesso à Justiça do Trabalho, está se referindo especificamente ao modelo implantado: uma Justiça célere e de acesso extremamente facilitado, além de um processo marcado pela oralidade e sem os excessos de formalidades, como em geral ocorre com o Processo Civil.

3. A JURISDIÇÃO COMO MEIO DE SOLUÇÃO DOS CONFLITOS DE TRABALHO: A COMPETÊNCIA DA JUSTIÇA DO TRABALHO PARA RESOLVER CONFLITOS DO TRABALHO

3.1. Primórdios da Justiça do Trabalho

A Justiça do Trabalho[5] passou a integrar o Poder Judiciário apenas na década de 1940. Antes disso, surgiram núcleos vinculados ao Poder Executivo para solução de conflitos, como os Tribunais Rurais, criados em 1922, no estado de São Paulo[6].

---

5 Conf., por todos, DELGADO, Mauricio Godinho; DELGADO, Gabriela Neves. Justiça do Trabalho: 70 anos de justiça social. Revista do TST, Brasília, v. 77, n. 2, p. 103-115, abr/jun 2011. CAPERUTO, Ada; SOUZA, Marcos da Cunha e; BENEVIDES, Mariana; SIMÃO, Luciano Galvão. Justiça do Trabalho: 80 anos de justiça social. Rio de Janeiro: Editora Justiça & Cidadania, 2021. p. 31-35.

6 Foram instituídos pela Lei Estadual de São Paulo nº 1.869. Eram integrados por um Juiz de Direito e dois membros, representando o locador e o locatário de serviços rurais, em geral colono imigrante europeu, sendo a primeira manifestação paritária, depois absorvida pela Justiça do Trabalho, por longo período. Esses tribunais resolviam litígios refe-

Em 1923, foi instituído o Conselho Nacional do Trabalho[7]. Correspondia a órgão de caráter consultivo, cuja missão se limitava a autorizar dispensas no setor público, além de instância recursal no âmbito previdenciário.

Com Getúlio Vargas no poder, a partir da década de 1930, foram instituídas Comissões Mistas de Conciliação e Juntas de Conciliação e Julgamento. Às primeiras competia resolver conflitos coletivos de trabalho, como órgãos de conciliação e, às segundas, conflitos individuais de trabalho, na condição de órgãos administrativos. Tanto as Comissões, quanto as Juntas podiam impor a solução do conflito, mas eventual execução era de competência da Justiça Comum.

Embora não integrasse o Poder Judiciário, a vocação da Justiça do Trabalho sempre foi a conciliação; não atingida esta, tinha competência para impor uma solução estatal.

A primeira Constituição a referir-se à Justiça do Trabalho foi a de 1934, já no período do chamado Estado Novo. Conferia-lhe caráter administrativo, vinculado ao Poder Executivo, com competência para resolver conflitos entre empregados e empregadores. Por sua vez, as Comissões de Conciliação e os Tribunais do Trabalho eram integrados por representantes classistas, de livre nomeação pelo Estado.

A Justiça do Trabalho foi mantida pela Carta outorgada em 1937, sendo instalada no dia 1° de maio de 1941. Em sua composição apontavam-se, além do Conselho Nacional do Trabalho, oito Conselhos Regionais do Trabalho e trinta e seis Juntas de Conciliação e Julgamento, presididas por juízes do trabalho.

A Constituição da República de 1946 integrou a Justiça do Trabalho ao Poder Judiciário. Pouco antes de sua promulgação[8], o

---

rentes a relações de trabalho, em sentido amplo, regulados pela legislação civil.

7 Decreto 16.027.

8 Coube ao Decreto Lei 9707 conferir nova estrutura à Justiça do Trabalho.

Conselho Nacional do Trabalho foi convertido no Tribunal Superior do Trabalho; os Conselhos Regionais do Trabalho em Tribunais Regionais do Trabalho, além de estruturada a carreira de juiz do trabalho mediante concurso público, com as garantias que a Constituição assegura aos magistrados. Também fixou em três anos os mandatos dos juízes classistas[9].

3.2 Súbita ampliação da competência da Justiça do Trabalho e sua lenta e progressiva redução: novos rumos em face de decisões do Supremo Tribunal Federal

A Emenda Constitucional n. 45, de 2004, ampliou a competência da Justiça do Trabalho, conferindo sentido mais amplo à expressão "relação de trabalho", não limitada à relação de emprego.

Essas competências envolvendo relação de trabalho, no entanto, aos poucos foram sendo acomodadas pelo Supremo Tribunal Federal, o que implicou sua lenta redução e grande frustração: as novas competências não eram tão amplas como se apresentavam.

Com efeito, aos poucos a competência foi sendo esvaziada. Assim, deixou de ser da competência da Justiça do Trabalho questões como as envolvendo servidor público[10]; complementação de benefícios previdenciários[11]; relações entre motoristas autônomos e empresas transportadoras[12]; representação comercial[13], entre outras.

---

9 A representação classista foi extinta pela Emenda Constitucional n. 24, de 09/12/99.

10 Conf. Reclamação nº 45.881.

11 Conf. julgamento do Tema 1092, nos Res 1265549, 586453 e 583050.

12 Conf. ADC 48, quando foi fixada a tese de que, neste caso, a relação não é de emprego. Trata-se de vínculo regulado por lei especial, prevalecendo a natureza comercial ou civil do vínculo.

13 No RE 606003 - Tema nº 550, de repercussão geral, o STF entendeu ser da Justiça Comum a competência, pelo fato de não existir no caso vínculo de emprego, mas relação comercial regida por Lei própria (Lei 4.886/65).

Atualmente, dois fenômenos chamam a atenção relativamente ao declínio da competência da Justiça do Trabalho. De um lado, o reconhecimento da licitude da terceirização[14]; de outro, o incentivo à contratação, pelas empresas ou tomadores de serviços, de trabalhadores autônomos – os chamados PJ (pessoa jurídica), conhecidos como "pejotas"[15].

De acordo com orientação do Supremo Tribunal Federal, havendo vínculo decorrente de relação comercial, mercantil ou civil, a competência é da Justiça Comum, exceto quando esta constata eventual fraude, quando então a competência é da Justiça do Trabalho.

Em especial estas duas situações vêm gerando grande debate e diversas críticas por parte de associações de magistrados[16], do Ministério Público do Trabalho[17], de procuradores do trabalho, de representações de trabalhadores[18] e de algumas representações de advogados. O estopim do clima de descontentamento foi a suspensão, determinada pelo ministro Gilmar Mendes, do STF, de todos os processos envolvendo esses dois temas acima referidos: terceirização e "pejotização"[19].

No lugar de apenas se fazer críticas ao Supremo Tribunal Federal, como se não fora esta a instância máxima para interpretar a

---

14 Conf. ADPF 324: "*a constitucionalidade da terceirização de atividade-fim ou meio, como forma de organização econômica lícita nas atividades*".

15 Conf. § púnico, do art. 444, da CLT, introduzido pela Lei 13.467/2017 e, ainda, o julgamento da ADC 66.

16 A ANAMATRA – Associação Nacional dos Magistrados da Justiça do Trabalho publicou nota em 24 de abril de 2025: Associações trabalhistas deflagram mobilização |nacional em defesa da competência da Justiça do Trabalho.

17 Conf. Nota do MPT sobre a suspensão de processos de pejotzação, de trabalho autônomo e afins. Repercussão Geral do Tema 1.389.

18 Conf. "Nota das Centrais Sindicais sobre Pejotização e o Processo no STF", de 17 de abril de 2025.

19 Conf. Entidades repudiam decisão de Gilmar que suspendeu ações de pejotização. In Migalhas n. 6.084.

Constituição da República, talvez essa crise pudesse ser uma excelente oportunidade para se refletir sobre novos rumos da Justiça do Trabalho. Em especial, refletir-se sobre o que exatamente está por trás dessa "redução" da competência da Justiça do Trabalho, e assim dar-lhe maior protagonismo.

Uma das questões envolvidas nesta celeuma está o papel protecionista do Direito do Trabalho em face da dificuldade de se admitir novos modelos de proteção, além da CLT, em face do surgimento de novos trabalhadores que podem celebrar outros contratos, além do contrato de trabalho.

3.3 Quem pode acessar a Justiça do Trabalho e que conflitos nela são resolvidos

A Justiça do Trabalho é órgão do Poder Judiciário com competência para resolver conflitos envolvendo relação de emprego e relação de trabalho, além de outros, inclusive relacionados ao contrato de trabalho, como cláusula de não concorrência, ou direito coletivo, como greve, ou mesmo ações de cobrança de multas impostas pela Inspeção do Trabalho.

Podem acessar a Justiça do Trabalho todo titular de um contrato formal de trabalho, como os empregados em geral, regidos pela CLT, ou regidos por estatutos próprios de proteção, como domésticos, rurais e mesmo trabalhadores da orla marítima, os chamados trabalhadores avulsos. Estes, embora não sejam empregados propriamente ditos, foram a eles equiparados, pela Constituição de 1998[20]. Tais empregados, individualmente ou em grupo, ou mesmo por meio do Sindicato de classe, têm amplo e facilitado acesso à Justiça do Trabalho para resolver conflitos individuais ou coletivos de trabalho.

Também podem acessar a Justiça do Trabalho empregados que, por trabalharem na informalidade, não foram registrados na CTPS

---

[20] Art. 7º, inc. XXXIV, da Constituição da República, de 1988.

– Carteira de Trabalho e Previdência Social, ou os que, embora tidos como autônomos, trabalham/trabalhavam com subordinação e se encontram/encontravam no mercado informal de trabalho.

Cabe ainda à Justiça do Trabalho processar e julgar ações envolvendo direito de greve[21], representação sindical, ou outras disputas entre sindicatos, entre sindicatos e trabalhadores e entre sindicatos e empregadores e mesmo cobrança de multas resultantes de autuações pelos auditores fiscais do trabalho[22].

A Justiça do Trabalho também tem competência para resolver conflitos envolvendo empregados públicos, contratados por empresas públicas ou de economia mista. Isso pelo fato de se aplicar a estes trabalhadores o regime da CLT[23].

A Justiça do Trabalho não tem competência para solucionar conflitos envolvendo seguridade social. Estes são resolvidos na Justiça Federal[24]. No entanto, a Justiça do Trabalho é competente para executar o recolhimento de eventuais contribuições devidas à Previdência Social decorrentes das sentenças por ela proferidas[25].

Por sua vez, ações envolvendo funcionários públicos, da administração pública direta e indireta, admitidos por concurso público e submetidos a estatutos próprios, são de competência ou da Justiça Federal, ou da Justiça comum, conforme o caso[26].

---

21 A competência da Justiça do Trabalho alcança inclusive ações possessórias ajuizadas em decorrência do exercício do direito de greve pelos trabalhadores da iniciativa privada, conforme Súmula vinculante nº 23, do STF.

22 Conf. art. 114, da Constituição da República, de 1988.

23 Art. 173, I, da CRFB/1988.

24 Ver art. 109, § 3º, da Constituição da República sobre competência delegada da Justiça estadual Comum para esse fim.

25 Conf. § 3º do art. 114 da CF/88.

26 Apesar do disposto no inc. I, do art. 114, da CRFB/1988, conf. a ADI n. 3.395: "A interpretação adequadamente constitucional da expressão "relação do trabalho" deve excluir os vínculos de natureza jurídico-estatutária, em razão do que a competência da Justiça do Trabalho não alcança as ações judiciais entre o Poder Público e seus servidores".

Da mesma forma, disputas envolvendo acidentes do trabalho, propostas contra o Estado, são da competência da Justiça comum, dos estados da Federação. No entanto, é da Justiça do Trabalho a competência para ações por dano moral ou material contra o empregador, decorrentes de acidentes do trabalho[27].

3.4 Justiça do Trabalho: sua estrutura e seus integrantes

A Justiça do Trabalho é órgão especializado da Justiça brasileira, com competência própria, conforme já referido acima[28]. Na base, encontram-se 1.587 Varas do Trabalho, sendo 1.573 Varas instaladas[29], onde atuam 2.922 magistrados de 1° grau, os chamados juízes do trabalho; na estrutura intermediária, funcionam 24 Tribunais Regionais do Trabalho, que contam com 553 desembargadores do trabalho e, no topo da Justiça do Trabalho está o Tribunal Superior do Trabalho, onde atuam 27 magistrados, denominados ministros.

Nas Varas do Trabalho, atuam juízes de carreira, submetidos a concurso público. Nos tribunais superiores – Tribunais Regionais do Trabalho e Tribunal Superior do Trabalho, além de magistrados de carreira, há os provenientes do Ministério Público do Trabalho e da advocacia, na proporção de um quinto dos membros do respectivo tribunal[30]. Há críticas a esse sistema, pelo fato de não haver concurso público e a escolha ser feita pelo presidente da República, a partir de lista tríplice. Mesmo assim, há vantagens que justificam este sistema.

De qualquer forma, aos magistrados do trabalho são conferidas as prerrogativas próprias da magistratura, como vitaliciedade,

---

27 Desde 2004, com o advento da Emenda Constitucional n. 45.

28 Conf. art. 114, da Constituição da República de 1988.

29 Ref.: TRIBUNAL SUPERIOR DO TRABALHO (Brasil). Relatório Geral da Justiça do Trabalho 2023. Brasília, DF: TST, 2023. Disponível em <RELATÓRIO JT 2023.indd> Acesso em: 29 abr. 2025. p. 17.

30 Conf. art. 111 A- e art. 115, da Constituição da República, de 1988.

inamovibilidade e irredutibilidade de vencimentos, para a garantia de sua independência e imparcialidade.

Como será retomado mais adiante, as partes podem recorrer da sentença de primeiro grau aos Tribunais Regionais do Trabalho, onde inclusive as provas podem ser reapreciadas. São admitidos recursos ao Tribunal Superior do Trabalho em casos de violação de lei federal ou da Constituição, bem como nas hipóteses de divergência jurisprudencial ou violação de Súmulas ou de precedentes, entre outras situações. Por fim, cabe recurso extraordinário ao Supremo Tribunal Federal, sempre que houver violação literal da Constituição. Admite-se, ainda, reclamação constitucional, em caso de violação de tese, por parte de tribunais inferiores, quando fixada em repercussão geral.

Para ilustrar, segue sinopse da estrutura da Justiça do Trabalho, no contexto do Poder Judiciário brasileiro.

PODER JUDICIÁRIO BRASILEIRO

Supremo Tribunal Federal (STF)

Tribunal Superior Eleitoral (TSE)

Superior Tribunal Militar (STM)

Tribunais Regionais Eleitorais (TREs)

Tribunais de Justiça Militar (quando existentes)

Juízes Eleitorais

Juízes Militares

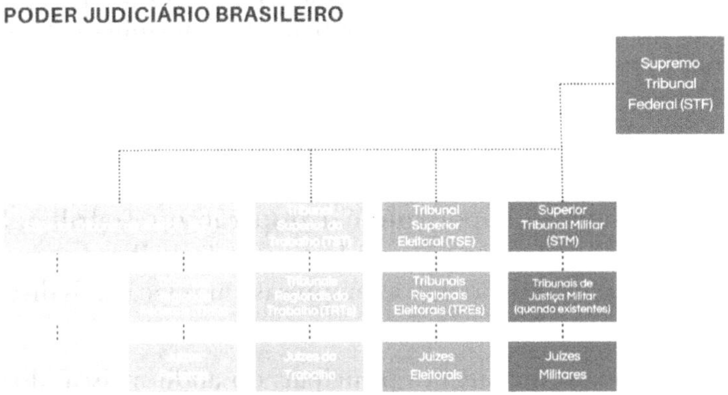

3.5 Meios de acesso à Justiça do Trabalho

No sistema jurídico brasileiro, há diversos meios apropriados para o interessado ter acesso à Justiça do Trabalho e procurar solução de eventual conflito trabalhista.

i) *Jus postulandi.*

ii) O trabalhador pode acessar diretamente a Justiça do Trabalho, sem advogado, por meio do *jus postulandi31*, o que não é comum.

iii) Advogado.

iv) Cada vez mais se valoriza a atuação do advogado para se acessar a justiça. A própria Constituição da República Federativa do Brasil reconhece que o advogado é indispensável à administração da Justiça[32].

v) Sindicato.

O trabalhador pode se utilizar também de seu sindicato. A entidade sindical presta relevantes serviços, seja por meio de advogados internos, seja de advogados externos, contratados para tanto. O trabalhador pode se utilizar da estrutura jurídica do sindicato sempre que ostentar a condição de sócio.

O sindicato tem legitimidade para representar os que trabalham em determinado ramo econômico, em determinada base territorial[33], em ações individuais ou plúrimas, e para propor ação civil coletiva, nas hipóteses de conflitos individuais homogêneos ou mesmo difusos, na condição de substituto processual.

(i) Inspeção do Trabalho.

Outra instituição importante é a Inspeção do Trabalho. Seu papel, no que se refere ao acesso à Justiça do Trabalho, é preventivo, na medida em que orienta as empresas em relação aos direitos dos empregados.

No entanto, as atribuições principais do auditor fiscal do trabalho são de fiscalizar a empresa e autuá-la, nos limites da lei.

---

31 Art. 791, da CLT.

32 Art. 133, da CRFB/88.

33 Como o Brasil ainda não ratificou a Conv. 87, da OIT, sobre liberdade sindical, persiste o regime de sindicato único, em determinada base territorial, para certa categoria profissional ou econômica.

Os auditores fiscais também atendem os trabalhadores, em plantões específicos. Se a reclamação do empregado envolver recusa por parte da empresa em efetuar seu registro na carteira de trabalho e tendo o auditor fiscal do trabalho elementos suficientes, a anotação é feita de ofício. Na falta de solução no âmbito administrativo, o conflito é encaminhado à Justiça do Trabalho[34].

(ii) MPT – Ministério Público do Trabalho.

O MPT também desempenha papel importante e cada vez mais vem se transformando em importante instrumento para facilitar o acesso à Justiça do Trabalho, em especial quando não tiver êxito seu papel investigatório.

O MPT, nos termos da Lei Complementar n. 75, de 1993, pode ingressar com ação civil pública na defesa da ordem jurídica trabalhista.

(iii) Outros meios de acesso.

Há outros expedientes, no âmbito privado, que facilitam a solução do conflito, sem necessidade de ingresso na Justiça do Trabalho. Citem-se as CCP - Comissões de Conciliação Prévia[35] e os órgãos de representação dos trabalhadores no interior da empresa[36], quando exigida sua constituição. Estes dois instrumentos, apesar da boa intenção do legislador, desempenham papel pífio.

(iv) Negociação coletiva.

Por fim, mencione-se a negociação coletiva. Aos poucos vem assumindo seu papel constitucional de prevenção e solução de conflitos.

A reforma trabalhista de 2017 deu novo impulso à negociação coletiva. Entre as principais inovações, limitou a interferência da Justiça do Trabalho tão somente às questões formais[37], não podendo o juiz do trabalho interferir no mérito ou resultado da nego-

---

34 Conf. art. 36 e ss, da CLT.

35 Conf. Lei 9.958, de 2.000.

36 Conf. art. 510 - A, da CLT.

37 Conf. § 3º, do art. 8º, da CLT.

ciação. Além disso, referida reforma não permitiu a ultratividade dos instrumentos normativos, limitando sua duração, no máximo, a dois anos[38], além de determinar que condições estipuladas em acordos coletivos prevalecem sobre as fixadas em convenção coletiva.

Para delimitar os espaços de autuação dos atores, sem ferir a ordem pública e estimular os sindicatos ao cumprimento de suas atribuições constitucionais, elencou quais as matérias que podem ou não ser negociadas[39], não vinculando a validade da negociação a contrapartidas[40].

Para aprofundar a reforma trabalhista, de 2017, foram criados quatro grupo de acadêmicos, em 2019[41]. Um deles, teve a incumbência de formular propostas para implantação da liberdade sindical. Este grupo, além de oferecer projeto de mudanças na organização sindical por meio do reconhecimento e implantação da liberdade sindical, propôs à negociação coletiva funções relevantes.

Pela proposta, além de criar a norma, caberia aos atores sociais o papel de resolver conflitos decorrentes da aplicação ou descumprimento da norma negociada, privilegiando-se a solução privada dos conflitos, como arbitragem ou mediação, como forma alternativa à solução estatal, em vista do alto custo que ela representa e em face do excesso de conflitividade. O projeto também não foi adiante[42].

---

38 Conf. § 3º, do art. 614, da CLT.

39 Conf. art. 611 A e art 611 B, da CLT.

40 Conf. § 2º, do art. 611 A, da CLT.

41 GAET - Portaria SEPRT/ME 1.001, de 4 de setembro de 2019.

42 Para maiores informações, conferir ROSSI, Alencar Naul, et alii. Liberdade Sindical e Negociação Coletiva. Uma proposta para o Brasil. São Paulo, 2022, Mizuno.

3.6 Facilidades de acesso à Justiça do Trabalho

O sistema brasileiro de acesso à Justiça do Trabalho é bastante facilitado, como já dito, em face da garantia do *jus postulandi43*. Há também o acesso gratuito, a depender da situação do autor da ação.

A reforma trabalhista de 2017, para evitar abusos e mesmo litigância de má-fé, alterou o sistema de gratuidade de acesso. As partes, além de pagamento de custas processuais, passaram a pagar também honorários de sucumbência ao advogado da parte vencida[44] [45].

Por outro lado, também em 2017, a lei passou a prever pagamento de honorários periciais[46], de responsabilidade da parte sucumbente, nos limites por ela fixados. Essa alteração foi criticada por alguns, pois teria dificultado o acesso à Justiça. Apesar das críticas, houve sensível redução de ajuizamento de reclamações trabalhistas. Segundo estatísticas, houve queda de 34,1% dos processos ajuizados na Varas do Trabalho, entre 2107 e 2018[47].

Alguns pilares da reforma trabalhista de 2017 ruíram e um deles refere-se à mudança em relação a critérios de justiça gratuita e honorários de sucumbência.

O Supremo Tribunal Federal julgou inconstitucionais alguns artigos introduzidos pela reforma de 2017[48], liberando o trabalhador, por exemplo, de pagar honorários periciais e de sucumbên-

---

43 Conf. arts. 791, *caput*, e 839, 'a', da CLT e Súmula 425, do TST.

44 Conf. art 791 – A, da CLT, introduzido pela Lei 13.467, de 2017.

45 O art. 22, da Lei 8.006, de 1984, já assegurava honorários de sucumbência, mas não se aplicava no Processo do Trabalho.

46 Conf. art. 790 – B, da CLT.

47 Conf. por todos https://g1.globo.com/trabalho-e-carreira/noticia/2022/11/11/reforma-trabalhista-completa-5-anos-reduzindo-processos-mas-com-criacao-de-vagas-abaixo-do-esperado.ghtml. Acesso em 20/04/2025.

48 Foram julgados inconstitucionais os artigos 790-B, caput e parágrafo 4º, da CLT e artigo 791-A, introduzidos pela reforma de 2017.

cia, sob condições que enuncia[49]. Entretanto, manteve o disposto no art. 844, § 2º, da CLT, que obriga o autor da ação, mesmo quando beneficiário da justiça gratuita, pagar custas quando não comparecer à audiência por motivo injustificável.

De acordo com decisão do Tribunal Superior do Trabalho, empregado ganhando até determinado valor de salário[50], além de isento do pagamento de custas, não precisa comprovar incapacidade econômica. E quem recebe acima desse teto têm direito à gratuidade, bastando simples declaração de pobreza, retrocedendo-se ao sistema anterior à reforma de 2017.

Em consequência de decisões do Supremo Tribunal Federal, julgando inconstitucionais aqueles dispositivos aprovados pela reforma de 2017, que exigiam cobrança de custas processuais e honorários de sucumbência, e a jurisprudência firmada junto ao Tribunal Superior do Trabalho, entre outros motivos, aquela redução do número de ações, que se verificou no período pós-reforma de 2017, durou pouco tempo, observando-se retomada do aumento[51].

---

49 Conf. ADIn nº 5766.

50 Ou seja, até 40% do teto do benefício do Regime Geral da Previdência Social - atualmente de R$ 8.157,41.

51 Segundo o juiz do trabalho Rogério Neiva, deve-se ao retorno da justiça gratuita o aumento das ações na Justiça do Trabalho. Conf. NEIVA, Rogério. Relatório mostra a litigiosidade na Justiça do Trabalho e a Justiça gratuita. In Consultor Jurídico, 05/02/2024. Contesta-se essa afirmação, alegando-se que esta alta litigiosidade se deve à negligência do empregador em cumprir a legislação trabalhista (conf. https://www.diap.org.br/index.php/noticias/noticias/92083-tst-amplia-direito-a-justica-gratuita-e-aprova-regra-que-deve-aumentar-acoes-trabalhistas#:~:text=O%20tribunal%20decidiu%20que%20trabalhadores,como%20era%20antes%20da%20contrarreforma)

3.7 Agilidade do processo

A Justiça do Trabalho tem-se destacado pela agilidade, oralidade e simplicidade, embora nem sempre é o que se observa. Muitas vezes há excesso de demora; da oralidade pouco restou; e a complexidade tomou o lugar da simplicidade do Processo do Trabalho.

Em geral, há muita rapidez entre a primeira audiência e a sentença, ocorrendo com frequência acordo na primeira audiência. Havendo recurso para o Tribunal Regional do Trabalho, haverá maior lentidão. Esta lentidão é agravada se houver recurso para os tribunais superiores, o que é possível em caso de divergência jurisprudencial ou violação de lei, entre outras hipóteses, além da comprovação da transcendência política, jurídica, social e econômica, nos recursos para o TST.

Por óbvio, o período de maior lentidão verifica-se na fase de execução da sentença, apesar de mecanismos eficientes, como penhora *on line,* inclusive de contas bancárias, entre outros.

Na Justiça do Trabalho também se utiliza o sistema de investigação patrimonial, podendo ser utilizado o instituto da desconsideração da personalidade jurídica, nos limites da lei e mediante instauração do Incidente de Desconsideração da Personalidade Jurídica[52].

Havendo ofensa direta à Constituição, a parte interessada poderá recorrer, posteriormente, para o Supremo Tribunal Federal, desde que comprovada afronta direta e literal a dispositivo constitucional, além de condicionado à prova da existência da repercussão geral da questão, hipótese em que a demora para se obter decisão final será ampliada.

---

[52] Conf. art. 855 – A, da CLT.

Figura 1.8.2. Prazos médios nas Fases de Liquidação e Execução. 2023.

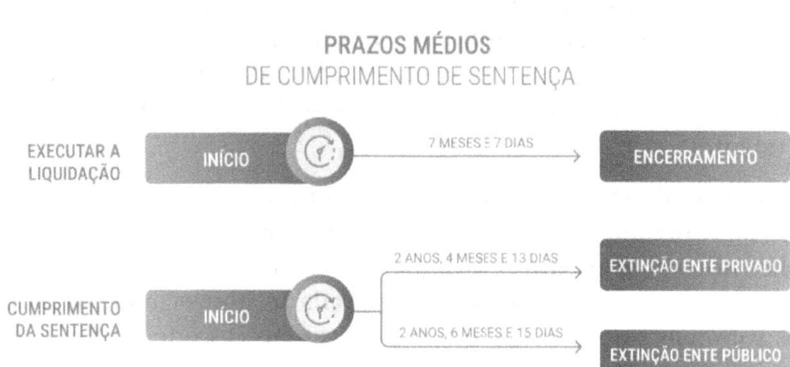

A Constituição da República Federativa do Brasil faz referência à duração razoável do processo [53], princípio nem sempre observado, seja pelo fato de a própria lei garantir o princípio do duplo grau de jurisdição, seja pela profusão de recursos possíveis ou mesmo pelo agravamento da conflitividade, com pautas de audiência muitas vezes extensas. Em 2023, há registro de mais de três milhões de ações trabalhistas.

Foi implantada nova sistemática processual de precedentes[54], com vistas à maior celeridade processual, mais segurança jurídica e melhor eficiência da atividade jurisdicional. A legislação evoluiu

---

53 Conf. inciso LXXVIII, do artigo 5º, da Constituição da República de 1998.

54 Para pesquisa do tema envolvendo precedentes, foram utilizados diversos estudos feitos por Maria Cristina Irigoyen Peduzzi, seja em artigos publicados em revistas especializadas, seja por meio de anotações de palestras por ela feitas ou mesmo por meio de suas decisões como ministra do Tribunal Superior do Trabalho. Por todos, exceto citações específicas, mencione-se PEDUZZI, Maria Cristina Irigoyen; ALMDEIDA, Fábio Portela Lopes de. O sistema brasileiro de precedentes, a distinção material relevante (*distinguissing*) e a Recomendação 134/2022, do CNJ. *In* MANNRICH, Nelson; BOSKOVIC, Alessandra Barichello, coord.s. Novas Relações de Trabalho e Novos Modelos de Proteção. O

em decorrência da necessidade de um sistema jurídico eficiente, célere e previsível.

Com essa nova sistemática, nosso sistema, tido como *civil law*, vem se aproximando do sistema inglês, o *common law*. Ou seja, ao invés de os Tribunais Regionais ou o próprio Tribunal Superior do Trabalho julgarem determinado caso, um a um, há preferência para formular teses, que serão aplicadas aos processos envolvidos, dando maior agilidade às decisões. Em outras palavras, o sistema de precedentes inaugura nova fase na história do sistema judiciário, introduzindo nova concepção de jurisdição, ao mesmo tempo em que dificulta revisão da decisão.

De acordo com esta nova sistemática, segundo Maria Cristina Irigoyen Peduzzi, "o Poder Judiciário procura não apenas resolver de modo atomizado e repressivamente os conflitos já instaurados, mas se preocupa em fornecer, de modo mais estruturado e geral, respostas às controvérsias atuais"[55]. Por esse motivo, ainda segundo a autora, nessa concepção moderna de jurisdição, "há necessidade de observância, não apenas dos precedentes vinculantes (*biding precedents*), mas também dos meramente persuasivos"[56].

Embora se trate de importante expediente, o sistema de precedentes deixa de atacar as causas do excesso de conflitividade. O modelo brasileiro de relações de trabalho é conflitivo, não só pelo excesso de intervencionismo estatal, de índole protecionista, como pelo ainda pífio papel reservado à negociação coletiva para prevenção e solução de conflitos. Não bastasse, pouco se valorizam os sistemas alternativos de solução de conflito.

---

novo pragmatismo do Direito do Trabalho e a Recente Jurisprudência do Supremo Tribunal Federal. São Paulo, Amanuense, 2024, p. 359 e ss.

55 Conforme PEDUZZI, Maria Cristina Irigoyen. O sistema de precedentes na Justiça do Trabalho: particularidades do recurso de revista. *In* Revista Juridica del Trabajo, Vol 5 Num 14 Año 2024, p. 214 e ss. Conf. http://revistajuridicadeltrabajo.com/index.php/rjt/issue/view/15.

56 Id., ib.

O embrião do sistema de precedentes tem origem em 1993, com a E.C. -Emenda Constitucional nº 3/1993 e com as Leis nº 9.868 e 9.882, de 1999. Com essa base legal, deu-se o primeiro passo para regular o efeito vinculante das decisões do STF – Supremo Tribunal Federal, nas hipóteses de controle concentrado de constitucionalidade[57]. Em consequência, as decisões da Suprema Corte impõem-se a todos os tribunais e órgãos ligado à administração pública, obrigados a cumpri-las.

Em 2004, com a Emenda Constitucional n. 45, o sistema de precedentes ganhou novo impulso, quando o efeito vinculante em controle concentrado teve *status* constitucional.

O sistema foi aperfeiçoado, entre 2006 e 2008, com as reformas do Código de Processo Civil, de 1973. Foi introduzido o sistema de súmulas impeditivas de recursos [58] e do recurso especial repetitivo[59], devido ao número elevado de recursos junto ao Superior Tribunal de Justiça, vinculando as instâncias ordinárias às suas decisões.

O Código de Processo Civil de 2015 deu novo impulso ao sistema de precedentes. Com a manutenção e aperfeiçoamento do sistema já implantado, consolidou-se a doutrina do *stare decisis* e a cultura da estabilidade e previsibilidade das decisões judiciais, quando a observância das decisões vinculantes do STF e do STJ é imposta de forma categórica a tribunais e magistrados. Com

---

57 Seja nas hipóteses de (i) ADC – Ação Direta de Constitucionalidade, quando se pretende a confirmação se determinada lei ou ato normativo está conforme a Constituição; de (ii) ADI – Ação Indireta de Constitucionalidade, destinada a se a obter declaração de inconstitucionalidade de lei ou ato normativo, seja federal, seja estadual; ou de (iii) ADPF – Arguição de Descumprimento de Preceito Fundamental. Neste caso, são questionados junto ao STF atos do Poder Público tidos como violadores da Constituição.

58 Conf. art. 518, § 1°, do CPC/1973.

59 Conf. art. 543-C, do CPC/1973, introduzido pela Lei nº 11.672/2008, que estabeleceu procedimento para o julgamento de recursos repetitivos junto ao Superior Tribunal de Justiça.

esse aperfeiçoamento, uma decisão judicial não é considerada fundamentada se contrariar súmulas vinculantes ou precedentes, cuja observância é obrigatória. Admite-se, no entanto, a hipótese de o juiz ou tribunal justificar a distinção a ser feita em determinada situação concreta ou quando já superado o precedente vinculante[60].

Somente a partir de 2014, as regras aplicáveis ao julgamento de recursos extraordinários e especiais repetitivos foram estendidas aos recursos de revista, no TST. Com isso, foi incorporado, na Justiça do Trabalho[61], o sistema de julgamento de recursos repetitivos com base nas alterações introduzidas nos artigos 896-B e 896-C, da CLT. Antes mesmo das alterações que viriam depois com o CPC de 2015, foi autorizada a remessa de questão relevante, ainda que não repetitiva, ao Pleno do TST[62]. Trata-se do Incidente de Assunção de Competência, depois previsto no CPC de 2015.

Com efeito, em face da nova sistemática de precedentes, consagrada pelo novo CPC, de 2015, a Justiça do Trabalho passou a regulamentar a aplicação dessas novas regras pela compatibilidade com o Processo do Trabalho[63].

Foi criado grupo de trabalho[64] para propor medidas e mesmo fortalecimento do sistema de precedentes. Em consequência, o CNJ – Conselho Nacional de Justiça aprovou[65] regras sobre o tratamento dos precedentes no direito brasileiro. Foram aprovadas diversas diretrizes, de modo que os precedentes fossem respeitados para concretização do princípio da isonomia e da segurança jurídica.

A Recomendação nº 134/2022, do CNJ dá destaque à importância do cumprimento dos precedentes, em especial do uso ade-

---

60 Conf. art. 489, § 1º, VI, do CPC/2015.

61 Conf. Lei nº 13.015/2014 e reformas introduzidas no CPC de 2015.

62 Conf. § 13 ao art. 896 da CLT, introduzido pela Lei nº 13.015/2014.

63 Conf. Instrução Normativa nº 39/2016.

64 Conf. Portaria nº 240/2020.

65 Conf. Recomendação nº 134 do CNJ, em 9 de setembro de 2022.

quado da técnica do *distinguishing* (ou distinção). Esta técnica deve ser usada com cautela, especialmente nesse momento de implantação do sistema, sendo normal resistências a mudanças. Por isso, devem as distinções ser apontadas de forma clara e objetiva, de modo a justificar a não aplicação do precedente, podendo o magistrado, com esses parâmetros, concluir se um precedente é aplicável ou não. Do contrário, corre-se o risco de essa técnica do d*istinguishing* ser mal utilizada ou mesmo banalizada, na contramão do objetivo principal do sistema a ser atingido, podendo ocorrer até possível aumento da própria conflitividade.

Os próprios Tribunais Regionais do Trabalho passaram a adotar, para fixação de teses, tanto o IRDR – Incidente de Resolução de Demandas Repetitivas, quanto o IAC – Incidente de Assunção de Competência.

Outra questão importante corresponde ao mecanismo oferecido às partes para assegurar a autoridade das decisões do TST: ajuizamento de Reclamação[66]. Sua importância também tem a ver com a preservação da autoridade das teses fixadas em precedentes qualificados (IRR, IAC e IRDR[67]).

O sistema dos precedentes, na Justiça do Trabalho, recebeu novo impulso com a reforma do Regimento do TST, em 2024[68], tornando possível o julgamento simplificado, em sessão virtual, de IRR – Incidente de Recurso Repetitivo, na hipótese de reafirmação de jurisprudência.

O TST também aprovou novas regras relativas a recursos em IRDR - Incidente de Resolução de Demandas Repetitivas ou IAC - Incidente de Assunção de Competência, julgados pelos Tribu-

---

66 Conf. artigos 111-A, § 3º, da Constituição Federal; 988 do CPC e 210 do RITST – Regulamento Interno do Tribunal Superior do Trabalho.

67 Conf. as Resoluções nos. 223/2024 d 224/2024, sobre recursos em IRDR - Incidente de Resolução de Demandas Repetitivas ou IAC - Incidente de Assunção de Competência julgados nos Tribunais Regionais do Trabalho.

68 Conf. Emenda Regimental nº 7/2024.

nais Regionais do Trabalho, sendo estabelecidas regras[69] a respeito dessa nova sistemática. Assim, passou a ser cabível recurso de revista em face do acórdão regional que julgar o mérito do IRR ou IAC e o aplicar ao caso concreto, tendo o julgamento do TST efeito vinculante.

Outra importante alteração[70] envolve o recurso cabível contra decisão que nega seguimento ao recurso de revista, na hipótese de haver conformidade do acórdão recorrido com precedente obrigatório aprovado pelo TST.

Pela sistemática anterior, cabia agravo de instrumento[71], quando o recurso deveria necessariamente ser submetido ao TST, para que este pudesse examinar se era cabível ou não. Agora, pela nova regra, cabe agravo interno, a ser julgado pelo próprio Tribunal de origem, não mais subindo ao TST.

Questiona-se se essa Resolução poderia alterar regra processual, que prevê recurso ao tribunal *ad quem*. Se vier a ser questionada junto ao STF, poderá gerar ainda mais conflitividade. Tudo indica que a política implantada pelo TST, por mais adequada que seja em face das mudanças recursais que devem ser implantadas para maior celeridade e segurança jurídica, acabou usurpando competência do Poder Legislativo[72], o que é inconstitucional.

Outro instrumento interessante para filtrar exame de recursos refere-se à transcendência[73]. Trata-se de critério de política judiciária, não de natureza puramente jurídica. Levam-se em conta critérios de conveniência e oportunidade, em face de aspectos políticos, jurídicos, econômicos e sociais. Com isso, o TST tem em mãos importante ferramenta para selecionar casos relevantes e, assim, selecionando determinados processos por este critério,

---

69 Conf. Resolução nº 223, de 25 de novembro de 2024, do TST.

70 Conf. Resolução nº 224, de 25 de novembro de 2024, o TST.

71 Conf. artigo 897, alínea "b", da CLT - Consolidação das Leis do Trabalho.

72 De acordo com o artigo 22, inciso I, da CRFB/1988, compete exclusivamente à União legislar sobre Processo.

73 Conf. art. 896 A, da CLT, introduzido pela reforma trabalhista de 2017.

julgar com mais eficiência e celeridade os recursos, que podem ser rejeitados de plano, inclusive em descompasso com os precedentes vinculantes[74].

4. ASPECTOS PROCESSUAIS. PARTICULARIDADES DO PROCESSO DO TRABALHO. A QUESTÃO DA CAPACIDADE, LEGITIMAÇÃO E CONDIÇÕES DE ACESSO À JUSTIÇA DO TRABALHO. SISTEMA DE RECURSOS CONTRA AS DECISÕES JUDICIAIS

4.1. Particularidades do Processo do Trabalho

Não há Código de Processo do Trabalho, apenas alguns projetos que não avançam. A falta de um Código do Trabalho gera insegurança jurídica, dando espaço para que alguns magistrados criem suas próprias regras.

A CLT apresenta apenas um conjunto de regras para regular o Processo do Trabalho. Havendo lacuna[75], aplica-se o CPC - Código de Processo Civil.

A aplicação do CPC depende de dois fatores: lacuna na CLT e compatibilidade com os princípios do Processo do Trabalho. Esta regra não foi revogada quando entrou em vigor o novo CPC/2015[76], que prevê sua aplicação supletiva e subsidiária nas regras processuais do trabalho, na ausência de regra específica.

As regras processuais do trabalho sempre se apresentaram com características próprias e muito avançadas para seu tempo, quando consolidadas em 1943: solução rápida e eficiente dos confli-

---

74 Conf. art. 896-A, parágrafos, da CLT.

75 Conf. art. 769, da CLT.

76 Conf. art. 15, do CPC/2015.

tos, alinhada com ritos bastante peculiares, como informalidade e oralidade, além de oferecer acesso simplificado à Justiça.

Por óbvio, nem sempre a celeridade é observada, pelas vicissitudes ao longo do processo, em especial na fase de execução da sentença.

Aspectos como citação foram, por exemplo, desde há muito simplificados. A parte é citada pelo correio, não por Oficial de Justiça, presumindo-se entregue a citação em quarenta e oito horas. Cabe à outra parte provar que não recebeu.

Outro aspecto peculiar é a vocação da Justiça do Trabalho para a conciliação. Em qualquer momento do processo é possível ocorrer o acordo, sendo o magistrado obrigado a tentar conciliação na primeira audiência.

Não bastasse, a Justiça do Trabalho, desde seus primórdios, esteve muito próxima da população, facilitando ao trabalhador reclamar seus direitos, mesmo sem a presença de advogado e de forma gratuita, a depender da renda do autor da ação.

Estes são apenas alguns dos muitos exemplos de como as regras processuais do trabalho sempre foram bastante simplificadas com vistas à celeridade da solução do conflito. Tais expedientes acabaram influenciando mudanças e simplificações do próprio Código de Processo Civil.

Com o passar dos tempos, parece que houve movimento inverso: as regras processuais trabalhistas ficaram mais complexas, enquanto as do Processo Civil passaram por reformas simplificadoras.

Hoje o Processo do Trabalho é eletrônico e o autos digitalizados, o que facilita sua agilidade, embora, às vezes, por falta de internet ou queda do sistema, acabam surgindo algumas dificuldades.

O processo tem início na Vara do Trabalho do local onde trabalha o autor, como regra geral, mediante petição escrita. Se por meio de reclamação verbal, será reduzida a termo.

O início do processo se dá por meio da reclamação trabalhista, devendo o autor ser qualificado, bem como a parte contrária ou mais de uma, quando for o caso.

Cabe ao autor esclarecer os fatos, devendo deduzir o pedido certo, determinado e líquido[77], desde logo indicando o valor da causa. Sobre este montante serão calculadas as custas processuais.

Na petição inicial, o autor deverá fundamentar seu pedido e indicar as provas que pretende produzir. Deverá juntar, quando for o caso, documentos que comprovam o quanto alega.

Não é obrigatória tentativa prévia de conciliação, embora prevista na CLT[78], uma vez que o STF decidiu ser inconstitucional esta exigência da Lei 9.958, de 2.000[79].

É possível tutela antecipada[80], podendo o juiz deferi-la, desde que presentes os pressupostos da verossimilhança do direito e fundado receio de ocorrer dano de difícil reparação[81].

Quanto aos modos e possibilidades de execução das resoluções judiciais, não haverá abordagem específica, pela exiguidade do espaço e para não prejudicar o escopo do trabalho, que é demonstrar como funciona o acesso à Justiça. Não bastasse, o tema é extremamente complexo e muitas vezes moroso em face da dificuldade para executar a sentença, seja em face do devedor direto, seja nas hipóteses de grupo econômico, seja de responsabilidade solidária ou mesmo subsidiária e, de modo particular, nas hipóteses envolvendo falência.

---

77 Conf. STF - RECLAMAÇÃO 79.034 (SÃO PAULO).

78 Conf. art. 625 A, e ss.

79 A decisão foi tomada no julgamento conjunto das Ações Diretas de Inconstitucionalidade (ADIs) 2139, 2160 e 2237, ajuizadas por quatro partidos políticos (PCdoB, PSB, PT e PDT) e pela Confederação Nacional dos Trabalhadores do Comércio (CNTC), conforme site do STF https://portal.stf.jus.br/noticias/verNoticiaDetalhe.asp?idConteudo=385353, acessado em 16 de abril de 2025.

80 Conf. Lei 8.952/94.

81 Conf. art. 294, do CPC/2015.

Nestes casos, a decisão é executada perante a Vara do Trabalho que julgou a ação, no processo de conhecimento.

4.2. Capacidade e legitimação

Aplicam-se subsidiariamente as regras do Código de Processo Civil, envolvendo capacidade e legitimação.

(i) Capacidade.

O autor poderá pleitear em juízo diretamente (*jus postulandi*)[82], não necessitando da presença de advogado, embora este seja indispensável à administração da justiça. De qualquer forma, o autor depende de advogado para recorrer da sentença e prosseguir na ação, dada a complexidade dos recursos e demais exigências.

Por isso o autor é usualmente representado por advogado, mediante mandato expresso[83] ou tácito[84]. Sendo menor, o autor deverá ser devidamente representado, na forma da lei[85]. Pessoas jurídicas ou entidades sem personalidade jurídica, como condomínios ou massa falida, serão representados por preposto ou gerente.

Há hipóteses de assistência judiciária, como de empregados que recebem salário até determinado valor [86]; em situações com esta poderá ser representado pelo seu sindicato de classe[87], com direito à gratuidade de justiça.

(ii) Legitimação.

No sistema processual trabalhista, a legislação prevê legitimação processual anômala ou extraordinária, hipótese em que o sindicato ou o Ministério Público do Trabalho, na condição de

---

[82] Conf. art. 791, da CLT.

[83] Conf. Art. 105, do CPC/2015.

[84] Conf. Art. 16, da Lei 1.60/50.

[85] Conf. Lei

[86] Até 40% do valor do Benefício do Regime Geral de Previdência Social

[87] Conf. Art. 790, § 3° e 4°, da CLT.

substituto processual, têm capacidade para defesa de direito de terceiro, sem autorização da parte. Estas situações podem ocorrer em processos em que se pleiteiam adicional de insalubridade ou de periculosidade[88], reajustes salariais[89], entre outras hipóteses.

4.3. Sistema recursal

Tendo em vista a complexidade envolvendo recursos no Processo do Trabalho, serão abordados de forma objetiva apenas as principais modalidades de (i) recursos nos dissídios individuais e nos (ii) dissídios coletivos, de modo a facilitar a melhor comparação com outros sistemas jurídicos.

Não serão examinadas questões doutrinárias, como princípios envolvendo recursos (unirrecorribilidade, variabilidade, unicidade, fungibilidade, intertemporabilidade, entre outros), ou aspectos práticos, como efeitos dos recursos, contagem de prazo, ou envolvendo peticionamento eletrônico[90], entre tantas outras abordagens práticas de um tema extremamente técnico e complexo.

Da mesma forma, não serão examinados recursos de ordem administrativa, mandado de segurança, tampouco determinadas modalidades de recurso, como as reclamações constitucionais, entre tantas outras. As reclamações constitucionais, de modo particular, destinam-se a preservar a competência dos tribunais superiores e ao mesmo tempo garantir a autoridade das decisões proferidas pelo STF – Supremo Tribunal Federal, STJ – Superior Tribunal de Justiça e TST – Tribunal Superior do Trabalho. Em

---

88 Conf. Art.195, § 2°, da CLT.

89 Conf. Art. 3°, da Lei 8.073/90.

90 Para aprofundar estas questões, MARTINS FILHO, Ives Gandra da Silva. Manual de Direito e Processo do Trabalho, 30ª. Ed. São Paulo, Saraiva, 2025, p. 358 e ss. Grande parte das questões a seguir examinadas foram retiradas deste livro.

síntese, destinam-se a preservar a autoridade de suas decisões e a segurança jurídica.

(i) Recursos nos dissídios individuais.

No sistema processual trabalhista, há diversas modalidades de recursos, destacando-se os seguintes:

a) Recurso Ordinário.

O recurso ordinário destina-se a rever, pelo Tribunal Regional do Trabalho, decisões proferidas por juízes do trabalho, nas Varas do Trabalho, ou por juízes de direito, na justiça comum, quando investidos de jurisdição trabalhista.

O recurso ordinário é também interposto em face de decisão proferida por Tribunal Regional do Trabalho em dissídios de sua competência originária[91].

O recurso deverá ser interposto pela parte interessada, no prazo de oito dias, contados em dias úteis a partir da intimação da sentença. Os prazos são diferentes quando se tratar da Fazenda Pública, Ministério Público do Trabalho, por exemplo.

O recurso poderá ser de ofício, nas diversas situações previstas em lei, como nos dissídios em que está envolvida a União ou outras pessoas de direito púbico, como autarquias ou fundações, para exemplificar.

Para recorrer, a parte deverá recolher custas no importe da condenação, ou até o limite fixado pela autoridade competente[92].

O efeito do recurso ordinário é devolutivo. Em consequência, o autor da ação já pode iniciar a execução provisória, até a garantia da execução, enquanto a outra parte poderá rever matéria de fato e de direito, contida na sentença.

Na hipótese de a decisão do juiz estar alinhada com súmula do TST ou do STF, o recurso poderá ser trancado pelo magistrado[93],

---

91 Art. 895, da CLT.

92 Atualmente, o valor é de C4 13.133,46.

93 Conf.art.518, § 1 °, do CPC/73 e art.101, § 3°, do CPC e art. 659, VI, da CLT.

independentemente da admissibilidade do recurso junto ao TRT, em vista do duplo grau de jurisdição.

Ao contrário da decisão de primeiro grau, que é monocrática[94], a decisão em segundo grau, nos Tribunais Regionais, é colegiada, quando participam, ao menos, três desembargadores.

b) Recurso de revista.

Admite-se recurso de revista das decisões dos Tribunais Regionais apenas em hipóteses restritas, com vistas à uniformização da jurisprudência[95], como em casos de violação formal e direta à Constituição ou à lei federal. Admite-se ainda, em caso de divergência jurisprudencial, com vistas à segurança jurídica e previsibilidade das decisões. Não se admite revisão de fatos ou provas em sede de recurso de revista[96].

A admissibilidade do recurso de revista depende de demonstração da transcendência, como já referido acima.

Também é admissível recurso de revista no curso da execução da sentença, quando houver afronta direta à Constituição[97].

Decisões dos Tribunais Regionais do Trabalho, quando conforme com os precedentes do TST, só admitem recurso ao órgão especial do próprio Tribunal Regional, conforme exposto acima.

O prazo para recorrer de revista é de oito dias, da publicação do acórdão do Tribunal Regional.

O recurso de revista tem efeito apenas devolutivo. No entanto, em situações excepcionais, é possível concessão de efeito suspensivo[98].

---

94 Quando vigente o sistema de representação classista, a decisão não era apenas do juiz de carreira.

95 Conf. Instrução Normativa n. 23, de 2003, do TST e Lei 13.015/2014.

96 Conf. Súmula 126, do TST.

97 Conf. art. 896, § 20., da CLT e Súmula 266, do TST.

98 Aplicação subsidiária do art. 1029, § 5°, do CPC/2015. Conf. também Súmula 414, I, do TST.

c) Embargos.

Há duas modalidades de embargos: de divergência e declaratórios.

(i) Embargos de divergência.

O sistema recursal trabalhista prevê embargos de divergência quando demonstrada divergência jurisprudencial, seja em face de decisões de turmas do TST, seja da SDI – Seção de Dissídios Individuais.

Cabem embargos de divergência, ainda, nas hipóteses de divergência à súmula do TST ou contrariedade à súmula vinculante do STF.

O prazo para interpor embargos é de oito dias e seu efeito é tão somente devolutivo.

(ii) Embargos declaratórios.

Já os embargos declaratórios são opostos no prazo de cinco dias, dirigidos ao órgão que proferiu a decisão[99]. Para interpor estes embargos deverá a parte interessada demonstrar que a decisão contém lacuna, obscuridade ou contradição. Não é instrumento adequado para rever a decisão prolatada.

Quando o órgão prolator sanar a omissão apontada, a decisão terá efeito modificativo[100], o que ocorre excepcionalmente, hipótese em que a parte contrária deverá ser notificada[101].

Os embargos declaratórios interrompem o prazo para interpor o recurso cabível apenas quando tempestivos e observadas exigências legais[102]. Sendo meramente protelatórios, o magistrado poderá aplicar multa incidente sobre o valor da causa, aumentada em caso de repetição dos mesmos embargos[103].

---

99 Conf. art. 897 A, da CLT.

100 Conf. súmula 278, do TST.

101 Conf. OJ 142, da SBDI – 1, do TST.

102 Conf. art; 1026. Do CPC/2015.

103 Conf. art. 1026, § 2º do CPC/2015.

d) Agravos.

O sistema recursal prevê três modalidades de agravo: de instrumento, regimental e de petição.

(i) Agravo de instrumento.

O agravo de instrumento é interposto no prazo de oito dias, na hipótese de denegação de seguimento a recurso[104]. Poderá ser interposto para enfrentar obstáculo apresentado pelo relator que denegou seu seguimento ou para demonstrar que o recurso está coerente com o tema recorrido. A parte interessada em agravar deverá efetuar o depósito recursal, além da observância de diversos requisitos[105].

(ii) Agravo regimental.

Já o agravo regimental ou interno é admitido[106] em face de despacho denegatório a recurso no próprio Tribunal ou em face de decisão de presidente de Turma do TST que denegar seguimento aos embargos à SBDI – I, do TST[107]. Deverá ser interposto no prazo de oito dias.

(iii) Agravo de petição.

Por sua vez, o agravo de petição poderá ser interposto em face de processo em fase de execução de sentença[108]. O prazo recursal neste caso é de oito dias também.

e) Recurso extraordinário.

A legislação prevê, por fim, recurso extraordinário, ao STF, nas hipóteses de a decisão recorrida ofender de forma direta e literal a Constituição da República. Não se admite em casos de ofensa reflexa[109]. A matéria constitucional violada deve estar prequestionada na decisão recorrida[110] e não pode implicar revolvimento de

---

104 Conf. art. 897, b, da CLT.

105 Conf. art. 897, § 5º, da CLT.

106 Conf. art. 1021 do CPC/2015.

107 Conf. art. 235, X, do RITST.

108 Conf. art. 897, a, da CLT.

109 Como se dá com o princípio da legalidade. Conf. Súmula 636, do STF.

110 Conf. Sum.282 e 356, do STF.

fatos e provas[111]. Devem ser esgotados todos os recursos cabíveis e seu efeito é meramente devolutivo.

(ii) Recursos nos dissídios coletivos.

Há duas modalidades de recurso em sede de dissídios coletivos: recurso ordinário e embargos infringentes.

No Brasil, ainda é mantido o poder normativo da Justiça do Trabalho. Havendo impasse na negociação coletiva, a parte interessada poderá ajuizar dissídio coletivo perante o Tribunal Regional, se a representação sindical está sediada em sua jurisdição, ou junto ao TST, quando envolver categorias com sede em mais de um estado da federação, à exceção do estado de São Paulo, que mantém dois Tribunais Regionais.

A legislação brasileira prevê duas modalidades de dissídios coletivos: de natureza econômica, com vistas a estipular condições de trabalho, quando a sentença tem natureza constitutiva; ou de natureza jurídica, destinado a interpretar determinada cláusula do instrumento normativo celebrado pelas entidades sindicais. Neste caso, a sentença normativa tem natureza declaratória.

Por meio do recurso ordinário, a parte interessada busca rever a decisão do Tribunal Regional junto ao TST. Este recurso tem efeito suspensivo, a ser conferido pelo presidente do TST[112].

Admitem-se embargos infringentes nos recursos em sede de dissídios coletivos envolvendo categorias em âmbito nacional. Neste caso, as partes entram com embargos junto ao próprio TST, nas hipóteses em que a Seção de Dissídios Coletivos não é unânime em relação a cada cláusula do instrumento normativo.

---

111 Sum. 279, do STF.

112 Conf. art. 14, da Lei 10.192, de 2001.

5. PAPEL DAS ORGANIZAÇÕES E REPRESENTAÇÕES COLETIVAS

Houve necessidade de ampliação do acesso à Justiça. Para tanto, foram produzidas reformas no Código de Processo Civil, como o alargamento do conceito de legitimidade processual e de interesse de agir.

O reconhecimento constitucional de interesses difusos e coletivos, a ampliação de hipóteses de legitimação extraordinária, tanto ao MPT - Ministério Público do Trabalho, quanto aos Sindicatos, no âmbito da Justiça do Trabalho, para a defesa judicial desses direitos, fez crescer o número de processos, como ações civis públicas e ações civis coletivas, entre outras.

O chamado movimento de coletivização do processo[113], iniciado com reformas do sistema processual, a partir dos anos 60, do século passado, permitiu, de um lado, o acesso à justiça de pessoas mais pobres, por meio da assistência judiciária gratuita[114] e, de outro, submissão, à Justiça, de situações envolvendo macro lesões, por meio da legitimação de entidades específicas para defesa de interesses difusos de grupos de lesados[115], além de movimento mais recente de acesso amplo à Justiça, por meio de sistemas alternativos de solução de conflitos, como ocorreu com as Comissões de Conciliação Prévia[116], entre outras hipóteses.

5.1. Ação Civil Pública - ACP.

Instituída inicialmente para defesa do meio ambiente ou dos direitos do consumidor, de modo particular, houve sua ampliação com a Constituição de 1988 para defesa de outros interesses, se-

---

113 Conf. Ives, p. 459 e ss.

114 Conf. Lei 5.584/70, sobre Gratuidade da Justiça, entre outras importantes leis.

115 Conf. Lei 7.347/85, que regula a Ação Civil Pública.

116 Conf. Lei 9958/2000.

jam difusos, sejam coletivos[117], inclusive de direitos individuais homogêneos.

Na defesa dos interesses acima apontados, há diversas entidades legitimadas, podendo propor a ação tanto o Ministério Público, quanto entes de direito público e mesmo associações, inclusive sindicatos. Mas, enquanto o Ministério Público tem por missão a defesa da ordem jurídica trabalhista (no caso do Ministério Público do Trabalho - MPT), os sindicatos têm a missão constitucional da defesa dos interesses individuais e coletivos dos trabalhadores, observada sua representação legitimada conforme sua base territorial e por categorias econômicas e profissionais.

Assim, o papel do MPT, em especial a partir da Constituição de 1988, é relevante e sua atuação tem importância fundamental na defesa da ordem jurídica trabalhista, chegando inclusive a atuar no vácuo deixado, seja pelos sindicatos, seja pela própria inspeção do trabalho.

A atuação do MPT ocorre por meio de procedimentos investigatórios, pelos quais reúnem provas para ajuizar a ACP. Tem importância, ainda, a possibilidade de a empresa ou entidade descumpridora da legislação trabalhista ajustar um prazo para se regularizar, mediante assinatura do chamado TAC – Termo de Ajuste de Conduta. Caso não seja cumprido esse termo de ajuste, cabe ao MPT executá-lo, perante a Justiça do Trabalho, sejam obrigações de dar ou fazer, previstas no TAC, seja pagamento de multas por descumprimento de cláusulas ajustadas, ou indenizações por dano moral coletivo.

O MPT também tem competência para propor ação para declarar nulidade de cláusula de acordo coletivo ou convenção coletiva que viole liberdades individuais ou coletivas ou direitos individuais indisponíveis dos trabalhadores[118].

---

117 Conf. Art. 129, III, da Constituição de1988.

118 Conf. julgamento da ADI 1852, na qual o STF considerou constitucional o art. 83, IV, da LC 75/93, que dá competência ao MPT para propor essa modalidade de ação.

Há dificuldade para se estabelecer o que direito é indisponível e, em consequência, quais os limites entre o que é passível ou não de ser negociado. A reforma trabalhista de 2017 estabeleceu rol de matérias passíveis de negociação[119], bem como de matérias indisponíveis em sede de negociação[120], de forma didática e exemplificativa, para estimular a negociação em ambiente de segurança jurídica. Mas, como esse rol é apenas exemplificativo, outras matérias podem ser objeto de negociação, da mesma forma como determinadas matérias tidas como passíveis de negociação, podem ser alegadas pelo MPT como indisponíveis, o que pode gerar insegurança.

O STF [121]já se manifestou sobre esse tema, mas a solução dada parece estar longe de pacificar esse debate. Neste julgamento, a Suprema Corte fixou a seguinte tese:

"*São constitucionais os acordos e as convenções coletivos que, ao considerarem a adequação setorial negociada, pactuam limitações ou afastamentos de direitos trabalhistas, independentemente da explicitação especificada de vantagens compensatórias, desde que respeitados os* ***direitos absolutamente indisponíveis***."

No lugar de estabelecer fronteiras claras entre o que é disponível e o que não é, para facilitar esta distinção, a parte final do dispositivo "*desde que respeitados os* ***direitos absolutamente indisponíveis***" acabou abrindo espaço para atuação do MPT, bem como para que sindicatos ou trabalhadores individualmente ingressem com ações para anular cláusulas de instrumentos normativos, na contramão da segurança jurídica esperada, com possível desestímulo à própria negociação coletiva, causando grande passivo trabalhista para empresas.

Os sindicatos, por sua vez, na condição de substitutos processuais, podem acessar a Justiça do Trabalho, em nome do trabal-

---

119 Conf. art. 611 – A, da CLT.

120 Conf. art. 611 – B, da CLT.

121 Conf. Tema 1.046, de Repercussão Geral.

hador, quando envolver defesa de interesses individuais homogêneos ou difusos[122], conforme já acima referido[123].

6. CONCLUSÃO

O acesso à Justiça do Trabalho tem a ver, para o trabalhador, com a forma como funcionam seus mecanismos e que instrumentos são oferecidos para que os direitos fundamentais e o conjunto de garantias fundamentais sejam efetivamente cumpridos.

A porta de acesso à Justiça, de modo particular à Justiça do Trabalho, no Brasil, é bastante facilitada. Não só pelos instrumentos oferecidos pelo estado para prevenção e/ou solução dos conflitos, como pela facilidade com que o trabalhador pode pleitear seus direitos, inclusive por meio de sistemas alternativos, como arbitragem e mediação, embora estes sejam utilizados em menor escala.

A Justiça do Trabalho é um dos ramos especializados da Justiça brasileira para resolver conflitos individuais e/ou coletivos de trabalho, além de outros decorrentes da relação de emprego ou de trabalho, de forma justa e previsível, oferecendo, assim, ambiente de segurança jurídica. Para cumprir essa missão e em vista do seu comprometimento equidistante com os atores sociais, os empregadores também têm acesso facilitado, mesmo porque grande parte das empresas são micro ou pequenas.

Além de a Justiça do Trabalho resolver conflitos envolvendo interesses opostos e quase inconciliáveis, com impactos em toda sociedade, suas decisões, além da preocupação com os efeitos econômicos, têm por fundamento, em grande parte, o ordenamento jurídico e não apelos ideológicos ou voltadas a políticas públicas ou distribuição de renda.

---

122 Conf. arts. 8º, inciso III, da CF, e 513, 'a', e 791, §1º, da CLT.

123 Ver CLT, arts. 8º e parágrafos, 611-A e 611-B.

A Justiça do Trabalho, desde sua origem, foi concebida como uma justiça voltada à solução de conflitos econômicos e sociais, envolvendo trabalhador e empregador, com mecanismos adequados para facilitar o acesso a todos, indistintamente. Além de célere e de se utilizar de procedimentos simplificados, como oralidade do processo, entre outros, ela é gratuita para trabalhadores com baixa renda ou que declaram não ter condições de pagar custas. É verdade que a celeridade acabou sendo atropelada pelo excesso de conflitividade e a simplicidade foi aos poucos sendo substituída pelo excesso de formalidade.

Por sua vez, o excesso de facilidade para acessar a Justiça, como gratuidade indiscriminada ou liberação discutível de honorários de sucumbência, acabou provocando efeito perverso, com aumento sensível do número de reclamações trabalhistas. A própria litigância de má-fé origina maior custo a ser suportado por toda sociedade.

A Justiça do Trabalho, por diversos motivos, aos poucos foi se agigantando em torno de uma estrutura colossal, com mais juízes, mais desembargadores, mais prédios, mais servidores, etc., para dar conta de milhões de ações, que todos os anos dão entrada em seu protocolo. Nem sempre isso significa que o maior ganho seja da própria sociedade, pois há outras formas de prevenção de conflitos e mesmo de solução alternativa.

De qualquer forma, observa-se esforço louvável por parte da Justiça do Trabalho em oferecer mecanismos de mediação, com excelentes resultados na redução de processos e na sua celeridade.

Por outro lado, a partir de reformas do Código de Processo Civil, de 2015, está sendo implantada cultura, junto aos Tribunais Regionais e ao Tribunal Superior do Trabalho, de formulação de teses a serem aplicadas aos processos e, com isso, no lugar da solução de casos isolados, passou-se a resolver controvérsias de modo global, impedindo a subida de muitos processos para o TST, inclusive com reflexos no contingente a ser julgado pelos Tribunais Regionais.

Com esse sistema de teses vinculantes, além de maior celeridade na solução do conflito, é possível oferecer à sociedade maior segurança jurídica, em vista da maior previsibilidade.

De qualquer forma, por mais louvável que sejam tais expedientes, deixa-se de enfrentar a causa principal da conflitividade, ínsito ao próprio modelo de relações de trabalho: aposta-se mais na legislação do que na negociação coletiva.

Mesmo aumentando-se o espaço para negociação coletiva, não há otimismo em se reverter esse modelo, enquanto não for implantada a liberdade sindical, com impactos na modelo brasileiro de relações de trabalho.

A negociação coletiva, ao desempenhar com eficiência seu verdadeiro papel na prevenção e/ou solução de conflitos, pode se apresentar como garantia da eficiência do acesso do trabalhador à Justiça, sem necessariamente precisar socorrer-se da Justiça do Trabalho.

O fortalecimento da Justiça do Trabalho não pode ser um fim em si mesmo, mas mecanismo para consolidar a democracia e efetivar os direitos fundamentais do trabalhador. Para tanto, o juiz do trabalho tem papel fundamental, na medida em que aplica o ordenamento jurídico vigente, levando em conta as normas que regulam as relações de trabalho, seja a CLT, para quem é empregado, seja outro estatuto, para quem fez opção por outro modelo de proteção.

Com isso, as vantagens de um sistema consolidado ao longo de quase um século de facilitação do acesso à Justiça permitem não apenas a solução justa dos conflitos, como consolidam os esforços na construção de uma democracia sólida e de uma sociedade justa e solidária.

RELAÇÃO DE AUTORES CONSULTADOS

CAPERUTO, Ada; SOUZA, Marcos da Cunha e; BENEVIDES, Mariana; SIMÃO, Luciano Galvão. Justiça do Trabalho: 80 anos de justiça social. Rio de Janeiro: Editora Justiça & Cidadania, 2021.

CAPPELLETTI, Mauro; GARTH, Bryant. Acesso à Justiça. Tradução de: Ellen Gracie Northfleet. Porto Alegre: Sergio Antonio Fabris Editor, 1988.

DELGADO, Mauricio Godinho; DELGADO, Gabriela Neves. Justiça do Trabalho: 70 anos de justiça social. Revista do TST, Brasília, v. 77, n. 2, p. 103-115, abr/jun 2011.

MARTINS FILHO, Ives Gandra da Silva. Manual de Direito e Processo do Trabalho, 30ª. Ed. São Paulo, Saraiva, 2025.

NEIVA, Rogério. Relatório mostra a litigiosidade na Justiça do Trabalho e a Justiça gratuita. In Consultor Jurídico, 05/02/2024.

PEDUZZI, Maria Cristina Irigoyen; ALMDEIDA, Fábio Portela Lopes de. O sistema brasileiro de precedentes, a distinção material relevante (*distinguissing*) e a Recomendação 134/2022, do CNJ. *In* MANNRICH, Nelson; BOSKOVIC, Alessandra Barichello, coord.s. Novas Relações de Trabalho e Novos Modelos de Proteção. O novo pragmatismo do Direito do Trabalho e a Recente Jurisprudência do Supremo Tribunal Federal. São Paulo, Amanuense, 2024.

Chile

Acceso a la justicia en el ámbito de las relaciones de trabajo en Chile

MARIA CRISTINA GAJARDO HARBOE

RESUMEN: En este trabajo se aborda desde un punto de vista procesal, el sistema de justicia laboral en Chile, con énfasis en los mecanismos de acceso a la acción (legitimación activa, defensoría, vías para el ejercicio de la acción, materias de que conocen los tribunales laborales).

Para ello se describe el sistema normativo chileno a partir de su Constitución Política y luego las normas contenidas en el Libro V del Código del Trabajo.

El presente informe se inserta en una obra de mayor envergadura, de carácter colectivo y con perspectiva de derecho comparado, por lo que se ha preferido una visión panorámica de las instituciones antes que adentrarse en alguna de ellas en particular. Cualquier deficiencia en los temas abordados son de responsabilidad de la autora.

PALABRAS CLAVE: Acceso a la justicia, debido proceso, derecho a la acción en materia laboral, defensoría laboral.

SUMARIO: I.- Introducción. II.- La influencia de los instrumentos internacionales y la configuración general del sistema nacional. III.- La jurisdicción como medio de solución de los conflictos de trabajo. IV.- El ámbito competencial de la jurisdicción habilitada para entender de los conflictos de trabajo. V.- Capacidad, legitimación y condiciones de acceso a la justicia laboral. VI.- El papel de las organizaciones y representaciones colectivas. VII.- Diseño legal, modo de inicio y principales aspectos del proceso. VIII.- El sistema de recursos contra las resoluciones judiciales. IX.- Modos y posibilidades de ejecución de las resoluciones judiciales. X.- Conclusiones.

ABSTRACT: This paper addresses the labor justice system in Chile from a procedural perspective, with an emphasis on the mechanisms for accessing legal action (legal standing, defense, avenues for bringing legal proceedings, and matters before labor courts).

To this end, the Chilean regulatory system is described based on its Political Constitution and then the provisions contained in Book V of the Labor Code.

This report is part of a larger, collective work with a comparative law perspective. Therefore, a comprehensive overview of the institutions has been chosen rather than delving into any of them in particular. Any shortcomings in the topics addressed are the author's responsibility.

KEY WORDS: Access to justice, due process, right to action in labor matters, labor advocacy.

I. INTRODUCCIÓN

El tema central de estudio del Grupo de Panamá en esta ocasión ha sido el acceso a la justicia, que sin duda es un derecho subjetivo de relevancia, pues en virtud de él se exige a los Estados garantizar a los individuos el acceso a un proceso judicial, que habrá de tener determinadas características para que sea eficaz. Entendemos que también los Estados deben garantizar otras instancias públicas – mediación y conciliación - para obtener la tutela efectiva de las necesidades legales de los ciudadanos en todo orden de materias, y en lo que nos ocupará en las siguientes líneas, en el ámbito de las relaciones de trabajo y de la seguridad social.

Son conceptos relacionados con el acceso a la justicia, el derecho a la tutela judicial efectiva, el derecho al debido proceso y el derecho a una protección judicial.

En un sentido restringido, entendemos que el acceso a la justicia en el ámbito de las relaciones de trabajo implica poder llevar las pretensiones en el orden social a un tribunal de justicia, lo que se traduce en el derecho al proceso judicial.

En un sentido amplio, se incorporan a la dimensión restringida las otras instancias públicas – o privadas – que permiten obtener una tutela efectiva de derechos en el orden de las relaciones laborales, lo que también se denomina sistema de solución alternativa de conflictos.

El presente informe aborda la cuestión desde el sentido restringido, al haber sido analizado desde esa perspectiva en el encuentro del Grupo de Panamá en Santiago en octubre del año 2024.

II. LA INFLUENCIA DE LOS INSTRUMENTOS INTERNACIONALES Y LA CONFIGURACIÓN GENERAL DEL SISTEMA NACIONAL

El acceso a la justicia en las relaciones laborales se relaciona con lo que ha venido siendo el tema central de preocupación del Grupo de Panamá: la prevención y solución de conflictos laborales.

Hasta la fecha, ninguna norma internacional del trabajo trata de todos los aspectos inherentes a esta temática de manera holística e integrada, de modo que para su abordaje es preciso integrar distintas directrices internacionales con el ordenamiento jurídico interno de los países. Para reforzar el acceso a la justicia laboral sería preciso revisar los marcos reguladores, simplificar los procedimientos, mejorar la representación y reducir costos, así como reforzar las calificaciones y la capacidad de los profesionales y de las instituciones que intervienen en la prevención y la solución de los conflictos. Sobre todo supondría garantizar a todos la igualdad de oportunidades para tener acceso a un procedimiento imparcial, rápido y asequible con el fin de ejercer sus derechos en el trabajo[1].

La Organización de Naciones Unidas a través de sus organismos brinda amplias orientaciones en relación con el accedo a la justicia en el marco de sus Objetivos de Desarrollo Sostenible (ODS), y en particular en el N°16: "*paz, justicia e instituciones sólidas/promover sociedades justas, pacíficas e inclusivas*", donde pone de relieve que los conflictos, la inseguridad, la fragilidad de las instituciones y el acceso limitado a la justicia siguen constituyendo una gran amenaza para el desarrollo sostenible. Con todo, en dichas orientaciones no se abordan los aspectos específicos de la prevención y la solución de conflictos en el mundo del trabajo; es por ello que se requieren más pautas normativas y acciones multilaterales en relación con el acceso a la justicia laboral para los empleadores y los trabajadores, para alcanzar esta meta[2].

En la OIT el panorama es similar, en cuanto no existe un convenio específico sobre el acceso a la justicia en las relaciones laborales, siendo preciso realizar ejercicios de integración de convenios fundamentales junto a recomendaciones y directrices, que aparecen detallados en el informe de Pablo Arellano Ortiz contenido en esta misma obra colectiva[3].

A la dificultad descrita se suma la complejidad de definir lo que se entiende por acceso a la justicia, aun en su dimensión restringida. En la Constitución chilena no se encuentra expresamente consagrado; tampoco en los instrumentos del sistema interna-

---

1 https://www.ilo.org/sites/default/files/2025-02/TMALJ-2025-6-Conclusiones-%5BGOVERNANCE-250227-001%5D-Web-SP.pdf, pág. 38 [fecha de consulta: 18 de abr. de 25].

2 op.cit. pág, 36.

3 Para un panorama integral sobre el acceso a la justicia en las relaciones laborales, consultar un informe de derecho comparado elaborado por la OIT en el año 2023, en que se analiza el funcionamiento de las instituciones y mecanismos judiciales en 40 países: "*OIT. Acceso a la justicia laboral: Una herramienta de diagnóstico para la autoevaluación de la efectividad de las instituciones de prevención y resolución de conflictos laborales*".

cional de protección de los derechos humanos suscrito por Chile, como el Pacto Internacional de Derechos Civiles y Políticos o la Convención Americana de Derechos Humanos. Por de pronto, es posible sostener que el acceso a la justicia se encuentra garantizado como un derecho humano a partir de la Declaración Universal de los Derechos Humanos de 1948, y en particular en los siguientes artículos:

- Artículo 8: "*Toda persona tiene derecho a un recurso efectivo ante los tribunales nacionales competentes, que la ampare contra actos que violen sus derechos fundamentales reconocidos por la constitución o por la ley*", y
- Artículo 10: "*Toda persona tiene derecho, en condiciones de plena igualdad, a ser oída públicamente y con justicia por un tribunal independiente e imparcial, para la determinación de sus derechos y obligaciones o para el examen de cualquier acusación contra ella en materia penal*".
- En el Sistema Interamericano de Derechos Humanos, el acceso a la justicia se ha comprendido como la obligación del Estado de remover obstáculos que impidan a las personas llevar sus asuntos hasta los tribunales, a partir de los artículos 8.1 y 25 de la Convención Americana de Derechos Humanos, del siguiente tenor:
- Artículo 8.1: "*Toda persona tiene derecho a ser oída, con las debidas garantías y dentro de un plazo razonable, por un juez o tribunal competente, independiente e imparcial, establecido con anterioridad por la ley, en la sustanciación de cualquier acusación penal formulada contra ella, o para la determinación de sus derechos y obligaciones de orden civil, laboral, fiscal o de cualquier otro carácter.*"
- Artículo 25.1: "*Toda persona tiene derecho a un recurso sencillo y rápido o a cualquier otro recurso efectivo ante los jueces o tribunales competentes, que la ampare contra actos que violen sus derechos fundamentales reconocidos por la Constitución, la ley o la presente*

Convención, aun cuando tal violación sea cometida por personas que actúen en ejercicio de sus funciones oficiales".

De estas normas se desprende que con el acceso a la justicia se trata también de garantizar que, una vez requerida la sede judicial, el asunto sea tramitado mediante reglas mínimas que aseguren el debido proceso, lo que expresado en otras palabras implica el derecho a la acción y también a sostenerla hasta su conclusión con una sentencia definitiva de término. Porque no basta con la existencia de mecanismos de protección, sino que estos deben ser eficaces, comprendiéndose dentro de los derechos y garantías relacionados: el derecho a una adecuada defensoría, acceso a la información, traducción a otras lenguas, litigación electrónica, lenguaje claro, por citar algunos.

En la Constitución Política de 1980 en Chile, no se encuentra consagrado el acceso a la justicia de modo explícito. Es posible sostener su consagración a partir de dos preceptos:

- Artículo 19 N°3: La Constitución asegura a todas las personas: "La igual protección de la ley en el ejercicio de sus derechos.

Toda persona tiene derecho a defensa jurídica en la forma que la ley señale y ninguna autoridad o individuo podrá impedir, restringir o perturbar la debida intervención del letrado si hubiere sido requerida. Tratándose de los integrantes de las Fuerzas Armadas y de Orden y Seguridad Pública, este derecho se regirá, en lo concerniente a lo administrativo y disciplinario, por las normas pertinentes de sus respectivos estatutos.

La ley arbitrará los medios para otorgar asesoramiento y defensa jurídica a quienes no puedan procurárselos por sí mismos. La ley señalará los casos y establecerá la forma en que las personas naturales víctimas de delitos dispondrán de asesoría y defensa jurídica gratuitas, a efecto de ejercer la acción penal reconocida por esta Constitución y las leyes.

Toda persona imputada de delito tiene derecho irrenunciable a ser asistida por un abogado defensor proporcionado por el Estado si no nombrare uno en la oportunidad establecida por la ley.

Nadie podrá ser juzgado por comisiones especiales, sino por el tribunal que señalare la ley y que se hallare establecido por ésta con anterioridad a la perpetración del hecho.

Toda sentencia de un órgano que ejerza jurisdicción debe fundarse en un proceso previo legalmente tramitado. Corresponderá al legislador establecer siempre las garantías de un procedimiento y una investigación racionales y justos.

La ley no podrá presumir de derecho la responsabilidad penal.

Ningún delito se castigará con otra pena que la que señale una ley promulgada con anterioridad a su perpetración, a menos que una nueva ley favorezca al afectado.

Ninguna ley podrá establecer penas sin que la conducta que se sanciona esté expresamente descrita en ella".

– Artículo 76: "La facultad de conocer de las causas civiles y criminales, de resolverlas y de hacer ejecutar lo juzgado, pertenece exclusivamente a los tribunales establecidos por la ley. Ni el Presidente de la República ni el Congreso pueden, en caso alguno, ejercer funciones judiciales, avocarse causas pendientes, revisar los fundamentos o contenido de sus resoluciones o hacer revivir procesos fenecidos.

Reclamada su intervención en forma legal y en negocios de su competencia, no podrán excusarse de ejercer su autoridad, ni aun por falta de ley que resuelva la contienda o asunto sometidos a su decisión.

Para hacer ejecutar sus resoluciones, y practicar o hacer practicar los actos de instrucción que determine la ley, los tribunales ordinarios de justicia y los especiales que integran el Poder Judicial, podrán impartir órdenes directas a la fuerza pública o ejercer los medios de acción conducentes de que dispusieren. Los demás tribunales lo harán en la forma que la ley determine.

La autoridad requerida deberá cumplir sin más trámite el mandato judicial y no podrá calificar su fundamento u oportunidad, ni la justicia o legalidad de la resolución que se trata de ejecutar".

- Artículo 5 inciso segundo: "El ejercicio de la soberanía reconoce como limitación el respeto a los derechos esenciales que emanan de la naturaleza humana. Es deber de los órganos del Estado respetar y promover tales derechos, garantizados por esta Constitución, así como por los tratados internacionales ratificados por Chile y que se encuentren vigentes."

A partir de las normas transcritas, se evidencia que en la Constitución chilena se consagra el "debido proceso" (art. 19 N°3), vinculado al principio de inexcusabilidad de la judicatura (art. 76), a lo que se suma el Sistema Interamericano de Derechos Humanos (art. 5).

Más allá de las nomenclaturas que se utilicen para evidenciar lo que nos ocupa, lo importante es que el acceso a la justicia en los distintos ordenamientos jurídicos descanse sobre bases que permitan su efectivo cumplimiento.

III. LA JURISDICCIÓN COMO MEDIO DE SOLUCIÓN DE LOS CONFLICTOS DE TRABAJO

Para una mejor comprensión del sistema chileno, hemos identificado cuatro momentos en el desarrollo de la judicatura laboral:

Primer momento:

La primera manifestación de un sistema de gestión de conflictos laborales en Chile estuvo en la Ley 4056 de 1924, con la creación de las llamadas Juntas Permanentes de Conciliación, de carácter administrativo, que conocían de conflictos individuales y colectivos, entre "patrones" y "obreros".

Las Juntas de Conciliación estaban formadas por 6 miembros, de los cuales 3 eran elegidos por los empleadores y 3 por los trabajadores (2 obreros y 1 empleado), cuya competencia estaba descrita en el artículo 23 de la misma ley:

- Conocimiento de los conflictos colectivos del trabajo que se promuevan entre los patrones o empleadores y los obreros de las empresas sometidas a esta ley, que no hubieren podido ser resueltos por el procedimiento de los delegados que la misma ley regulaba, y
- Conocimiento en única instancia de los litigios a que diera lugar la aplicación de normas sobre contrato de trabajo y sindicatos.

No es del caso detallar las particularidades de esta normativa, de la que interesa relevar dos cuestiones: i) la conciliación era obligatoria, y ii) se trató de una orgánica de orden estrictamente administrativo, por su integración y también porque sus decisiones carecían de imperio, ya que la decisión de los asuntos constaba en una "sentencia definitiva" cuyo cumplimiento debía ser solicitado al juez de letras respectivo.

Por varios años la solución de controversias laborales siguió teniendo un carácter administrativo y dependiendo del Ministerio de Bienestar Social.

Esta es la hora H (en palabras del Profesor Palomeque) en el establecimiento de tribunales de justicia especializados en materia laboral.

Segundo momento:

Con el primer Código del Trabajo (DFL 178 de 28.04.1931, del Ministerio de Bienestar Social), se perfeccionó la legislación anterior y en el Libro IV se establecieron los Juzgados del Trabajo unipersonales de primera instancia y Tribunales de Alzada en las ciudades que determinara el Presidente de la República.

Es así como en el año 1932 se crean 31 juzgados laborales de primera instancia y 4 de Alzada. En el año 1933 se entregó a la Corte Suprema la jurisdicción sobre ellos desde el punto de vista funcional y recién en el año 1955 los juzgados del trabajo pasaron a formar parte del Poder Judicial, lo que se ha mantenido hasta hoy.

Tercer momento:

En el año 1973 se dictó el DL 32 por la Junta de Gobierno, que estableció que los tribunales especiales del trabajo estarían compuestos por un juez de letras de mayor cuantía, un representante de las fuerzas armadas y carabineros, designado por el Intendente y un Inspector del Trabajo, designado por el Director del Trabajo.

Esta particular integración de la judicatura laboral hay que entenderla dentro del contexto social en que se contempló, de la que jueces hoy retirados recuerdan con cierto pesar. La independencia de la judicatura laboral se vio intervenida, lo que tuvo una corta duración: el DL676 de 1974 restableció el sistema de jueces especiales del trabajo.

Cabe relevar de esta época la consagración por primera vez de la "mediación" como método alternativo de solución de conflictos, lo que se evidencia en el DL 2758 de 1979 con la creación de una Nómina Nacional de Mediadores, bajo la tuición del Cuerpo Arbitral.

Cuarto momento:

En el año 1981, con el DL 3648 interpretado por la Ley 17.998 del mismo año, se suprimió la judicatura especial del trabajo en sus dos instancias, y los juicios laborales pasaron al conocimiento de los juzgados de letras en lo civil y las Cortes de Apelaciones respectivas.

La Corte Suprema de la época reprochó la medida señalando que "los tribunales del trabajo obedecen a la necesidad de servir adecuadamente los conflictos especiales entre patrones y asalariados y facilitar a todos, de preferencia a los últimos, el acceso fácil y directo a la justicia" y agregó que "la Corte Suprema no descuida que la creación de los Tribunales del Trabajo, independientes de la Administración e incorporados al Poder Judicial fue una conquista laboral ardua que no puede menospreciarse ni suprimirse por motivos ajenos o extraños a su esencia".

Los juzgados del trabajo se restablecieron pocos años después, en 1986 con la Ley 18.510, solo en primera instancia y en número menor al existente con anterioridad (solo 13 juzgados y que progresivamente se fueron aumentando).

Momento actual:

Chile cuenta con una moderna jurisdicción especializada en materia laboral y social, a través de 141 juzgados de base, ya sea con competencia exclusiva en dicho orden, o bien en localidades más pequeñas compartida con el conocimiento de asuntos civiles y de familia.

El proceso laboral es de única instancia, a partir de la reforma integral introducida por la Ley 20.087 de 3 de enero de 2006 que consagró un sistema de justicia oral, con posibilidad de revisión de las decisiones del juez unipersonal de instancia a través del recurso de nulidad laboral, que es conocido por las 17 Cortes de Apelaciones a lo largo del país. El derecho al recurso entendemos que se agota en esta etapa, puesto que ante la Corte Suprema existe el recurso de unificación de jurisprudencia (equivalente al recurso de casación para la unificación de doctrina del sistema español), que atiende al *ius constitutionis* antes que al *ius litigatoris*, pues su finalidad es evitar la dispersión jurisprudencial en materia laboral y de seguridad social en su caso.

En la estructura orgánica actual son jueces laborales, personas que cuentan con formación especializada en la Academia Judicial y que han ingresado a la carrera judicial con un sistema de nombramientos regido por el Código Orgánico de Tribunales; no existen miembros procedentes del medio profesional en representación de trabajadores y empresarios.

El sistema de justicia laboral en Chile se regula en detalle en el Libro V del Código del Trabajo sobre Jurisdicción Laboral[4], entre los artículos 415 y 519. Existe un procedimiento ordinario de aplicación general, que es supletorio de los procedimientos especiales que se contienen en el mismo estatuto laboral (artículos 446 a 462); un procedimiento de cumplimiento de sentencia y ejecución de títulos ejecutivos laborales (artículos 463 a 473); un procedimiento de tutela de derechos fundamentales (artículos 485 a 495); un procedimiento monitorio (artículos 496 a 500) y un procedimiento de reclamación de multas y demás resoluciones administrativas (artículos 503, 504 y 511).

En este diseño procedimental no se exige como trámite previo haber agotado el sistema de medios alternativos de solución del conflicto laboral (que es gestionado por la Dirección Nacional del Trabajo a través de sus centros de conciliación y mediación), cuyo acceso es voluntario para las partes, a excepción del procedimiento monitorio, que si contempla dicho trámite previo en el artículo 497 inciso primero: "*Será necesario que previo al inicio de la acción judicial se haya deducido reclamo ante la Inspección del Trabajo que corresponda, la que deberá fijar día y hora para la realización del comparendo respectivo, al momento de ingresarse dicha reclamación*".

Con todo, este precepto ha sido flexibilizado por la Corte Suprema, en sede de unificación de jurisprudencia, lo que se originó en pandemia por covid-19, en que la exigencia de acudir a la autoridad administrativa resultó en ocasiones una barrera de acceso ante las dificultades inherentes al entorno social de la época. La motivación de las sentencias en esta línea puede observarse, v.gr. en sentencia de fecha 29 de julio de 2022, pronunciada en el recurso de unificación de jurisprudencia Rol 12.824-2022, en los siguientes términos:

---

4 Una versión actualizada del Código del Trabajo chileno puede ser consultada en https://www.dt.gob.cl/legislacion/1624/articles-95516_recurso_1.pdf

- "Que, como ya se ha resuelto por esta Corte en los autos Rol N° 140.091-2020, 11.849-2022 y 20.867-22, no debe olvidarse que, en materia laboral, las normas procesales deben ser comprendidas integrando de manera concreta los principios inspiradores que justifican la existencia de tal disciplina, y uno de los basamentos sensibles en este asunto, dice relación con el derecho de las personas a acceder libremente a un tribunal de justicia para la protección de sus derechos, como consecuencia evidente del reconocimiento constitucional de lo que la doctrina y el derecho nacional y comparado denomina como derecho a la tutela judicial efectiva, en cuanto fundamento esencial de todo Estado de Derecho, que se encuentra garantizado a nivel constitucional mediante el numeral 3° del artículo 19 de la Carta Fundamental, al reconocer la prerrogativa universal de igual protección de la ley, el derecho a la defensa jurídica, el derecho a ser juzgado por el juez natural, y a un justo y racional procedimiento, garantía que, además, tiene como contrapartida orgánica, los principios rectores de la actividad jurisdiccional consagrados en el artículo 76 del texto constitucional, específicamente el de inexcusabilidad, que impone a la magistratura el deber imperativo de otorgar un pronunciamiento de mérito sobre la controversia que legalmente se le plantee, sin poder excusarse de hacerlo." (considerando 8°).
- "Que, para resolver, se debe tener en consideración que el artículo 498 del Código del Trabajo dispone que "En caso que el reclamante no se presentare al comparendo, estando legalmente citado, se pondrá término a dicha instancia, archivándose los antecedentes." Sin perjuicio de lo señalado en el inciso anterior, el trabajador podrá accionar judicialmente conforme a las reglas del procedimiento de aplicación general regulado en el Párrafo 3° del presente Título". Este tribunal entiende que la hipótesis de autos no difiere fundamentalmente de lo previsto en el artículo 498 transcrito, en la medida que señala que, no obstante la no

> concurrencia del reclamante ante el órgano administrativo, se le reserva el derecho a accionar por la vía del procedimiento de aplicación general, por lo que no se advierte una justificación racional para excluir de la misma solución a quien no deduce reclamación ante el órgano administrativo." (considerando 9°).

Cabe relevar que, dentro de las reglas del procedimiento ordinario de aplicación general, se contempla la conciliación como trámite obligatorio, tal como lo muestra el artículo 453 número 2 del Código del Trabajo: "Terminada la etapa de discusión, el juez llamará a las partes a conciliación, a cuyo objeto deberá proponerles las bases para un posible acuerdo, sin que las opiniones que emita al efecto sean causal de inhabilitación".

Un tema que debe ser considerado en el estudio de mejoras en el sistema de acceso a la justicia, al menos en Chile, es el incremento sostenido de causas que ingresan cada año y la capacidad de la judicatura para conocer de ellas en forma oportuna. Si bien es un indicador de la buena salud que goza el derecho a la acción, la dotación de magistrados no puede incrementarse al mismo ritmo, por la velocidad con que ello ocurre y también por razones presupuestarias. Como se exhibe en el gráfico que sigue:

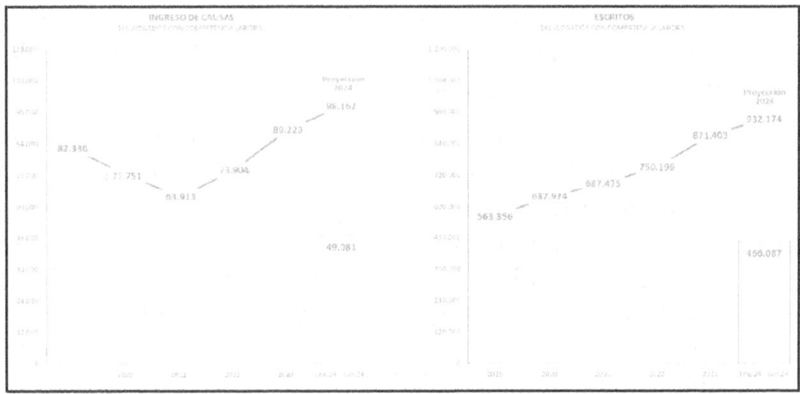

Fuente: Corporación Administrativa del Poder Judicial / agosto de 2024

El gráfico muestra que las 82.336 causas ingresadas en el año 2019 se incrementaron a 98.162 causas según proyección presupuestaria hecha al mes de agosto de 2024. En el mismo orden, en el año 2019 se ingresaron 563.356 escritos a tramitación en los 141 juzgados con competencia en materia laboral, los que se proyectaron a 932.174 en el año 2024.

De acuerdo a lo señalado, nos parece que los esfuerzos del Estado y las políticas públicas debieran enfocarse en los próximos años en la promoción de sistemas alternativos de solución de conflictos, dado que no todo conflicto laboral debe ser resuelto en una sede jurisdiccional.

IV. EL ÁMBITO COMPETENCIAL DE LA JURISDICCIÓN HABILITADA PARA ENTENDER DE LOS CONFLICTOS DE TRABAJO

Las materias que son de conocimiento de los tribunales con competencia en el orden laboral y social, se encuentran contenidas en el artículo 420 del Código del Trabajo, que por su importancia transcribimos a continuación:

- “Las cuestiones suscitadas entre empleadores y trabajadores por aplicación de las normas laborales o derivadas de la interpretación y aplicación de los contratos individuales o colectivos del trabajo o de las convenciones y fallos arbitrales en materia laboral (a);
- las cuestiones derivadas de la aplicación de las normas sobre organización sindical y negociación colectiva que la ley entrega al conocimiento de los juzgados de letras con competencia en materia del trabajo (b);
- las cuestiones derivadas de la aplicación de las normas de previsión o de seguridad social, planteadas por pensionados, trabajadores activos o empleadores, salvo en lo referido a la revisión de las resoluciones sobre declaración de

invalidez o del pronunciamiento sobre otorgamiento de licencias médicas (c);

- los juicios en que se demande el cumplimiento de obligaciones que emanen de títulos a los cuales las leyes laborales y de previsión o seguridad social otorguen mérito ejecutivo (d);
- las reclamaciones que procedan contra resoluciones dictadas por autoridades administrativas en materias laborales, previsionales o de seguridad social (e);
- los juicios iniciados por el propio trabajador o sus causahabientes, en que se pretenda hacer efectiva la responsabilidad contractual del empleador por los daños producidos como consecuencia de accidentes del trabajo o enfermedades profesionales. Respecto de la responsabilidad extracontractual se seguirán las reglas del artículo 69 de la ley Nº 16.744 (f), y
- todas aquellas materias que las leyes entreguen a juzgados de letras con competencia laboral (g)".

Como puede observarse, la competencia abarca conflictos laborales individuales y colectivos, teniendo como base una relación laboral formal, así como también materias de seguridad social, en este último caso de manera acotada pues se comprenden solo las reclamaciones en contra de resoluciones dictadas por autoridades administrativas; esto último tiene sustento en la existencia de normas que entregan competencias administrativas amplias a los órganos que fiscalizan el sistema de seguridad social.

Respecto de otros órdenes jurisdiccionales u otros tribunales que conozcan de asuntos laborales o de índole social, cabe mencionar el recurso de protección (habeas data) que en determinados asuntos es posible interponer para el conocimiento de vulneraciones o amenazas a derechos fundamentales, con el objetivo de obtener una reparación inmediata en lo que atañe a la afectación de tales derechos. Su regulación está en los artículos 19 y 20 de la Constitución Política de la República y procede, en lo que atañe a la materia analizada en el presente informe, respecto de afectaciones al derecho a la vida e integridad física y psíquica, al derecho a la igualdad ante la ley, a la libertad de trabajo y a la libertad de acceder a los regímenes de seguridad social que el sistema chileno contempla y desde luego al debido proceso. Atendida la naturaleza de este remedio, no es posible obtener por regla general prestaciones indemnizatorias, las que deben conducirse a través de los procedimientos regulados en el Libro V del Código del Trabajo.

Entre el empleo privado y el empleo público hay diferencias, puesto que por aplicación del artículo 1 del Código del Trabajo, quedan exceptuados de sus normas – y por tanto del acceso al proceso laboral - los funcionarios de la Administración del Estado, centralizada y descentralizada, del Congreso Nacional y del Poder Judicial, y los trabajadores de las empresas o instituciones del Estado o de aquellas en que éste tenga aportes, participación o representación, siempre que dichos funcionarios o trabajadores se encuentren sometidos por ley a un estatuto especial[5]. Con todo, los trabajadores de las entidades señaladas se sujetarán a las normas de dicho Código en los aspectos o materias no regulados en sus respectivos estatutos, siempre que ellas no fueren contrarias a estos últimos, como es el caso de la protección a la maternidad y el procedimiento de tutela de derechos fundamentales, en los que no se hace en la práctica ninguna distinción entre trabajadores dependientes del sector privado y funcionarios públicos.

Por último, en el orden social, una consideración especial merece la Comisión de Usuarios del Seguro de Cesantía, cuya función principal es fiscalizar y supervisar la gestión de los fondos de cesantía por parte de la Administradora de Fondos de Cesantía (AFC).

---

5 En Chile no se han creado tribunales de lo contencioso administrativo; la competencia para conocer de materias laborales y de seguridad social respecto de quienes se desempeñan en la función pública, está entregada a la Contraloría General de la República, órgano con autonomía constitucional que tiene a su cargo el control de legalidad de los actos de la administración.

Sus funciones están reguladas en el D.S. N°49, del Ministerio de Trabajo y Previsión Social, del año 2001 y son: conocer y ser informada sobre los criterios y procedimientos utilizados por la AFC para administrar los fondos de cesantía; supervisar la gestión de los fondos de cesantía por parte de la AFC; fiscalizar el pago de las prestaciones a que está obligada la AFC e informar a la Superintendencia de Pensiones sobre las observaciones y recomendaciones de la Comisión. Si bien su participación en temas relacionados con el seguro de cesantía no es vinculante para la administración, es un importante ejemplo de participación en la gestión de este seguro social, que contribuye a prevenir conflictos particularmente fiscalizando el buen uso de los recursos y el otorgamiento de las prestaciones del sistema.

V. CAPACIDAD, LEGITIMACIÓN Y CONDICIONES DE ACCESO A LA JUSTICIA LABORAL

La regla general en materia de comparecencia en juicio la establece la Ley 18.120 de 1982, que obliga a comparecer representado por un abogado, norma que es reiterada en el artículo 426 del Código del Trabajo, en cuyo inciso segundo se indica que las partes "podrán" concurrir a las audiencias del juicio laboral por intermedio de mandatario, el que se entenderá de pleno derecho facultado para transigir, sin perjuicio de la asistencia de sus apoderados y abogados.

El uso de la expresión "podrán" llama a equívoco, puesto que no es facultativo para las partes en el proceso laboral comparecer y actuar con la asistencia de un abogado, sino obligatorio, cuestión que aclara el artículo 434 al establecer lo siguiente: "Las partes deberán comparecer con patrocinio de abogado y representadas por persona legalmente habilitada para actuar en juicio./ El mandato judicial y el patrocinio constituido en el Tribunal de Letras del Trabajo, se entenderá constituido para toda la prosecución del juicio en el Tribunal de Cobranza Laboral y Previsional, a menos que exista constancia en contrario." Termina de aclarar el tema el inciso final del artículo 431 que dice: "Las defensas orales sólo podrán ser efectuadas por abogados habilitados".

En cuanto a categorías de trabajadores que pueden acceder al proceso laboral, lo cierto es que todo trabajador regido por el Código del Trabajo conforme a las reglas del artículo 1° tienen derecho al ejercicio de la acción, así como también los trabajadores regidos por estatutos especiales en los cuales existan materias no reguladas expresamente, en las que rige supletoriamente el Código del Trabajo, y que según ya explicamos, es el caso de las normas de protección a la maternidad y la tutela de derechos fundamentales en la relación laboral.

Destacamos que en Chile no se excluyen categorías de trabajadores, lo que sí ocurre en otros países (como los trabajadores domésticos). Los trabajadores independientes pueden accionar en tanto se consideren a sí mismos asalariados, para el ejercicio de acciones tales como el reconocimiento de relación laboral, despido injustificado y otras afines. Rigen las mismas reglas para todo trabajador por cuenta ajena, sea chileno o extranjero, que decida reclamar un derecho subjetivo en sede jurisdiccional.

Se incluyen asimismo los trabajadores independientes de plataformas digitales, incorporados expresamente al Código del Trabajo con normas especiales (artículos 152 quáter W a 152 quinquies B).

Un aspecto que destaca especialmente en el sistema chileno es la litigación electrónica, establecida a partir de la Ley 20.886 de 2015 para todos los procesos judiciales y que con motivo de la pandemia por covid-19 se intensificó a fin de favorecer la comparecencia de las partes por vía telemática.

Los expedientes judiciales son íntegramente digitales, a los cuales se accede por el número de rol de la causa a través de la página www.pjud.cl

En los procesos orales como el laboral (también familia y penal) la regla general continúa siendo la comparecencia personal de las partes y de sus apoderados. El juez a petición de las partes puede autorizar su comparecencia remota por videoconferencia, lo que regula con detalle el Código del Trabajo:

- Artículo 427 bis: Sin perjuicio de lo dispuesto en el artículo anterior, el juez podrá autorizar la comparecencia remota por videoconferencia de cualquiera de las partes que así lo solicite, a una o varias de las audiencias judiciales de su competencia que se verifiquen presencialmente en el tribunal, si cuentan con los medios idóneos para ello y si, en su opinión, dicha forma de comparecencia resultare suficientemente eficaz y no causare indefensión.

La parte interesada deberá solicitar comparecer por esta vía hasta dos días antes de la realización de la audiencia, ofreciendo algún medio de contacto oportuno, tales como número de teléfono o correo electrónico, a efectos de que el tribunal coordine la realización de la audiencia. Si no fuere posible contactar a la parte interesada a través de los medios ofrecidos tras tres intentos, de lo cual se deberá dejar constancia, se entenderá que no ha comparecido a la audiencia.

La comparecencia remota de la parte se realizará desde cualquier lugar, con auxilio de algún medio tecnológico compatible con los utilizados por el Poder Judicial e informados por su Corporación Administrativa. Adicionalmente, para el caso en que la parte se encontrare fuera de la región en que se sitúa el tribunal, la comparecencia remota también podrá realizarse en dependencias de cualquier otro tribunal, si éste contare con disponibilidad de medios electrónicos y dependencias habilitadas. La Corte Suprema deberá regular mediante auto acordado la forma en que se coordinará y se hará uso de dichas dependencias.

La constatación de la identidad de la parte que comparece de forma remota se deberá efectuar inmediatamente antes de la audiencia, de manera remota ante el ministro de fe o el funcionario que determine el tribunal respectivo, mediante la exhibición de su cédula de identidad o pasaporte, de lo que se dejará registro.

Con todo, la absolución de posiciones y las declaraciones de peritos y testigos y otras actuaciones que el juez determine, sólo podrán rendirse en dependencias del tribunal.

La disponibilidad y correcto funcionamiento de los medios tecnológicos de las partes que comparezcan remotamente en dependencias ajenas al Poder Judicial será de responsabilidad de aquellas. Con todo, la parte podrá alegar entorpecimiento si el mal funcionamiento de los medios tecnológicos no fuera atribuible a ella. En caso de acoger dicho incidente, el tribunal fijará un nuevo día y hora para la continuación de la audiencia, sin que se pierda lo obrado con anterioridad a dicho mal funcionamiento. En la nueva audiencia que se fije, el tribunal velará por la igualdad de las partes en el ejercicio de sus derechos.

Será también aplicable a los Juzgados de Letras del Trabajo y a los Juzgados de Cobranza Laboral y Previsional, el funcionamiento extraordinario del artículo 47 D del Código Orgánico de Tribunales.

Estas nuevas normas, cuyo funcionamiento ha probado gran eficacia, no alcanzan a la judicatura, que tiene reglas excepcionales para el trabajo telemático contenidas en el auto acordado de la Corte Suprema N°275-2024 de 6 de diciembre de 2024[6], en que es posible la realización de audiencias telemáticas por el juez de manera excepcional.

Por aplicación de las reglas generales de litigación procesal civil, tiene legitimación activa un grupo de trabajadores en una misma demanda, que asimismo puede ser deducida en contra de uno o más entidades empleadoras, en supuestos de unidad económica o grupo empresarial a que se refiere el artículo 3° del Código del Trabajo; también en demandas en contra de entidades empleado-

---

6 Puede consultarse el Acta 275-2024 de 6 de diciembre de 2024, sobre trabajo telemático de los tribunales de justicia chilenos en: https://www.bcn.cl/leychile/navegar?idNorma=1209280&idVersion=2025-01-07.

ras en figuras de descentralización productiva (subcontratación y servicios transitorios).

En estos casos de varios demandantes y/o demandados no existen reglas especiales en el proceso laboral que exijan o regulen la figura del litis consorcio activo o pasivo.

En materia de costos económicos para el ejercicio de la acción, el artículo 431 del Código del Trabajo establece en sus incisos primero y segundo: "En las causas laborales, toda actuación, trámite o diligencia del juicio, realizada por funcionarios del tribunal será gratuita para las partes. El encargado de la gestión administrativa del tribunal será responsable de la estricta observancia tanto de esta gratuidad como del oportuno cumplimiento de las diligencias. / Las partes que gocen de privilegio de pobreza tendrán derecho a defensa letrada gratuita por parte de las respectivas Corporaciones de Asistencia Judicial o, en su defecto, por un abogado de turno, o del sistema de defensa gratuita que disponga la ley. Asimismo, tendrán derecho, a que todas las actuaciones en que deban intervenir auxiliares de la administración de justicia se cumplan oportuna y gratuitamente".

Estas reglas son completadas por el artículo 445 que señala: "En toda resolución que ponga término a la causa o resuelva un incidente, el juez deberá pronunciarse sobre el pago de las costas del procedimiento, tasando las procesales y regulando las personales, según proceda. / Cuando el trabajador ha litigado con privilegio de pobreza, las costas personales a cuyo pago sea condenada la contraparte pertenecerán a la respectiva Corporación de Asistencia Judicial, al abogado de turno, o a quien la ley señale." Es preciso aclarar en todo caso que no se generan costas procesales, puesto que en el sistema vigente no se generan gastos para las partes que litigan en tribunales con competencia en materia laboral.

Por otra parte, todas las actuaciones procesales en el juicio laboral son orales, salvo las excepciones expresamente contenidas en el Código del Trabajo (demanda, contestación y recursos son escritos); al efecto, el artículo 425 inciso tercero establece: "Las actuaciones realizadas oralmente, por o ante el juez de la causa, serán registradas por cualquier medio apto para producir fe y que permita garantizar la fidelidad, conservación y reproducción de su contenido. Se considerarán válidos, para estos efectos, la grabación en medios de reproducción fonográfica, audiovisual o electrónica. La audiencia deberá ser registrada íntegramente, como asimismo todas las resoluciones, incluyendo la sentencia que dicte el juez fuera de ella".

Este precepto debe concordarse con el artículo 433: "Siempre que alguna de las partes lo solicite para sí, y el tribunal acceda a ello, las actuaciones procesales, a excepción de las audiencias, podrán realizarse por medios electrónicos que permitan su adecuada recepción, registro y control. En este caso el administrador del tribunal deberá dejar constancia escrita de la forma en que se realizó dicha actuación".

Dentro de las condiciones de acceso a la justicia laboral se encuentra la Defensoría Laboral, de gran relevancia por vincularse al derecho a una defensa letrada. La Defensoría Laboral o Defensoría Pública Laboral en Chile es sustentada por la Corporación de Asistencia Judicial (CAJ), institución estatal que entre otras funciones coordina la práctica profesional como requisito de titulación como abogado, ofrece asesoría jurídica y representación gratuita a trabajadores en procesos laborales, especialmente aquellos que no pueden costear un abogado privado.

La CAJ ofrece asesoría legal, representación en juicios laborales, mediación y otros servicios relacionados con los derechos laborales. El sistema contempla 138 defensores laborales para cubrir todo el territorio nacional y es supervigilado por el Ministerio de Justicia.

Para acceder a los servicios gratuitos, generalmente se requiere ser trabajador o trabajador, con ingresos mensuales que no superen ciertos límites (cercanos al Ingreso Mínimo vigente).

La capacidad técnica de los defensores laborales es reconocida en el sistema, siendo su principal deficiencia el estar constituida la defensoría laboral como un programa y no un servicio con autonomía legal, como ocurre con la defensoría penal, lo que impide estructurar e implementar políticas de acción (como podría ser la potenciación de los sistemas alternativos de solución de conflictos), una mejor coordinación interna, la asignación de recursos y su permanencia en el tiempo.

Conviene destacar algunas reglas especiales sobre el ejercicio de la acción dentro del proceso laboral:

- En materia de previsión o seguridad social, el juez admitirá la demanda a tramitación solo si el actor ha dado cumplimiento a la obligación de acompañar la resolución final de la respectiva entidad o de la entidad fiscalizadora que corresponda, que se haya pronunciado sobre la materia que se demanda (artículo 447).
- Es posible acumular acciones por el actor, demandando todas aquellas que le competan en contra de un mismo demandado (artículos 448 y 449). En este asunto existe una antinomia, puesto que el artículo 487 señala: "Este procedimiento queda limitado a la tutela de derechos fundamentales a que se refiere el artículo 485./ No cabe, en consecuencia, su acumulación con acciones de otra naturaleza o con idéntica pretensión basada en fundamentos diversos."

Se ha interpretado jurisprudencialmente que el inciso segundo del artículo 487 (cuando señala que no cabe acumulación) se encuentra tácitamente derogado por el artículo 448 inciso segundo, que admite la acumulación.[7]

A mayor abundamiento, hay una regla especial para el ejercicio simultáneo de las acciones de tutela de derechos fundamentales, despido y otras relacionadas, en el artículo 489 inciso penúltimo:

---

7 Véase a título ilustrativo la sentencia de fecha 10 de enero de 2020, "Núñez Olea Fernando con Empresa Educacional y Centro Pedagógico Trabunco E.I.R.L.", en Rol 642-2019 de la Corte de Apelaciones de San Miguel, la que puede ser consultara en www.pjud.cl.

"Si de los mismos hechos emanaren dos o más acciones de naturaleza laboral, y una de ellas fuese la de tutela laboral de que trata este Párrafo, dichas acciones deberán ser ejercidas conjuntamente en un mismo juicio, salvo si se tratare de la acción por despido injustificado, indebido o improcedente, la que deberá interponerse subsidiariamente. En este caso no será aplicable lo dispuesto en el inciso primero del artículo 488. El no ejercicio de alguna de estas acciones en la forma señalada importará su renuncia."

- El ejercicio de la acción lo tiene el trabajador que reclama por el reconocimiento de un derecho subjetivo o un grupo de trabajadores, conforme a las reglas generales de comparecencia en juicio.
- La organización sindical ejerce acciones conforme al artículo 220 del Código del Trabajo, por derecho propio en el ejercicio de derechos colectivos y facultados expresamente por el trabajador en el ejercicio de sus derechos individuales. Con todo, debe cumplir con las reglas de comparecencia en juicio de la Ley 18.120, designando a un abogado que lo represente. En el apartado siguiente se precisan estas atribuciones.
- En el procedimiento de tutela de derechos fundamentales hay una restricción especial cuando la vulneración se produce con ocasión del despido, en que la legitimación activa corresponde exclusivamente al trabajador afectado (artículo 489 inciso primero).
- La Inspección del Trabajo excepcionalmente tiene derecho a la acción, con mediación obligatoria, dentro del procedimiento de tutela de derechos fundamentales (artículo 486 inciso 5°), y
- La Inspección del trabajo tiene legitimación activa en la acción penal en los siguientes términos: "La Dirección del Trabajo podrá hacerse parte o querellarse en los procesos a que diere lugar un hecho que revista caracteres de delito, en relación a los trámites que se desarrollen ante ella, o que

se hubiere cometido en contra de alguno de sus funcionarios en el ejercicio de sus deberes".

Por último, en materia de cuantías, no existen reglas especiales que establezcan mínimos, salvo para el uso del procedimiento monitorio, que es facultativo para el trabajador dado que está diseñado en su beneficio. En dicho procedimiento se establece una cuantía igual o inferir a 15 Ingresos Mínimos Mensuales, esto es, US$7.920 aproximadamente.

VI. EL PAPEL DE LAS ORGANIZACIONES Y REPRESENTACIONES COLECTIVAS

Las organizaciones sindicales tienen conforme a sus fines, las siguientes atribuciones que establece el artículo 220 del Código del Trabajo (en lo pertinente al presente informe):

- Representar a los afiliados en las diversas instancias de la negociación colectiva, suscribir los instrumentos colectivos del trabajo que corresponda, velar por su cumplimiento y hacer valer los derechos que de ellos nazcan (1);
- Representar a los trabajadores en el ejercicio de los derechos emanados de los contratos individuales de trabajo, cuando sean requeridos por los asociados. No será necesario requerimiento de los afectados para que los representen en el ejercicio de los derechos emanados de los instrumentos colectivos de trabajo y cuando se reclame de las infracciones legales o contractuales que afecten a la generalidad de sus socios. En ningún caso podrán percibir las remuneraciones de sus afiliados (2);
- Velar por el cumplimiento de las leyes del trabajo o de la seguridad social, denunciar sus infracciones ante las autoridades administrativas o judiciales, actuar como parte en los juicios o reclamaciones a que den lugar la aplicación de multas u otras sanciones (3);

- Actuar como parte en los juicios o reclamaciones, de carácter judicial o administrativo, que tengan por objeto denunciar prácticas desleales. En general, asumir la representación del interés social comprometido por la inobservancia de las leyes de protección, establecidas en favor de sus afiliados, conjunta o separadamente de los servicios estatales respectivos (4).

Asimismo, en el supuesto de único empleador o grupo empresarial, pueden ejercer las acciones judiciales derivadas de la aplicación del inciso cuarto del artículo 3° del Código del Trabajo, cuando consideren que sus derechos laborales o previsionales han sido afectados (artículo 507).

Al contar con acción en estas materias, que como se observa son amplias, pueden ser coadyuvantes del trabajador o del empresario, aunque esto último no sea habitual.

Distinta es la situación del delegado sindical, que en el caso chileno es elegido para actuar ante sindicatos interempresa y que si bien gozan de fuero laboral y permisos sindicales, no tienen la representación legal de la organización sindical; por ello es dudosa su legitimación activa para iniciar procesos laborales, la que en las normas legales no se contempla expresamente.

En lo relacionado con representaciones de los trabajadores distintas de la organización sindical, la legislación chilena ha establecido dos órganos: los *comités bipartitos de capacitación* y los *comités paritarios de higiene y seguridad*, con facultades más bien consultivas y no decisorias, careciendo en ambos casos de titularidad para accionar en materias laborales o de seguridad social.

VII. DISEÑO LEGAL, MODO DE INICIO Y PRINCIPALES ASPECTOS DEL PROCESO

El proceso laboral se encuentra normado en el Libro V del Código del Trabajo, entre los artículos 413 y 504.

Se contemplan cinco procedimientos[8]:

1. Aplicación general

El juicio se inicia con una demanda escrita y el juez fija una audiencia en no más de 35 días donde llama a las partes a conciliarse. Si no se logra, el juez determinará cuáles son los puntos de prueba y las partes ofrecerán sus medios de prueba. En esa instancia, el juez puede disponer medidas cautelares, despacho de oficios o citaciones y fijará la fecha de una segunda audiencia en un plazo no superior a 30 días. En esta segunda audiencia se rinden las pruebas y el juez puede dictar sentencia al término de la audiencia o dentro de 15 días. Estos plazos son menores a los de un proceso civil, aun cuando en la práctica no se cumplen por sobrecarga de trabajo en los tribunales con competencia en materia laboral.

2. Procedimiento de tutela laboral

Se establece un procedimiento especial en caso que se afecten los derechos fundamentales de los trabajadores, entre éstos, el derecho a la vida y a la integridad síquica; el respeto y protección a la vida privada y pública y a la honra de la persona y de su familia; la inviolabilidad de toda forma de comunicación privada; la libertad de conciencia; la libertad para emitir opinión; la libertad del trabajo y el derecho a su libre elección, como también aquellos actos discriminatorios a que se refiere el Código del Trabajo.

La tramitación de este procedimiento goza de preferencia respecto de todas las demás causas que se tramiten ante el tribunal.

3. Procedimiento monitorio

Se aplicará en aquellas controversias cuya cuantía sea igual o inferior a 15 ingresos mínimos mensuales según ya referimos y las derivadas del fuero maternal.

---

8 Para más explicaciones sobre los procedimientos laborales, puede consultarse en: https://www.bcn.cl/portal/leyfacil/recurso/tribunales-laborales y en extenso en: https://academiajudicial.cl/wp-content/uploads/2021/11/Manual_juic_trabV2.pdf.

Se inicia por reclamo ante la Inspección del Trabajo, la cual citará a comparendo a las partes, lo que a nivel normativo es un requisito para la acción y que jurisprudencialmente se ha delineado que es facultativo para el trabajador, tal como se explicó en un apartado anterior. En el caso de conflicto por fuero maternal, el procedimiento se inicia directamente en el tribunal.

A la audiencia en la Inspección del Trabajo se debe concurrir con todos los medios de prueba y de no existir conciliación, el trabajador podrá interponer una demanda por escrito ante el juez, dentro de un plazo de 60 días, después de que fue despedido.

El juez acogerá las pretensiones del demandante de inmediato si las estima fundadas o en caso contrario, las rechazará de plano. En caso de no existir antecedentes suficientes para este pronunciamiento, o si las partes reclaman de esta resolución, el tribunal deberá citar a una audiencia única de conciliación y prueba, que deberá celebrarse dentro de los 15 días siguientes a la presentación de la demanda. Las partes deberán asistir a esta audiencia con todos sus medios de prueba y en ella el juez deberá dictar sentencia.

1. Procedimiento de reclamación de multas y demás resoluciones administrativas
2. Se establece que el reclamo de multas administrativas se regirá por el procedimiento de aplicación general, debiendo interponerse el reclamo en el plazo de 15 días hábiles contados desde la notificación de la sanción.
3. Procedimiento Ejecutivo

Se trata de un procedimiento forzado o ejecutivo, para hacer cumplir una sentencia u otros títulos que tienen el carácter de ejecutivos, tales como el instrumento colectivo, un finiquito, el cobro de cotizaciones previsionales.

Algunos aspectos generales de las reglas del proceso laboral:

- Principios que lo inspiran: los procedimientos del trabajo son orales, públicos y concentrados. Primarán en ellos los principios de la inmediación, impulso procesal de oficio, celeridad, buena fe, bilateralidad de la audiencia y gratuidad (artículo 425)

- Duración: según el diseño normativo, un juicio laboral debiese durar 80 días hábiles en la instancia (cómputo de plazos no comprende días feriados según el artículo 435), ya que son 35 días desde la presentación de la demanda para fijar la audiencia preparatoria del juicio, luego 30 días para realización de la audiencia de juicio y 15 días para la dictación de sentencia. En la práctica los tribunales con competencia en materia laboral enfrentan un recargo progresivo por el incremento sostenido de causas que ingresan y presentaciones que efectúan las partes, y que en algunos casos dilatan excesivamente las etapas de juicio y la dictación de la sentencia, lo que ha conducido a una afectación importante al principio de inmediación del juez con la prueba, que es correlato del principio de oralidad que inspira el proceso laboral, siendo acogidos de manera excepcional recursos de nulidad laboral que lo plantean.[9]
- Sistema probatorio: la regla general es el sistema de sana crítica y se contiene en el procedimiento de aplicación general que establece: "El tribunal apreciará la prueba conforme a las reglas de la sana crítica. / Al hacerlo, el tribunal deberá expresar las razones jurídicas y las simplemente lógicas, científicas, técnicas o de experiencia, en cuya virtud les asigne valor o las desestime. En general, tomará en especial consideración la multiplicidad, gravedad, precisión, concordancia y conexión de las pruebas o antecedentes del proceso que utilice, de manera que el examen conduzca

---

9 Un buen ejemplo es la sentencia de fecha 18 de julio de 2022, Rol 3795-2021, "Maluk con Nek Chile S.A.", de la Corte de Apelaciones de Santiago, que se puede consultar en www.pjud.cl. Hasta la fecha no hay jurisprudencia relevante en sede de unificación de jurisprudencia.

lógicamente a la conclusión que convence al sentenciador." (artículo 453).

El recurso de nulidad laboral cuenta con una causal específica para el caso de vulnerarse la sana crítica: "Cuando haya sido pronunciada – la sentencia - con infracción manifiesta de las normas sobre la apreciación de la prueba conforme a las reglas de la sana crítica" (artículo 478 literal b).

Excepcionalmente se contempla el sistema de valoración de prueba *en conciencia*, respecto de la prueba que se rinda acerca de créditos laborales con privilegio (artículo 61 inciso final) y en materia de disolución de una organización sindical (artículo 297).

- Conciliación durante el proceso: hemos señalado que el llamado a conciliación es un trámite obligatorio dentro del procedimiento ordinario, que tiene lugar al inicio de la audiencia preparatoria (artículo 453 número 2). No obstante, en cualquier momento las partes pueden alcanzar un acuerdo directo, instado por el tribunal que puede llamar a conciliación o por iniciativa directa de aquellas, en razón de no estar prohibido expresamente, lo que puede darse hasta la dictación de la sentencia en cualquiera de las etapas del proceso; esta posibilidad es utilizada ampliamente por algunos jueces para instar a acuerdos parciales respecto de partidas demandadas y no discutidas.
- Rol del juez: son diversas las atribuciones con que cuenta el juez en la ley, en razón del principio del impulso procesal de oficio que inspira el proceso laboral (artículo 425).

En materia probatoria, el juez puede decretar las pruebas que estime necesarias, aun cuando no las hayan ofrecido las partes y rechazará mediante resolución fundada aquellas que considere inconducentes. Adoptará las medidas tendientes a evitar la paralización del proceso o su prolongación indebida, no siendo aplicable el abandono del procedimiento. También puede corregir de oficio errores que observe en la tramitación del juicio y adoptar medidas que tiendan a evitar la nulidad del procedimiento; la nulidad procesal solo puede ser decretada si el vicio hubiese ocasionado perjuicio al litigante que la reclama (artículo 429).

Inspirado en el mismo principio, el juez puede desechar de plano actuaciones dilatorias (artículo 430).

Y en ejercicio de su función cautelar, el juez decretará todas las medidas que estime necesarias para asegurar el resultado de la acción, así como para la protección de un derecho o la identificación de los obligados y la singularización de su patrimonio en términos suficientes para garantizar el monto de lo demandado (artículo 444).

VIII. EL SISTEMA DE RECURSOS CONTRA LAS RESOLUCIONES JUDICIALES

Existe coherencia entre los principios formativos del proceso laboral y el sistema recursivo, puesto que son principios fundamentales la oralidad e inmediación, en virtud de los cuales el juez recibe y percibe directamente la prueba rendida por las partes, lo que conduce establecer los hechos en única instancia y luego a la decisión del conflicto.

Es por ello que el derecho al recurso se satisface en el sistema chileno a través del recurso de nulidad laboral, con un acceso genérico ante infracciones constitucionales o legales (artículo 477) y causales específicas que la misma ley establece (artículo 478). Este recurso debe interponerse dentro de 10 días hábiles desde la dictación de la sentencia, para ante la Corte de Apelaciones respectiva, su tramitación es ágil, y en general no es posible revisar los hechos en razón de no abrirse una nueva instancia, dado que por su naturaleza solo se revisan errores de derecho en la dictación del fallo.

Excepcionalmente es procedente el recurso de apelación, en contra de sentencias interlocutorias que pongan término al juicio o hagan imposible su continuación, las que se pronuncien sobre medidas cautelares y las que fijen el monto de las liquidaciones o reliquidaciones de beneficios de seguridad social (artículo 476).

En contra de la sentencia que se pronuncie sobre el recurso de nulidad laboral, procede el recurso de unificación de jurisprudencia, que debe interponerse dentro de 15 días hábiles para ante la Corte Suprema. Procederá cuando respecto de la materia de derecho objeto del juicio existieren distintas interpretaciones sostenidas en uno o más fallos firmes emanados de Tribunales Superiores de Justicia. El fallo que se pronuncie sobre el recurso solo tiene efecto respecto de la causa respectiva y en ningún caso afectará a las situaciones jurídicas fijadas en las sentencias que le sirven de antecedente (artículos 483, 483 - A, 483-C).

Con estos mecanismos queda agotado el sistema de recursos nacional establecido en el Código del Trabajo, que es de procedencia acotada por la naturaleza de los mismos y por los principios de oralidad e inmediación que impiden una revisión exhaustiva de lo ocurrido en la instancia.

En conflictos laborales y de seguridad social que incidan en derechos fundamentales, es posible acceder al Sistema Interamericano de Derechos Humanos y a su protección a través de la Comisión y la Corte Interamericana de Derechos humanos, en razón de así disponerlo el artículo 5 inciso segundo de la Constitución Política de la República.

IX. MODOS Y POSIBILIDADES DE EJECUCIÓN DE LAS RESOLUCIONES JUDICIALES

De acuerdo con el artículo 421 del Código del Trabajo, son de competencia de los Juzgados de Cobranza Laboral y Previsional los juicios en que se demande el cumplimiento de obligaciones que emanen de títulos a los cuales las leyes laborales y de previsión o seguridad social otorguen mérito ejecutivo; y, especialmente, la ejecución de todos los títulos ejecutivos regidos por la ley N° 17.322, relativa a la cobranza judicial de imposiciones, aportes y multas en los institutos de previsión. El conocimiento de las materias señaladas sólo corresponderá a los Juzgados de Letras del Trabajo en aquellos territorios jurisdiccionales en que no existan Juzgados de Cobranza Laboral y Previsional.

Cabe señalar que existen solo tres juzgados especializados en cobranza laboral y previsional: Valparaíso, Santiago y Concepción, de modo tal que en las restantes regiones del país corresponde a los juzgados con competencia laboral conocer también de la ejecución laboral y previsional.

Son títulos ejecutivos laborales, de acuerdo con el artículo 464 del Código del Trabajo, los siguientes:

1.- Las sentencias ejecutoriadas;

2.- La transacción, conciliación y avenimiento que cumplan con las formalidades establecidas en la ley;

3.- Los finiquitos suscritos por el trabajador y el empleador y autorizados por el Inspector del Trabajo o por funcionarios a los cuales la ley faculta para actuar como ministros de fe en el ámbito laboral;

4.- Las actas firmadas por las partes, y autorizadas por los Inspectores del Trabajo y que den constancia de acuerdos producidos ante éstos o que contengan el reconocimiento de una obligación laboral o de cotizaciones de seguridad social, o sus copias certificadas por la respectiva Inspección del Trabajo;

5.- Los originales de los instrumentos colectivos del trabajo, respecto de aquellas cláusulas que contengan obligaciones líquidas y actualmente exigibles, y las copias auténticas de los mismos autorizadas por la Inspección del Trabajo, y

6.- Cualquier otro título a que las leyes laborales o de seguridad social otorguen fuerza ejecutiva.

El cumplimiento de sentencias laborales y ejecución de títulos ejecutivos laborales se tramita conforme a un procedimiento especial establecido entre los artículos 463 y 473 del Código del Trabajo.

En caso de sentencias definitivas, una vez firmes, lo que debe certificar de oficio el tribunal, y siempre que no se acredite su cumplimiento dentro de 5 días hábiles, se dará inicio a su ejecución de oficio por el tribunal del fondo (artículo 462). Para ello, remiten a la unidad de liquidación respectiva la sentencia para la liquidación del crédito o su actualización, lo que se notifica al obligado, quien tiene 5 días hábiles para cumplir. De no hacerlo, se inicia el cobro ejecutivo, con embargo de bienes del deudor y se remata. Se establece una medida cautelar especial de retención de devolución de devoluciones del impuesto a la renta, que resulta de gran eficacia.

Tratándose del cobro de otros títulos ejecutivos, es preciso presentar una demanda ejecutiva y el tribunal de cobranza actúa de oficio para llevarla adelante.

En el caso de cumplimiento de sentencias cuyas condenas no consisten en el pago de sumas dinerarias sino la adopción de medidas especiales, tales como la reincorporación del trabajador, en la práctica se suele requerir la intervención de la Inspección del Trabajo si hay renuencia del empleador a dar cumplimiento. Adicionalmente, está el delito de desacato en el cumplimiento de una resolución judicial, sancionable penalmente como falta de acuerdo a las reglas generales.

Por último, no observamos en el sistema chileno reglas para el cumplimiento de sentencias en procesos de alcance colectivo.

X. CONCLUSIONES

1.- Una primera apreciación general deriva de la implementación de la reforma a la justicia laboral que tuvo lugar en Chile a partir de la Ley 20.087 de 2006, la que introdujo procedimientos modernos y simplificados en materia laboral, con un modelo coherente de recursos, todo lo cual sumado a la litigación electrónica, significó un avance en la forma de conocer y resolver conflictos laborales.

2.- La señalada reforma en los primeros años de vigencia significó acortar significativamente los tiempos de litigación, efecto que con el transcurso del tiempo se perdió, ante el progresivo incremento en el número de causas. Se sostiene que los tiempos de duración de un proceso laboral hoy no difieren de los que tenía el antiguo sistema, lo que debe ser abordado prontamente.

3.- Una posible mejora al sistema, más allá de ajustes puntuales, se vincula a nuestro entender con la Defensoría Laboral, porque es necesario dotarla de autonomía legal y de una institucionalidad que esté encabezada por un Defensor Laboral de carácter nacional. Esta mejora posibilitaría la implementación de políticas de acceso a la justicia laboral en el ámbito nacional, una mayor coordinación de los defensores y por sobre todo, potenciar sistemas alternativos de solución de conflictos para una más oportuna justicia.

Santiago, 19 de abril de 2025

Colombia

La justicia laboral en Colombia

JULIANA MORAD ACERO[1]

RESUMEN: A través del presente documento, se aborda en profundidad el sistema de justicia laboral en Colombia, analizando los mecanismos disponibles para la resolución de disputas laborales, como los procesos judiciales ordinarios, la acción de tutela y la conciliación ante el Ministerio de Trabajo. Se destacan los desafíos que enfrentan los trabajadores, especialmente aquellos en zonas rurales o de bajos recursos, y cómo las barreras económicas, geográficas y procedimentales limitan el acceso a la justicia. Además, se exploran los avances históricos en la jurisdicción laboral, como la introducción de la oralidad en los procesos laborales en 2007 y la creación de la acción de tutela, que ha permitido una mayor protección de los derechos fundamentales de los trabajadores.

El documento también analiza las limitaciones de los mecanismos alternativos de resolución de conflictos, como la conciliación, y señala las dificultades en casos como el acoso laboral, donde la falta de pruebas y las restricciones del marco normativo dificultan la resolución efectiva de los casos. A través de este análisis, se exponen las desigualdades en el acceso a la justicia y se plantean propuestas para mejorar el sistema, tales como la simplificación de los procesos judiciales y la expansión de la cobertura judicial en zonas rurales.

En resumen, el documento busca ofrecer una visión integral sobre los retos y barreras que enfrenta el sistema judicial laboral en Colombia y proporcionar soluciones que faciliten el acceso a una justicia laboral más efectiva y equitativa para todos los trabajadores.

ABSTRACT: This document provides an in-depth analysis of the labor justice system in Colombia, examining the available mechanisms for resolving labor disputes, such as ordinary judicial processes, the tutela action, and conciliation before the Ministry of Labor. It highlights the challenges faced by workers, particularly

[1] Directora del Departamento de Derecho Laboral y del Observatorio Laboral de la Javeriana. Consultora nacional e internacional en asuntos laborales y de protección social.

those in rural or low-income areas, and how economic, geographical, and procedural barriers limit access to justice. Additionally, the document explores historical advancements in labor jurisdiction, such as the introduction of oral proceedings in labor processes in 2007 and the creation of the tutela action, which has allowed for greater protection of workers' fundamental rights.

The document also examines the limitations of alternative conflict resolution mechanisms, such as conciliation, and addresses the challenges in cases such as workplace harassment, where lack of evidence and the constraints of the legal framework make it difficult to resolve cases effectively. Through this analysis, the document exposes inequalities in access to justice and proposes solutions to improve the system, such as simplifying judicial processes and expanding judicial coverage in rural areas.

In summary, the document aims to provide a comprehensive view of the challenges and barriers faced by the labor justice system in Colombia and offer solutions to facilitate access to more effective and equitable labor justice for all workers.

PALABRAS CLAVE: Sistema de justicia laboral, mecanismos de resolución de disputas laborales, procesos judiciales ordinarios, desigualdades en acceso a la justicia y soluciones para justicia laboral.

COEl sistema judicial laboral colombiano tiene como objetivo principal garantizar el acceso a la justicia y la protección de los derechos fundamentales de los ciudadanos. La jurisdicción laboral es esencial para resolver disputas entre empleadores y trabajadores, abordando temas como despidos injustificados, condiciones de trabajo y prestaciones sociales. Esta jurisdicción está organizada en instancias como los jueces laborales, los tribunales laborales y la Sala de Casación Laboral de la Corte Suprema de Justicia.

Además de los tribunales, existen mecanismos alternativos como la conciliación y la acción de tutela, que permiten resolver disputas de manera más rápida y accesible. Sin embargo, la coexistencia de diversas jurisdicciones puede generar conflictos de competencia y riesgos de desigualdad en el acceso a la justicia, especialmente para aquellos que viven en zonas rurales o tienen menos recursos. Aunque el sistema está diseñado para ser inclusivo, enfrenta desafíos en términos de eficiencia, accesibilidad y coordinación entre las distintas jurisdicciones, lo que puede afectar su capacidad de ofrecer soluciones efectivas a todos los ciudadanos.

El presente documento aborda en profundidad el sistema de justicia laboral en Colombia, analizando los principales mecanismos de resolución de disputas laborales, como los procesos judiciales ordinarios, la acción de tutela y la conciliación ante el Ministerio de Trabajo. Se examinan los desafíos que enfrentan los trabajadores, particularmente aquellos en zonas rurales o con bajos recursos, y cómo las barreras económicas, geográficas y procedimentales limitan el acceso a la justicia. Además, se analizan las principales normas que regulan la materia, así como los avances históricos en la jurisdicción laboral, como la introducción de la oralidad en los procesos laborales en 2007 y la creación de la acción de tutela, mecanismos que han permitido una mayor protección de los derechos fundamentales de los trabajadores.

El documento también reflexiona sobre las limitaciones de los mecanismos alternativos de resolución de conflictos y otras situaciones complejas donde las dificultades probatorias y las restricciones legales dificultan la resolución efectiva de los casos. Se expone cómo las desigualdades en el acceso a la justicia afectan a los trabajadores más vulnerables y se presentan propuestas para mejorar el sistema judicial, tales como la simplificación de los procesos judiciales y la expansión de la cobertura judicial en áreas rurales. En resumen, este trabajo busca ofrecer una visión integral sobre los retos y barreras que enfrenta el sistema de justicia laboral en Colombia, al mismo tiempo que proporciona soluciones para garantizar un acceso más equitativo y efectivo a la justicia para todos los trabajadores.

MEDIOS PARA LA RESOLUCIÓN DE DISPUTAS LABORALES EN COLOMBIA: DESAFÍOS Y DESIGUALDADES REGIONALES

En Colombia, existen diversos mecanismos legales para que los trabajadores reclamen o busquen soluciones a sus disputas laborales, como los juzgados laborales, la conciliación y el arbitraje. Sin embargo, el acceso a estos recursos presenta desafíos significativos. En las zonas urbanas, donde el Código Sustantivo del Trabajo se adapta mejor a las dinámicas laborales, los trabajadores tienen un acceso más fácil a estos mecanismos. No obstante, en las zonas rurales, donde las relaciones laborales a menudo se desarrollan al margen de la regulación formal, el acceso es limitado. En estas regiones, la informalidad laboral, la falta de presencia estatal y la influencia de grupos armados al margen de la ley dificultan que muchos trabajadores accedan a la justicia laboral. Como resultado, las relaciones laborales informales son comunes, y los estándares laborales que se cumplen en las ciudades no se aplican con la misma rigidez, lo que genera una disparidad en el acceso a la justicia en todo el país.

A continuación, presento algunos datos que reflejan la concentración de procesos judiciales en diferentes regiones del país, así como su evolución en los últimos años, con el objetivo de analizar la dinámica de los ingresos de procesos judiciales laborales.

Bogotá, como la capital y ciudad más grande de Colombia, se destaca como el lugar con el mayor número de procesos laborales en el país. Sin embargo, al analizar la evolución de estos ingresos a lo largo del tiempo, no se observa una tendencia clara antes de 2020, con fluctuaciones en el volumen de procesos laborales. En **2020**, se registra una caída significativa en los ingresos efectivos de casos, probablemente debido a la pandemia de COVID-19. Las restricciones impuestas, la paralización de muchas actividades económicas y la incertidumbre generada por la crisis sanitaria global afectaron de manera considerable la dinámica judicial, reduciendo el número de casos que llegaron a la jurisdicción laboral.

A partir de ese punto, se observa un crecimiento tímido en los ingresos de procesos laborales, pero este aumento no ha logrado superar el pico máximo registrado en 2013. Este fenómeno sugiere que, a pesar de la reactivación económica y el retorno paulatino a la normalidad, la cantidad de conflictos laborales judicializados en la capital no ha alcanzado los niveles previos a la pandemia. Este comportamiento puede estar relacionado con varios factores, como los cambios en las dinámicas laborales, la implementación de nuevas formas de resolución de conflictos, o simplemente una recuperación lenta de la capacidad del sistema judicial para tramitar los casos. En cualquier caso, el análisis de estos datos es esencial para entender cómo la pandemia ha afectado la administración de justicia laboral en Bogotá y sus perspectivas futuras.

Gráfica 1. Ingresos efectivos en la jurisdicción laboral en Bogotá

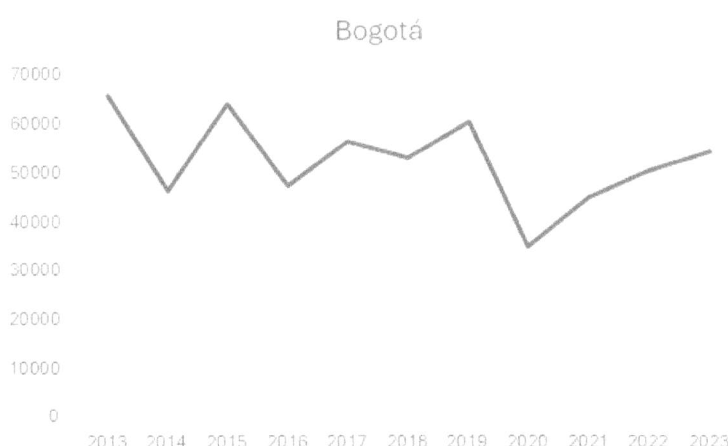

Elaboración propia. Fuente: Consejo Superior de la Judicatura.

Después de Bogotá, las ciudades de **Medellín**, **Barranquilla** y **Cali** presentan el mayor número de habitantes y procesos laborales. Medellín, en particular, ha liderado históricamente en cuanto a la cantidad de casos, aunque con variaciones a lo largo del tiempo. Mientras que Barranquilla y Cali han mostrado una evolución más estable en el número de procesos entre 2013 y 2023, Medellín ha experimentado una disminución notable en los ingresos de casos, tendencia que comenzó antes de la pandemia de COVID-19.

Cali, por su parte, sufrió el mayor impacto durante la pandemia, pero logró recuperar su tendencia de crecimiento de manera notable. Este análisis revela que, aunque estas ciudades son comparables en términos de población, Medellín, que originalmente superaba en número de procesos a Cali y Barranquilla, ha visto cómo la brecha se ha reducido desde 2015. Al igual que Bogotá, el número de procesos laborales en Medellín no ha aumentado significativamente desde la pandemia, lo que sugiere una estabilización en la tendencia de casos laborales en estas grandes urbes.

Esta situación plantea importantes preguntas: ¿Qué factores están influyendo en la disminución de los ingresos de procesos en Medellín? ¿Qué ha permitido que Cali recupere su tendencia al alza? Si bien el número de habitantes es un factor determinante, no es el único. Este análisis sugiere que otros factores, como las políticas laborales, los cambios en la economía regional o incluso la eficiencia del sistema judicial, pueden estar desempeñando un papel clave en estas dinámicas.

Gráfica 2. Ingresos efectivos en la jurisdicción laboral en ciudades con 1 millón a 3 millones de habitantes.

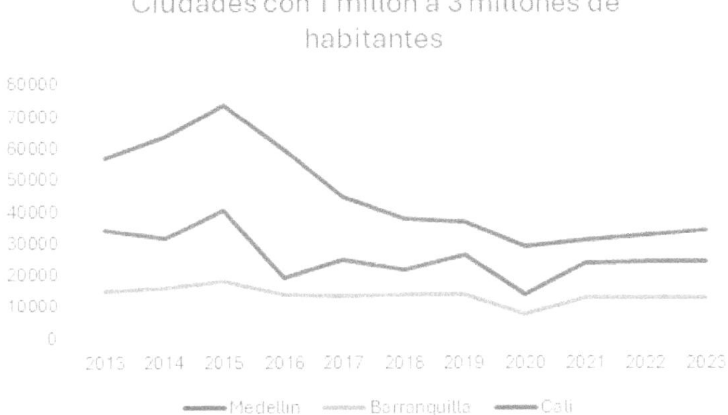

Elaboración propia. Fuente: Consejo Superior de la Judicatura.

En el siguiente grupo, que incluye ciudades como **Bucaramanga**, **Cartagena**, **Cúcuta**, **Ibagué** y **Villavicencio**, los patrones de los ingresos de procesos laborales muestran similitudes. En general, todas estas ciudades experimentaron una caída significativa en 2014, con la excepción de Cúcuta, que mantuvo una tendencia más estable. En 2020, todas las ciudades vieron una nueva disminución, atribuible a los efectos de la pandemia de COVID-19. La recuperación posterior ha sido moderada, pero con variaciones: mientras que Villavicencio ha mostrado una tendencia más estable en su recuperación, Cartagena ha tenido un repunte más notable, destacándose como la ciudad con la recuperación más sólida dentro de este grupo.

Gráfica 3. Ingresos efectivos en la jurisdicción laboral en ciudades con más de 500 mil habitantes y menos de 1 millón de habitantes.

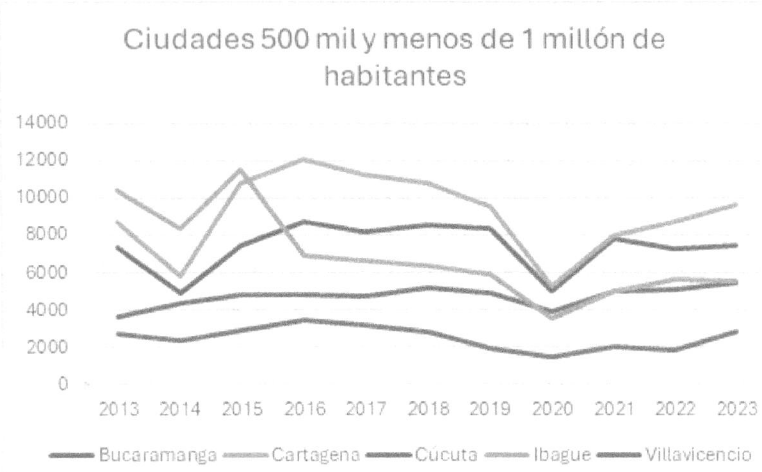

Elaboración propia. Fuente: Consejo Superior de la Judicatura.

La mayoría de las ciudades en Colombia se encuentran en el rango de 200 mil a 500 mil habitantes. Dentro de este grupo, la evolución de los ingresos de procesos laborales muestra patrones similares, con algunas excepciones, como **Pereira**, **Manizales** y **Santa Marta**. La mayoría de las ciudades experimentaron una caída significativa en 2020 debido a la pandemia. Sin embargo, la recuperación posterior ha sido tímida, con la excepción de Manizales, que ha registrado un crecimiento más significativo en comparación con las demás en este rango poblacional.

Gráfica 4. Ingresos efectivos en la jurisdicción laboral en ciudades con más de 200 mil habitantes y menos de 500 mil habitantes.

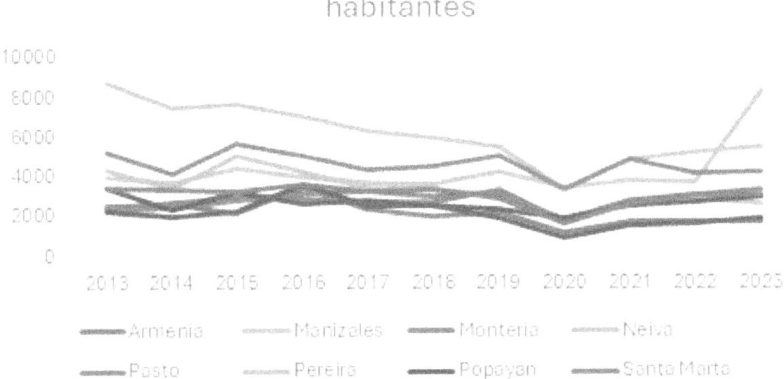

Elaboración propia. Fuente: Consejo Superior de la Judicatura.

En cuanto a las ciudades con poblaciones entre 100 mil y 200 mil habitantes, **Tunja** se destaca por registrar un número de procesos ingresados significativamente superior al esperado para una ciudad de su tamaño. En contraste, las demás ciudades muestran patrones variados en cuanto a la evolución de los procesos antes de la caída de 2020. Tras la pandemia, todas comparten una tendencia similar de crecimiento moderado en el número de procesos, reflejando una recuperación uniforme en el ámbito judicial.

Gráfica 5. Ingresos efectivos en la jurisdicción laboral en ciudades con más de 100 mil habitantes y menos de 200 mil habitantes.

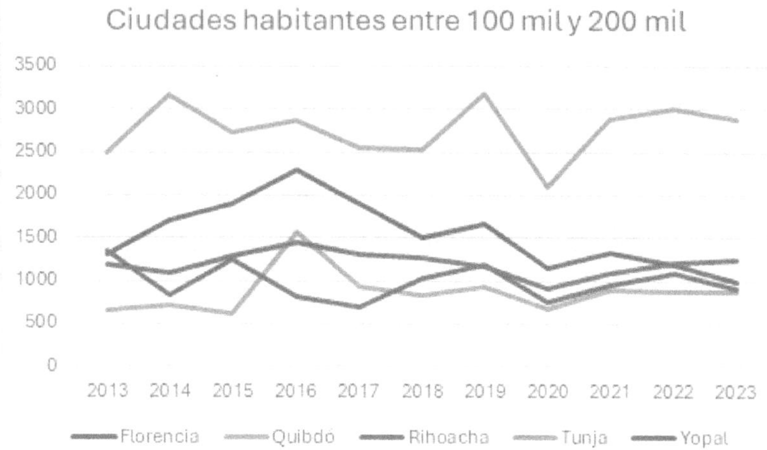

Elaboración propia. Fuente: Consejo Superior de la Judicatura.

Finalmente, las ciudades con menor número de habitantes presentan el menor número de procesos ingresados. En este grupo, se observa una caída notable en 2020, seguida de una recuperación que, en la mayoría de los casos, no alcanza los niveles previos a la pandemia. A pesar de esto, no se identifican patrones claros, ya que la evolución de los procesos varía considerablemente de una localidad a otra.

Gráfica 6. Ingresos efectivos en la jurisdicción laboral en ciudades con menos de 100 mil habitantes.

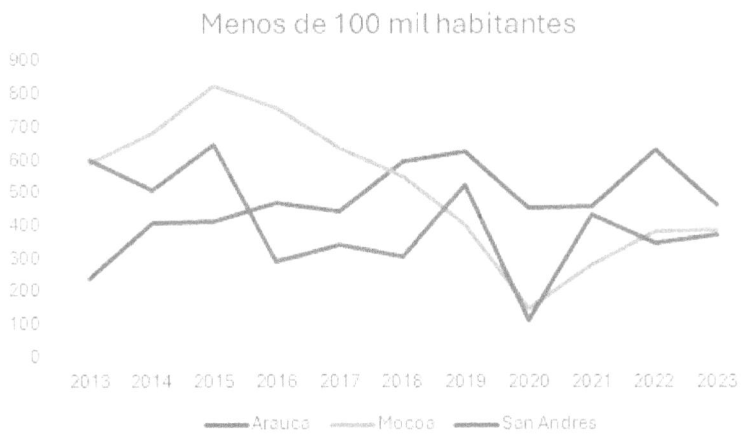

Elaboración propia. Fuente: Consejo Superior de la Judicatura.

En resumen, el análisis de la distribución de los procesos judiciales en Colombia revela una gran diversidad, pero también una marcada concentración en las grandes ciudades. La correlación entre el tamaño de las ciudades y la carga judicial es evidente, pero también es necesario adoptar un enfoque más específico y territorial, que reconozca las particularidades de cada región. La distribución desigual subraya la importancia de garantizar la cobertura judicial en todas las regiones del país.

Este análisis también plantea preguntas sobre las causas subyacentes de la alta litigiosidad en algunas áreas. ¿Existen factores socioeconómicos, culturales o institucionales que favorecen el litigio? ¿Cómo afectan las dinámicas locales a la propensión a litigar? Responder a estas interrogantes es fundamental para diseñar políticas públicas que mejoren la eficiencia y equidad del sistema judicial.

Finalmente, comprender estas dinámicas es esencial para garantizar que el sistema judicial no solo responda a la demanda actual, sino que también se adapte a los cambios demográficos y sociales.

GENERALIDADES DE LA JUSTICIA LABORAL

Historia y evolución de la jurisdicción laboral en Colombia

La **jurisdicción laboral en Colombia** fue formalmente establecida en 1945, con la creación de tribunales especializados encargados de resolver los conflictos laborales entre trabajadores y empleadores. Esta estructura buscaba mejorar la eficiencia en la resolución de disputas laborales y garantizar que se cumplieran los derechos establecidos en el **Código Sustantivo del Trabajo** y otras normativas laborales. Desde su creación, la jurisdicción laboral ha jugado un papel clave en la protección de los derechos de los trabajadores y en la promoción de un equilibrio entre las relaciones laborales.

Uno de los hitos más importantes en la historia de esta jurisdicción fue la creación de la **acción de tutela** en la **Constitución Política de 1991**, un mecanismo que revolucionó la protección de los derechos fundamentales en Colombia. La tutela permite a cualquier persona, sin importar su situación económica, solicitar la intervención judicial para proteger sus derechos fundamentales cuando estos sean vulnerados o amenazados por cualquier autoridad, ya sea pública o privada. Esta herramienta también se ha aplicado en el ámbito laboral, permitiendo a los trabajadores obtener protección rápida para derechos relacionados con la **seguridad social**, la **salud** y otros derechos laborales fundamentales. A través de la acción de tutela, se ha logrado una **jurisprudencia significativa**, especialmente en temas de salud, que es considerada una parte integral del derecho a la seguridad social, asegurando que los trabajadores puedan acceder a los servicios de salud de manera oportuna, incluso cuando existan barreras burocráticas o administrativas.

Otro avance clave en la **jurisdicción laboral** fue la **introducción de la oralidad** en los procesos laborales en 2007 con la ley 1149. Esta reforma permitió que los procedimientos laborales fueran más ágiles y eficientes, lo que facilitó una **resolución más rápida de los casos**, reduciendo significativamente los tiempos de espera. Colombia se convirtió en uno de los primeros países en adoptar este modelo en su sistema judicial laboral. La oralidad contribuyó a mejorar la transparencia del proceso, favoreció una mayor participación de las partes involucradas, y facilitó que los jueces tuvieran un contacto más directo con los casos, lo que ha incrementado la eficacia de la administración de justicia laboral. Esta medida ha sido fundamental para asegurar que los trabajadores obtengan respuestas rápidas y justas en sus conflictos laborales, promoviendo la eficiencia en la resolución de disputas y la confianza en el sistema judicial.

En resumen, la jurisdicción laboral en Colombia ha evolucionado significativamente desde 1945, con hitos importantes como la creación de la acción de tutela y la introducción de la oralidad en los procesos laborales. Estas reformas han fortalecido la protección de los derechos laborales y de seguridad social, y han mejorado la eficiencia y accesibilidad del sistema judicial para los trabajadores.

Composición de la jurisdicción laboral en Colombia

En Colombia, el sistema judicial se compone de dos grandes ramas principales: la **jurisdicción laboral ordinaria** y la **jurisdicción contencioso-administrativa**, cada una con su propia estructura y competencias. Aparte de estas jurisdicciones, también existen las **acciones de tutela**, que son un mecanismo independiente para la protección rápida de los **derechos fundamentales** de los ciudadanos, incluidos los derechos laborales y de seguridad social.

Jurisdicción Laboral Ordinaria

La **jurisdicción laboral ordinaria** se encarga de resolver los conflictos laborales entre **particulares**, es decir, aquellos que involucran a trabajadores y empleadores que no son parte del Estado. Esta jurisdicción está compuesta por diferentes niveles:

- **Jueces laborales**: Son los encargados de la primera instancia. Resuelven los casos laborales tanto individuales como colectivos que surgen entre los trabajadores y empleadores privados. Estos jueces también tienen la responsabilidad de interpretar y aplicar las normativas laborales vigentes en el país.
- **Tribunales superiores laborales**: Funcionan como **segunda instancia** y se encargan de revisar las decisiones de los jueces laborales de primera instancia. Estos tribunales están distribuidos en diversas ciudades del país y garantizan que las decisiones de los jueces sean conforme a la ley.
- **Corte Suprema de Justicia - Sala Laboral**: Es la **instancia más alta** en la jurisdicción laboral ordinaria y se encarga de conocer los recursos de **casación** en casos laborales. La corte revisa cuestiones de fondo que involucran la interpretación de normas laborales de importancia, especialmente en casos de cuantía significativa o de gran trascendencia.

Jurisdicción Contencioso-Administrativa

Por otro lado, la **jurisdicción contencioso-administrativa** se ocupa de los conflictos en los que el **Estado** actúa como parte, ya sea como empleador o en su función administrativa. Esta jurisdicción también tiene una estructura jerárquica, y sus órganos principales son:

- **Jueces administrativos**: Actúan en **primera instancia** y se encargan de resolver los casos que involucran a entidades públicas o actos administrativos. En materia laboral, conocen los conflictos entre el Estado y los empleados públicos.

- **Tribunales administrativos**: En algunos casos, los tribunales administrativos actúan como **primera instancia** cuando se trata de casos de mayor cuantía o complejidad. También tienen la función de revisar las decisiones tomadas por los jueces administrativos de primera instancia en segunda instancia.
- **Consejo de Estado**: Es la **máxima autoridad** dentro de la jurisdicción contencioso-administrativa. Se encarga de revisar los recursos de **casación** y resolver los casos de gran trascendencia relacionados con los actos administrativos del Estado, incluidos los que involucran el ámbito laboral cuando el Estado es el empleador.

En resumen, la **jurisdicción laboral ordinaria** se ocupa de los conflictos entre particulares en el ámbito del trabajo, mientras que la **jurisdicción contencioso-administrativa** se enfoca en los conflictos en los que el Estado es parte, como empleador o en su rol administrativo.

Finalmente, la **acción de tutela** en Colombia es un mecanismo jurídico diseñado para la protección rápida de los **derechos fundamentales** cuando estos son vulnerados o amenazados por acciones u omisiones de autoridades públicas o particulares. Su finalidad es asegurar la efectividad de los derechos fundamentales consagrados en la **Constitución Política**.

Organización de la Tutela

En Colombia, **todos los jueces** son **jueces de tutela** en el sentido de que tienen la facultad de conocer y resolver **acciones de tutela** en las que se solicite la protección de derechos fundamentales. Estos jueces pueden ser de cualquier jurisdicción (laboral, civil, penal, etc.), ya que la tutela es una acción independiente de la jurisdicción ordinaria.

¿Qué conocen los jueces de tutela?

Los jueces de tutela conocen casos en los que se alegue una **vulneración o amenaza** de derechos fundamentales. Este mecanismo es **subsidiario**, es decir, solo se puede interponer cuando no existe otro mecanismo judicial efectivo para resolver el conflicto. Aunque la tutela se puede interponer en diversas circunstancias, comúnmente se utiliza en cuestiones de **seguridad social**, **salud**, **trabajo**, **educación** y **derechos laborales**, especialmente cuando no se puede acceder de inmediato a la justicia ordinaria.

Procedimiento de Apelación y Revisión

- **Apelación**: Las decisiones de los jueces de tutela pueden ser apeladas ante un **tribunal superior** en segunda instancia. El recurso de apelación se presenta cuando la parte afectada por la decisión del juez de tutela no está conforme con la resolución tomada, permitiendo que un tribunal superior revise la decisión.
- **Revisión extraordinaria por parte de la Corte Constitucional**: En última instancia, si la decisión de tutela es de gran trascendencia o involucra un asunto de interés constitucional relevante, la **Corte Constitucional** puede **seleccionar voluntariamente** el caso para su revisión. Esta corte tiene la **potestad** de revisar las **sentencias de tutela**, con el objetivo de corregir posibles errores judiciales, unificar la interpretación de los **derechos fundamentales** y garantizar la **coherencia** en la jurisprudencia constitucional.

Este proceso de revisión por parte de la Corte Constitucional tiene como objetivo asegurar que las decisiones de tutela respeten el marco constitucional y protejan adecuadamente los derechos fundamentales, especialmente cuando afectan a un gran número de personas o involucran principios constitucionales fundamentales.

Instancia única o de doble instancia

La **jurisdicción laboral** en Colombia es de **doble instancia**. En los conflictos laborales ordinarios, las decisiones de los **jueces laborales de primera instancia** pueden ser apeladas ante los **Tribunales Superiores**.

En cuanto a los **recursos extraordinarios**, existe la posibilidad de recurrir en **casación** ante la **Sala Laboral de la Corte Suprema de Justicia**. Sin embargo, este recurso está limitado a casos que superen una **cuantía mínima** y que cumplan con requisitos estrictos.

Formación de los órganos judiciales competentes en materia laboral y social

En sede de la jurisdicción ordinaria laboral, los **jueces laborales** y los **magistrados de los Tribunales Superiores** acceden a sus cargos a través de un **concurso de méritos**, como parte de la **carrera judicial**. Este proceso evalúa la idoneidad profesional, experiencia y conocimientos de los candidatos. Estos jueces y magistrados se encargan de conocer los casos laborales en primera y segunda instancia.

Por otro lado, los **magistrados de la Corte Suprema de Justicia** son elegidos a través de un proceso diferente.

El proceso de selección de **magistrados de la Corte Suprema de Justicia** en Colombia está regulado por la **Constitución Política de 1991** y la **Ley Estatutaria de la Administración de Justicia (Ley 270 de 1996)**. A continuación, se explica el proceso paso a paso:

1. Convocatoria

La **Sala de Gobierno de la Corte Suprema de Justicia** es responsable de convocar el proceso de selección cuando se presenta una vacante en la Corte. Esta convocatoria es pública y establece los plazos y los requisitos para la presentación de candidaturas.

2. Requisitos para ser candidato

- De acuerdo con el **Artículo 232** de la Constitución, los aspirantes a magistrados de la Corte Suprema de Justicia deben cumplir con los siguientes requisitos:
- Ser **colombiano de nacimiento** y estar en **ejercicio de la ciudadanía**.
- Tener **más de 35 años** de edad.
- Poseer un **título de abogado** expedido por una universidad reconocida.
- Haber ejercido, por al menos **10 años**, cargos en la **rama judicial** o en el **Ministerio Público**, o haber trabajado como **abogado** o en la **cátedra universitaria** en disciplinas jurídicas durante ese mismo período.

3. Presentación de candidaturas

Los candidatos interesados deben presentar su **hoja de vida** y cumplir con los requisitos establecidos en la convocatoria. Las candidaturas pueden ser propuestas por diferentes entidades, como:

- **Organizaciones judiciales**.
- **Universidades**.
- **Entidades de derechos humanos**.
- Otras **instituciones vinculadas al ámbito jurídico**.

4. Evaluación y preselección

Una vez recibidas las candidaturas, la **Sala de Gobierno de la Corte Suprema de Justicia** evalúa el cumplimiento de los requisitos establecidos y realiza una **preselección** de los aspirantes. En esta etapa, se pueden realizar **entrevistas** o **pruebas** adicionales para valorar la idoneidad de los candidatos.

5. Elección por la Plenaria de la Corte

Los candidatos preseleccionados son sometidos a **votación** ante la **Plenaria de la Corte Suprema de Justicia**, compuesta por los magistrados en ejercicio. La elección se realiza mediante **votación por mayoría** en una sesión plenaria. El candidato que obtenga **la mayoría absoluta** (más de la mitad de los votos) es elegido como nuevo magistrado.

6. Nombramiento y posesión

Una vez elegido, el nuevo magistrado es **nombrado formalmente** y debe prestar **juramento** ante la Corte Suprema de Justicia. El cargo de magistrado es de **período fijo** de **8 años**, con la posibilidad de **reelección** al final de su mandato.

7. Control de garantías

El proceso de selección está sujeto al **control constitucional** por parte de la **Corte Constitucional**, que verifica que se haya cumplido con todos los requisitos y procedimientos establecidos en la **Constitución** y la **ley**.

Competencias de la jurisdicción laboral

Como se ha indicado, el sistema judicial colombiano está diseñado para abordar una amplia variedad de asuntos a través de diversas jurisdicciones y competencias. En el ámbito de los **derechos laborales** y la **seguridad social**, existen múltiples instancias y órdenes jurisdiccionales que pueden intervenir, dependiendo de la naturaleza del caso y los derechos en juego. A continuación, se explica en detalle el funcionamiento de estas jurisdicciones:

1. Jurisdicción Laboral

La **jurisdicción laboral** en Colombia es competente para resolver tanto los **conflictos laborales** (como contratos, despidos y condiciones de trabajo) como los temas relacionados con **la seguridad social** (pensiones, salud, riesgos laborales, etc.) de trabajadores. Esta jurisdicción está organizada en **juzgados laborales**,

tribunales laborales y, en última instancia, la **Sala de Casación Laboral** de la **Corte Suprema de Justicia**.

Su función principal es garantizar la correcta aplicación de las normas laborales y de seguridad social, resolviendo los conflictos entre empleadores y trabajadores particulares. Este sistema busca asegurar que los derechos de los trabajadores sean respetados y que las leyes laborales sean aplicadas correctamente.

2. Seguridad Social como Asunto Independiente

La **seguridad social** es un componente esencial del sistema laboral, pero en ciertos casos puede tratarse de manera independiente, especialmente cuando se relaciona con la **protección de derechos fundamentales**. En situaciones donde se requiere una **protección urgente** de derechos como la **salud**, la **vida** o la **dignidad humana**, los **jueces de tutela** pueden intervenir.

La **acción de tutela** es un mecanismo constitucional que permite a cualquier persona solicitar la protección de sus derechos fundamentales cuando no existe otro recurso judicial efectivo. Por ejemplo, si un ciudadano no recibe la atención médica necesaria o se le niega el acceso a medicamentos esenciales, puede acudir a un juez de tutela para obtener una solución rápida.

La **Corte Constitucional** tiene la facultad de revisar sentencias de tutela y unificar la **jurisprudencia**, estableciendo precedentes clave en estos temas.

3. Jueces de la Salud

Los **jueces de la salud** son una instancia especializada dentro de la **Superintendencia Nacional de Salud**, con competencia para resolver conflictos relacionados con el acceso a servicios de salud, el **Plan de Beneficios en Salud (PBS)** y otros aspectos del sistema de salud.

Aunque esta instancia existe, en la práctica, muchos ciudadanos prefieren recurrir directamente a la acción de tutela debido a su **rapidez** y **eficacia** en la protección de derechos fundamentales, especialmente cuando hay riesgos inmediatos para la salud.

4. Intervención de Otros Órdenes Jurisdiccionales

Por otro lado, la **jurisdicción contencioso-administrativa** es competente para resolver conflictos que involucren al **empleo público**. Esto incluye temas como despidos de servidores públicos y pensiones de empleados estatales. En algunos casos, un mismo asunto laboral puede ser abordado tanto por la jurisdicción **laboral como por la contencioso-administrativa, dependiendo de la naturaleza del vínculo laboral: si es entre particulares o con el Estado,** lo que puede generar **conflictos de interpretación.**

5. Choque de trenes

La coexistencia de diversas jurisdicciones (laboral, constitucional, contencioso-administrativa) puede generar **conflictos de interpretación**, especialmente cuando un mismo caso puede ser abordado desde diferentes perspectivas. Esto da lugar a lo que se conoce como un **choque de trenes**, donde distintas **instancias judiciales** interpretan la misma situación de manera contradictoria.

Por ejemplo, el **Consejo de Estado** puede interpretar la relación laboral en el sector público de una manera, mientras que la **Sala Laboral de la Corte Suprema de Justicia** lo hace de otra, y la **Corte Constitucional**, al conocer casos relacionados con derechos fundamentales a través de una revisión extraordinaria, puede llegar a una conclusión diferente. Este **choque de trenes** genera incertidumbre y puede complicar la resolución definitiva de los casos, ya que se presentan **decisiones contradictorias** que pueden afectar tanto a los derechos de las partes involucradas como a la coherencia del sistema judicial.

6. Corte Constitucional y Revisión de Tutelas

La **Corte Constitucional** juega un papel fundamental en la protección de los derechos fundamentales relacionados con la seguridad social y los derechos laborales. A través de la revisión de las **tutelas**, la Corte puede **unificar la jurisprudencia** y establecer **lineamientos** para garantizar el acceso a derechos como la **salud** y las **pensiones**.

La Corte ha emitido decisiones clave que han obligado, por ejemplo, a las **Entidades Promotoras de Salud EPS** a brindar tratamientos médicos no incluidos en el **PBS** o a garantizar el pago de pensiones en casos de vulnerabilidad.

7. Desafíos del Sistema

La multiplicidad de jurisdicciones y competencias puede resultar **compleja** para los ciudadanos, quienes a menudo no saben a qué instancia acudir. Además, la fragmentación del sistema judicial puede llevar a decisiones contradictorias o a la **duplicación de esfuerzos** en la resolución de conflictos.

La **sobrecarga de tutelas** en materia de salud y seguridad social refleja las deficiencias del sistema y la necesidad de reformas estructurales para garantizar el acceso efectivo a estos derechos fundamentales.

En resumen, el sistema judicial laboral y de seguridad social en Colombia es complejo, con múltiples **instancias y órdenes jurisdiccionales**. Aunque este sistema permite una **protección amplia de los derechos**, también plantea desafíos en términos de **coordinación**, **eficiencia** y **acceso a la justicia**.

Acceso a los medios de solución de disputas laborales: Limitaciones por tipo de relación laboral

En Colombia, el acceso a los medios para resolver disputas laborales ante la jurisdicción ordinaria laboral está condicionado por la existencia de una **relación laboral formal**, regida por el **Código Sustantivo del Trabajo**. Este código establece que, para que un conflicto laboral sea resuelto por un juzgado, debe existir una relación de trabajo caracterizada por **subordinación**, **dependencia** y una **contraprestación económica**. Sin embargo, en la práctica, hay sectores laborales en los que no se aplica de manera clara este marco normativo, lo que limita el acceso a la justicia para ciertos trabajadores.

Es importante destacar que, para que un trabajador pueda acceder a los **derechos laborales** contemplados en el Código, primero debe existir una declaración de una relación laboral formal. Sin embargo, en el caso de aquellos trabajadores que no tienen esta relación formal —como en el caso de los **trabajadores independientes** o aquellos en modalidades de trabajo de la **economía de los "trabajos por encargo"** o "gig economy"— la falta de subordinación clara y de un contrato de trabajo puede generar incertidumbre sobre la aplicación de los derechos laborales tradicionales. Esto limita su acceso a una sentencia laboral dentro del sistema judicial tradicional.

A pesar de esta limitación, los trabajadores en estas situaciones aún tienen mecanismos para proteger sus derechos fundamentales, aunque no cuenten con un contrato de trabajo formal. Por ejemplo, aquellos que no están cubiertos por la legislación laboral pueden recurrir a otras vías para obtener **protección en derechos fundamentales** como la **seguridad social**. Estos trabajadores pueden acudir a un **juez de tutela** para reclamar su derecho a la **cobertura en salud**, a **pensiones**, e incluso a la **protección en riesgos laborales**, amparados en el derecho fundamental a la seguridad social, que no depende necesariamente de la existencia de un contrato laboral formal.

De esta manera, aunque no todos los trabajadores en Colombia pueden acceder a la justicia laboral tradicional debido a la falta de una relación laboral declarada, tienen a su disposición el recurso de la tutela para la protección de sus derechos fundamentales, lo que asegura que, al menos en cuanto a la seguridad social, se garantice la protección que les corresponde por ley. Esta flexibilidad jurídica resalta la importancia de adaptarse a las nuevas modalidades laborales y de asegurar que todos los trabajadores, independientemente de su tipo de relación laboral, puedan acceder a los derechos fundamentales de protección social y laboral.

Celeridad en la resolución de los procesos judiciales laborales

La accesibilidad a los medios de resolución de disputas laborales en Colombia es un tema crítico que refleja las desigualdades y barreras que enfrentan los trabajadores para acceder a la justicia. Existen diversos mecanismos para resolver disputas laborales, cada uno con características y desafíos propios. La **acción de tutela** es uno de los mecanismos más accesibles, ya que es gratuito, no requiere la intervención de un abogado y puede ser presentada por cualquier persona, incluso de manera verbal en algunos casos. El proceso es ágil, con un plazo máximo de diez días para que el juez resuelva la tutela, lo que la convierte en una herramienta eficaz para situaciones de emergencia o urgencia. La tutela es particularmente accesible para personas con bajos recursos, ya que no implica costos procesales ni requiere conocimientos jurídicos avanzados, permitiendo la protección inmediata de derechos fundamentales como la salud, la vida, la dignidad y el trabajo en condiciones dignas. Sin embargo, su uso está limitado a casos en los que no existen otros medios judiciales efectivos para proteger el derecho vulnerado, lo que hace que no sea adecuada para resolver conflictos laborales complejos o disputas que requieran un análisis profundo de pruebas y argumentos jurídicos.

Por otro lado, el **proceso laboral ordinario** es el mecanismo principal para resolver disputas laborales como despidos injustificados, incumplimiento de contratos y pagos de prestaciones sociales. Este proceso es más formal y ritualístico que la tutela, y se regula por el Código Procesal del Trabajo y de la Seguridad Social. Sin embargo, el acceso a este mecanismo está condicionado por barreras económicas y procedimentales. El proceso requiere la intervención de un abogado, lo que implica el pago de honorarios legales y otros costos asociados con la presentación de demandas, notificaciones y otros trámites procesales. Además, el proceso es complejo y requiere cumplir con formalidades y plazos estrictos, lo que puede ser difícil de gestionar para quienes no tienen conocimientos jurídicos. Aunque la introducción de la oralidad ha agilizado los procesos, estos aún pueden durar meses o incluso años, lo que desincentiva a los trabajadores a iniciar acciones judiciales. En zonas rurales o apartadas, el acceso a abogados y tribunales laborales es limitado, lo que aumenta las dificultades para resolver disputas laborales, y los trabajadores informales o de bajos ingresos enfrentan mayores barreras para acceder a este mecanismo.

Existen también otros mecanismos alternativos de resolución de conflictos laborales, como la conciliación y los procedimientos ante el **Ministerio del Trabajo**. La conciliación es un proceso rápido y económico que busca resolver conflictos de manera amistosa, sin necesidad de acudir a un juez. Sin embargo, este mecanismo presenta desafíos tanto **jurídicos** como **prácticos**. Hay ciertos asuntos que no pueden ser conciliados, como los casos en los que existen **derechos ciertos** (por ejemplo, cuando se trata de pensiones), o aquellos que involucran **protección derivada de la estabilidad laboral**. Si bien estos casos tienen justificación jurídica, constituyen barreras que limitan la efectividad de la conciliación en algunos tipos de disputas laborales, ya que no se pueden someter a un acuerdo entre las partes.

A pesar de la existencia de estos mecanismos, los trabajadores en Colombia siguen enfrentando desafíos significativos para acceder a la justicia laboral. Las desigualdades económicas y geográficas son barreras importantes, especialmente para aquellos que viven en zonas rurales o de bajos recursos. Muchos trabajadores desconocen sus derechos laborales y los mecanismos disponibles para protegerlos, lo que limita aún más su capacidad para acceder a la justicia. Además, la sobrecarga del sistema judicial y la falta de recursos generan retrasos en la resolución de los casos, lo que reduce la eficacia de los mecanismos de resolución de disputas. Para mejorar la accesibilidad, es necesario implementar reformas que simplifiquen los procesos, reduzcan los costos y promuevan el uso de mecanismos alternativos, como la conciliación, que son más rápidos y económicos. También sería beneficioso fortalecer la educación y difusión de los derechos laborales, así como ampliar la cobertura de servicios judiciales en zonas rurales a través de mecanismos innovadores como los **juzgados móviles** o **virtuales**.

PARTICULARIDADES PROCESO ORDINARIO LABORAL

Capacidad, legitimación y condiciones de acceso a la justicia laboral

El acceso a la **jurisdicción laboral** en Colombia está restringido a aquellos trabajadores que cuentan con un **vínculo laboral formal o material**. Si no existe una relación laboral claramente definida, no es posible recurrir a esta jurisdicción. Esto implica que los trabajadores autónomos que no tengan subordinación laboral no podrán acceder a la justicia laboral, aunque si un trabajador autónomo se considera a sí mismo asalariado y puede demostrar la **subordinación laboral**, podrá acceder a la jurisdicción laboral. La subordinación es un criterio esencial para que se reconozca a un trabajador como dependiente.

En cuanto a la posibilidad de litigar en grupo, es posible que **un grupo de trabajadores litigue a través de una misma demanda** mediante la **figura de acumulación de procesos**. Esta figura permite combinar varias demandas cuando las pretensiones son comunes o están vinculadas, y cuando los demandantes y demandados son los mismos o tienen una relación recíproca.

Es obligatorio contar con **representación técnica y asistencia jurídica** en los procesos laborales y contencioso-administrativos, lo que implica que los trabajadores deben contar con un abogado para poder acceder a la justicia en estos casos. No obstante, en los casos de **tutela** y ante los **jueces de la salud**, no es estrictamente necesario contar con abogado, ya que estos procesos están diseñados para ser más accesibles y ágiles.

El acceso a la justicia en la **jurisdicción laboral** no es gratuito en términos económicos, ya que los **honorarios de los abogados** dependen de la complejidad del caso y de la calidad de la defensa, lo que puede representar una barrera económica para algunos trabajadores, especialmente aquellos con bajos recursos.

En cuanto a la **legitimación activa y pasiva en los procesos laborales**, los **grupos de empresas** pueden actuar en el proceso cuando se trata de una misma entidad empleadora, es decir, cuando existe una relación entre las empresas del grupo bajo un mismo empleador. Para que una **entidad** pueda ser demandada, debe tener **personalidad jurídica** propia. Las empresas extranjeras que operan en Colombia también deben contar con un **representante legal** en el país para poder celebrar contratos y ser demandadas. Un fenómeno creciente, como el de los **nómadas digitales**, plantea desafíos en este sentido, ya que muchas empresas extranjeras no tienen una representación local clara, lo que dificulta la aplicación de la normativa laboral local en ciertos casos.

El papel de las organizaciones y representaciones colectivas

En Colombia, las organizaciones y representaciones colectivas, como los sindicatos y asociaciones empresariales, pueden intervenir en procesos judiciales laborales solo en casos específicos. Pueden vincularse como **testigos**, si se demanda la **personería del sindicato**, si la empresa forma parte de un **grupo empresarial**, o si hay un **único empleador**. En otros casos, su intervención no está permitida. Además, estas organizaciones no pueden ser **coadyuvantes** del trabajador o del empleador, a menos que participen en alguna figura procesal permitida, como se mencionó anteriormente.

El **sindicato** no puede actuar en nombre del trabajador en procesos jurisdiccionales. Tampoco tienen un papel en el proceso las representaciones de los trabajadores dentro de la empresa, como comités o delegados, ya que no cuentan con un rol en el proceso judicial laboral.

Participación de los sindicatos en los procesos judiciales laborales

Como se indicó, los **sindicatos** no tienen una participación obligatoria en los procesos judiciales laborales, a menos que sean citados directamente como testigos o como partes involucradas en casos específicos, como en procesos de pérdida de personería jurídica del sindicato. Esto significa que, en la mayoría de los casos, los trabajadores deben iniciar y llevar adelante sus propios casos judiciales sin el apoyo directo de los sindicatos en el proceso. Sin embargo, los **sindicatos** desempeñan un papel crucial fuera del ámbito judicial, mediante la **negociación colectiva** y la **representación de los intereses de los trabajadores** en otras instancias, como en la negociación de mejores condiciones laborales o en la defensa de derechos laborales en el ámbito administrativo. A pesar de esta intervención fuera de los tribunales, la ausencia de un rol obligatorio en los procesos judiciales limita la capacidad de los sindicatos para influir directamente en la resolución de disputas laborales y, por lo tanto, para apoyar a los trabajadores dentro del sistema judicial.

Por otra parte, en sede administrativa, el **proceso de pérdida de personería jurídica** de un sindicato está regulado por la **Ley 50 de 1990** y otras normativas laborales y administrativas. La personería jurídica de un sindicato es su capacidad para ser reconocido legalmente como una organización que representa los intereses de los trabajadores, con el derecho a celebrar acuerdos y negociar colectivamente.

El proceso de pérdida de personería jurídica de un sindicato puede ocurrir por varias razones, como el incumplimiento de requisitos legales, la disolución voluntaria del sindicato o el incumplimiento de su objeto social. Este proceso es bastante formal y está bajo la supervisión del **Ministerio de Trabajo**.

A continuación, se exponen los pasos generales:

1. **Solicitud de Pérdida de Personería**: La pérdida de personería jurídica puede ser solicitada por los propios miembros del sindicato, o por una **autoridad administrativa** como el **Ministerio de Trabajo** o, en ciertos casos, por el **Ministerio Público**. Esta solicitud puede basarse en diversas razones, tales como la disolución del sindicato, la falta de funcionamiento regular, o la no realización de elecciones para la junta directiva en el tiempo establecido.

2. **Instrucción del Proceso**: Una vez que se presenta la solicitud de pérdida de personería, el **Ministerio de Trabajo** inicia una investigación administrativa para evaluar si el sindicato ha incumplido los requisitos establecidos en la ley. Esto puede incluir la revisión de la documentación, las actas de las asambleas y elecciones, y las actividades que haya realizado el sindicato en los últimos años.
3. **Audiencia y Defensas**: El sindicato tiene derecho a presentar su defensa. Si se encuentran irregularidades o fallos administrativos, el sindicato puede tener la oportunidad de subsanar las faltas, o defenderse ante los cargos presentados.
4. **Resolución Administrativa**: Si el Ministerio de Trabajo considera que el sindicato ha incurrido en infracciones graves, puede emitir una resolución que declare la **pérdida de personería jurídica**. Esta resolución es impugnable ante la **jurisdicción contenciosa administrativa**.
5. **Recursos y Apelaciones**: El sindicato puede apelar la decisión ante el **Consejo de Estado**, que es la máxima autoridad en lo que respecta a las decisiones administrativas. Si la apelación es aceptada, el proceso puede ser revisado, y se podría revocar o mantener la pérdida de personería.
6. **Efectos de la Pérdida de Personería Jurídica**: La pérdida de personería jurídica implica que el sindicato ya no podrá ejercer sus funciones representativas ni negociar colectivamente en nombre de los trabajadores. Sin embargo, esto no afecta el derecho individual de los trabajadores a demandar ante los tribunales, ni su derecho a organizarse.

Este proceso es fundamental para garantizar que los sindicatos cumplan con los estándares legales establecidos y no actúen en detrimento de los derechos de los trabajadores o en violación de la normativa vigente. La personería jurídica es crucial para la defensa de los derechos laborales y para la participación de los sindicatos en los procesos de negociación colectiva.

Capacidad para plantear las pretensiones de los trabajadores

Los procesos judiciales laborales en Colombia permiten a los trabajadores plantear adecuadamente sus pretensiones dentro del marco del **Código Sustantivo del Trabajo**. Sin embargo, este marco regulatorio puede resultar insuficiente para abordar todos los tipos de conflictos laborales, especialmente aquellos que surgen en contextos donde las relaciones laborales no se ajustan a la estructura tradicional definida por dicho código. Un claro ejemplo de esto es el **acoso laboral**, un problema creciente en muchos lugares de trabajo que no siempre está completamente cubierto por las disposiciones del Código Sustantivo del Trabajo. Esta laguna normativa dificulta la resolución de estos casos a través del sistema judicial tradicional, lo que deja a muchos trabajadores sin una protección adecuada frente a esta problemática.

Además, el acoso laboral presenta **dificultades probatorias** significativas, ya que a menudo se trata de situaciones sutiles, que no siempre dejan pruebas claras. Esto hace que los trabajadores tengan que enfrentar una barrera adicional para demostrar que efectivamente han sido víctimas de acoso. Un aspecto problemático es que, en muchos casos, un trabajador que denuncia acoso puede ser **desvinculado** de su puesto de trabajo antes de que se determine si realmente existió acoso. Esta situación puede ser aún más compleja cuando el empleador actúa como **juez y parte**, ya que puede influir en la decisión de forma que no favorezca al trabajador que realiza la denuncia.

Adicionalmente, la necesidad de demostrar elementos específicos, como la **subordinación**, para que un conflicto sea tratado como laboral, puede restringir la capacidad de los trabajadores para obtener una resolución judicial favorable en situaciones no convencionales. En contextos laborales donde no se cumple con la estructura tradicional de subordinación, como en el caso de los **trabajadores autónomos** o en modalidades de trabajo más flexibles, los trabajadores pueden enfrentar obstáculos significativos para acceder a la justicia laboral. Por lo tanto, aunque el sistema judicial permite la presentación de demandas, las limitaciones del marco legal vigente pueden restringir la capacidad de los trabajadores para obtener una **justicia efectiva**, especialmente en casos que no se ajustan a los parámetros tradicionales establecidos por el código.

Posibilidad de acuerdos transaccionales

El proceso judicial laboral en Colombia prevé una **etapa inicial de conciliación**, donde las partes pueden intentar llegar a un acuerdo transaccional antes de que el conflicto pase a la fase de juicio. Esta conciliación es obligatoria en muchos casos y se considera una forma de aliviar la carga sobre el sistema judicial, permitiendo que los conflictos se resuelvan de manera más rápida y amigable.

Sin embargo, no todos los asuntos laborales son conciliables. Por ejemplo, los **derechos de seguridad social**, que son considerados **derechos fundamentales** e **irrenunciables**, no pueden ser objeto de transacción o acuerdo. Esta restricción limita la capacidad de resolver ciertos conflictos laborales a través de acuerdos transaccionales, lo que puede prolongar el proceso judicial y generar más costos para las partes involucradas. A pesar de la posibilidad de conciliación, la efectividad de este mecanismo depende en gran medida de la naturaleza del conflicto y de la disposición de las partes para llegar a un acuerdo.

Posibilidad de recurrir si la solución no resulta aceptable

En la mayoría de los casos, las decisiones en procesos judiciales laborales pueden ser **apeladas**, lo que permite a las partes recurrir a instancias superiores si no están satisfechas con la resolución inicial. Esto incluye la posibilidad de llevar el caso hasta la **Corte Suprema de Justicia** en proceso de **casación**, salvo en los procesos de **mínima cuantía** o en aquellos casos que involucren a **entidades estatales**, donde las posibilidades de apelación pueden estar más restringidas. El **derecho a apelar** garantiza que las partes puedan buscar una revisión de la decisión, lo que añade una capa de protección para los derechos de los trabajadores. Sin embargo, el proceso de apelación puede ser largo y costoso, lo que podría disuadir a algunos trabajadores de ejercer este derecho. Además, en casos donde la disputa involucra cuestiones de **seguridad social** o **derechos fundamentales**, la **tutela** puede ofrecer un mecanismo alternativo y más rápido de revisión, aunque, nuevamente, con limitaciones en su aplicación general.

Mecanismos para la ejecución de las decisiones judiciales laborales

En Colombia, existen **mecanismos** para la ejecución de las decisiones judiciales laborales, pero su **efectividad** puede verse comprometida por varios factores. En teoría, una vez que se obtiene una sentencia favorable, el **empleador** tiene la obligación de cumplir con lo dictado por el juez. Si el empleador no cumple, el trabajador puede solicitar la **ejecución forzosa** de la sentencia, lo que implica que el juzgado tome medidas para garantizar el cumplimiento, como el **embargo de bienes**. Sin embargo, en la práctica, la efectividad de estos mecanismos puede verse afectada por la capacidad del empleador para eludir el cumplimiento, ya sea por falta de recursos, por prácticas de ocultamiento de bienes o por demoras administrativas en la ejecución de las medidas. Además, en casos donde los empleadores son **entidades estatales** o grandes empresas con recursos legales significativos, el proceso de ejecución puede ser aún más complejo y prolongado, afectando la capacidad del trabajador para recibir una reparación justa y oportuna.

Capacidad, legitimación y condiciones de acceso a la justicia laboral

El acceso a la **jurisdicción laboral** en Colombia está restringido a aquellos trabajadores que cuentan con un **vínculo laboral formal o material**. Si no existe una relación laboral claramente definida, no es posible recurrir a esta jurisdicción. Esto implica que los trabajadores autónomos que no tengan subordinación laboral no podrán acceder a la justicia laboral, aunque si un trabajador autónomo se considera a sí mismo asalariado y puede demostrar la **subordinación laboral**, podrá acceder a la jurisdicción laboral. La subordinación es un criterio esencial para que se reconozca a un trabajador como dependiente.

En cuanto a la posibilidad de litigar en grupo, es posible que **un grupo de trabajadores litigue a través de una misma demanda** mediante la **figura de acumulación de procesos**. Esta figura permite combinar varias demandas cuando las pretensiones son comunes o están vinculadas, y cuando los demandantes y demandados son los mismos o tienen una relación recíproca.

Es obligatorio contar con **representación técnica y asistencia jurídica** en los procesos laborales y contencioso-administrativos, lo que implica que los trabajadores deben contar con un abogado para poder acceder a la justicia en estos casos. No obstante, en los casos de **tutela** y ante los **jueces de la salud**, no es estrictamente necesario contar con abogado, ya que estos procesos están diseñados para ser más accesibles y ágiles.

El acceso a la justicia en la **jurisdicción laboral** no es gratuito en términos económicos, ya que los **honorarios de los abogados** dependen de la complejidad del caso y de la calidad de la defensa, lo que puede representar una barrera económica para algunos trabajadores, especialmente aquellos con bajos recursos.

En cuanto a la **legitimación activa y pasiva en los procesos laborales**, los **grupos de empresas** pueden actuar en el proceso cuando se trata de una misma entidad empleadora, es decir, cuando existe una relación entre las empresas del grupo bajo un mismo empleador. Para que una **entidad** pueda ser demandada, debe tener **personalidad jurídica** propia. Las empresas extranjeras que operan en Colombia también deben contar con un **representante legal** en el país para poder celebrar contratos y ser demandadas. Un fenómeno creciente, como el de los **nómadas digitales**, plantea desafíos en este sentido, ya que muchas empresas extranjeras no tienen una representación local clara, lo que dificulta la aplicación de la normativa laboral local en ciertos casos.

El papel de las organizaciones y representaciones colectivas

En Colombia, las organizaciones y representaciones colectivas, como los sindicatos y asociaciones empresariales, pueden intervenir en procesos judiciales laborales solo en casos específicos. Pueden vincularse como **testigos**, si se demanda la **personería del sindicato**, si la empresa forma parte de un **grupo empresarial**, o si hay un **único empleador**. En otros casos, su intervención no está permitida. Además, estas organizaciones no pueden ser **coadyuvantes** del trabajador o del empleador, a menos que participen en alguna figura procesal permitida, como se mencionó anteriormente.

El **sindicato** no puede actuar en nombre del trabajador en procesos jurisdiccionales. Tampoco tienen un papel en el proceso las representaciones de los trabajadores dentro de la empresa, como comités o delegados, ya que no cuentan con un rol en el proceso judicial laboral.

Participación de los sindicatos en los procesos judiciales laborales

Como se indicó, los **sindicatos** no tienen una participación obligatoria en los procesos judiciales laborales, a menos que sean citados directamente como testigos o como partes involucradas en casos específicos, como en procesos de pérdida de personería jurídica del sindicato. Esto significa que, en la mayoría de los casos, los trabajadores deben iniciar y llevar adelante sus propios casos judiciales sin el apoyo directo de los sindicatos en el proceso. Sin embargo, los **sindicatos** desempeñan un papel crucial fuera del ámbito judicial, mediante la **negociación colectiva** y la **representación de los intereses de los trabajadores** en otras instancias, como en la negociación de mejores condiciones laborales o en la defensa de derechos laborales en el ámbito administrativo. A pesar de esta intervención fuera de los tribunales, la ausencia de un rol obligatorio en los procesos judiciales limita la capacidad de los sindicatos para influir directamente en la resolución de disputas laborales y, por lo tanto, para apoyar a los trabajadores dentro del sistema judicial.

Por otra parte, en sede administrativa, el **proceso de pérdida de personería jurídica** de un sindicato está regulado por la **Ley 50 de 1990** y otras normativas laborales y administrativas. La personería jurídica de un sindicato es su capacidad para ser reconocido legalmente como una organización que representa los intereses de los trabajadores, con el derecho a celebrar acuerdos y negociar colectivamente.

El proceso de pérdida de personería jurídica de un sindicato puede ocurrir por varias razones, como el incumplimiento de requisitos legales, la disolución voluntaria del sindicato o el incumplimiento de su objeto social. Este proceso es bastante formal y está bajo la supervisión del **Ministerio de Trabajo**.

A continuación, se exponen los pasos generales:

1. **Solicitud de Pérdida de Personería**: La pérdida de personería jurídica puede ser solicitada por los propios miembros del sindicato, o por una **autoridad administrativa** como el **Ministerio de Trabajo** o, en ciertos casos, por el **Ministerio Público**. Esta solicitud puede basarse en diversas razones, tales como la disolución del sindicato, la falta de funcionamiento regular, o la no realización de elecciones para la junta directiva en el tiempo establecido.
2. **Instrucción del Proceso**: Una vez que se presenta la solicitud de pérdida de personería, el **Ministerio de Trabajo** inicia una investigación administrativa para evaluar si el sindicato ha incumplido los requisitos establecidos en la ley. Esto puede incluir la revisión de la documentación, las actas de las asambleas y elecciones, y las actividades que haya realizado el sindicato en los últimos años.

3. **Audiencia y Defensas**: El sindicato tiene derecho a presentar su defensa. Si se encuentran irregularidades o fallos administrativos, el sindicato puede tener la oportunidad de subsanar las faltas, o defenderse ante los cargos presentados.
4. **Resolución Administrativa**: Si el Ministerio de Trabajo considera que el sindicato ha incurrido en infracciones graves, puede emitir una resolución que declare la **pérdida de personería jurídica**. Esta resolución es impugnable ante la **jurisdicción contenciosa administrativa**.
5. **Recursos y Apelaciones**: El sindicato puede apelar la decisión ante el **Consejo de Estado**, que es la máxima autoridad en lo que respecta a las decisiones administrativas. Si la apelación es aceptada, el proceso puede ser revisado, y se podría revocar o mantener la pérdida de personería.
6. **Efectos de la Pérdida de Personería Jurídica**: La pérdida de personería jurídica implica que el sindicato ya no podrá ejercer sus funciones representativas ni negociar colectivamente en nombre de los trabajadores. Sin embargo, esto no afecta el derecho individual de los trabajadores a demandar ante los tribunales, ni su derecho a organizarse.

Este proceso es fundamental para garantizar que los sindicatos cumplan con los estándares legales establecidos y no actúen en detrimento de los derechos de los trabajadores o en violación de la normativa vigente. La personería jurídica es crucial para la defensa de los derechos laborales y para la participación de los sindicatos en los procesos de negociación colectiva.

Diseño legal, modo de inicio y principales aspectos del proceso

El **proceso laboral** tiene sus propias reglas y particularidades, lo que lo hace más ágil que el proceso civil, ya que sigue principios de **celeridad** y **oralidad**. En ausencia de normativa especial, se aplica el **procedimiento civil**, pero las reglas laborales priorizan la rapidez en la resolución. Sin embargo, **no existe paridad de**

trato entre trabajador y empleador, ya que existen figuras como la **presunción del vínculo laboral**. En este caso, el trabajador solo necesita demostrar la prestación personal del servicio para que se presuma la existencia de la relación laboral, siendo responsabilidad del empleador desvirtuarla.

En algunos casos, es posible acceder directamente al proceso laboral sin necesidad de cumplir con trámites previos, aunque en otros se requiere pasar por la **conciliación** como trámite de procedibilidad. Además, existen diferentes tipos de **procesos laborales** según la cuantía, como **procesos de única instancia** y **procesos de doble instancia**. También se contemplan **procesos especiales**, como el levantamiento del fuero sindical o la cancelación de la personería jurídica del sindicato. Actualmente, se tramita un proyecto de ley que establece procesos especiales para la desvinculación de personas con fuero de protección, los cuales requieren autorización del **Ministerio de Trabajo**.

En cuanto a la **interpretación de normas colectivas**, no existen procesos judiciales colectivos relacionados con ellas, salvo en el caso de la cancelación de la personería jurídica de un sindicato, lo que resalta la importancia de los **medios alternativos de solución de conflictos** en materia colectiva.

La demanda laboral se presenta por escrito y el juez la admite o inadmite. Una vez admitida, se corre traslado a la parte demandada para que conteste. Luego, se señala una fecha para la **audiencia de práctica de pruebas**, que puede también convertirse en una audiencia de fallo. Si no se resuelve en esa audiencia, se fija una nueva audiencia de fallo donde las partes presentan sus alegatos de conclusión y se dicta sentencia oral. En casos donde la cuantía no es mínima, se puede interponer **recurso de apelación**.

El sistema probatorio es de **libertad probatoria**, lo que significa que las partes pueden aportar cualquier medio de prueba relevante para sus pretensiones, sin una tarifa legal establecida. Es posible llegar a una **transacción o avenencia** entre las partes a lo largo del proceso antes de que se dicte sentencia. Además, el juez tiene facultades para tomar decisiones sobre el proceso, como decretar pruebas de oficio, con el fin de asegurar una sentencia ajustada a los hechos.

El sistema de recursos contra las resoluciones judiciales

Las resoluciones judiciales adoptadas en disputas laborales o de protección social pueden ser recurridas, salvo en casos de **mínima cuantía**. En estos casos, solo hay segunda instancia cuando la condena es contra el Estado. Los recursos existentes tienen fines específicos:

- **Apelación**: Permite revisar el caso nuevamente, y el juez de segunda instancia puede incluso decretar nuevas pruebas.
- **Casación**: Su finalidad es evitar la violación de leyes procesales relevantes, aunque solo procede en casos excepcionales y bajo estrictos requisitos.

En cuanto a las **jurisdicciones especializadas**, no es posible acudir a otras jurisdicciones nacionales una vez agotado el recorrido procesal interno, debido a la **cosa juzgada**. No obstante, sí se puede acudir a **jurisdicciones internacionales**, pero solo cuando no se ha tenido una solución efectiva dentro del país.

Modos y posibilidades de ejecución de las resoluciones judiciales

En Colombia, existen cauces legales para la ejecución de las resoluciones judiciales en caso de que no se cumplan voluntariamente. Una vez finalizado el proceso ordinario, se inicia un **proceso ejecutivo**. Sin embargo, este proceso puede tener problemas de tiempo y cumplimiento de las etapas procesales, lo que lo convierte en un procedimiento más largo que el proceso ordinario.

Si una resolución judicial condena al pago de una cantidad, el **deudor** puede cumplir voluntariamente. Si no es así, se inicia un proceso ejecutivo que contempla medidas como el **embargo de cuentas** y bienes del deudor.

Cuando la resolución judicial declara la **nulidad del despido**, se ordena el **reintegro del trabajador** y el pago de los salarios y prestaciones dejadas de percibir. En los casos de despido sin justa causa, pero sin nulidad, no se ordena el reintegro, sino el pago de una **indemnización por despido sin justa causa**.

En cuanto a las sentencias dictadas en procesos de alcance colectivo, no es claro que existan sentencias de alcance colectivo en el ámbito laboral, salvo excepciones como las **acciones de grupo**, las cuales no son exclusivamente de naturaleza laboral.

BIBLIOGRAFÍA

Constitución Política de 1991. Congreso de la República de Colombia. Recuperado de: https://www.constitucioncolombia.com.

Código Sustantivo del Trabajo. Congreso de la República de Colombia. (1950). Recuperado de: https://www.secretariasenado.gov.co.

Ley 50 de 1990. Congreso de la República de Colombia. (1990). "Por la cual se modifican algunas disposiciones del Código Sustantivo del Trabajo y otras normas". Recuperado de: https://www.secretariasenado.gov.co.

Ley 270 de 1996. Congreso de la República de Colombia. (1996). "Ley Estatutaria de la Administración de Justicia". Recuperado de: https://www.secretariasenado.gov.co.

Ley 1149 de 2007. Congreso de la República de Colombia. (2007). "Por la cual se modifican algunas disposiciones del Código Procesal del Trabajo y de la Seguridad Social". Recuperado de: https://www.secretariasenado.gov.co.

Gran Encuesta Integrada de Hogares (GEIH) 2023. Departamento Administrativo Nacional de Estadística (DANE), 2023. Recuperado de: https://www.dane.gov.co.

Costa Rica

Acceso a la justicia en el ámbito de las relaciones de trabajo

FERNANDO BOLAÑOS CÉSPEDES

RESUMEN: En el presente trabajo se realiza en primer lugar una descripción lo más esquemática posible del sistema de acceso a la justicia laboral costarricense, para lo cual previamente se determina, en la parte introductoria, que se va a hacer referencia, en esta ocasión a la justicia administrada por el Estado, y fundamentalmente por el Poder Judicial. Para los efectos anteriores, se realiza un análisis de aquellos elementos del proceso que pueden ser de fácil comparación con otros sistemas estatales, bajo la premisa de que esto permite una más fácil comparación de los sistemas procesales dentro del llamado Derecho Comparado. En la parte final de nuestro trabajo, se aborda un enfoque crítico del sistema de acceso a la justicia laboral en Costa Rica, utilizando para ello información recogida por las entidades que han hecho este análisis con carácter científico.

SUMMARY: In this paper, a schematic description of the Costa Rican labor justice system is first presented. To do so, the introduction establishes that reference will be made specifically to justice administered by the State, primarily by the Judiciary. For this purpose, an analysis is conducted of those elements of the process that are easily comparable with other state systems, based on the premise that this facilitates the comparison of procedural systems within the field of Comparative Law. In the final section, a critical perspective on access to labor justice in Costa Rica is provided, using data gathered by institutions that have conducted this analysis with a scientific approach.

RÉSUMÉ: Dans ce travail, une description aussi schématique que possible du système de justice du travail au Costa Rica est d'abord présentée. Pour cela, l'introduction précise que l'on fera référence à la justice administrée par l'État, principalement par le pouvoir judiciaire. À cette fin, une analyse est menée sur les éléments du processus qui peuvent être facilement comparés avec d'autres systèmes étatiques, en partant du principe que cela permet une comparaison plus aisée des systèmes procéduraux dans le cadre du droit comparé. Dans la dernière partie, une perspective critique sur l'accès à la justice du travail au Costa Rica est abordée, en utilisant des données recueillies par des institutions ayant réalisé cette analyse avec une approche scientifique.

SUMARIO: Introducción. I. Marco constitucional. II. Influencia de los instrumentos internacionales y configuración general del sistema. III. Organización de la Jurisdicción Laboral en Costa Rica. IV. Ámbito competencial de la Jurisdicción Laboral. V. Capacidad, legitimación y acceso a los procesos judiciales. VI. Papel de las organizaciones y representaciones colectivas. VII. Diseño legal y principales aspectos del proceso. VIII. Sistema de Recursos contra las resoluciones judiciales. IX. Modos y posibilidades de ejecución de las resoluciones judiciales. X. Análisis crítico del acceso a la justicia laboral en Costa Rica.

INTRODUCCIÓN

La Administración de la Justicia laboral puede concebirse de manera amplia, como todo mecanismo judicial o extrajudicial, tendiente a la solución de conflictos de trabajo, lo cual permitiría incluir los llamados medios alternativos de solución de conflictos, incluso administrados por entes no estatales, o puede conceptualizarse, de manera más restringida, como aquella justicia que en forma heterónoma es impartida por el Estado, se trate o no de tribunales de trabajo en sentido estricto. Esta última definición excluye pues aquellos ámbitos en que la conflictividad se resuelve por acuerdo entre las partes (solución autónoma), o cuando el conflicto se atiende con intervención de terceros que no imponen su propia decisión a las partes (conciliación y mediación)[1].

---

[1] Para el Profesor Rolando Murgas Torraza, el enfoque se dirige *a la consideración de los medios de solución en los cuales el conflicto es decidido por una autoridad, sea este un tribunal en sentido amplio o en sentido estricto...o bien se trate de la Administración investida de funciones jurisdiccionales"*. Acepta Murgas por tanto que en el caso del arbitraje, al cual califica de solución heterónoma, se da una solución del conflicto equiparable a la jurisdiccional, sobre todo cuando el arbitraje se utiliza en los conflictos

La primera definición, sea la que hemos caracterizado como la de mayor amplitud, involucra tantos medios y formas de solución de conflictos laborales, que requeriría un estudio mucho más ambicioso que el que pretendemos llevar a cabo en este trabajo. Debido a lo anterior, nos abocaremos en lo sucesivo, únicamente, a una determinación de justicia laboral administrada, en forma heterónoma por el Estado, y fundamentalmente mediante su aparato judicial.

Esta última conceptualización, limitada pues a los mecanismos de solución de la conflictividad laboral en manos del Estado, permite abarcar distintos modelos que se practican en el derecho comparado, desde sistemas excesivamente centralizados en que la única justicia laboral posible es la que imparten los Tribunales del Poder Judicial o las Autoridades Administrativas de Trabajo, hasta aquellos otros en que se da una especie de integración mixta de la jurisdicción laboral, con intervención de personas no togadas, pero cuya competencia y actividad está regulada por la ley estatal.

En el caso de Costa Rica, según se irá viendo en este artículo, la jurisdicción laboral está organizada fundamentalmente a partir de Jueces de derecho, integrados en la estructura del Poder Judicial, aunque en materia de conflictos colectivos de carácter económico social, no se descarta la existencia de tribunales de integración mixta, para las etapas de conciliación y arbitraje, con las excepciones, en este último caso, a las que luego haremos referencia.

No tiene en Costa Rica -como sí en otros países vecinos del continente- la Autoridad Administrativa, que en este caso sería la Dirección de la Inspección de Trabajo, funciones jurisdiccionales ni cuasi judiciales, salvo tratándose de la aplicación de medios de solución de conflictos colectivos de carácter económico social, en

---

jurídicos o de derecho. (Rolando Murgas Torraza, *"La justicia laboral en Iberoamérica"*, de la obra colectiva: "Estudios de Procedimiento Laboral en Iberoamérica. Homenaje a Don Rafael Alburquerque". Tomo II, Santo Domingo, 2007, páginas 35ª y 351).

los que, con limitaciones para el caso del arbitraje en el sector público, puede administrar procesos de conciliación y de arbitraje. Puede asimismo la Dirección de la Inspección de Trabajo denunciar y comparecer como parte en procesos judiciales para la imposición de sanciones por violación de las normas de trabajo.

No existe en Costa Rica un modelo de *"class action"* como el modelo anglosajón, aunque es factible para un sindicato apersonarse en procesos abiertos por otros sujetos procesales, mediante una acción adhesiva, cuando exista un interés colectivo derivado de tales procesos, derivados de un convenio colectivo que igualmente les afecta.

El sistema costarricense de solución de conflictos laborales ha evolucionado desde un paradigma absolutamente judicializado, tanto en materia individual como colectiva, a partir de la promulgación del Código de Trabajo, en el año 1943, hasta un sistema con mayor apertura hacia la admisión de una administración relativamente más descentralizada de los medios de solución de conflictos, a partir de la llamada reforma procesal laboral del año 2016, con vigencia a partir del 25 de julio del año 2017.

Tal reforma procesal laboral, del año 2016, la cual se produjo en paralelo con otras reformas procesales que se dieron en el continente unos años antes y otros años después de esa fecha, con gran impulso de la Organización Internacional del Trabajo, llevaban una impronta que es posible rastrear fácilmente en la mayoría de dichas reformas y en la doctrina de la época[2]. Esas señas de identidad de las reformas procesales que se producen después de la primera década del actual siglo en América Latina, se pueden compendiar en cambios legales para el impulso de la oralidad,

---

2 Ver Adolfo Ciudad Reynaud, *"Trabajo Decente y modernización de la justicia laboral. Las reformas procesales emprendidas en América Latina"*. Revista "Derecho Laboral", No. 2, Setiembre 2011, Editorial Jurídica Continental, San José, Costa Rica, y de Fernando Bolaños Céspedes, *"El Derecho Colectivo de Trabajo en la Reforma Procesal Laboral del año 2016"*, Editorial Jurídica Continental, San José, 2016.

la concentración de los procesos de conocimiento en una o a lo sumo dos audiencias orales, la limitación de recursos y etapas innecesarias del proceso, y la creación de fueros especiales en beneficio de determinados trabajadores, sobre la base del principio de no discriminación, junto con el establecimiento de jurisdicciones especiales para la protección de derechos fundamentales de los trabajadores.

En Costa Rica, la reforma procesal laboral del año 2016, incorporó los cambios a que venimos haciendo referencia, por medio de una reforma al Código de Trabajo del año 1943, la cual significó una modificación de casi el cincuenta por ciento del articulado de esa legislación codificada, de modo que, a diferencia de otros países del continente, la reforma no se decantó por una legislación procesal autónoma. Posiblemente influyó en ello el dato histórico de que, a partir del año 1943, la legislación laboral del país se ha concentrado, básicamente, en un único Código Laboral.

Pues bien, como parte de la misma reforma laboral, se impulsaron los medios alternativos de solución de conflictos, declarando que la conciliación, la mediación y el arbitraje serán utilizados como instrumentos prioritarios de paz entre las partes[3].

Pero además, hubo modificaciones importantes en materia de solución de conflictos colectivos, tanto jurídicos como de carácter económico social, admitiendo la conciliación extrajudicial, incluso por medio de centros privados que administran este tipo de instrumento, lo mismo que el arbitraje para la solución de tal tipo de conflictos colectivos, también con posibilidad de administración del arbitraje en centros privados, con excepción de los que se dieran en el llamado sector público[4], en cuyo caso el arbitraje solo

---

3 Así lo indica el artículo 456 del Código de Trabajo.

4 Con posterioridad a la reforma procesal del año 2016, se ha admitido, mediante reforma posterior, el arbitraje en sede del Ministerio de Trabajo y de Seguridad Social para ciertos grupos de empleados del sector público que no pueden acudir a la huelga por tener limitado ese derecho en forma absoluta o parcial.

podía ser en sede judicial. También se admitió el arbitraje para la solución de conflictos jurídicos, por medio de árbitros designados por el Ministerio de Trabajo y de Seguridad Social, aunque esa parte de la reforma no ha tenido ningún éxito ni repercusión, dada la desconfianza de los usuarios, sobre todo de los empleadores, en soluciones a conflictos jurídicos que no sean por medio de los tribunales de justicia comunes.

Finalmente, en lo que aquí interesa, la reforma procesal laboral del año 2016 abrió las posibilidades de la negociación colectiva en el sector público, y amplió el derecho de huelga, aunque leyes posteriores, tanto de reforma al Código de Trabajo, como otras de carácter eminentemente fiscalista han vuelto a cerrar esos espacios que se habían abierto en el año 2016, por lo que asistimos a una verdadera contrarreforma en materia de derecho colectivo de trabajo[5].

Una tarea pendiente en la legislación procesal laboral de Costa Rica, y que la reforma laboral del año 2016 no completó, fue la inclusión de una conciliación obligatoria previa, antes de que las partes acudan a la vía judicial. Precisamente esa omisión tan importante en cualquier reforma procesal, es a nuestro juicio una de las causas principales por las cuales la litigiosidad en el país no solo no ha disminuido, sino que -como se ha demostrado estadísticamente- ha aumentado[6].

Lamentablemente, la reforma procesal laboral del año 2016 no ha logrado disminuir la mora judicial ni acelerar los procedimientos laborales, sobre todo de los juicios ordinarios, así como

---

5 Nos referimos básicamente a la Ley No. 9808, denominada "Ley para brindar seguridad jurídica sobre la huelga y sus procedimientos" de 16 de enero de 2020, a la Ley de Fortalecimiento de las Finanzas Públicas, No. 9635 de 3 de diciembre de 2018, y la Ley Marco de Empleo Público, No. 10.159 de 8 de marzo de 2022.

6 Ver al respecto de este aumento en el volumen de procesos judiciales, nuestro apartado final en este trabajo sobre la visión crítica del ordenamiento costarricense.

tampoco ha mejorado el sistema de solución de conflictos colectivos de carácter económico social ni el clima de negociación colectiva. Como avances significativos de la reforma procesal, sobre los cuales podemos adelantar un criterio, la existencia de un cuerpo de defensores públicos,de oficio, financiados por el Estado y el impulso a la conciliación como medio de solución de conflictos laborales individuales, parecieran tener un resultado positivo, aunque en el cuadro general de lo que es la justicia laboral costarricense, son aspectos que lamentablemente todavía no han incidido en la obtención de una justicia laboral pronta y cumplida.

Por lo demás, el sistema de solución de conflictos laborales, pese a la reforma procesal del año 2016 que pretendió dar un impulso importante a los medios alternativos de solución de conflictos, sigue estando en manos, fundamentalmente de los Tribunales de Justicia, donde la jurisdicción laboral ocupa el lugar principal, dadas las competencias otorgadas por Ley a esta jurisdicción que además tiene rango constitucional.

En situaciones de excepción para el sector de empleo privado, y con más frecuencia para el empleo público, interviene también la jurisdicción constitucional, por medio de una Sala especializada de la Corte Suprema de Justicia, denominada Sala IV o Sala Constitucional, la cual conoce de acciones de inconstitucionalidad y recursos de amparo con las actuaciones de los funcionarios públicos. Existe también la posibilidad en Costa Rica, de acudir a la jurisdicción constitucional a impugnar actuaciones de empresarios privados, en contra de sus trabajadores, cuando esas actuaciones violen un derecho fundamental y cuando los demás remedios procesales existentes en el país no resulten lo suficientemente efectivos para resolver el conflicto en un plazo perentorio.

En materia de empleo público, también conoce de los conflictos en el marco de las relaciones que se dan en el empleo público, la jurisdicción contencioso administrativa, con exclusión de la jurisdicción laboral, cuando de por medio esté la legalidad de las actuaciones de la Administración Pública. La jurisprudencia constitucional ha intentado deslindar el campo de actividad de la jurisdicción laboral, respecto del que ejerce la jurisdicción contencioso administrativa, aunque la línea divisoria es confusa y tenue. En la práctica, los reclamos por temas típicos de toda relación de servicio, como puede ser el pago de la compensación salarial, el disfrute y pago de derechos laborales, tales como vacaciones, horas extra y otras compensaciones de naturaleza salarial, así como las indemnizaciones por concepto de terminación de la relación laboral, así como la protección de fueros especiales, como puede ser el de los representantes sindicales o de la mujer embarazada, para poner dos casos concretos, continúan siendo objeto de conocimiento y fallo en la jurisdicción laboral, mientras que los asuntos en que se discute acerca de la eventual nulidad de una actuación administrativa, con repercusiones en la vida laboral de sus trabajadores, resulta de conocimiento de la jurisdicción contencioso administrativa[7].

De acuerdo con lo anterior, y dada la importancia que en Costa Rica tiene el Poder Judicial en la solución de los conflictos laborales, en lo sucesivo de este trabajo nos enfocaremos fundamentalmente en la justicia laboral administrada por el Estado, a través de los jueces de dicho Poder y excepcionalmente nos referiremos al papel de otros entes del Estado, como puede ser el Ministerio de Trabajo y de Seguridad Social, cuyo papel es en este caso eminentemente subsidiario.

I. MARCO CONSTITUCIONAL

El artículo 70 de la Constitución Política de Costa Rica, promulgada en el año de 1949, contempla la existencia de una jurisdicción laboral, dentro del Capítulo constitucional denominado

---

[7] Sobre el deslinde de competencias en materia de relaciones de servicio entre la jurisdicción laboral y la jurisdicción contencioso administrativa, puede consultarse el voto de la Sala Constitucional No. 9928 de las 15 horas del 9 de junio de 2010.

"Garantías Sociales". El texto señala lo siguiente: *"Se establecerá una jurisdicción de trabajo dependiente del Poder Judicial"*.

Este artículo proviene a su vez, dentro de la historia constitucional del país, de otra norma anterior que fue introducida, mediante Ley de 2 de julio de 1943 a la Constitución del año 1871, que fue la que rigió antes de la Constitución actual de 1949. El texto constitucional que se introdujo a la Constitución de 1871 en el año 1943, el cual formó parte de todo un capítulo nuevo injertado en dicha Constitución, conocido como Capítulo de las Garantías Sociales, tenía una redacción distinta al actual artículo 70. El tenor de la norma de 1943, recogida en el artículo 64 constitucional, decía lo siguiente: *"Habrá una jurisdicción especial de trabajo para mejor resolver los conflictos que se deriven de las relaciones entre patronos y trabajadores. Todos los tribunales de trabajo dependerán del Poder Judicial y la ley determinará su número y organización: en su mayor parte se integrarán por un representante del Estado, quien los presidirá, y por un representante de los patronos y otro de los trabajadores"*.

Aquí es importante destacar que la Constitución de 1871 era una Constitución liberal, y que la reforma de 1943 fue impulsada por un conjunto de fuerzas políticas donde se encontraba el partido gobernante, de corte social cristiano, y el joven Partido Comunista de la época. La posición ideológica de esta alianza política partidaria, se ve reflejada en el texto, seguramente con alguna influencia de legislación extranjera (el Código de Trabajo de 1943, de Costa Rica, recibió influencia de la legislación laboral mexicana, de Cuba, de Colombia y de otros países del continente.

Es interesante como la Constitución actual elimina parte del contenido de la redacción que tenía la norma hasta 1948 en que se da un rompimiento constitucional, obra de la guerra civil que se produce ese año, sobre todo por lo que hace a la integración de los Tribunales de la jurisdicción laboral. El Código de Trabajo, promulgado también en 1943, estableció el funcionamiento de un Tribunal Superior de Trabajo, como Tribunal de Segunda Instancia en materia laboral, también de integración tripartita, con representación de patronos y trabajadores, pero posteriormente fue eliminado del Código Laboral, años después, de modo que el Tribunal indicado pasó a estar integrado únicamente por jueces del Poder Judicial. Aun así, se mantuvo la integración de Tribunales de Conciliación Tripartitos, la cual se mantiene hasta la fecha, para los Tribunales de Conciliación en materia de resolución de conflictos colectivos de carácter económico social.

Visto en escorzo, el hecho de que exista una jurisdicción laboral establecida constitucionalmente no ha sido tema de discusión jurídica en el país, ni tampoco su integración, dado que, con la redacción actual del artículo, la jurisdicción está plenamente subordinada a la estructura del Poder Judicial, como una más dentro de las que conforman ese Poder.

En complemento con lo expuesto sobre la existencia de una jurisdicción laboral, debe mencionarse aquí necesariamente, por su trascendencia no solo en la disciplina laboral, sino en general, cuando de la justicia estatal se trata, el artículo 41 de la Constitución Política, el cual señala lo siguiente: *"Ocurriendo a las leyes, todos han de encontrar reparación para las injurias o daños que hayan recibido en su persona, propiedad o intereses morales. Debe hacérseles justicia pronta, cumplida, sin denegación y en estricta conformidad con las leyes"*.

Esta norma, la cual contempla el derecho a una tutela judicial efectiva, para todo habitante de la República, establece ya no una regla de mero derecho procesal, sino una disposición sustantiva que contiene un derecho fundamental. Lamentablemente, no puede sostenerse válidamente que la justicia sea cumplida, mientras subsistan desigualdades materiales y legales que las disposiciones legales no hayan podido superar, o cuando los procesos judiciales se prolonguen por años, ni cuando la mora judicial aumente en el tiempo, en lugar de disminuir. A estos temas que se contraponen a una justicia pronta nos referiremos en este trabajo. En cuanto al problema de la justicia cumplida, por trascender el objeto de este artículo, a ello nos referiremos solo tangencialmente.

II. INFLUENCIA DE LOS INSTRUMENTOS INTERNACIONALES Y CONFIGURACIÓN GENERAL DEL SISTEMA

En Costa Rica la normativa procesal y las distintas formas de acceso a la justicia laboral se encuentran previstas básicamente en la legislación codificada, que es el Código de Trabajo. Según ya se indicó, a diferencia de otros Estados en que existe normativa procesal separada de la legislación laboral sustantiva, el Código Laboral costarricense abarca tanto los derechos sustantivos laborales, ya se refieran al derecho individual o al derecho colectivo de trabajo, como también todo lo relativo a los distintos procesos y procedimientos judiciales, igual que también incluye dicho Código la normativa que regula el derecho de fondo y su complemento procesal, en relación con los riesgos del trabajo.

Existen otras leyes, independientes al Código de Trabajo que contienen sobre todo disposiciones de orden material, como puede ser la Ley Orgánica del Ministerio de Trabajo y de Seguridad Social, la cual hace referencia a algunas disposiciones en materia de conciliación y mediación administrativa, incluyendo la facultad de esa Autoridad de determinar cuáles son las organizaciones sindicales legitimadas para negociar una convención colectiva. Otra normativa de rango legal que mantiene relevancia en la materia laboral, es la Ley Constitutiva de la Caja Costarricense de Seguro Social (CCSS) y los reglamentos aprobados por la Junta Directiva de esa institución, con la particularidad de que dicho órgano directivo resulta ser de integración mixta, pues se compone tanto de representantes del Gobierno de turno, como de representantes de la sociedad civil, incluyendo las organizaciones sindicales, patronales y cooperativas. Esta ley y los reglamentos que apruebe el jerarca de la CCSS, resultan de aplicación directa por los Jueces Laborales, quienes tienen dentro de sus competencias, la aplicación e interpretación de las normas de seguridad social, con algunas excepciones cuando se trata de impugnar la aplicación del principio de legalidad en las actuaciones administrativas.

En el país no existe una jurisdicción separada para conocer de la materia de seguridad social, aunque sí se han creado, dentro de la jurisdicción de trabajo, un juzgado especializado en esta materia, en el centro del país, el cual conoce en forma concentrada de esta materia, con exclusión de cualquier otro Juez de Trabajo, para la ciudad capital y ciudades circunvecinas. Fuera de esta área, la materia sería de conocimiento de los Jueces Laborales de cada jurisdicción.

Otra particularidad del país, que lo distingue de otras legislaciones extranjeras, es que la materia de riesgos de trabajo es independiente de la que regula el resto de los derechos de seguridad social, y el ente encargado de las prestaciones por riesgos de trabajo es también independiente al que administra el resto de los regímenes de seguridad social. La regencia y administración de los regímenes de salud en general (enfermedad común y maternidad), así como de jubilaciones y pensiones la tiene un ente creado mediante norma Constitucional que se denomina Caja Costarricense de Seguro Social (CCSS), a la que ya hemos hecho referencia con anterioridad.

En cuanto a la influencia de los instrumentos internacionales en la configuración del sistema nacional, dicha influencia se marca fundamentalmente en la recepción que hacen los Tribunales del Poder Judicial, incluyendo la Sala Constitucional, de las normas internacionales del trabajo expedidas por la Organización Internacional del Trabajo (OIT) y ratificadas por el país, como de las normas contenidas en la Convención Americana de Derechos Humanos y de su Protocolo, conocido como Protocolo de San Salvador. Con alguna frecuencia también, se incorporan en la jurisprudencia del Tribunal Constitucional, los criterios de los órganos de control de la OIT, así como se observa, como jurisprudencia vinculante para el país, la que emana de la Corte Interamericana de Derechos Humanos.

El artículo 7 de la Constitución Política de Costa Rica, en su párrafo primero establece que: *Los tratados públicos, los convenios internacionales y los concordatos debidamente aprobados por la Asamblea*

Legislativa, tendrán desde su promulgación o desde el día en que ellos designen, autoridad superior a las leyes. La jurisprudencia de la Sala Constitucional, que es vinculante para todos los órganos judiciales del país, salvo para ella misma, ha extendido esta aplicación del derecho internacional, aceptando que existe todo un bloque de constitucionalidad, integrado no solo por el Derecho inserto en la Constitución y por los Tratados y Convenios Internacionales ratificados, sino también por otros instrumentos de Derechos Humanos internacionales, aun cuando no se encuentren ratificados por el Parlamento, que vengan a establecer derechos fundamentales superiores a los que contiene el mismo texto constitucional, en cuyo caso, resultan de aplicación inmediata.[8]

III. ORGANIZACIÓN DE LA JURISDICCIÓN LABORAL EN COSTA RICA

A pesar de la existencia de una Jurisdicción Laboral por diseño constitucional, a lo largo del país existen Despachos Judiciales

---

8 Así lo establece el voto No. 2313 del año 1995 de la Sala Constitucional, en el cual se indica que: *"En tratándose instrumentos internacionales de Derechos Humanos vigentes en el país, no se aplica lo dispuesto en el artículo 7 de la Constitución Política, ya que el artículo 48 constitucional tiene norma especial para lo que se refiere a los derechos humanos, otorgándole una fuerza normativa del propio nivel constitucional. Al punto de que, como lo ha reconocido la jurisprudencia de esta Sala, los instrumentos de Derechos Humanos vigentes en Costa Rica, tienen no solamente un valor similar a la Constitución Política, sino que en la medida en que otorguen mayores derechos o garantías a las personas, privan por sobre la Constitución (Voto No. 3435 -92 y su aclaración 5759-93)".* Se puede complementar la referencia anterior, con el voto de la misma Sala Constitucional No. 9685 del año 2000, en el cual se adicionó al criterio expuesto, lo siguiente: *"Hay que rescatar la referencia específica que hoy la Constitución hace de los "instrumentos internacionales", significando que no solamente convenciones, tratados o acuerdos, formalmente suscritos y aprobados conforme al trámite constitucional mismo (...) sino cualquier otro instrumento que tenga naturaleza propia de la protección de los Derechos Humanos, aunque no haya sufrido ese trámite, tiene vigencia y es aplicable en el país".*

que conocen exclusivamente de materia laboral, y existen otros Despachos en los que se puede conocer tanto materia laboral como de otras jurisdicciones, normalmente de jurisdicción civil.

En la ciudad capital, San José, y en las cabeceras de Provincia, existen Juzgados de Primera Instancia que conocen exclusivamente de materia laboral, con la excepción de la Provincia de Guanacaste en que existe un Juzgado de Trabajo de Primera Instancia pero no en la cabecera de Provincia sino en otra ciudad de la misma. En algunas Provincias existe más de un Juzgado de Trabajo, como es el caso de Limón, de San José y de Alajuela, donde por presencia sindical o por cantidad de población, se presenta mayor conflictividad laboral. En total, en Costa Rica existen actualmente 13 Juzgados de Trabajo de Primera Instancia. En las principales ciudades del país, como es la capital y algunas cabeceras de Provincia existe lo que se conoce como "macro despachos", donde se integran un grupo de jueces que van de dos a veinte juzgadores, acompañados de un equipo de apoyo administrativo.

Aparte de los 13 Juzgados de Primera Instancia indicados, existen 35 Despachos Judiciales distribuidos a lo largo del resto del país, que conocen de materia laboral, aunque también conocen de otras materias, por lo que normalmente se les conoce como Juzgados Mixtos.

Para conocer de recursos de apelación, cuando la ley admite este tipo de recursos, existen ocho Tribunales de Apelaciones Mixtos, esto es que conocen tanto de materia laboral como de otras jurisdicciones, normalmente conociendo también de la materia civil, y un Tribunal de Apelaciones exclusivo para materia laboral, en la ciudad capital, integrado con tres secciones, el cual conoce de las apelaciones que se generan en los Juzgados de Trabajo de la capital y ciudades circunvecinas[9].

---

9 Los datos sobre número de Despachos Judiciales que se inserta en este trabajo son del año 2024, por lo que pudieran haber cambiado para el momento en que se publique este trabajo.

Finalmente, existe una Sala de Casación, que conoce de los Recursos de Casación dictados por los Jueces de Primera Instancia de todo el país, en los casos en que la ley admite este Recurso, integrada por cinco Magistrados, los cuales conocen tanto de materia de trabajo, como de materia de Familia, así como de algunas materias civiles, tales como las relacionadas con juicios universales.

Los Juzgados de Primera Instancia son órganos unipersonales y los Tribunales de Apelación están integrados por tres jueces. En todos los casos se trata de jueces togados, integrantes del Poder Judicial.

Excepcionalmente, cuando se está en la etapa de conciliación de un Conflicto Colectivo de Carácter Económico Social, cuyo conocimiento corresponde a los Juzgados de Trabajo, se integra lo que la normativa designa como Tribunales de Conciliación, los cuales se integran con el Juez del Despacho, más un representante de cada una de las dos partes, trabajadores y empleadores. Esto cuando el conflicto colectivo se residencia en el Poder Judicial, pues en principio y salvo casos especiales, la etapa de conciliación de un conflicto colectivo de carácter económico social puede darse también ante un Centro Privado de Administración de Medios de Solución de Conflictos, o ante el Ministerio de Trabajo y de Seguridad Social. En estos últimos casos la integración es también tripartita.

IV. ÁMBITO COMPETENCIAL DE LA JURISDICCIÓN LABORAL

El ámbito competencial de la jurisdicción de trabajo está definido en el Código de Trabajo, concretamente en su artículo 430. De conformidad con esta norma, en esta jurisdicción se conoce: a) De todas las diferencias o los conflictos individuales o colectivos de carácter jurídico derivados de la aplicación del Código y de su legislación conexa o de hechos íntimamente relacionados a las respectivas relaciones; b) Los conflictos de carácter económico social, por medio de los Tribunales de Conciliación y de Arbitraje que se constituyan conforme con la misma normativa; c) Los juicios que se establezcan para obtener la disolución de las organizaciones sociales; d) Las cuestiones contenciosas que surjan con motivo de la aplicación de la legislación de seguridad social y sus reglamentos, así como en relación con las cotizaciones que realizan los trabajadores a otros fondos creados legalmente; e) las pretensiones referidas a los distintos regímenes de pensiones; f) las demandas derivadas del régimen de protección contra riesgos de trabajo; g) del juzgamiento de las faltas cometidas contra las leyes de trabajo y de previsión social; h) los demás asuntos que determine la ley. Entre estos últimos se podría citar, por su importancia, la aplicación de la Ley de Asociaciones Cooperativas.

En Costa Rica los Tribunales de la Jurisdicción Laboral tienen competencia para conocer tanto de la aplicación de la normativa relativa al régimen de empleo privado, como también al régimen de empleo público. No obstante, dado que también existe por rango constitucional una jurisdicción contencioso administrativa[10] que conoce de la legalidad de los actos de la administración pública, la Sala Constitucional se ha visto obligada a deslindar en su jurisprudencia lo correspondiente a cada jurisdicción.

Un caso peculiar lo constituyen las pretensiones en relación con la aplicación de las actuaciones de la CCSS como administrador de los regímenes principales de seguridad social en el país. La Sala Primera de la Corte Suprema de Justicia, que es la Sala de Casación encargada de resolver conflictos de competencia tratándose de la jurisdicción laboral y contencioso, ha señalado en su jurisprudencia

---

[10] El artículo 49 de la Constitución Política de Costa Rica establece lo siguiente: *"Establécese la jurisdicción contencioso - administrativa como atribución del Poder Judicial, con el objeto de garantizar la legalidad de la función administrativa del Estado, de sus instituciones y de toda otra entidad de derecho público.*

La desviación de poder será motivo de impugnación de los actos administrativos. La ley protegerá, al menos, los derechos subjetivos y los intereses legítimos de los administrados".

que, tratándose del reclamo de diferencias en el pago de cuotas de seguridad social, por parte de los afiliados a los distintos regímenes, dado que se trata de contribuciones parafiscales y que por tanto esos pagos tienen naturaleza tributaria, la jurisdicción competente es la jurisdicción contencioso administrativa[11].

Aunque no está expresamente mencionada la competencia en el artículo 430 del Código de Trabajo, previamente citado, la reforma procesal laboral del año 2016 creó un proceso especial para la "protección de fueros especiales y tutela del debido proceso".

Este proceso tiene como principal característica el tutelar el derecho de todas aquellas personas que gozan de un fuero de protección, a instaurar un proceso para el pronto y expedito conocimiento de su asunto, cuando se viole ese fuero, mediante acciones que desconozcan el debido proceso contemplado en el mismo Código o en otras disposiciones normativas (verbigracia convenios colectivos) para garantizar la estabilidad laboral de esas personas.

Se trata de una vía sumarísima en la cual el Juez debe de constatar si ha habido cumplimiento o no de las normas que garantizan el fuero de protección de la persona trabajadora afectada, pudiendo ordenar la reinstalación definitiva del trabajador que hubiera sido despedido en contra de la ley o establecer las medidas para restablecer el derecho violado. Tiene la particularidad este procedimiento sumario de incluir también cualquier actuación del patrono que resulte discriminatoria, con ocasión del trabajo, lo cual en la práctica ofrece un espectro muy amplio de posibilidades de impugnación de la actividad patronal.

Lamentablemente este tipo de proceso no ha resultado tan expedito como se planeó por el legislador. Como contrapunto, se puede solicitar durante el proceso una medida cautelar de reinte-

---

[11] Al respecto puede consultarse, entre otras sentencias sobre el tema, la sentencia de la Sala Primera de la Corte Suprema de Justicia de Costa Rica, No. 2196-C-S1 de las 11 horas del 30 de setiembre de 2022.

gro provisional del trabajador despedido, la cual se concede con mucha frecuencia. Como dato importante, pueden acudir a este tipo de procesos tanto trabajadores con régimen de empleo privado, como aquellos que tienen un régimen de empleo público.

En Costa Rica, desde la promulgación del Código de Trabajo, ha existido principios y normas procesales propias, separadas de la legislación procesal civil. No obstante, como es normal en el Derecho Comparado, se aplica la normativa procesal civil en subsidio, ante la ausencia de norma expresa que regule la situación en la normativa procesal laboral. Ello sucede cuando existen lagunas en la regulación procesal laboral o cuando se trata de institutos que no tienen su origen ni desarrollo en el Derecho Procesal de Trabajo, sino en el Derecho Procesal Civil. Existen también disposiciones en el Código de Trabajo, que permiten la aplicación de principios del Derecho Público, cuando se juzga en torno a relaciones de empleo público.

Décadas atrás, era posible encontrar importantes diferencias entre los principios y algunos institutos del Derecho Procesal Civil de Costa Rica y lo dispuesto para el proceso laboral. Hoy en día, podríamos decir que, gracias a varias reformas en el proceso civil, ha habido un acercamiento entre ambas normativas, aplicando el ordenamiento procesal civil, cada vez con mayor fuerza, principios y figuras propias del Derecho Procesal laboral, como sucede, para solo poner algunos ejemplos concretos, con los principios de primacía de la realidad, oralidad, concentración e informalismo.

V. CAPACIDAD, LEGITIMACIÓN Y ACCESO A LOS PROCESOS JUDICIALES

En esta sección nos vamos a referir al acceso a los procesos judiciales, en materia laboral, por parte de los protagonistas de la relación laboral, fundamentalmente de los trabajadores, y no del acceso a la justicia laboral en general, el cual es un tema que por su amplitud se abordará tangencialmente.

La capacidad procesal la tiene cualquier persona que ostente un derecho subjetivo o un interés legítimo, quien podrá actuar en forma directa, cuando se trate de mayor de 15 años. En el caso de los menores de esa edad, estas personas serán representadas por alguno de sus padres, o en su defecto por medio de su representante legal, y a falta de todos ellos por una institución pública tutelar de los derechos de los menores, denominada Patronato Nacional de la Infancia[12]. La legitimación, como se sabe, deriva de la vinculación de las pretensiones de la parte con un derecho o un interés legítimo, lo cual se dirime en sentencia.

No existe un impedimento para que personas que en la forma están contratados como trabajadores independientes puedan comparecer en juicio a demostrar la existencia de una relación laboral. De acuerdo con las reglas sobre la carga de la prueba, estas personas deben acreditar en juicio la existencia de dicha relación, aunque de conformidad con el artículo 18 del Código de Trabajo, se presume la relación laboral entre la persona que presta un servicio y quien lo recibe. En este último sentido, corresponde a la parte trabajadora solamente, sustentar los hechos que validen la presunción.

Los sindicatos están legitimados para actuar en la defensa de intereses propios y de intereses colectivos. Cuando la pretensión en juicio implique la declaración de derechos colectivos pero que se individualizan en cada trabajador, la organización sindical requiere contar con un poder otorgado por cada trabajador que deriva derechos individualizados. En la práctica es difícil diferenciar la defensa de derechos colectivos en abstracto respecto de la defensa de derechos colectivos que se individualizan, resultando la jurisprudencia que se refiere al tema insuficiente para dirimir las dudas que se puedan presentar. [13]

---

[12] Así lo establecen los artículos 443 y 444 del Código de Trabajo.

[13] Puede consultarse sobre este tema los artículos 360 y 446 del Código de Trabajo.

No existe impedimento en la legislación procesal costarricense para que se presenten en conjunto demandas colectivas con intereses plurales, individualizables en cada parte accionante. Aunque la ley no lo establece de manera taxativa, es lógico pensar que en este caso la demanda colectiva debe comprender a personas que litigan contra un mismo patrono y bajo una misma causa.

El Código de Trabajo ha permitido, desde su promulgación en el año 1943 que las partes puedan litigar sin patrocinio letrado. Esto en la vida real se ha prestado para que los empleadores disfruten de una ventaja obvia en los procesos en que el trabajador litiga sin el patrocinio de un abogado, pues lo normal es que los empleadores sí cuenten con la dirección y representación de un abogado.

La reforma procesal laboral del año 2016 ha pretendido paliar esta situación de evidente desventaja para los trabajadores, mediante un cuerpo de letrados que prestan asistencia legal gratuita desde antes y durante el proceso, en los conflictos jurídicos individuales, a todos los trabajadores que devenguen un ingreso salarial que no supere una cota de ingreso cuyo parámetro de cálculo se encuentra establecido legalmente. De esta forma, la ley prevé la existencia de un cuerpo de defensores públicos en materia laboral, los cuales dependen del Poder Judicial.

En el año 2017 arrancó el servicio de asesoría legal gratuita en todo el país, habiéndose aprobado por parte del Poder Judicial la creación de 72 plazas de abogados o abogadas denominados "de asistencia social", acompañados por 18 técnicos judiciales y 14 auxiliares administrativos. El total de plazas se completó hasta el mes de noviembre de ese año[14].

---

14 Información tomada del artículo de Ana Briceño Yock, titulado "Breve reseña histórica de la Unidad Laboral de la Defensa Pública", el cual se publicó en la Revista de Derecho del Trabajo y Seguridad Social de la Defensa Pública, Volumen 1, año 2022. De acuerdo con el mismo artículo, las primeras oficinas de la Defensa de asistencia social se abrieron en los siguientes lugares: Circuitos Judiciales I, II y III de San José,

En complemento con lo anterior, el Código Laboral autoriza la existencia de otros centros que presenten servicios de asistencia social en materia laboral, citando el caso específico del Colegio de Abogados y las organizaciones gremiales. Quedan autorizados los centros o redes de asistencia que así funcionen a cobrar tarifas de honorarios inferiores a las tarifas mínimas que contempla la normativa del país para el ejercicio de la abogacía en proceso judiciales[15].

En otro orden de cosas, el acceso a cualquier proceso judicial en materia laboral no tiene costo alguno para las partes.

Aunque la ley codificada costarricense, por su antigüedad, no se refiere expresamente a la posibilidad de demandar a grupos económicos, donde aparezcan varias empresas, o la posibilidad de demandar entes sin personalidad jurídica, la jurisprudencia ha aceptado todas estas posibilidades, a partir del criterio reiterado en muchos fallos judiciales de que el trabajador no está obligado a conocer quién es su patrono, por lo que puede demandar en juicio a quien crea que es su patrono, estableciéndose de entrada una especie de litis consorcio pasiva necesaria, para que sea dentro del proceso donde se determine finalmente quién o quiénes son los patronos verdaderos, así como las reglas sobre solidaridad entre los empleadores demandados[16].

Alajuela, San Carlos, Upala, San Ramón, Grecia, Heredia, Cartago, Turrialba, Limón, Cañas, Santa Cruz, Nicoya, Puntarenas, Quepos, Osa, Limón, Siquirres, Guápiles, Pérez Zeledón y Corredores. Posteriormente se crearon las oficinas de Jacó y Golfito.

15 Sobre la existencia de Defensores Públicos en materia laboral costeados por el Estado y la autorización para el funcionamiento de otros centros de asistencia social, pueden verse los artículos 454 y 455 del Código de Trabajo.

16 Sobre el concepto de patrono en la jurisprudencia costarricense pueden consultarse los votos de la Sala Segunda de la Corte Suprema de Justicia No. 1 de las 9:30 horas del 18 de enero de 2006 y No. 742 de las 10:15 horas del 15 de julio de 2016. Sobre responsabilidad solidaria entre empleadores ver voto de la misma Sala, No. 217 de las 9:30 horas del 2 de marzo de 2016.

VI. PAPEL DE LAS ORGANIZACIONES Y REPRESENTACIONES COLECTIVAS

Tratándose de conflictos jurídicos, las organizaciones sindicales pueden representarse a sí mismas como titulares de derechos provenientes de convenios colectivos, o como titulares de medidas de conflictos colectivos de carácter jurídico, aunque- según ya se dijo supra- en caso de que se pretendan condenatorias que establezcan derechos individualizados en cada trabajador representado, requerirán un apoderamiento especial de cada trabajador.

Tratándose de conflictos de carácter económico social, los cuales por su propia naturaleza son eminentemente colectivos, los sindicatos tienen acción para representarse a sí mismos tanto en las etapas de conciliación, arbitraje y huelga, sin restricción alguna, en tanto la naturaleza de las pretensiones sea, naturalmente, de carácter colectivo y no sean pretensiones jurídicas.

En adición a lo ya expuesto, la legislación costarricense contempla la posibilidad de que iniciada una acción judicial, con fundamento en un convenio colectivo, ya sea por un sujeto individual o por un sindicato, otra organización sindical pueda actuar como sujetos adherentes en el proceso, en defensa de un interés colectivo que afecte a sus propios afiliados[17].

Resulta importante agregar que, en materia de conflictos colectivos de carácter económico social, durante las etapas de conciliación, arbitraje o huelga, la ley costarricense admite la acción de coaliciones temporales de trabajadores, aunque no sean organizaciones sindicales.

---

[17] Ver artículo 62 del Código de Trabajo.

VII. DISEÑO LEGAL Y PRINCIPALES ASPECTOS DEL PROCESO

Tratándose de reclamos jurídicos individuales, los cuales constituyen el mayor porcentaje de casos que se ventilan ante los Tribunales de Justicia, sea que se trate de pretensiones en que interviene un solo trabajador o una pluralidad de los mismos actuando de forma acumulada, existen en Costa Rica cuatro procesos que podemos señalar como arquetipos, no solo por el mayor uso que se les da, sino también por su regulación más acabada. Esos procesos son el juicio ordinario laboral, los procesos por riesgos de trabajo, los procesos por infracción a las leyes de trabajo, y desde hace unos años, los procesos para la protección de fueros especiales o casos de discriminación en el empleo.

El más importante de los procesos anteriores es sin duda el juicio ordinario, por ser este aquél en que se resuelven la mayor cantidad de conflictos individuales jurídicos, mediante una sentencia declarativa. Por lo demás, las reglas del juicio ordinario resultan ser el paradigma para todos los demás procesos, pues ante ausencia de norma para otros casos, se aplicarán las del juicio ordinario. En materia de riesgos de trabajo, la jurisdicción laboral interviene en dos tipos de situaciones distintas, de modo que los procedimientos podrán variar en buena medida, dependiendo del caso en que nos encontremos. En efecto, existe una normativa procesal para el caso en que se demanda sobre la declaración de existencia de un riesgo laboral, junto con sus consecuencias legales, distinto de aquel otro en que el ente asegurador que sume el riesgo realiza una valoración o una cuantificación de las prestaciones a que tiene derecho el trabajador y este último se muestra inconforme con esa valoración o cuantificación.

En materia de infracción a las leyes de trabajo, proceso en el que alguna vez se aplicaron de manera mixta normas laborales y normas del derecho penal, actualmente se regula exclusivamente por normas propias del Derecho de Trabajo. Tiene la particularidad de que bien pueden demandar la actuación judicial para la imposición de una sanción o de la declaración de una conducta obligatoria, tanto la persona damnificada directa, como también el Ministerio de Trabajo y de Seguridad Social, quien está legitimado para ser parte en el proceso. Se admite también que un tercero pueda realizar una denuncia para su conocimiento en esta vía procesal.

Los procesos para la protección de derechos de los trabajadores que gozan de un fuero especial, o para conocer de situaciones de discriminación en el empleo, a los cuales ya nos hemos referido antes, tienen la condición especial de ser procesos sumarísimos (o al menos eso es lo que se pretende), donde el objeto principal del proceso es comprobar la existencia de un debido proceso previo a afectar la estabilidad laboral de un trabajador aforado, o la existencia de una situación de discriminación, como podría ser el caso de un despido por razones discriminatorias, aunque no se trate de un trabajador aforado. La misma Ley establece cuál es el debido proceso que debe seguirse cuando un empleador pretenda despedir o sancionar a un trabajador aforado. De conformidad con el artículo 540 del Código de Trabajo, gozan de fuero de protección: los servidores del Estado que formen parte del llamado régimen de servicio civil, que es un régimen estatutario; otros servidores del sector público que por ley o constitucionalmente gocen de estabilidad laboral en el empleo; las mujeres en estado de embarazo o período de lactancia; las personas trabajadores adolescentes; las personas que gocen de un fuero de protección sindical; los denunciantes y las denunciantes de hostigamiento sexual; las personas trabajadores que participen de un proceso de conflicto colectivo, en sus diversas etapas; las personas que gocen de un fuero semejante creado por ley, o por un instrumento colectivo, como podrían ser los convenios colectivos; y las personas que figuren en juicio como denunciantes o testigos, según se establece por ley especial.

En materia de derecho colectivo de trabajo, tanto jurídicos como de carácter económico social, donde la intervención judicial puede dar lugar tanto a una sentencia de efectos declarativos como constitutivos, el Código de Trabajo contempla los siguientes procesos: los que denomina procesos para conocer de convenciones colectivas fracasadas, los conflictos colectivos de carácter económico social, y los procedimientos de huelga, incluyendo el proceso para la declaratoria de ilegalidad de una huelga.

No resulta necesario, bajo la legislación costarricense, acudir obligatoriamente a procedimientos de conciliación, previo a iniciar un proceso en la vía judicial. Existe dentro de todo juicio ordinario una etapa de conciliación en que las partes, con la ayuda de un Juez, que normalmente es el mismo de la causa principal, pueden llegar a un acuerdo que tiene los efectos de una sentencia judicial. También pueden las partes solicitar al Juez de Trabajo la celebración de una audiencia de conciliación anticipada, previo al traslado de la demanda, y además, pueden solicitar, en aplicación de un principio general de conciliación, que informa todos los procesos laborales, en cualquier momento del juicio, un espacio para celebrar un convenio conciliatorio[18]. Al igual que funciona en otros ordenamientos que comparten con el costarricense el mismo diseño sobre el papel de la conciliación, se acepta como regla de principio la transacción judicial y extrajudicial sobre derechos litigiosos, no así sobre derechos ciertos. Como regla general, los entes públicos pueden participar de procesos de conciliación, aunque para ello se requieren autorizaciones especiales tipificadas legalmente.

Si bien la legislación laboral costarricense parte del principio del derecho procesal civil de igualdad de armas entre las partes del proceso, es lo cierto que esa misma normativa introduce algunas normas que propician una mejor posición dentro del proceso de la parte trabajadora, precisamente con la clara intención de equiparar material y formalmente a ambas partes de cara al proceso. Entre esas regulaciones que podemos citar como herramientas que utiliza la legislación costarricense para equiparar la posición de las partes, podemos en este momento citar las siguientes, advir-

---

[18] La conciliación, como principio procesal, se encuentra en el artículo 421 del Código de Trabajo.

tiendo que no agotan todas las que pueden aparecer en el Código de Trabajo:

- La existencia de patrocinio legal gratuito para los trabajadores asalariados que no alcanzan determinado monto de ingreso mensual.
- La obligación, por parte del Juez Laboral de aplicar una serie de principios que de acuerdo con la doctrina y la jurisprudencia benefician más al trabajador que a la parte empleadora, tales como: las actuaciones prioritariamente orales, la sencillez, el informalismo, la oficiosidad relativa, la celeridad, la concentración, la inmediación, la búsqueda de la verdad real, la libertad probatoria y la gratuidad[19]
- La obligación de todo Juzgador de interpretar las normas procesales dándole primacía a la verdad real sobre las expresiones formales, tutelando la indisponibilidad de derechos, y aplicando las reglas *pro operario* (*in dubio pro operario,* norma más favorable y condición más beneficiosa), *"de modo que en la solución de los conflictos se cumplan los principios cristianos de justicia social y la desigualdad de la parte trabajadora no se exprese en el resultado del proceso"*
- La regulación sobre la carga de la prueba. Si bien la normativa inserta en el Código de Trabajo realiza una declaración genérica en el artículo 477 del mismo, en el sentido tradicional de que la carga de la prueba de los hechos controvertidos, constitutivos e impeditivos, le corresponde a quien los invoca en su favor, posteriormente, en el artículo subsiguiente, se establecen una serie de hechos y circunstancias, donde la carga de la prueba le corresponde taxativamente el empleador, de modo que la inexistencia de prueba en esos casos, a quien perjudica es a la parte patronal, pues en tal caso debe el Juzgador atenerse a lo afirmado por la

---

19 Estos principios se encuentran recogidos en el artículo 421 del Código de Trabajo.

parte del Trabajador. En el listado se incluye por ejemplo la carga de la prueba sobre los motivos del despido, la carga de la prueba sobre el pago de derechos prestacionales en favor del trabajador, y el cumplimiento de las obligaciones de seguridad social[20].

En lo que se refiere a la materia de cumplimiento de derechos colectivos, ya sea los que nacen de un instrumento colectivo, así como los que derivan de la ley pero que afectan a una colectividad de trabajadores, la ley laboral admite todo ese tipo de conflictividad laboral, remitiendo a las partes a la vía de ejecución de sentencia, cuando se trate de acuerdos conciliatorios, o a la vía ordinaria, cuando se trate de la interpretación o aplicación de un convenio colectivo, lo mismo que cuando aparte del cumplimiento de lo pactado se pretende el reconocimiento de daños y perjuicios. Como dato importante de la legislación costarricense, esta reconoce, bajo ciertos supuestos, la posibilidad de acudir a una huelga legal, en el caso de conflictos jurídicos colectivos, como puede ser el que nace del incumplimiento de un convenio colectivo, de un acuerdo conciliatorio o de un laudo arbitral[21].

Específicamente sobre el papel del Juez en el proceso laboral, nuestro Código contiene una mezcla de sistema dispositivo con algunas manifestaciones del principio de oficiosidad, manifiesto este último, por ejemplo, en la construcción de la sentencia o en materia de ejecución de las sentencias laborales[22]. No está autorizado el Juzgador a brindar ningún tipo de patrocinio a la parte trabajadora, aunque sí está autorizado a solicitar la corrección de las demandas cuando considere que la misma contiene defectos, y en la etapa de audiencia puede solicitar a ambas partes la subsanación de los defectos procesales o incluso de las peticiones plan-

---

20 Ver al respecto el artículo 478 del Código de Trabajo.

21 Ver al respecto artículos 371 y 386 del Código de Trabajo.

22 Sobre la obligación del Juez Laboral de liquidar en lo posible todos los extremos económicos, evitando una fase ulterior de ejecución de sentencia, ver artículo 561 del Código de Trabajo.

teadas dentro del proceso. Más importante que todo lo anterior, puede el Juez Laboral ajustar el resultado económico del proceso, otorgando incluso más de lo solicitado en la demanda, cuando se trate de derechos irrenunciables de la parte accionante[23].

VIII. SISTEMA DE RECURSOS CONTRA LAS RESOLUCIONES JUDICIALES

De conformidad con la reforma que sufrió el Código de Trabajo de Costa Rica en el año 2016, en los procesos que se siguen en vía ordinaria solo existen dos instancias, a diferencia de la legislación original del año 1943 que para los juicios ordinarios tenía contempladas tres instancias.

De este modo, lo que rige actualmente para todo conflicto jurídico es una segunda instancia a la que se puede recurrir ya sea en apelación de la sentencia de primera instancia, o mediante un Recurso de Casación, alternativamente. Dos son los criterios para determinar si se acude a un recurso de apelación o a un recurso de Casación. El primero guarda relación con la cuantía el proceso. El segundo criterio viene determinado por una lista taxativa de resoluciones judiciales que aun cuando puedan dictarse en asuntos de mayor cuantía, tienen exclusivamente recurso de apelación y no de Casación. Básicamente tendrían recurso las resoluciones interlocutorias que se den dentro del proceso, o las resoluciones que pongan punto final a los procesos de ejecución de sentencia, y cualquier resolución que le ponga fin al proceso, salvo que esa resolución tenga el valor de cosa juzgada material[24].

Los recursos de apelación son conocidos por un Tribunal integrado por tres jueces togados, quienes pueden revisar todo lo actuado por el Juzgado de Primera Instancia, aunque solo pueden

---

[23] Sobre esta atribución de los jueces laborales, ver artículo 432 del Código de Trabajo, en relación con el artículo 11 de ese mismo cuerpo legal.

[24] Puede verse al respecto el artículo 583 del Código de Trabajo.

referirse a los aspectos que sean objeto de apelación por la parte recurrente.

En materia de Casación existe tanto la Casación por la forma como por el fondo. Aunque es un recurso menos formalista que el que puede existir en materia civil o penal, la parte recurrente está obligada a señalar los motivos de su inconformidad y el Tribunal de Casación solo puede pronunciarse sobre los aspectos que hayan sido impugnados. No es necesario citar el derecho violado, por lo que se asemeja bastante a un recurso de apelación.

En materia de conflictos colectivos de carácter económico social, los laudos arbitrales que dicten los Tribunales Arbitrales, en el marco de conflictos tramitados en el Poder Judicial, los cuales pueden ser de integración tripartita (el Juez titular del Despacho más un representante de cada una de las partes), podrán recurrirse ante el Tribunal de Apelaciones de San José. Si el laudo se dictara extrajudicialmente, dicha sentencia arbitral podrá recurrirse por vicios de nulidad ante la Sala de Casación Laboral, de conformidad con los motivos de nulidad de los laudos arbitrales a que se refiere la Ley Sobre Resolución Alternativa de Conflictos y Promoción de la Paz Social[25]

Desde nuestro punto de vista la doble instancia es una garantía para los usuarios del servicio público de Justicia, sobre todo ante la posibilidad de que jueces inexpertos de primera instancia puedan incurrir en errores gruesos o incluso en desviación de poder. No obstante, consideramos un error de la última reforma procesal laboral haber cargado en exceso a la Sala de Casación con una gran cantidad de asuntos que perfectamente se podrían haber tramitado ante Tribunales de Apelación de segunda instancia, como se hacía en el pasado.

No existe en el ordenamiento procesal laboral costarricense la posibilidad de ejecuciones provisionales, antes de que la sentencia se encuentre firme, salvo que voluntariamente ambas partes o

---

[25] Puede verse al respecto el artículo 641 del Código de Trabajo.

la parte deudora quisiera adelantar los efectos de una eventual resolución final. Tampoco se presenta en Costa Rica la figura de los llamados procesos monitorios. Como proceso especial, se cuenta con uno denominado de "menor cuantía", aplicable a casos en que por su cuantía mínima los procedimientos están pensados para una mayor rapidez, aspecto que en realidad no está asegurado en la legislación, dado lo parco de la regulación sobre este tipo de procesos[26]

A nivel internacional, la Corte Interamericana de Derechos Humanos puede perfectamente conocer de cualquier violación de la Convención Americana de Derechos Humanos o de sus Protocolos, así como de la Carta de la Organización de Estados Americanos. Recuérdese que para que prospere una acción ante la Corte Interamericana el solicitante debe haber agotado los recursos judiciales internos que disponga el ordenamiento del respectivo país; es necesario que el Estado demandado haya aceptado la jurisdicción de la Corte Internacional y previo a que el asunto llegue a la Corte, el asunto deberá haber pasado por el filtro de la Comisión Americana de Derechos Humanos, quien actúa como parte acusadora, sin perjuicio del derecho de la parte damnificada de poder apersonarse también al proceso.

En el caso de que un asunto llegue a la Corte Interamericana, ciertamente esta no actúa como una instancia más dentro de un proceso judicializado, es decir no es un órgano de alzada de lo resuelto por los tribunales nacionales, lo cual no le impide determinar la responsabilidad internacional de un Estado, aunque los tribunales nacionales hayan desestimado la posición de la parte que plantea su caso en sede internacional.

---

26 Sobre la regulación del Proceso de Menor Cuantía, puede verse el artículo 539 del Código de Trabajo.

IX. MODOS Y POSIBILIDADES DE EJECUCIÓN DE LAS RESOLUCIONES JUDICIALES

De previo a referirnos a los procedimientos de ejecución, debemos señalar que el Código de Trabajo de Costa Rica, prevé medidas cautelares típicas y atípicas para asegurar el resultado final del proceso o para evitar daños mayores a las partes del proceso. Entre las medidas típicas más importantes se encuentran el arraigo, por el que se obliga a la parte demandada a señalar *prima facie* un representante legal, que lo represente durante el proceso por venir, y el embargo preventivo, el cual tiene la característica de que no requiere fianza de resultas, como sí sucede en materia civil. Para que el embargo preventivo de bienes de la contraparte proceda es necesario demostrar con prueba adecuada la posible existencia de una situación de insolvencia de la parte demandada, la cual permita conocer de antemano que existe un peligro real de que al final del juicio dicha parte accionada no tendrá bienes suficientes con los cuales hacer frente a una eventual condenatoria.

En cuanto a otras medidas para prevenir males mayores a una de las partes, se encuentra la posibilidad de solicitar la suspensión de determinados actos por parte de la parte demandada, incluyendo los actos que puedan dictar en vía administrativa los entes de la Administración Pública.

Entrando ahora al tema de la ejecución de las sentencias, propiamente, de acuerdo con el mandato de la legislación codificada, el Juez de Instancia debe realizar un esfuerzo por liquidar las sumas de la condenatoria, a cargo de la parte que ha perdido el proceso, en la misma sentencia en que declare el derecho. Esto con fundamento en los principios de celeridad y de concentración. Si ello no fuera posible, por no existir suficientes elementos probatorios en el expediente, entonces la parte interesada puede solicitar la liquidación de las sumas a que fue condenada en abstracto la contraparte, mediante un proceso que se conoce como de ejecución de sentencia. Durante esta etapa del juicio, de existir aspectos técnicos controvertidos, se podrá recurrir a prueba pericial.

Durante el proceso de ejecución se podrán recibir las pruebas que aporten las partes y concluirá con una sentencia de la etapa de ejecución, la cual tiene solamente recurso de apelación.

Una vez firme la sentencia que liquide los montos adeudados, sea que la liquidación se hubiese hecho desde la sentencia inicial, o que se haga posteriormente mediante el proceso de ejecución de sentencia, se otorgará un plazo perentorio a la parte obligada para el depósito de los montos a que fuera condenada (tratándose de obligaciones de dar) o quedará obligada la parte perdidosa a cumplir con lo ordenado según los plazos legales (en caso de obligaciones de hacer), y si no cumpliere se procederá según se indica de seguido.

Para el caso de las obligaciones de dar, la parte vencedora podrá solicitar el embargo de bienes o cumplimiento patrimonial forzoso, corriendo a cargo del Despacho Judicial la práctica del embargo y posterior disposición de los bienes embargados, de acuerdo con las reglas de la legislación procesal civil[27].

En caso de que la sentencia ordenara la reinstalación en su puesto de un trabajador despedido en forma ilegal, el empleador estará obligado a proceder con la reinstalación en forma inmediata, restituyéndole con todos los derechos adquiridos y demás consecuencias que se deriven del fallo, como puede ser el pago de salarios caídos. La ley costarricense limita actualmente el pago de salarios caídos, en caso de reintegro, a veinticuatro meses.

En caso de que exista una imposibilidad material para el reintegro efectivo, como puede ser la desaparición de la empresa, el empleador deberá reconocer aparte de los salarios caídos, el pago de daños y perjuicios al trabajador, en forma adicional.

Como novedad importante para asegurar que la reinstalación ordenada en sentencia no deje de cumplirse, la reforma procesal laboral del año 2016 estableció no solo un procedimiento para

---

[27] Sobre los procesos de ejecución de sentencia a que nos venimos refiriendo pueden verse los artículos 571 y 572 del Código de Trabajo.

hacer efectiva dicha reinstalación en caso de negativa patronal, sino que además contempló la obligación del empleador de reconocer salarios caídos por todo el tiempo en que se mantenga el impedimento para hacer efectivo el reintegro al trabajo, por culpa del patrono, más el pago de los daños y perjuicios causados. En tales casos, el Juez correspondiente podrá ordenar el embargo de bienes por las sumas que se vayan acumulando, por una cantidad equivalente a seis meses de salario, por todas las veces en que ello sea necesario[28].

La negativa de reinstalación será además sancionada, como infracción a las leyes de trabajo, imponiéndose la multa correspondiente y si se tratare de la negativa a reinstalar a un representante de los trabajadores se ordenará al empleador o empleadora abstenerse de limitar la labor de representación que el trabajador venía desempeñando en la empresa, así como todas las funciones protegidas por la legislación nacional, así como se advertirá al empleador que aparte de las sanciones y penalidades indicadas su conducta dará derecho a la declaratoria de huelga legal[29].

Finalmente, en cuanto a las sentencias dictadas en un proceso de alcance colectivo, las partes podrán solicitar en la vía ordinaria la obligación de cumplimiento con lo pactado, y adicionalmente podrán solicitar el pago de los daños y perjuicios que se demuestren durante el proceso. Además, el incumplimiento de un instrumento colectivo dará derecho a que, en caso de huelga, se pueda imputar al empleador el motivo de la huelga, haciéndolo responsable del pago de los salarios caídos de los huelguistas[30].

---

[28] Ver artículo 576 del Código de Trabajo.

[29] Ver artículo 577 del Código de Trabajo.

[30] Ver al respecto artículo 386 del Código de Trabajo.

X. ANÁLISIS CRÍTICO DEL ACCESO A LA JUSTICIA LABORAL EN COSTA RICA

Pareciera necesario plantearse, de entrada, cuales son los valores que deberían sostener un sistema de justicia laboral para que éste resulte democrático, justo, eficiente, y sobre todo, confiable para los ciudadanos que lo utilizan. Desde mi punto de vista existen al menos cuatro valores que se requiere desarrollar como puntales del sistema: transparencia, equilibrio, justicia pronta, y tutela judicial efectiva. Por razones de espacio vamos a referirnos en esta ocasión solamente a los tres últimos condicionantes señalados.

En el Derecho del Trabajo y de la Seguridad Social, el equilibrio de intereses y por tanto de poderes y de facultades de las partes, dentro del sistema de justicia laboral, presenta caracteres propios, los cuales van más allá de una igualdad formal dentro del proceso y de la garantía del contradictorio. Existiendo como se conoce una parte que normalmente se presenta a los procesos administrativos y judiciales en inferioridad de condiciones materiales frente a su contraparte, el Derecho Laboral ha tutelado garantías de protección específica a favor de los trabajadores, con la intención de equilibrar en el mundo del derecho lo que resulta desigual en el mundo del mercado y de las relaciones sociales. Pues bien, el equilibrio a que hacemos referencia queda en entredicho cuando no existe una debida información, igualmente accesible a todas las partes de la relación de trabajo, o cuando la brecha digital que se produce a partir de la digitalización de los procesos judiciales y de los mismos Despachos, ensancha el desequilibrio entre las partes. Tampoco se genera equilibrio entre las partes del proceso cuando la mora judicial alarga los procesos de tal forma que conviene más a la parte más débil de la relación laboral conciliar con el empleador, aunque sea a costa de sacrificar derechos que, en otras condiciones, podrían haberle sido declarado en su favor.

Una investigación realizada hace unos años por un grupo de investigadores centroamericanos sobre el tema de los obstáculos de la justicia laboral en Centro América y el Caribe no arroja precisamente buenas noticias en torno a estos temas. Así, señala el estudio que *"un hecho que se repite en cada uno de los países estudiados es que, en ocasiones, la población trabajadora no presenta denuncia alguna a las autoridades competentes porque teme que al hacerlo puede perder su trabajo, y con él su fuente de ingreso familiar. En ese orden, si esta abstracción teórica de lo jurídico de la población centroamericana y dominicana se conjuga con el desánimo del mal funcionamiento de la institucionalidad estatal o el temor a represalias en caso de recurrir a las autoridades competentes, resulta ostensible que las personas busquen otros medios o mecanismos para resolver sus conflictos laborales, desde la indiferencia y la apatía hasta la ejecución de soluciones violentas, como ha sucedido en Guatemala ante los cierres de maquila".*[31]

En Costa Rica, el llamado "Programa Estado de La Nación", a cargo del Consejo Nacional de Rectores de las Universidades Públicas del País, en sus Informes sobre el Estado de la Justicia, viene haciendo referencia a lo largo de varios años, de algunas deficiencias y problemas que atacan directamente la línea de flotación del acceso a la justicia laboral en el país.

Una preocupación de los Informes sobre el Estado de la Justicia, es el desconocimiento de la persona que acude al Poder Judicial en demanda de tutela judicial efectiva, lo mismo que el desconocimiento sobre las condiciones socio económicas o de vida en general de esas personas. La tesis que subyace a estas observaciones, es que siendo la condición de cada litigante, fuente de otras desigualdades, como puede ser el caso de la persona trabajadora migrante, de la persona de escasos recursos económicos o de las personas de avanzada edad, para poner algunos ejemplos, un mayor conocimiento de todas esas condiciones podría permitir al sistema judicial en general otorgar un trato a tales personas,

---

[31] Astrid Valencia, Sonia Rubio y Francisco Chicas. "Obstáculos a la Justicia Laboral en Centro América y el Caribe: Análisis comparativo". Impreso en El Salvador, diciembre de 2007, páginas 41 y 42. Trabajo realizado dentro del marco del Programa "Iniciativa Regional para la Responsabilidad Social y el Trabajo Digno", con el auspicio de la Unión Europea y la Organización Internacional del Trabajo.

que permita equilibrar su posición en el proceso. Se parte pues, de que la administración de justicia debe tener una aspiración a tener una relación cercana y oportuna con las personas usuarias, resultando que *"el primer inconveniente para lograr este acercamiento con la ciudadanía proviene del escaso conocimiento que tiene la institución judicial sobre quienes son las personas usuarias, cómo acceden a los tribunales, con qué capacidades, con qué recursos, cuáles son los motivos que originan sus gestiones, qué respuesta se les da* [32] .

La modernización de la infraestructura judicial, que en muchos países y también en Costa Rica tiende tanto a la digitalización de los procesos, mediante por ejemplo el uso de expedientes electrónicos, así como la digitalización de los propios Despachos Judiciales, ha tenido ventajas y desventajas, en este último caso sobre todo para los usuarios de más humilde condición. Estos cambios han dado lugar a lo que algunos autores denominan "justicia electrónica" [33]. Durante el tiempo de la pasada pandemia que afectó todo el globo, el uso de instrumentos tecnológicos facilitó la continuidad de la prestación de sus servicios por parte

---

32 Programa Estado de la Nación. Cuarto Informe Estado de la Justicia. CONARE, San José, Costa Rica, página 54. A lo anterior se agrega la siguiente observación de gran valor: Al respecto se indica, por ejemplo que: *"Frente a una cada vez mayor digitalización de los servicios de justicia, conocer a la población usuaria resulta fundamental para mitigar los efectos que la brecha digital puedan generar en el acceso a la justicia y que los servicios digitales funcionen en toda su amplitud en todo el territorio".*

33 Para los autores Cordela y Continio, las herramientas tecnológicas se dividen en dos tipos: front office y back office. Ambas se apoyan entre sí con el fin de maximizar su potencial. Las herramientas de tipo front-office facilitan la interacción entre el Poder Judicial y las personas usuarias verbigracia el uso del expediente electrónico, el intercambio de documentos procesales por vía electrónica, y las plataformas de interoperabilidad de la justicia penal. Por su parte las herramientas de tipo back-office digitalizan procedimientos que no requieren una interacción entre el Poder Judicial y los usuarios (verbigracia los sistemas de gestión procesal y los sistemas de apoyo judicial). (Autores citados por el Programa Estado de la Nación, Cuarto Informe del Estado de la Justicia, página 194.

del Poder Judicial, pero a la larga sirvió también para aumentar la brecha digital entre generaciones de usuarios. ¿Qué medidas deberían ser implementadas para evitar una nueva discriminación, mediante la justicia digital? Por supuesto que el patrocinio letrado para las personas de bajos recursos económicos es fundamental, pero sobre todo debe seguir existiendo la posibilidad de que las personas que no tienen acceso ni comunicación digital con los Despachos puedan seguir vinculados y activos dentro del proceso de la manera tradicional[34]. Se dice pues que *"la implementación de una política de justicia electrónica debe asegurar las garantías procesales y estándares internacionales de acceso a la justicia, entre estas: imparcialidad, independencia, equidad e igualdad"*[35]

Llegado este punto es necesario plantearnos si es plausible, desde el punto de vista de una tutela judicial efectiva, eliminar totalmente, hacia futuro la presencialidad durante los procesos judiciales, por ejemplo durante las audiencias orales, o si por el contrario debe mantenerse parte del proceso a celebrarse en forma presencial. Nuestro criterio particular es que el principio de inmediatez, el cual rige también los procesos laborales, se ve mejor satisfecho con la presencialidad, permitiéndole a los Juzgadores tener una mejor apreciación de las partes y de su argumentación. En este sentido, consideramos que la presencialidad contribuye también al cumplimiento del principio de oralidad.

Incide, por otra parte, en un adecuado equilibrio procesal, el contar con un número suficiente de abogados de la Defensa Pública, los cuales puedan dar un servicio mínimo de calidad a la población que requiere estos servicios, esencialmente en favor los

---

34 En el Cuarto Informe sobre el Estado se nos habla de medidas, puestas en práctica por el Poder Judicial de Costa Rica, tales como la obligatoriedad de facilitar todos los documentos impresos a poblaciones en condición de vulnerabilidad, así como preguntar en las etapas iniciales del proceso si alguna de las partes requiere una atención diferenciada. Igualmente se recomienda no descartar totalmente la presencialidad. Ibidem, página 200.

35 Ibídem, página 217.

trabajadores de bajos recursos. No se trata de sustituir la labor de defensa de los intereses gremiales, que ostentan los sindicatos, quienes a nuestro juicio deben tutelar con mayor énfasis y dedicación los intereses colectivos y de categoría de sus representados, sin descuidar, claro está, los derechos individualizados en cada afiliado. No obstante, en un país como Costa Rica, donde la afiliación sindical no llega al cinco por ciento de la población laboral empleada, en el sector privado, el apoyo sindical en la conducción de procesos judiciales es puramente testimonial. De allí la importancia que adquiere en nuestro país, la institución de los Defensores de oficio en materia laboral[36].

La Defensa Pública en sede de la jurisdicción laboral del Poder Judicial, con cifras del año 2024, contaba solamente con 73 plazas para todo el país. Con tales recursos se brinda el servicio de patrocinio legal en 26 oficinas, distribuidas a lo largo de todo el país. Con ello no se cubren todos los despachos judiciales que tienen competencia para resolver procesos laborales, ni se logra tener personas abogadas de asistencia social en todos los sitios donde el usuario puede tener acceso a asesoría legal gratuita. Por tales razones, los abogados de la Defensa Pública laboral deben desplazarse a aquellas localidades donde no existe personal fijo de esa entidad, con el fin de cubrir las 26 oficinas judiciales y poblaciones indígenas. Si a este panorama sumamos el hecho de que la demanda de servicios de la Defensa Pública crece cada día, agravada además por la mora judicial en materia laboral, que inci-

---

[36] Los artículos 453 y 455 del Código de Trabajo, introducidos mediante la reforma procesal del año 2016, establecían una especie de red de apoyo social para poblaciones vulnerables, al referirse en primer lugar al papel del Patronato Nacional de la Infancia, que es una institución pública del Estado, como encargado de patrocinar legalmente a los menores de edad en la defensa de sus derechos laborales, así como mencionar al Colegio de Abogados y otras organizaciones gremiales, que en conjunto pudieran generar centros o redes de asistencia legal gratuita. En la práctica sin embargo el Patronato indicado no ha dado el servicio por carencia de recursos y el apoyo de las otras entidades mencionadas en la ley es insuficiente.

de en la existencia de procesos que se alargan arbitrariamente en el tiempo, el panorama para la efectividad y eficacia del_instituto de la Defensa Pública en Costa Rica no es halagüeño, afectándose notablemente el equilibrio que permite un acceso a la justicia laboral bajo estándares aceptables[37].

Desde el punto de vista del elemento del principio de justicia pronta, que es uno de los eslabones de que se engancha el acceso justo y democrático a la justicia, la situación costarricense nos presenta una realidad regresiva, pues pese a la reforma laboral del año 2016, vigente desde julio de 2017, es lo cierto que los procesos judiciales, tienen más bien a prolongarse en el tiempo. El cuarto Informe del Estado de la Justicia en Costa Rica, del año 2022, se refiere a este tema, y en lo que nos interesa señala lo siguiente: *"En la jurisdicción laboral los resultados no son positivos. En efecto, aunque en el año 2021 se experimentó un "rebote" luego de la caída en 2020 del total de casos resueltos, el nivel alcanzado es inferior al existente en el período previo a la pandemia. Más preocupante es el comportamiento en el tiempo promedio en resolver los casos: un fuerte incremento de casi cuatro meses entre 2019 y 2021"*. Luego se agrega lo siguiente: *"En resumen en las dos materias en que en anteriores Informes Estado de la Justicia han efectuado estudios en profundidad, los indicadores agregados de desempeño se deterioran durante el período 2019-2021"*[38]. De acuerdo con los gráficos que presenta el Informe que estamos reseñando, mientras en el año 2019, la cantidad de casos en circulante, al finalizar el año, en la jurisdicción laboral era de 57.127 casos, en el año 2021, ese número subió a 61.085 casos, sea que aumentó en un 6.9%[39]. Pero además, según lo muestra el siguiente gráfico, el tiempo promedio que tardó cada caso en resolverse, en primera instancia, subió de más de quince meses en el año 2019, a más de 18 meses en el 2021. Si consideramos que esos son tiempos

---

[37] La información sobre el estado actual del servicio de Defensa Pública laboral en Costa Rica ha sido recopilada por el suscrito autor, mediante entrevistas escritas realizadas a las Jefaturas de este servicio en el mes de agosto del año 2024.

[38] Ibidem, página 248.

[39] Ibidem, cuadro número 6.12

promedio y que muchos procesos judiciales concluyen por medio de conciliación judicial, como luego se verá, y si agregamos que los juicios que reciben Recurso de Casación duran de uno a tres años o más en ser resueltos en esa instancia, es evidente que el tiempo promedio de los procesos judiciales que no terminan anticipadamente en la etapa de conciliación es muy superior, alcanzando posiblemente un promedio de tres años de duración o incluso más[40].

En definitiva la mora judicial afecta tanto el acceso a la justicia como a la seguridad jurídica, lo cual impacta tanto a trabajadores como a empleadores.

En el cuadro siguiente podemos ver la evolución en la duración de los juicios que se tramitan en la jurisdicción laboral del país, en primera instancia, es decir, hasta que reciben una sentencia de primera instancia.

Gráfico 6.8

Cantidad y duración de casos judiciales resueltos en materia laboral en primera instancia. 2019-2021

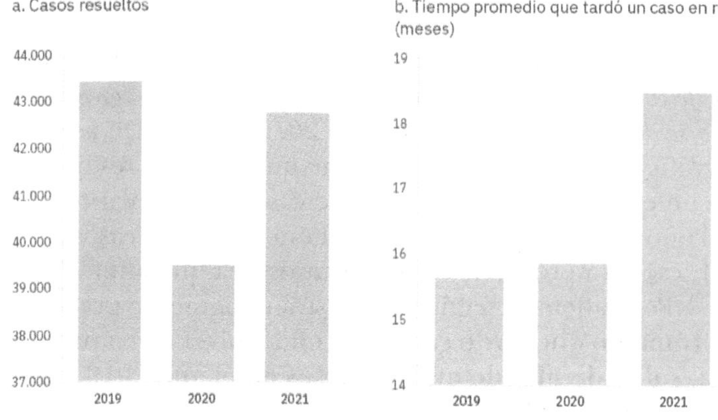

Fuente: Guzmán, 2022 con datos del Poder Judicial, 2022.

40 Esta última estimación de tres años se obtiene de la experiencia del propio autor, como litigante, y de la experiencia de otros colegas abogados que litigan en materia laboral, con quienes se ha conversado al respecto.

En relación con el principio de tutela judicial efectiva, al que ya nos hemos referido antes, los Informes sobre el Estado de la Justicia, promovidos por el Programa de Estado de la Nación, que nos han servido de base para buena parte de nuestros análisis, atestiguan una situación muy grave, como es que aproximadamente una tercera parte de_los procesos judiciales terminan anticipadamente gracias a diversas situaciones, destacando entre ellas la conciliación judicial, porcentaje este último que va en aumento[41]. El Programa del Estado de la Nación, ha construido una categoría de análisis muy importante a la que ha denominado *"riesgo de tutela efectiva de derechos"*, significando con ello una serie de situaciones en que por distintas razones que pueden ser detectadas estadísticamente, los procesos judiciales no tienen una terminación en sentencia. Con fundamento en el análisis de una muestra importante de expedientes judiciales, el Informe del Estado de la Justicia del año 2015, indica que una tercera parte de los expedientes analizados se pueden ubicar en riesgo de tutela efectiva de derechos, ya que los casos finalizaron con modalidades distintas a una sentencia. Dos tercios de los casos (64%) sí recibió una sentencia de primera instancia, pero en el resto de los casos no se dio esa situación. Destaca que en un 4% de las sentencias se declaró la prescripción de la causa.

No podríamos en este trabajo ahondar en el tema de por qué la reforma laboral del año 2016 no ha dado los frutos esperados, aunque seguramente se podrá mencionar como causas concurrentes el aumento constante de la litigiosidad, a falta de una conciliación administrativa previa; el excesivo circulante que maneja la Sala de Casación, al haberse convertido en un Tribunal de Segunda Instancia para muchos procesos judiciales, sobre todo de los juicios ordinarios, el número insuficiente de Despachos Judiciales y de Jueces de Primera Instancia para atender la demanda

---

41 Puede consultarse al respecto el Informe del Estado de la Justicia del año 2015, Primera Edición, elaborado por el Programa del Estado de la Nación de CONARE (Consejo Nacional de Rectores), página 70.

de servicios existente; ciertas distorsiones que se mantienen en la estructura de los procesos judiciales y que aletargan los juicios, como la subsistencia de etapas escritas que podrían eliminarse; la concentración de expedientes en la Sala de Casación, la huida del Poder Judicial de grupos importantes de Jueces preparados, ante la falta de estímulos económicos, la creación de un Juzgado de Ejecución de Sentencia sin personal suficiente, etc.

Resultaría incompleto este trabajo si no hiciéramos una breve mención al tema de la informalidad en el mercado de trabajo. Si bien es este un tema que afecta extramuros de lo que es la relación laboral y no tanto los procesos laborales, que suponen la existencia de una relación jurídica laboral, es lo cierto que la alta informalidad (en Costa Rica puede llegar a alcanzar un 40% de la fuerza de trabajo) funciona como un arma de doble filo en contra de esta población. Por un lado, limitando el acceso a la justicia laboral, por ausencia de los elementos configuradores de la relación laboral, y en otros casos como un impedimento para poder litigar en igualdad de condiciones con los empleadores reales o con sus intermediarios, ante la posible falta de apoyo probatorio suficiente o ante la amenaza de perder más de lo que se gana presentando una demanda judicial. En este último caso, la informalidad funciona como un arma de presión social en contra de la población trabajadora informal.

España

La jurisdicción social como cauce especializado de acceso a la justicia en el ámbito de las relaciones de trabajo

JOAQUÍN GARCÍA MURCIA
Universidad Complutense de Madrid[1]

RESUMEN: España cuenta desde principios del siglo XX con órganos judiciales especializados en asuntos laborales y de protección social, que en algunos periodos históricos estuvieron acompañados de instancias decisorias de naturaleza extrajudicial. En la actualidad, ese entramado judicial conforma el orden jurisdiccional social (o "jurisdicción social"), perteneciente a la jurisdicción ordinaria regida por el Poder Judicial. Objetivo esencial de dicho orden jurisdiccional es dar satisfacción al derecho constitucional a la tutela judicial efectiva dentro de esa específica parcela de las relaciones sociales, mediante un proceso que mantiene muchos rasgos del proceso civil (por su carácter dispositivo) pero que, al

---

[1] Director del Grupo de Investigación de la UCM "Jurisdicción social y procedimiento Laboral" (acrónimo JUSPLA, referencia 971102).

mismo tiempo, se rige por principios propios muy añejos (oralidad, inmediación, concentración y celeridad) y presenta características singulares (como la intervención de organizaciones sindicales y el mayor protagonismo del juez en la búsqueda de la verdad material). Datos también destacados del proceso laboral son la aplicación automática del beneficio de justicia gratuita a trabajadores y beneficiarios de la seguridad social y la no exigencia en instancia de postulación y defensa a cargo de profesional. Organizado con arreglo al criterio de "instancia única y doble grado", en el orden jurisdiccional social sólo se admiten recursos de carácter extraordinario (suplicación, casación y casación para unificación de doctrina). Como regla general, es condición de admisibilidad de la demanda el intento de conciliación previa. Para el ejercicio de determinado tipo de acciones (como la de despido, la de conflicto colectivo o la de tutela de derechos fundamentales) se han diseñado modalidades procesales especiales, que a veces gozan de prioridad y de mayor agilidad. El cumplimiento de las resoluciones judiciales está garantizado por reglas de ejecución (provisional o definitiva) que entran en funcionamiento a petición del interesado. El acceso a la "justicia laboral" en España es sencillo, y los procesos no suelen dilatarse en exceso.

ABSTRACT: Since the early 20th century, Spain has had judicial bodies specialised in labour and social protection matters. At various points in history, these were complemented by alternative dispute resolution (ADR) mechanisms. Today, this system constitutes the social jurisdiction (also known as labour jurisdiction), which forms part of the ordinary jurisdictionunder the authority of the Judiciary. The primary objective of this jurisdictional order is to guarantee the constitutional right to effective judicial protectionin this specific area of social relations. It does so through procedures that preserve many features of civil litigation—owing to its dispositive character—while also adhering to long-standing, distinctive principles such as orality, immediacy, concentration, and expediency. Additional singularities include the involvement of trade unions and the proactive role of judges in seeking the material truth. Other relevant features of labour proceedings include the automatic entitlement to legal aid for workers and social security beneficiaries, as well as the absence of mandatory legal representation at first instance. The system is structured around the principle of "single instance with double degree", allowing only extraordinary appeals, namely appeals for reconsideration (suplicación), cassation, and cassation for the unification of case law.As a general rule, prior conciliation is a prerequisite for admitting a claim. For specific types of actions—such as those concerning dismissals, collective disputes, or the protection of fundamental rights—special procedural formats exist, which often benefit from priority handling and greater procedural agility. Judicial decisions are enforced through execution mechanisms, whether provisional or final, which are triggered at the request of the party concerned. Access to labour justice in Spain is generally straightforward, and proceedings are not typically subject to excessive delays.

1. INTRODUCCIÓN Y DELIMITACIÓN OBJETIVA DEL ESTUDIO

En la experiencia española, la expresión "acceso a la justicia" remite de manera muy directa a los medios judiciales de solución de conflictos y litigios. Alude, antes que nada, a la "administración de justicia" como tarea típica del Estado, o, si se prefiere, al "servicio público de justicia" que las instituciones estatales deben prestar a los ciudadanos, por utilizar la terminología que parece preferir el legislador español en tiempos más recientes. Puede que en el trasfondo de la expresión figure el propósito de proporcionar una solución "justa" para los pertinentes contenciosos, o el de procurar que todos los implicados en una disputa puedan encontrar una respuesta adecuada a sus derechos y legítimos intereses. Puede suceder también que el propio Estado pretenda "hacer justicia" en sentido real o "material" al implantar y organizar ese tipo de servicios. Pero, en cualquier caso, cuando se habla de acceso a la justicia en el contexto español se alude antes que nada a las posibilidades de acceso a mecanismos de naturaleza pública depositarios de la función jurisdiccional del Estado, lo cual, por cierto, presupone la existencia de tal clase de medios, o cuando menos la necesidad de que la sociedad pueda contar con esa clase de medios para dar solución a sus discrepancias. En España, "hacer justicia" o "impartir justicia" son tareas que se conciben eminentemente como parte de los cometidos propios del Estado y que se desarrollan a través de la correspondiente planta de juzgados y tribunales. Son estas instancias, pertenecientes al poder judicial, las que por antonomasia velan por el cumplimiento efectivo de las normas, y las encargadas de resolver los contenciosos conforme a lo previsto en la ley. Siendo así, hablar de acceso a la justicia es preguntarse a fin de cuentas acerca del cómo y en qué condiciones puede el ciudadano dirigirse a los correspondientes órganos judiciales.

Esa es, en consecuencia, la perspectiva que vamos a seguir en las páginas siguientes, aunque bajo el presupuesto de que las de naturaleza judicial no son las únicas vías aptas para la solución de controversias o disputas en el sistema español. Como en otras muchas ocasiones hemos puesto de relieve, dentro del mismo pueden operar también, y operan de hecho, medios extrajudiciales de solución de controversias, corrientemente conocidos como medios "voluntarios" o "autónomos" (por su origen y su manera de actuar), o, más modernamente, como medios "alternativos" (en tanto que se ofrecen como una opción más, o directamente como alternativa, respecto de la clásica jurisdicción estatal). Una de las más tangibles tendencias de la legislación española contemporánea es, precisamente, la promoción e implantación de esa clase de medios, en parte para aprovechar sus posibles ventajas en cuanto a flexibilidad y presteza, y en parte para tratar de atenuar la carga de trabajo de los medios judiciales. Pueden ofrecer una solución más acorde a los intereses reales de las partes y pueden jugar como instrumento de "economía procesal". Repárese, por lo demás, en que estos medios no judiciales no sólo sirven para garantizar el cumplimiento efectivo de la ley (que en buena lógica parece ser el designio de la organización judicial del Estado), sino también para intentar la transacción o el arreglo entre las partes, con la posibilidad consiguiente de que la solución que den al conflicto se funde en criterios de equidad o razonabilidad, y no necesariamente en lo dictado por la norma.

Todas estas reflexiones, que valen en general para el sistema español, pueden ser trasladadas perfectamente al campo específico de las relaciones de trabajo. También en este concreto terreno la idea de acceso a la justicia se viene equiparando comúnmente al uso de juzgados y tribunales para la solución de los conflictos, y también en estos dominios pueden utilizarse medios extrajudiciales de solución de controversias, especialmente en aquellas que revisten carácter o alcance colectivo. Es verdad que los mecanismos de naturaleza judicial aún mantienen un peso comparativamente más voluminoso en la solución de disputas laborales, pero ello no significa, desde luego, que los trabajadores, los empresarios o sus respectivas representaciones colectivas no dispongan de la posibilidad de poner fin a sus conflictos mediante instrumentos de carácter voluntario o "alternativo". Ahora bien, la palabra "justicia" sigue teniendo, también aquí, unas connotaciones muy marcadas en favor del referido servicio público. Apelar o acudir a la "justicia" en el ámbito de las relaciones de trabajo supone en esencia hacer uso de los cauces jurisdiccionales dispuestos por el Estado a tales efectos. Pedir "justicia", si lo queremos ver así, significa a la postre solicitar la intervención del Estado a través de sus juzgados y tribunales.

Conviene poner de relieve, de todos modos, que lo judicial y lo extrajudicial no están del todo separados en el sistema español. No son vías de solución de conflictos que se den mutuamente la espalda, ni que conformen compartimentos estancos (ni que operen, dicho sea de paso, como vías estrictamente alternativas). Ambas comparten una especie de escenario común de operaciones, en el que los medios extrajudiciales –bien es verdad que los que en tal sentido seleccione el legislador– de alguna forma colaboran con los judiciales en la prestación del servicio de justicia. En ese contexto, el medio extrajudicial se ofrece sobre todo como una primera oportunidad para la resolución del conflicto, que pasa a sustanciarse ante el juez si ese trámite previo no llegara a fructificar. Pero el medio extrajudicial también es una opción que siempre tienen a mano quienes efectivamente comparecen como partes en un proceso judicial, pues en cualquier momento, y en cualquier fase de ese itinerario procesal (incluidas las fases de recurso y ejecución), pueden acordar poner fin a la disputa por vías "voluntarias", ya sea mediante la oportuna transacción, ya sea mediante la firma de un compromiso arbitral. Así las cosas –y como incidental matización respecto de lo que veníamos apuntando–, habría que decir ahora que el acceso a la "justicia" entendido en su sentido más estricto (acceso a juzgados y tribunales) puede acabar implicando el uso de mecanismos extrajudiciales de solución del conflicto. Como suele pasar, el asunto es bastante más complejo de lo que a primera vista se pudiera pensar.

En conclusión, el sistema español cuenta en efecto con vías judiciales y vías extrajudiciales para la solución de conflictos laborales. Son dos caminos paralelos y con notables puntos de conexión, aunque no son equiparables ni en su trayectoria histórica ni en su volumen de operaciones, por muchas razones. En primer lugar, por su respectiva planta y estructura, en tanto que los medios judiciales cuentan con un instrumental mucho más extendido, más sólido y a la postre más capaz. Y en segundo lugar, por su experiencia real, por cuanto los medios judiciales siguen siendo los preferidos por los interesados y, por consiguiente, los de mayor uso y aplicación, especialmente en los litigios de carácter individual. En términos generales, y al menos como aproximación inicial, podría decirse que en el sistema español los medios judiciales gozan de mayor arraigo, generan mayor grado de confianza y cuentan con una trayectoria funcional más nutrida y consistente. Con el importante matiz, de cualquier manera, de que en el devenir de la legislación social española siempre se ha podido contar, ciertamente en dosis variables, con medios de solución de conflictos laborales de naturaleza extrajudicial. Unos medios que, como luego repetiremos, incluso llegaron a convivir en condiciones de práctica paridad con los medios judiciales en algún periodo de nuestra moderna historia jurisdiccional, como sucedió concretamente durante las décadas de los años veinte y treinta del siglo XX.

En perspectiva comparada, podríamos añadir que España se sitúa en la órbita de aquellos países que han dado primacía al instrumental judicial frente al extrajudicial en la solución de las controversias laborales, y, para mayores señas, en la de las naciones que a tal efecto han optado por la implantación de una jurisdicción especializada en materia de trabajo, como ocurre en diversos países europeos de nuestro entorno más inmediato (Francia, Alemania, Portugal) y como sucede asimismo en multitud de países del área iberoamericana. Se distancia, de esa manera, de los países que, por tradición o por convicción, han puesto mayor énfasis en la resolución voluntaria de las disputas de trabajo, como son, por lo general, los de cultura anglosajona. Dentro de ese panorama, y sin perjuicio de esos puntos de afinidad o de contraste, el sistema español presenta características muy singulares que no siempre tienen parangón con lo sucedido en otros países. Entre ellas habría que destacar, al menos de momento, que el orden jurisdiccional especializado al que venimos haciendo referencia no sólo ejerce competencias en materia laboral, sino también en el ámbito de la protección social. A lo que habría que agregar inmediatamente un segundo dato relativo a su composición, en tanto que está servido exclusivamente por jueces y magistrados seleccionados por procedimientos reglamentariamente establecidos e investidos de la condición de funcionario público, con la consiguiente exclusión de "escabinos" procedentes del mundo profesional (trabajadores y empresarios). En lo que se refiere a la solución extrajudicial, habría que decir del sistema español que carece de una estructura general regulada por la ley, y que tan sólo cuenta a tales efectos con medios dispersos que proceden eminentemente de la negociación colectiva, bien es verdad que con notable respaldo legal. Tampoco existen instancias en las que participen de manera articulada medios judiciales y medios extrajudiciales, aunque –como dijimos– éstos últimos pueden actuar como trámite previo al proceso judicial y pueden ser utilizados en cualquier momento como alternativa a dicho proceso.

2. UNA PEQUEÑA HISTORIA DE LA JURISDICCIÓN SOCIAL ESPAÑOLA

Lo que en España conocemos como "jurisdicción social" constituye en realidad un "orden jurisdiccional" dentro de la jurisdicción "ordinaria" española, al que solemos dar el nombre de "orden jurisdiccional social". Aclaremos –especialmente para el lector foráneo— que por jurisdicción "ordinaria" entendemos en España la que depende del Poder Judicial, en contraste con la jurisdicción "constitucional", que tiene su propia configuración y conforma un "poder jurisdiccional" específico. Pues bien, ese orden jurisdiccional especializado empezó a fraguarse en nuestro país con la emergencia de la legislación obrera a finales del siglo XIX y principios del siglo XX. Sus primeras referencias aparecen en la Ley de accidentes de trabajo de 1900, que encomendó al legislador la implantación de "Tribunales o Jurados especiales" para ir sustituyendo a los jueces "de primera instancia" –pertenecientes a la jurisdicción civil o común– que mientras tanto tenían que hacerse cargo de esas tareas. Esta llamada al legislador, no obstante, no fue cumplimentada hasta que con fecha de 19 de mayo de 1908 fueron creados legalmente los "tribunales industriales", presididos por un juez de carrera y compuestos de tres jurados en representación de obreros y otros tres en representación de patronos. Reformada por una Ley de 22 de julio de 1912 y por otras leyes posteriores, esta incipiente estructura judicial estuvo vigente hasta la profunda transformación sufrida por nuestro sistema jurisdiccional a partir de 1938 (con el régimen de Franco), y convivió prácticamente desde su creación con medios extrajudiciales de solución de conflictos laborales, compuestos con criterios de paridad por representantes de obreros y patronos (como los "comités paritarios" durante los años veinte del siglo XX y los "jurados mixtos" durante los años treinta de esa misma década). En 1931, por cierto, fue creada una nueva Sala (la Sala "Quinta") en el Tribunal Supremo español para entender de "Cuestiones Sociales" a través de un recurso de casación que podía interponerse frente a decisiones de los tribunales industriales y de algunos otros órganos de los que en ese tiempo ejercían funciones jurisdiccionales.

Como hemos apuntado, en 1938 se abre una nueva etapa en la jurisdicción social española, que supuso la desaparición de los órganos de composición paritaria y la asignación en exclusiva de la función de juzgar y ejecutar lo juzgado a órganos del Estado. A tal efecto, fueron creadas las magistraturas de trabajo, como órganos judiciales de instancia cuyas decisiones podían ser recurridas, o bien en suplicación ante un Tribunal Central de Trabajo creado también por esas fechas, o bien, en algunos asuntos, en casación ante la citada Sala del Tribunal Supremo. La articulación entre esa doble cúspide jurisdiccional se resolvió mediante la previsión de un recurso excepcional denominado "en interés de ley", que podía ser interpuesto por el Ministerio Fiscal contra las sentencias del TCT ante el TS para asegurar la primacía de éste en la interpretación y aplicación de la ley. En esa época –dato no menos relevante– se va consolidando por cierto el principio de "instancia única y doble grado" que desde entonces ha caracterizado a la jurisdicción social española, y que viene a significar que sólo se conoce por una vez (una instancia) el asunto de referencia, sin posibilidad de apelación o segunda instancia, aunque con la existencia de recursos de carácter extraordinario al modo de la casación.

En aquellas primeras etapas, el desarrollo del proceso laboral –en sus distintos trámites o pasos– venía descansando principalmente en lo dispuesto por la legislación reguladora del proceso civil (el proceso más "común" en definitiva), pero mediante una Ley de 24 de abril de 1958 se aprobó una regulación propia y específica para el procedimiento laboral, sin prescindir del todo de la legislación procesal civil (la venerable Ley de Enjuiciamiento Civil), que se mantuvo con carácter supletorio. Es, dicho sea de paso, un esquema de regulación que ha llegado hasta nuestros días, pues aún hoy en día el proceso laboral se rige por una regulación específica que cuenta con el apoyo supletorio de la regulación del proceso civil. En cualquier caso, la que desde su aparición fue denominada "Ley de Procedimiento Laboral" (la que se inaugura en el año 1958) fue experimentando sucesivas reformas a lo largo de todo ese periodo, unas veces para introducir ajustes en su contenido y otras muchas para acompasarla a los cambios producidos en las leyes sustantivas sobre trabajo o seguridad social. Es otro dato interesante de nuestra tradición normativa en este terreno: la legislación procesal social ha ido en gran medida a remolque de la legislación sustantiva laboral (y de seguridad social), como seguramente no podía ser de otro modo.

La Constitución de 1978 entrañó la apertura de una nueva era para la jurisdicción española, entre otras causas por la descentralización del poder a través del llamado "Estado autonómico", por la proclamación de la unidad jurisdiccional y por el reconocimiento al máximo nivel del derecho fundamental a la tutela judicial efectiva, todo lo cual tenía que conducir inevitablemente a una intensa labor de adaptación de la estructura de nuestros juzgados y tribunales. Lógicamente, este nuevo marco institucional también exigía reformas de envergadura en la jurisdicción social, pero la tarea de adaptación no se llevó a cabo de manera inmediata, a la espera de una reforma general del poder judicial en España. De momento, continuó la práctica legislativa tradicional de modificación o sustitución de la LPL con fines de adaptación a los cambios que se iban introduciendo en la legislación laboral sustantiva (muchas veces mediante las conocidas operaciones de "reforma laboral"), sin llegar a reestructurar orgánicamente la planta de la jurisdicción, que transitoriamente siguió descansando en las magistraturas de trabajo, con el vetusto TCT como destinatario principal de los eventuales recursos extraordinarios (a través de la vía de "suplicación") y con la Sala de lo Social del TS en lontananza para conocer en su caso de los recursos de casación.

El cambio de influencia constitucional empezó a notarse en mayor medida con la aprobación de la Ley Orgánica 6/1985, de 1 de julio, del Poder Judicial (LOPJ), que supuso la incorporación plena de la jurisdicción social a la organización judicial española (al Poder Judicial), con los efectos consiguientes tanto en la configuración de su planta de juzgados y tribunales, como en el estatuto de jueces y magistrados. Y se notó más aún, ya de manera definitiva, con la Ley 7/1989, de 12 de abril, de Bases de Procedimiento Laboral, que a través de sus 41 "bases" (bastante minuciosas, por cierto) dio las oportunas indicaciones al Gobierno para la aprobación de una nueva LPL, mediante el correspondiente texto articulado de dichas bases. La finalidad principal de la Ley de 1989 era la ya improrrogable adaptación a las nuevas estructuras jurisdiccionales diseñadas por la LOPJ, pero el legislador también hizo hincapié en la necesidad de acoger de forma más completa y decidida los principios constitucionales y, en particular, los elementos del derecho a la tutela judicial efectiva que, en términos ya bastante abundantes, iba proporcionando progresivamente nuestro Tribunal Constitucional. La Ley de 1989 supuso asimismo algún reajuste en la distribución de competencias entre el orden jurisdiccional social y otros órdenes más o menos próximos (como el civil y el contencioso-administrativo), así como –ya en el terreno más puramente procedimental– la creación del recurso de casación para la unificación de doctrina, con el fin de que pudiera remediarse la dispersión en la interpretación y aplicación de la ley que muy previsiblemente iba a surgir de la existencia de sendas cúspides judiciales –aunque por debajo del Tribunal Supremo– en las diecisiete comunidades autónomas de que constaba nuestro Estado.

Esas bases fueron articuladas por el Real Decreto Legislativo 521/1990, de 17 de abril, que aprobó una nueva LPL. Como era de esperar, sus innovaciones respecto de los textos precedentes fueron muy numerosas, y afectaron a muchos apartados de esa regulación procesal. Entre lo más significativo figura desde luego la recepción de la nueva planta de juzgados y tribunales en sustitución de la tradicional, con la consiguiente desaparición del TCT, la emergencia de las Salas de lo Social de los Tribunales Superiores de Justicia y de la Sala de lo Social de la Audiencia Nacional, y la sustitución de las magistraturas de trabajo por los juzgados de lo social. También supuso la LPL de 1990 una mayor especificación del cuadro de competencias de la jurisdicción social, un nuevo incremento de las "modalidades procesales" (los antiguamente llamados "procesos especiales"), y, por supuesto, una nueva regulación del sistema de recursos, con la inclusión de la ya mencionada casación para unificación de doctrina. También cabe registrar el incremento de las remisiones desde la legislación procesal laboral a otras normas procesales para la regulación de determinados aspectos del procedimiento laboral, remisiones que en este caso se dirigieron tanto hacia la LOPJ como hacia la LEC, que siguió con su condición tradicional de norma supletoria.

La LPL de 1990 contó aún con alguna otra versión en años posteriores, de nuevo con el fin de adaptar la legislación procesal a la legislación laboral sustantiva, a raíz de los consabidos procesos de "reforma laboral". Pero tras algunos de estos episodios de reforma el legislador decidió preparar un texto legal de nueva factura para el procedimiento laboral, y a esos efectos aprobó la Ley 36/2011, de 10 de octubre, reguladora de la jurisdicción social (LRJS), que constituye la norma vigente en la actualidad en lo que se refiere a la configuración orgánica y a la faceta dinámica o procedimental del orden jurisdiccional social. Pese al cambio de nombre –desaparece la tradicional denominación de "Ley de Procedimiento Laboral" y se sustituye por la más novedosa de "Ley Reguladora de la Jurisdicción Social"–, la LRJS mantuvo la estructura típica de los precedentes textos de la LPL, aunque su contenido y el grado de minuciosidad de sus previsiones es bastante mayor. En gran parte, porque incorpora de manera muy decidida las aportaciones que en interpretación y aplicación de las normas procesales precedentes había venido haciendo el Tribunal Supremo, así como la abundante jurisprudencia constitucional sobre el derecho a la tutela judicial efectiva. En todo caso, su mayor extensión también se debe a un ánimo declarado de asignar al orden jurisdiccional social todos los asuntos relacionados con el trabajo (incluidas algunas parcelas del trabajo autónomo) y todas las cuestiones de protección social (incluso las pertenecientes a mecanismos de protección distintos del sistema de seguridad social).

3. LAS EXIGENCIAS DE LA NORMATIVA INTERNACIONAL Y EUROPEA

España pertenece a cuatro organizaciones internacionales que en hipótesis podrían condicionar su organización "doméstica" de los medios de solución de conflictos de trabajo y, más concretamente, de los medios de naturaleza judicial: la Organización de Naciones Unidas, la Organización Internacional del Trabajo, la Unión Europea y el Consejo de Europa. Todas ellas, con una u otra fórmula, proclaman el derecho a la tutela judicial efectiva o derechos de contenido similar (como el derecho a un "proceso justo", a un "proceso equitativo" o, en general, al "proceso debido"), por lo que habría que decir, de entrada, que la pertenencia a esas instancias supranacionales entrañaba –entraña– la necesidad de que el sistema español proporcionara a sus ciudadanos cauces adecuados para la resolución de sus disputas o para la satisfacción de sus reclamaciones de cumplimiento de la ley. Es, desde luego, una exigencia básica e incluso obvia, cumplida de modo indiscutible por el sistema español, en cuyo interior se reconoce un derecho a la tutela judicial efectiva que contiene todos los elementos que a tal efecto pueden entenderse exigidos desde el exterior, como después tendremos ocasión de ir reiterando. Pero hablemos con un poco más de detalle de cada una de esas organizaciones y de lo que cada una de ellas pide o proporciona al sistema español.

La pertenencia de España al Consejo de Europa ha supuesto la ratificación de la mayor parte de los instrumentos de esa organización supranacional europea y, en particular, de los dos que en este momento pudieran verse como más relevantes: de un lado, el Convenio Europeo de Derechos Humanos y Libertades Públicas (CEDH), por cuya aplicación efectiva vela el Tribunal Europeo de Derechos Humanos (TEDH), y, de otro, la Carta Social Europea (CSE), de cuyo seguimiento se ocupa el Comité de Derechos Sociales (CEDS). El CEDH reconoce en su artículo 6 el derecho de toda persona "a que su causa sea oída equitativa, públicamente y dentro de un plazo razonable, por un Tribunal independiente e imparcial, establecido por ley, que decidirá los litigios sobre sus derechos y obligaciones de carácter civil o sobre el fundamento de cualquier acusación en materia penal dirigida contra ella", requisitos que sin duda cumple el ordenamiento español, con independencia de que el TEDH nos haya hecho alguna advertencia en alguna ocasión por la tardanza de algunos procesos, a veces en relación con prestaciones de seguridad social. La Carta Social Europea, por su parte, no reconoce un derecho de tales características con carácter general, tal vez porque su contenido se ciñe al ámbito del empleo y de la protección social, pero en algunos de sus pasajes acuña una especie de derecho de acceso a la justicia, como puede comprobarse en su artículo 24 cuando dice que el Estado debe "garantizar que un trabajador que estime que se le ha despedido sin una razón válida tenga derecho a recurrir ante un organismo imparcial", derecho que también se encuentra amparado por el sistema español. Es producto del Consejo de Europa, por lo demás, el Acuerdo Europeo relativo a la transmisión de solicitudes de asistencia jurídica gratuita aprobado en el seno del Consejo de Europa con fecha de 27 de enero de 1977, según el cual "cualquier persona que tenga su residencia habitual en el territorio de una de las partes contratantes y que desee solicitar asistencia judicial en materia civil, mercantil o administrativa en el territorio de la otra parte contratante, podrá presentar su solicitud en el Estado de su residencia habitual". También fue ratificado por España (en 1985), y también nuestro sistema cumple sus exigencias.

Más incisiva en los ordanamientos nacionales es en principio la Unión Europea, aunque sus previsiones sobre "justicia" no son aún especialmente abundantes, ni se dirigen singularmente al ámbito del empleo, sin perjuicio de que, naturalmente, se proyecten sobre el mismo. Respecto de la posible influencia de la Unión Europea en la materia que nos ocupa cabe decir básicamente lo siguiente (muchas veces en línea con el Convenio de La Haya de 1970): a) que el artículo 47 de la Carta de Derechos Fundamentales de la Unión Europea aprobada en el año 2000 proclama el "derecho a la tutela judicial efectiva y a un juez imparcial" y exige la prestación de "asistencia jurídica gratuita a quienes no dispongan de recursos suficientes siempre y cuando dicha asistencia sea necesaria para garantizar la efectividad del acceso a la justicia"; b) que sus Tratados Fundacionales (que de alguna forma hacen el papel de textos constitucionales) atribuyen a las instituciones de la Unión competencias en materia de "libertad, seguridad y justicia" (artículo 2 TUE y artículo 81 TFUE), lo que les permite la adopción de normas de armonización y coordinación en esos terrenos; c) que la Unión ha puesto en marcha diversos programas con el objetivo general de contribuir al desarrollo de "un espacio europeo" en el que se respete "la independencia e imparcialidad del poder judicial", se promueva la cooperación judicial entre los Estados miembros y se facilite "el acceso efectivo y no discriminatorio a la justicia" (como dice concretamente el programa aprobado por el Reglamento UE 2021/693 para el periodo 2021-2027); d) que sus directivas suelen exigir a los Estados miembros que proporcionen vías apropiadas (comprendidas las judiciales pero no sólo judiciales) para hacer valer los correspondientes derechos (como puede verse en la Directiva 2014/54/UE sobre libre circulación de trabajadores, por poner un solo ejemplo); e) que algunas directivas (las que imponen derechos de igualdad y no discriminación preferentemente) contienen reglas sobre carga de la prueba para facilitar la protección de las víctimas (como es el caso, especialmente interesante para un laboralista, de la Directiva 97/80/CE relativa a la carga de la prueba en los casos de discriminación por razón de sexo), y f) que la Unión Europea cuenta ya con un notable acervo de disposiciones normativas destinadas a canalizar en condiciones adecuadas el acceso a la justicia en el conjunto del espacio comunitario y a resolver los problemas de concurrencia y articulación de los distintos sistemas nacionales, como las que tienen por objeto la determinación del foro competente (Reglamento 1215/2012, de 12 de diciembre de 2012), las que intensifican la cooperación judicial (Reglamento UE 2020/1783 sobre obtención de pruebas y Reglamento UE 2020/1784 sobre notificación y traslado de documentos judiciales), o las que facilitan el acceso a la justicia en asuntos trasnacionales (como la Directiva 2003/8/CE, de 27 de enero de 2003).

Por lo que se refiere, finalmente, a la Organización Internacional del Trabajo, cabe apuntar antes que nada que algunos de sus instrumentos, junto a su labor básica de orientación normativa, se han preocupado de imponer a los Estados nacionales de referencia la obligación de abrir cauces procesales apropiados para la tramitación y resolución de las pertinentes demandas o reclamaciones por parte de los trabajadores y, en su caso, de los empleadores. Un buen ejemplo de ello lo ofrece el Convenio núm.158

sobre terminación de la relación de trabajo (aprobado en 1982), cuyo artículo 8 obliga a los Estados que lo ratifiquen a plasmar dentro de su ordenamiento el derecho del trabajador que considere injustificada la terminación de su relación de trabajo "a recurrir contra la misma ante un organismo neutral, como un tribunal, un tribunal del trabajo, una junta de arbitraje o un árbitro". Otro ejemplo, más cercano a nuestro días, lo ofrece el Convenio núm.190 de 2019 sobre la violencia y el acoso, cuyo artículo 10 exige a "todo Miembro" que adopte medidas para "garantizar un fácil acceso a vías de recurso y reparación apropiadas y eficaces y a mecanismos y procedimientos de notificación y de solución de conflictos en los casos de violencia y acoso en el mundo del trabajo, que sean seguros, equitativos y eficaces", tales como "procedimientos de presentación de quejas e investigación y, si procede, mecanismos de solución de conflictos en el lugar de trabajo" o "mecanismos de solución de conflictos externos al lugar de trabajo", en su caso a través de "juzgados o tribunales". Punto y aparte –por su incomparable relevancia– merece la labor de prospección y orientación que desde hace algunos años viene realizando la OIT con vistas a mejorar las posibilidades de acceso a la "justicia laboral" por parte de todos quienes viven de su trabajo y, en particular, de los trabajadores migrantes.

En el contexto de esta labor especializada de la OIT, recordemos por último el paraguas protector que en última instancia ofrece la propia ONU. En primer término, mediante su Declaración Universal de Derechos Humanos de 10 de diciembre de 1948, que reconoce en su artículo 8 el derecho de toda persona "a un recurso efectivo ante los tribunales nacionales competentes, que la ampare contra actos que violen sus derechos fundamentales reconocidos por la constitución o por la ley". Adicionalmente, a través del Pacto Internacional de Derechos Civiles y Políticos aprobado en la propia ONU con fecha de 19 de diciembre de 1966 (y ratificado por España en 1977), cuyo artículo 14 declara que "todas las personas son iguales ante los tribunales y cortes de justicia" y que, dentro de esa primera toma de posición, precisa que toda persona tendrá derecho "a ser oída públicamente y con las debidas garantías por un tribunal competente, independiente e imparcial, establecido por la ley". Son, claro está, instrumentos a los que se ha sumado desde hace ya bastante tiempo el Estado español.

4. MARCO CONSTITUCIONAL Y ENTRAMADO LEGAL DE LA JURISDICCIÓN SOCIAL ESPAÑOLA

En los momentos actuales, la ordenación normativa de la jurisdicción social española tiene su primer soporte en la Constitución de 1978, que no habla específicamente de ella, pero sí –en general– de la jurisdicción y de la Administración de justicia, mediante un conjunto de previsiones y reglas que también son aplicables, como es natural, a ese orden jurisdiccional. Tres piezas normativas podemos encontrar en la CE acerca de la jurisdicción y la solución judicial de los conflictos y litigios: a) la proclamación del derecho a la tutela judicial efectiva (artículo 24 CE), que se enuncia concretamente como derecho "a obtener la tutela efectiva de los jueces y tribunales en el ejercicio de sus derechos e intereses legítimos, sin que, en ningún caso, pueda producirse indefensión", y, de manera más específica, como derecho "al Juez ordinario predeterminado por la ley, a la defensa y a la asistencia de letrado, a ser informados de la acusación formulada contra ellos, a un proceso público sin dilaciones indebidas y con todas las garantías, a utilizar los medios de prueba pertinentes para su defensa, a no declarar contra sí mismos, a no confesarse culpables y a la presunción de inocencia"; b) la fijación de los principios fundamentales del "Poder Judicial" (artículos 117 a 127 CE) y de las reglas básicas sobre el proceso, con la proclamación de la "unidad jurisdiccional" para todo el Estado y para todo orden de materias y con plasmación expresa de las pautas de publicidad y oralidad para los pertinentes trámites procesales, de la exigencia de motivación para las sentencias y de la previsión de justicia gratuita para quien carezca de medios para valerse por sí solo, y c) la asignación al Estado de competencias exclusivas sobre "Administración de

Justicia" y "legislación procesal", pero con la posibilidad de que las comunidades autónomas asuman ciertas funciones ejecutivas y de gobierno (art.149.1.5ª y 6ª CE). Los laboralistas debemos unir a todo ello, en cualquier caso, la consagración en la Constitución española del principio de autonomía colectiva (mediante el juego combinado de sus artículos 28.1 sobre libertad sindical, 37.1 sobre negociación colectiva y 37.2 sobre adopción de medidas conflicto colectivo), lo cual supone, a los efectos que ahora interesan, la exigencia de que junto a la jurisdicción del Estado se reconozca algún espacio de juego para los medios extrajudiciales de solución de conflictos diseñados e implantados por los protagonistas del sistema de relaciones laborales.

Un segundo estrato normativo en la configuración y regulación de la jurisdicción social está ocupado por las normas que con carácter general ordenan y estructuran el sistema jurisdiccional español a partir de las citadas previsiones constitucionales. El lugar más destacado dentro de ese conjunto de normas corresponde a la Ley Orgánica 6/1985 del Poder Judicial, que contiene básicamente los principios y rasgos generales de la jurisdicción ordinaria (ya sabemos que como contrapunto a la jurisdicción "constitucional"), diseña en primera instancia la planta de juzgados y tribunales de cada orden jurisdiccional con su respectivo ámbito de competencias, establece algunas reglas básicas de procedimiento (como los tiempos "hábiles" para el servicio público de justicia) y regula el estatuto jurídico del personal de la administración de justicia, incluidos jueces y magistrados. Junto a esa norma central, el sistema jurisdiccional español está ordenado asimismo por otras muchas normas de carácter eminentemente estructural, que son de aplicación general al conjunto de la jurisdicción ordinaria y que, por ello mismo, también se proyectan sobre el orden jurisdiccional social. Es el caso, señaladamente, de la Ley 38/1988 de 28 diciembre, sobre Demarcación y Planta Judicial, la Ley 1/1996, de 10 enero, de Asistencia Jurídica Gratuita, Ley 52/1997, de 27 noviembre, de Asistencia Jurídica al Estado e instituciones públicas, la Ley 50/1981, de 30 de diciembre, reguladora del Estatuto Orgánico del Ministerio Fiscal, la Ley Orgánica 2/1987, de 18 de mayo, de conflictos jurisdiccionales, la Ley Orgánica 5/2024, de 11 de noviembre, del derecho de defensa, o la Ley Orgánica 1/2025, de 2 de enero, de eficiencia del servicio público de justicia.

Sobre los soportes del texto constitucional, y dentro de ese abundante acervo de disposiciones legales de carácter general, se sitúa la regulación específica de la jurisdicción social, que actualmente se encuentra, como dijimos, en la Ley 36/2011, de 10 de octubre (LRJS), que mantiene prácticamente la estructura tradicional de las sucesivas leyes de procedimiento laboral que le precedieron en el tiempo. Al igual que ellas, consta de cuatro "libros" que van dedicados, respectiva y sucesivamente, a los aspectos generales de la jurisdicción y del proceso (dentro de los que figuran los principios clásicos de nuestro proceso laboral: concentración, inmediación, oralidad y celeridad), a la ordenación del proceso laboral ordinario y de las modalidades procesales, a la regulación de los "medios de impugnación" de las decisiones adoptadas en el seno del correspondiente órgano judicial, y, finalmente, a la ejecución en sede judicial de las resoluciones de juzgados y tribunales (o de los títulos ejecutivos asimilados a ellas a tales efectos, como los acuerdos de conciliación o los laudos arbitrales en materia laboral).

La LRJS contiene hoy en día una regulación extraordinariamente prolija y detallada de los aspectos orgánico y dinámico del orden jurisdiccional social, pero sigue sin ser autoosuficiente en esa tarea, algo que por lo demás es absolutamente comprensible. Por ello, sigue contando como norma supletoria con la regulación del proceso civil o "común" (la Ley de Enjuiciamiento Civil, cuyo texto vigente es del año 2000), labor ésta –la de supletoriedad– que en la actualidad realiza también, en el terreno que le es más propio (el de la intervención administrativa en las relaciones de trabajo), la regulación especializada del orden jurisdiccional contencioso-administrativo (Ley 29/1998, de 13 de julio), en ambos casos bajo la condición general de que sus reglas sean "compatibles" con los principios del orden jurisdiccional social.

Además de la cobertura normativa que se le presta a través de esta técnica de supletoriedad, que puede alcanzar en verdad un volumen muy apreciable, hay que tener en cuenta que la LRJS contiene muy frecuentes remisiones a lo dispuesto en muchas de esas disposiciones legales de contenido jurisdiccional o procesal que conforman su entorno normativo, principalmente a la LOPJ y a la propia LEC. También vale la pena precisar que cuando el conflicto laboral afecta a empresas declaradas en concurso puede entrar en escena la legislación concursal (Real Decreto Legislativo 1/2020, de 5 de mayo), que atribuye competencias nada desdeñables –como alternativa al juez de lo social– al correspondiente juez de lo mercantil.

En cualquier caso, la regulación de la jurisdicción social y de los procesos que se desarrollan en su seno proviene esencialmente de normas de rango legal. Es muy escasa la aportación de la norma reglamentaria, que ha de limitarse –y se limita de hecho– al desarrollo de algunos aspectos legales de carácter más bien secundario o meramente instrumental. Y son extremadamente limitadas, por otra parte, las posibilidades de intervención en este terreno de la autonomía privada, incluso en su dimensión colectiva (mediante la negociación colectiva). Los interesados –en el plano individual o en el plano colectivo— pueden resolver sus controversias mediante la transacción, y pueden pactar la creación de medios de naturaleza privada para la solución de sus disputas o la utilización de los ya existentes. Pero siempre tendrán que respetar el derecho de todos al acceso a los mecanismos de naturaleza judicial ("tutela judicial efectiva"), y nunca podrán variar ni mucho menos eludir las reglas legales –y en su caso reglamentarias– que ordenan la jurisdicción y el proceso. Esas normas tienen como regla general carácter imperativo y no disponible para la voluntad de las partes. Conforman un *ius cogens* que en muchos de sus pasajes suele catalogarse además como "orden público procesal", en el sentido de que son esenciales para el correcto desarrollo del proceso y de que los jueces y tribunales deben velar de oficio por su observancia.

Apuntemos también, para poner término a este epígrafe, que la doctrina elaborada por los tribunales "cúspide" con ocasión de la interpretación y aplicación de las normas (la jurisprudencia "ordinaria" del Tribunal Supremo, más la jurisprudencia "constitucional", la jurisprudencia "comunitaria" sobre materias relativas a la Unión Europea y la jurisprudencia "europea" sobre derechos humanos) también contribuye a la ordenación de la jurisdicción y el proceso, como complemento (o "depuración") de la ley. En el sistema español, la jurisprudencia procedente de nuestro Tribunal Constitucional ha proporcionado importantes criterios sobre la manera de comprender y aplicar las normas procesales y, más en concreto, sobre los requisitos de motivación, congruencia y razonabilidad en las sentencias y resoluciones judiciales y sobre la distribución de la carga de la prueba en los casos de violación de derechos fundamentales. Por su parte, la jurisprudencia ordinaria ha sido decisiva para acotar y precisar el ámbito de competencias propio de la jurisdicción social, para completar las reglas legales sobre determinadas modalidades procesales (como la de despido colectivo o la de tutela de derechos fundamentales), o para racionalizar la regulación de los recursos extraordinarios, especialmente el de casación para unificación de doctrina.

5. LA COMPETENCIA MATERIAL DEL ORDEN JURISDICCIONAL SOCIAL: LA "RAMA SOCIAL DEL DERECHO"

Siguiendo lo que ya constituye una arraigada tradición legal y jurisprudencial, el orden jurisdiccional social español tiene competencias en lo que se refiere a la "rama social del derecho". Se trata de una fórmula de síntesis que remite, básicamente, al ámbito material del Derecho del Trabajo y la Seguridad Social. Pero esta primera indicación requiere dos importantes precisiones. De un lado, una precisión de sentido expansivo, para poner de relieve que la jurisdicción social española también ha asumido competencias en algunos terrenos externos a esas dos grandes ramas del ordenamiento jurídico, tal vez porque son cuestiones que, aun estando al margen de ese campo de operaciones, también revisten una acusada dimensión "social" (como es el caso del trabajo de los socios de cooperativas o de ciertos trabajadores autónomos, o como lo es asimismo el difuso campo de la asistencia social). De otro lado, una precisión más bien restrictiva, con la que se quiere poner de relieve que algunos asuntos de contenido laboral, o pertenecientes al sistema de seguridad social, se han excluido del ámbito de competencias de la jurisdicción social, normalmente por la implicación de intereses de carácter más general (como es el caso de la revisión de las decisiones de la autoridad gubernativa de imposición de servicios mínimos en las huelga que afectan a servicios esenciales de la comunidad), o por la similitud con procedimientos administrativos de dimensión financiera (como ocurre con los asuntos ligados a los actos de encuadramiento (afiliación y alta) y a la gestión recaudatoria en el sistema de seguridad social).

En cualquier caso, la lista de asuntos o materias que son de competencia de la jurisdicción social es extraordinariamente amplia. Se ha ido enriqueciendo progresivamente con el paso del tiempo (unas veces por la acción directa del legislador y otras por obra de la jurisprudencia), y formalmente se refleja en una lista que expresamente se considera "abierta", en cuanto que el propio legislador ha previsto la posibilidad de ir procediendo en el futuro a su expansión. Dentro de ese extenso y variado acervo de competencias podemos identificar cinco grandes grupos de materias, esto es, cinco grandes clases de controversias o divergencias. Lógicamente, en el enunciado de estas competencias se refleja siempre la existencia de una disputa, pero también vale la pena poner de relieve que ese enfrentamiento no siempre adopta la misma morfología. En muchos casos es tratará de un conflicto en su sentido más puro (por ejemplo, entre trabajador y empresario a propósito de la cuantía salarial o del tiempo de vacaciones), pero en otros aparecerá más bien en forma de impugnación (de una decisión empresarial o de una decisión administrativa) o en forma de reclamación (por ejemplo, del titular de un determinado beneficio frente al encargado de satisfacerlo, como puede ser el caso de una indemnización por daños sufridos con ocasión de un accidente de trabajo). El puro conflicto, por otra parte, puede revestir en hipótesis alcance individual o dimensión colectiva, aunque en todo caso debería tratarse de conflictos jurídicos, pues no es competencia de la jurisdicción social española la solución de conflictos de intereses, ni siquiera en su faceta colectiva. También habrá de tratarse de conflictos reales y no potenciales (una *res dubia*), en tanto que no compete a los juzgados y tribunales –en el sistema español al menos— la respuesta a cuestiones meramente hipotéticas ni la emisión de informes o declaraciones sobre el sentido o alcance del derecho.

El primero de los grupos de competencias ya anunciados gira en torno al contrato de trabajo y a la relación individual de trabajo. Abarca todo lo relativo a las condiciones de empleo y de trabajo, y singularmente los pleitos referidos a prevención de riesgos laborales, accidentes de trabajo y derechos fundamentales. La referencia al contrato de trabajo da a entender que se trata en principio de pleitos entre trabajador y empresario, aunque la jurisprudencia admite la demanda de un trabajador frente a otro (como puede ser el caso de la reclamación interpuesta contra quienes ocupan cargos de responsabilidad por razones de acoso en el trabajo), y el legislador prevé en muchos casos la intervención de otros trabajadores como demandados en el pleito iniciado por uno de ellos (como sucede en las reclamaciones sobre ascenso). Por lo demás, no sólo son competencia del orden jurisdiccional social las cuestiones surgidas a propósito de la ejecución del contrato de trabajo, sino también las que pudieran plantearse en los estadios previos a la celebración del contrato (como el precontrato) y las que pudieran surgir tras su extinción (como el pacto de no competencia postcontractual), siempre que tengan relación con ese vínculo contractual. No importa ni la modalidad o clase de contrato de trabajo (indefinido, temporal, formativo, a tiempo parcial, de relevo, de grupo, a distancia, etc.), ni que se trate de una relación laboral común o de relaciones laborales de carácter especial (como la de altos directivos), ni la forma o naturaleza jurídica de la empresa (incluidas las Administraciones públicas, aunque no en lo que se refiere a los empleados públicos que tienen la condición de funcionario). También son competencia de la jurisdicción social las controversias que se promuevan entre trabajadores y empresarios como consecuencia del contrato de puesta a disposición celebrado entre empresas de trabajo temporal y empresas usuarias.

La segunda área de competencias de la jurisdicción social comprende litigios de dimensión o trascendencia colectiva. Ese efecto se puede producir sencillamente, o bien porque está en juego algún derecho laboral de alcance o ejercicio colectivo (como la huelga), o bien porque la controversia se suscita a propósito de la interpretación o aplicación de una previsión de alcance colectivo (como las cláusulas de un convenio colectivo). También se pueden referir estas demandas a la constitución o la actuación de las típicas representaciones colectivas de trabajadores o empresarios (particularmente de sindicatos y asociaciones empresariales), así como a la elección de representantes unitarios de los trabajadores en la empresa (como el comité de empresa o los delegados de personal, o los correspondientes órganos en las empresas multinacionales de dimensión europea). A ello pueden agregarse los pleitos que tengan por objeto la tutela de la Libertad sindical y, en general, de los derechos fundamentales de dimensión colectiva en el contexto de las relaciones de trabajo. En todo caso, debe tenerse en cuenta también aquí que esa clase de controversias se sigue excluyendo del radio de acción de la jurisdicción social cuando afectan a funcionarios y empleados públicos de régimen administrativo, bien es cierto que con algunos matices y significativas excepciones.

La tercera área de competencias comprende la materia de protección social. Como cualquier lector pudiera pensar, dentro de ese ámbito ocupa un lugar muy destacado el sistema de seguridad social, particularmente en lo que se refiere a su extenso cuadro de prestaciones (como las pensiones de incapacidad o jubilación, o las prestaciones de desempleo, por citar sólo algunos ejemplos).

Pero la competencia de la jurisdicción social también se extiende a materias conexas, adscritas a lo que comúnmente conocemos como "previsión social complementaria" (planes de pensiones, mutualidades, etc.) o de carácter directamente asistencial (terreno al que pertenecen todas aquellas ayudas públicas que tienen por objeto cubrir situaciones de exclusión social por falta de recursos u otras razones personales o familiares). En particular, comprende los pleitos surgidos de la aplicación del denominado "sistema de dependencia", que proporciona ayudas económicas o en especie a las personas que no pueden valerse por sí mismas. Se excluye del orden jurisdiccional social, no obstante, la problemática relativa a los regímenes de seguridad social de los funcionarios públicos, que tienen características especiales en su gestión y control jurisdiccional, a cargo de lo contencioso-administrativo.

La cuarta área de competencia de la jurisdicción social engloba una variada serie de pretensiones o reclamaciones que tienen por objeto la impugnación de actos o decisiones de las Administraciones públicas o de sus entidades y organismos. Se trata principalmente de la impugnación de resoluciones de la autoridad laboral en materia laboral y sindical que no estén atribuidas a otro orden jurisdiccional, con particular mención a ciertos actos de autorización de trabajos o actividades (como las propias de las empresas de trabajo temporal) o de imposición de sanciones de naturaleza administrativa (por ejemplo, por infracción de normas de seguridad y salud en el trabajo). También se incluye la exigencia de responsabilidad a entidades públicas al amparo, igualmente, de lo dispuesto en la legislación laboral, como es el caso de la solicitud de prestaciones al Fondo de Garantía Salarial en los supuestos legalmente previstos de insolvencia empresarial, o la reclamación de salarios de tramitación al Estado tras los juicios de despido. Se incluyen aquí, en fin, las reclamaciones que pudieran interponer los interesados frente a la actuación de los servicios públicos de empleo en sus labores de intermediación laboral.

La quinta área de competencias, finalmente, puede quedar conformada con aquellos asuntos relativos a trabajo no asalariado atribuidos al orden social de la jurisdicción, es decir, que son a la postre asuntos que se suscitan a propósito de la interpretación o aplicación de disposiciones legales no laborales. Son dos clases de cuestiones, en definitiva. Por un lado, los litigios entre cooperativas de trabajo asociado y sus socios trabajadores siempre que se refieran a la prestación de trabajo y no a cuestiones puramente societarias, lo cual excluye, por ejemplo, los pleitos sobre reembolso de aportaciones económicas a la cooperativa en concepto de socio. Por otro lado, los pleitos relativos al "régimen profesional" de los trabajadores autónomos económicamente dependientes con su empresa cliente, tanto en su vertiente individual como en su vertiente colectiva, así como las reclamaciones de responsabilidad por parte de esos trabajadores por daños sufridos en el trabajo. Se trata de los conflictos que puedan tener esos trabajadores autónomos con su "cliente" a propósito de las condiciones de trabajo y los derechos legalmente reconocidos en su favor (incluido el derecho a la prevención de riesgos en el trabajo), así como de las controversias que puedan surgir de la actividad colectiva de dichos trabajadores, como las relativas a la negociación y aplicación de sus particulares acuerdos colectivos, conocidos entre nosotros como "acuerdos de interés profesional" (similares a los convenios colectivos pero no del todo equivalentes).

Aunque hay una coincidencia básica entre la materia social y el ámbito de competencias de la jurisdicción social, también es cierto que, por unos u otros motivos (entre los que también juega la tradición), algunas cuestiones de índole social están adscritas a otros órdenes jurisdiccionales, unas veces al orden jurisdiccional contencioso-administrativo, que siempre ha mantenido una cierta "tensión" con el orden social en la delimitación de sus competencias (sencillamente, por la frecuente intervención de la Administración pública en las relaciones de trabajo), y otras veces al orden civil o común, dentro del cual ocupa una posición muy singular el "juez de lo mercantil", competente cuando el deudor (empresario) es objeto de una declaración de concurso. Lo cierto es que se excluye del orden jurisdiccional social, concretamente, la impugnación de disposiciones generales de rango inferior a la ley (aunque sean de contenido laboral o social), la exigencia de responsabilidad patrimonial de las Administraciones públicas (aunque sea a consecuencia de cuestiones laborales o de protección social), la impugnación de las disposiciones que establezcan las garantías tendentes a asegurar el mantenimiento de los servicios esenciales de la comunidad en caso de huelga, la impugnación de los actos administrativos en materia de Seguridad Social relativos a encuadramiento o cotización, las cuestiones litigiosas en materia de prevención de riesgos laborales que se susciten entre el empresario y los obligados a coordinar con éste las actividades preventivas de riesgos laborales, y las pretensiones cuyo conocimiento esté reservado legalmente al juez (mercantil) competente en caso de declaración de una empresa en concurso. También se excluyen, como hemos dejado ver, todas las cuestiones relativas a funcionarios públicos, de índole individual o de dimensión colectiva, salvo cuando la ley dispone expresamente otra cosa (como hace, por ejemplo, a propósito de la exigencia de cumplimiento por parte de la Administración empleadora de las pertinentes medidas de seguridad y salud en el trabajo).

6. PLANTA Y DEMARCACIÓN FUNCIONAL Y TERRITORIAL DE LA JURISDICCIÓN SOCIAL ESPAÑOLA

En la trayectoria histórica de la jurisdicción social española pueden distinguirse tres grandes etapas en lo que se refiere a su configuración orgánica y funcional. En una primera fase (1908 a 1939), las tareas jurisdiccionales en materia social fueron encargadas a los tribunales industriales, que estuvieron acompañados prácticamente desde sus inicios por órganos de composición paritaria integrados por representantes de obreros y patronos (los "comités paritarios" primeramente y los "jurados mixtos" con posterioridad), y que contaron desde 1931 con una cúspide especializada dentro del Tribunal Supremo (la Sala de Cuestiones Sociales). En una segunda fase (1939 a 1989), la función jurisdiccional en este terreno fue desarrollada por magistraturas de trabajo en instancia y por el Tribunal Central de Trabajo en vía de recurso (suplicación), que de esa manera se unía a la referida cúspide del Tribunal Supremo (cuyas posibilidades de intervención, por cierto, quedaron a raíz de ello limitadas a unos cuantos asuntos considerados de especial relevancia). La última remodelación de la jurisdicción social tuvo lugar con la nueva organización del Poder Judicial tras la Constitución de 1978, y fue implantada efectivamente a partir de la ya mencionada Ley de Bases de 1989 y del texto articulado de procedimiento laboral aprobado en 1990, que supusieron la supresión de los órganos precedentes y la entrada en escena de juzgados de lo social (JS) para el primer nivel jurisdiccional, de salas de lo social dentro de los Tribunales Superiores de Justicia (TSJ) para el siguiente escalón, de una sala de lo social en la Audiencia Nacional (AN) para conocer en instancia de asuntos de dimensión nacional, y de la tradicional sala de lo social en el Tribunal Supremo (TS) en su nivel más alto.

Como dijimos en su momento, esta organización jurisdiccional sigue respondiendo al principio de "instancia única y doble grado", que ha estado presente en la jurisdicción social española prácticamente sin interrupción a lo largo de su historia, y que ha sido expresamente asumido por el legislador y reiteradamente recordado por la jurisprudencia. Tal principio significa que el proceso que se desarrolla en la jurisdicción social no admite recurso de apelación (típico de la doble instancia), aunque sí cabe la posibilidad de interponer, por motivos tasados, recurso extraordinario (suplicación y casación) frente a las decisiones tomadas en instancia. Una segunda consecuencia, derivada de la anterior, es que los asuntos tan sólo se juzgan una vez de forma global o completa, lo cual no impide que a través de esos recursos extraordinarios puedan ser revisados algunos aspectos del proceso (como la declaración de hechos probados, la aplicación de las normas sustantivas o procesales implicadas en el caso o la observancia de la jurisprudencia en la materia, básicamente). La última consecuencia, ya en un terreno más concreto, es que algunos aspectos del litigio (como la valoración de la prueba en toda su amplitud, la cuantificación de las indemnizaciones o la aceptación de determinados instrumentos de regulación) competen esencialmente al órgano judicial de instancia, cuyas conclusiones sólo pueden ser objeto de revisión, a través de recurso extraordinario, en caso de error evidente debidamente probado.

En ese contexto, conviene tener en cuenta que el juicio de instancia (lo que llamamos "instancia única") no corresponde tan sólo a los órganos judiciales del primer escalón jurisdiccional (los JS). Como base de esta peculiar organización judicial, los JS siempre juzgan en instancia, pero también pueden intervenir con ese carácter, bien es verdad que en un número más limitado de asuntos, las salas de lo social de los TSJ, la sala de lo social de la AN e incluso la sala de lo social del TS. Por otra parte, el segundo grado jurisdiccional corresponde en principio a las salas de lo social de los TSJ, para entender de los recursos que se pueden interponer frente a las decisiones de los JS (los recursos de "suplicación"). Pero también puede corresponder al propio TS, precisamente por esa variedad de opciones en la instancia. Al TS corresponde, concretamente, el conocimiento de los recursos de casación que se pueden interponer frente a sentencias dictadas en instancia por las salas de lo social de los TSJ o la sala de lo social de la AN. Hay que precisar, por lo demás, que a veces no sólo hay doble grado, sino también triple grado, pues, siempre que se den las condiciones legalmente previstas para ello, las sentencias dictadas en doble grado (a partir de un recurso de "suplicación") pueden ser recurridas ante el Tribunal Supremo a través de un recurso de casación especial y más moderno, denominado casación para unificación de doctrina.

Como se ve, el organigrama de nuestro orden jurisdiccional social responde a criterios lógicos y razonables, pero no está exento de complejidad. Desde el punto de vista jerárquico, la jurisdicción social se organiza en tres niveles (con el singularísimo añadido de la AN) que en principio actúan en escalas bifásicas (una primera fase de los JS a los TSJ, y una segunda fase de los TSJ, o de la AN, al TS), pero que también pueden relacionarse en escala trifásica (de los JS a los TSJ y de éstos al TS). Desde el punto de vista funcional, y como ya adelantamos, dentro del orden jurisdiccional social el conocimiento de los pleitos en instancia se atribuye tanto a los JS como al resto de órganos judiciales, bien es verdad que de manera cada vez más limitada según se asciende en el reseñado organigrama judicial. Por lo que se refiere a la delimitación de sus competencias desde la perspectiva geográfica, hay que decir que la jurisdicción social utiliza distintas demarcaciones territoriales, desde la provincia para los JS (que no obstante pueden ver limitada su jurisdicción a demarcaciones más reducidas, justamente cuando se ubican en distintas ciudades dentro de la misma provincia), hasta la comunidad autónoma para las salas de lo social de los TSJ (un territorio que se fragmenta en circunscripciones más reducidas cuando las respectivas salas de lo social se ubican en diferentes capitales de provincia dentro de la misma comunidad autónoma).

Los juzgados de lo social (JS) vinieron a ocupar el lugar que en el sistema precedente tuvieron las magistraturas de trabajo. Como éstas, constituyen el escalón inicial de la jurisdicción social, y actúan siempre en instancia (o, más exactamente, en primer grado). Y al igual que ellas, tienen su sede en principio en la capital de cada provincia (donde pueden funcionar uno o varios juzgados de lo social), aunque también pueden establecerse en poblaciones distintas de la capital de provincia cuando las circunstancias (por ejemplo, el grado de litigiosidad laboral) así lo aconsejen, en cuyo caso el ámbito jurisdiccional provincial ha de repartirse entre los juzgados existentes. Los JS conocen en primera o única instancia de los procesos sobre materias propias del orden jurisdiccional social que no estén atribuidos para su conocimiento en instancia a otros órganos del mismo. La competencia territorial de los JS se decide conforme a las correspondientes previsiones legales (en las que se distinguen muy numerosos supuestos), sin posibilidad de que se celebren al respecto "pactos de sumisión expresa" (aunque se admite jurisprudencialmente la sumisión tácita o consentida por las partes). Según las previsiones legales puestas en vigor a partir del año 2025, está prevista la conversión de los JS en "secciones de lo social" dentro de "tribunales de instancia" comprensivos de los diferentes órdenes (civil, penal, contencioso-administrativo y social) de la jurisdicción ordinaria, esto es, de la jurisdicción gobernada por el Poder Judicial.

En el escalón siguiente de la jurisdicción social se encuentran las salas de lo social de los TSJ, que culminan la organización judicial en la comunidad autónoma respectiva, sin perjuicio de la supremacía del TS. En principio, cada TSJ consta de una sala de lo social, con sede en la correspondiente capital autonómica, pero está prevista legalmente la posibilidad de creación de dos o más salas en una misma comunidad, situadas en distinta población y con jurisdicción limitada a una o varias provincias, como sucede en los TSJ de Andalucía (Sevilla, Granada y Málaga), Canarias (Las Palmas y Santa Cruz de Tenerife) y Castilla y León (Burgos y Valladolid). Las salas de lo social de los TSJ conocen o bien en única instancia (generalmente, en asuntos de dimensión colectiva que afecten a intereses de los trabajadores y empresarios en ámbito superior al de un JS y no superior al de la comunidad autónoma), o bien a partir de los recursos (de suplicación) que pueden interponerse contra resoluciones de los JS (o de los juzgados de lo mercantil en materia laboral) ubicados en la comunidad autónoma correspondiente. La competencia territorial de estas salas de lo social de los TSJ se ciñe al correspondiente ámbito autonómico, pero pueden plantearse cuestiones de competencia entre diversos TSJ, puesto que los asuntos de que conocen no siempre limitan su proyección al territorio de uno de ellos, o, por decirlo mejor, no siempre hay ajuste exacto entre la proyección del litigio y las demarcaciones jurisdiccionales marcadas por el legislador.

La Sala de lo Social de la Audiencia Nacional, con sede en la capital del Estado, tiene jurisdicción en toda España y, en consecuencia, puede conocer y resolver aquellos litigios y conflictos que afecten a todo el territorio nacional o a un ámbito superior al autonómico. Interviene siempre en instancia, en los asuntos de índole colectiva (como la interpretación o la impugnación de convenios colectivos) que tienen proyección, o bien en la totalidad del territorio nacional, o bien en ámbitos territoriales que desbordan la demarcación propia de los TSJ, al afectar al espacio de más de una comunidad autónoma. De alguna manera, la AN es sucesora del antiguo TCT, pero con la gran diferencia de que no conoce en vía de recurso, sino únicamente en instancia.

El TS, con sede en Madrid como capital del Estado, es el órgano jurisdiccional superior en todos los órdenes, salvo lo dispuesto en materia de garantías constitucionales. Tiene jurisdicción en toda España y utiliza en exclusiva el título de "supremo", que ningún otro órgano judicial podrá tener en ese contexto. Se compone de cinco salas, entre ellas la Sala Cuarta o Sala de lo Social, a la que compete sobre todo el conocimiento de los recursos extraordinarios de casación (la casación clásica u "ordinaria") y de casación para unificación de doctrina (implantada en 1989 en vista de la dispersión que en la interpretación y aplicación de la ley podía provocar la existencia de 17 TSJ). También conoce la Sala de lo Social del TS de las demandas extraordinarias de "revisión" y de "error judicial" en materias propias del orden social, y en algunos asuntos muy concretos puede conocer asimismo "en instancia" (gran novedad de la legislación actual). Esta novedosa competencia del TS está de momento limitada a los procesos de impugnación de ciertos actos dictados por el Consejo de Ministros en materia laboral o social (esencialmente, las decisiones de imposición de sanciones por incumplimiento de la legislación laboral y de seguridad social que por su especial alcance cuantitativo se han asignado directamente al titular del Poder Ejecutivo).

7. RASGOS ESTRUCTURALES Y PRINCIPIOS INFORMADORES DE LA JURISDICCIÓN SOCIAL ESPAÑOLA

El fin esencial y prioritario de la jurisdicción social es la satisfacción, dentro del ámbito laboral y de la protección social, del derecho a la tutela judicial efectiva consagrado en favor de los ciudadanos tanto en la Constitución española como en diversos instrumentos internacionales ratificados por España. Del artículo

24 de nuestra Constitución, de la jurisprudencia elaborada a tal efecto por el Tribunal Constitucional español y de las aportaciones que a tal efecto van haciendo las pertinentes jurisdicciones de ámbito supranacional (como la jurisdicción europea o la jurisdicción comunitaria), se desprende que ese derecho a la tutela judicial efectiva comprende cuando menos el derecho de acceso a la jurisdicción, el derecho a la defensa dentro del proceso, el derecho a una resolución judicial motivada, el derecho a la interposición de los recursos previstos por la ley y el derecho a la ejecución de las decisiones judiciales que no sean cumplidas voluntariamente por los afectados. El derecho a la tutela judicial efectiva tiene, por otra parte, un inevitable carácter dinámico y progresivo, lo cual significa, entre otras cosas, que su contenido se va haciendo o identificando progresivamente, a la vista de las necesidades de tutela y conforme evoluciona la realidad social. Del derecho a la tutela judicial efectiva ha derivado, por ejemplo, el "derecho a la indemnidad", que supone el derecho a no sufrir represalias por el solo hecho de acudir a los juzgados y tribunales con la pretensión de tutela de los correspondientes derechos o intereses legítimos, o, simplemente, por el hecho de buscar su satisfacción a través de los cauces de observancia y cumplimiento de la ley dispuestos por el sistema (por ejemplo, mediante la denuncia ante la Inspección de Trabajo de incumplimientos empresariales de las normas laborales o de protección social).

El proceso que se desarrolla en el seno de la jurisdicción social tiene sus raíces en el proceso civil o "común", y participa en esencia de sus criterios básicos de configuración. Es un proceso que se rige, para decirlo más claro, por el principio dispositivo o de justicia rogada, de modo que son los interesados los que como regla general deciden sobre su puesta en marcha y su continuidad, sin perjuicio de la legitimación que en determinado tipo de asuntos se concede a la autoridad laboral o al Ministerio Fiscal para su activación o su impulso. De todos modos, no debe olvidarse que la creación de una jurisdicción social especializada se explica en buena medida por el propósito del legislador de contribuir, en el terreno de los contenciosos, al cumplimiento efectivo de los fines de tutela y compensación típicos de la legislación laboral y social. Las leyes reguladoras de la jurisdicción social y del procedimiento laboral han tratado, en efecto, no sólo de facilitar el acceso a la justicia de quienes, por vivir de su trabajo o por verse inmersos en situaciones de necesidad, habrían tenido dificultades serias de tutela judicial a través de los procesos civiles o comunes, sino también de compensar su posición subordinada o más vulnerable mediante una tutela judicial más asequible, rápida y eficaz. De ahí que el proceso social haya ido adquiriendo unos rasgos muy característicos, que en buena medida han venido actuando como elementos diferenciadores respecto de lo que sucede en la jurisdicción civil u ordinaria. Entre ellos cabe mencionar la reducción de costes para trabajadores y beneficiarios de seguridad social, el aligeramiento de plazos, trámites y exigencias formales, la intervención de sindicatos u otras representaciones colectivas de los trabajadores, o el refuerzo de las facultades del juez como garante institucional de los derechos laborales y de seguridad social.

La reducción de costes del proceso laboral respecto del proceso civil se deriva en primer término de la posibilidad de que en la jurisdicción social los interesados pueden actuar directa y personalmente, sin necesidad de representación ni de defensa a cargo de profesionales del Derecho, posibilidad que desde luego se mantiene en la actualidad, con la salvedad de la fase de recurso. Es seguramente la medida más patente de ahorro de costes, pero tal vez no sea una previsión completamente efectiva, puesto que en la actualidad es verdaderamente difícil afrontar un pleito judicial sin esa clase de asistencia jurídica. Por ello, puede que sea más importante, al menos desde la perspectiva de atenuación de los costes económicos, la concesión automática a los trabajadores y a los solicitantes de prestaciones de seguridad social del "beneficio de justicia gratuita" (*rectius*, de "asistencia jurídica gratuita"), sin necesidad de que acrediten insuficiencia de recursos, a diferencia de la regla general en esa materia. El beneficio de justicia gratuita supone la concesión a sus titulares de asesoramiento y orientación con vistas al posible inicio de un proceso, así como asistencia jurídica y representación por abogado y procurador durante los correspondientes trámites procesales. Además, encierra una amplia serie de ventajas de contenido o trasfondo patrimonial, como la exención de cauciones, fianzas, depósitos, consignaciones o cualquier otro tipo de garantía financiera para la promoción o intervención en los procesos, y excluye asimismo la posibilidad de condena en costas.

De ese beneficio disfrutan también las representaciones colectivas de los trabajadores, y particularmente los sindicatos. Un rasgo característico del proceso laboral es, por cierto, el protagonismo de las organizaciones sindicales, que en el fondo se debe también al ya mencionado designio de proporcionar a los trabajadores las mejores condiciones posibles para su acceso a la jurisdicción. De cualquier modo, la legislación procesal vigente tiene en cuenta tanto el apoyo que el sindicato puede prestar al trabajador en sede judicial, como la posible existencia de intereses propios de la organización sindical. De ahí que la intervención de los sindicatos en el proceso pueda presentar distintas facetas. Con carácter general, tienen legitimación para la defensa de los intereses que les son propios, ya sean intereses estrictamente ligados a la propia actividad sindical, ya sean intereses colectivos de los trabajadores de los que el sindicato se hace portador y portavoz. Pero el sindicato también puede actuar en el proceso en nombre e interés directo de sus afiliados (siempre que cuente con su autorización, que puede ser implícita), y puede intervenir como coadyuvante del trabajador para apoyar sus pretensiones (especialmente en asuntos ligados a la libertad sindical). Las asociaciones empresariales, por su parte, tienen legitimación para actuar en el proceso en defensa de los intereses económicos y sociales que les son propios.

Por lo demás, el principio dispositivo característico de los procesos propios de la jurisdicción social no ha sido obstáculo para que el legislador haya atribuido tradicionalmente al juez de lo social facultades tendentes no sólo a la búsqueda de la verdad material, sino también a la debida tutela de los derechos e intereses legítimos implicados en el proceso. Aunque no se diga de forma expresa, no es difícil llegar a la conclusión de que ese tipo de iniciativas del titular del órgano judicial puede servir para atender especialmente a los trabajadores, por su habitual condición de parte más débil en la relación laboral. De cualquier modo, ese papel más activo del juez en el proceso social se deja notar cuando menos en la fase de admisión de la demanda (a propósito de determinadas diligencias de preparación, anticipación o aseguramiento de la prueba), y en la fase de práctica de pruebas (en la que el juez puede acordar, por ejemplo, la continuación de la prueba aun tras la renuncia del proponente, puede hacer las preguntas que estime necesarias para el esclarecimiento de los hechos, o puede pedir a las partes nuevas informaciones y explicaciones si no se considerara suficientemente ilustrado). También puede aflorar una vez terminado el juicio con vistas al mejor conocimiento de los hechos y a la consiguiente preparación del fallo, pues en ese momento el juez tiene la posibilidad de acordar la práctica de "diligencias finales" para completar su información y despejar eventuales puntos de oscuridad.

Alguna relación con todo ello guardan los denominados "principios del proceso", que tienen raíces tanto normativas como jurisprudenciales y que a la postre reflejan muchos de los caracteres con los que la jurisdicción laboral ha querido distinguirse de la jurisdicción civil y común (aunque también es verdad que, poco a poco y de forma más bien discreta, esos mismos principios se han ido introduciendo en el conjunto de la jurisdicción ordinaria). Consagrados de forma expresa en el artículo 74 de la LRJS, son los archiconocidos principios de inmediación, oralidad, concentración y celeridad, que por disposición del legislador deben servir de guía para la interpretación y aplicación de las correspondientes normas procesales (con independencia de que, en buena lógica, también debieran valer para informar y orientar la propia acción legislativa). Su contenido no está definido directamente por el legislador, pero podríamos decir que la inmediación quiere favorecer la intervención directa del juez en el desarrollo del proceso y particularmente en la práctica de prueba; que la oralidad trata de facilitar el acceso a los juzgados de quienes carecen de mayor formación; que la concentración persigue la máxima proximidad entre los distintos actos procesales (la llamada "unidad de acto"), y que la celeridad conduce a la simplificación de trámites y el aligeramiento de plazos, con el fin de que se pueda obtener una rápida respuesta judicial.

Si bien se mira, son principios que, de nuevo, tratan de atender en especial a quienes se suponen más débiles o vulnerables no sólo en el interior del proceso, sino en el mismo momento de acceso a la jurisdicción. Se trata ante todo de atenuar o eliminar las dificultades y complicaciones que pudieran derivar de las clásicas exigencias de forma escrita, y de evitar en su caso las dilaciones que pudieran entorpecer la satisfacción de intereses que a veces son vitales para el afectado (como el cobro efectivo del salario o el devengo de una pensión). La idea primigenia no era otra, en suma, que hacer más sencillo un proceso pensado en esencia para personas sencillas. Hoy en día las cosas son seguramente mucho más relativas y hasta vidriosas, empezando por la considerable elevación del nivel de vida (y de las condiciones de vida en general) de la población trabajadora. Del beneficio de justicia gratuita disfrutan en ocasiones demandantes con altos niveles de ingresos, por ejemplo. En cualquier caso, no puede decirse que rija en la jurisdicción española el voluntarista principio *pro operario*, ni siquiera el de *in dubio pro operario*. El juez de lo social ha de enjuiciar y resolver el asunto conforme a lo dispuesto por el sistema normativo (o regulador) de referencia, a la vista de los hechos probados y de las pruebas válidamente obtenidas y practicadas. Naturalmente, tampoco puede decidir por meras razones de "equidad" (que tan sólo puede utilizarse como criterio de ponderación de las normas, salvo que la ley permita otra cosa), ni puede resolver conforme a su propio arbitrio (excepto en los casos permitidos expresamente por la ley), ni siquiera por un supuesto afán de buscar la justicia material.

8. LAS CONDICIONES BÁSICAS DE ACTIVACIÓN Y ORDENACIÓN DEL PROCESO EN EL ORDEN JURISDICCIONAL SOCIAL

Eso quiere decir, de alguna manera, que el orden jurisdiccional social español es "aséptico" o "neutral" respecto de la intervención procesal de las partes y de la solución de los litigios. Contiene, desde luego, muchas previsiones de apoyo al débil, según hemos tratado de reflejar en el epígrafe inmediatamente anterior. Pero el diseño del proceso responde a criterios que podríamos calificar como "objetivos" o "imparciales", objetividad e imparcialidad que, por supuesto, son atributos indeclinables de jueces y magistrados. Los procesos se asientan sobre el derecho a la tutela judicial efectiva, pero es tutela para todos los ciudadanos potencial o realmente implicados en un pleito, en uno u otro lado. Dentro de ese soporte básico, también se construyen alrededor del derecho de defensa, pero, de nuevo, un derecho a la no indefensión aplicable a una y otra parte del proceso. Todos los afectados, por lo demás, gozan de los correspondientes derechos de intervención, de información y notificación, de motivación de las resoluciones, de impugnación de las mismas o de ejecución en su caso. Es verdad que el más acuciado por la intervención de la justicia será normalmente el trabajador o el potencial beneficiario de prestaciones sociales (para reclamar lo que le corresponda o para oponerse a lo que le cause lesión o perjuicio), y que el itinerario procesal está diseñado en términos generales conforme a esa perspectiva. La acción judicial, a veces, sólo puede ser ejercida desde esa posición, porque materialmente no puede ser de otra manera (como ocurre en el despido) o porque el legislador lo ha decidido así (como sucede en la tutela de derechos fundamentales). Pero una vez activado, el proceso mantiene la sacrosanta regla de "igualdad de armas", sin posibilidad de sesgos o inclinaciones unilaterales.

El lector ya habrá adivinado que los procesos que se desarrollan en el orden jurisdiccional social español pueden entablarse entre sujetos o instancias de muy diversa condición y naturaleza. La hipótesis más previsible es que el pleito sea iniciado por el trabajador contra el empleador, pero las situaciones pueden ser en verdad muy variadas. Entre otras razones, porque no solamente pueden intervenir en estos procesos trabajadores y empresarios, sino también representaciones colectivas de unos y otros, Administraciones públicas competentes en materia laboral o de seguridad social, entidades de previsión social o de prevención de riesgos laborales o, eventualmente, organizaciones sociales y políticas. Para la intervención en el proceso han de acreditarse, lógicamente, los requisitos generales de capacidad procesal y legitimación, pero en el orden jurisdiccional social tales requisitos están enunciados con bastante amplitud y notable grado de flexibilidad (lo cual, dicho sea de paso, beneficia a veces al trabajador demandante). Gozan de capacidad procesal las personas físicas que se encuentren en el ejercicio pleno de sus derechos (incluidas, por el lado del trabajador, las que hayan cumplido la edad hábil para trabajar), las personas jurídicas de cualquier índole, determinadas instancias que carecen de personalidad jurídica (como los comités de empresa o las secciones sindicales), y los entes sin personalidad que ocupen la posición de empleador (incluidos los grupos de empresas). Todos esos sujetos tienen legitimación procesal, como es de rigor, cuando sean titulares de derechos o intereses legítimos implicados en una disputa o controversia, con la importante precisión de que se parte como regla general de que las representaciones colectivas de los trabajadores pueden asumir la defensa del interés colectivo del grupo correspondiente. En particular, se concede legitimación para velar por el derecho a la no discriminación por razón de sexo o causas afines no sólo a organizaciones sindicales y empresariales, sino también a los partidos políticos, a las organizaciones de consumidores y usuarios y a las asociaciones de los grupos sociales afectados. Una regla similar de legitimación juega para la defensa de "intereses difusos" que puedan afectar a una pluralidad de personas indeterminada o de difícil determinación (cosa que puede darse en potencia en relación con grupos de trabajadores).

Naturalmente, las acciones encaminadas a poner en marcha el proceso han de ejercitarse dentro de plazo, pues como regla general prescriben por el lapso del tiempo. El sistema español distingue entre plazos de prescripción (que son más flexibles y suelen reflejar intereses de parte), y plazos de caducidad (que suelen ser más cortos y rigurosos, y que por responder al interés general pueden ser apreciados de oficio por el órgano judicial competente). La concreta configuración de los plazos varía mucho en función de la clase de acción o de disputa, pero desde una perspectiva global podría decirse que en el orden jurisdiccional social operan dos grandes tipos de plazos atendiendo a su duración: los plazos de duración anual, que son de prescripción y muchas veces actúan con carácter residual o supletorio (para cuando no existe otro plazo más preciso), y los plazos de veinte días, que suelen ser de caducidad y que son típicos de las acciones que tienen por objeto la reacción del trabajador frente a una decisión empresarial de incidencia directa en la trayectoria o la vida de la relación de trabajo (como es el caso del despido). Los plazos largos suelen admitir interrupción por factores de diversa naturaleza (como una reclamación extrajudicial), de modo que empiezan a computarse de nuevo cuando se supera o desaparece tal circunstancia. En cambio, los plazos cortos sólo suelen admitir la suspensión en su cómputo, lo cual significa que una vez desaparecido el motivo de la paralización se reinicia el cómputo del plazo desde el día en que dejara de hacerse. Las acciones dirigidas a la tutela de derechos fundamentales son imprescriptibles, pero no lo son las que persigan una reparación de los daños producidos por la violación de alguno de esos derechos. También son imprescriptibles las acciones dirigidas al reconocimiento de determinadas prestaciones de seguridad social, pero la fecha de ejercicio de las mismas puede influir en el momento de devengo de la correspondiente prestación.

En los procesos propios de la jurisdicción social española juega como regla general la necesidad de solventar con carácter previo la controversia a través de vías extrajudiciales. En principio, quien pretenda acudir a los juzgados y tribunales debe intentar la solución del litigio a través de los mecanismos de conciliación, mediación o arbitraje, ya sea utilizando los servicios públicos existentes a tal efecto, ya sea acudiendo a los servicios de esta clase creados a través de la negociación colectiva. Cuando se pretenda demandar a organismos públicos, ese trámite previo a la demanda es sustituido por la necesidad de agotar la vía administrativa previa que corresponda al asunto de referencia, o, si se pretendiera demandar a la seguridad social, de interponer reclamación administrativa previa ante la correspondiente entidad gestora o colaboradora de dicho sistema de protección social. Son muchos los casos, no obstante, en los que no operan estas exigencias de "evitación del proceso", normalmente por la premura del asunto o la inmediatez de sus efectos (como sucede cuando se busca tutela para los derechos fundamentales). La necesidad de cumplimentar trámites previos para poder acceder a los medios judiciales puede suponer naturalmente cierta dilación en el acceso a la justicia, pero la jurisprudencia constitucional española sostiene que esa circunstancia se justifica por razones de economía procesal y por ello mismo resulta compatible con el derecho a la tutela judicial efectiva, siempre que no se posponga excesivamente la posibilidad de acudir a los órganos judiciales competentes. Los trámites, por cierto, han de efectuarse dentro del plazo de ejercicio de la acción correspondiente, plazo que en tal caso se interrumpe o se suspende.

El proceso laboral propiamente dicho comienza con la demanda, que ha de presentarse igualmente dentro de plazo (en su caso, dentro del plazo que reste de la actuación anterior o del plazo que se abra a partir de la actuación anterior), y que sólo será viable cuando, siendo exigibles, se cumplimenten los trámites previos aludidos. Como regla general, la demanda para el proceso laboral no es especialmente exigente desde el punto de vista de su forma y contenido, pero en todo caso quien pretenda demandar (y pensemos que generalmente es un trabajador) cuenta con cierto apoyo legal para la preparación del correspondiente documento. A tales fines, y si lo estimara necesario, puede solicitar al órgano judicial competente ciertas actuaciones encaminadas a la correcta preparación de la demanda o a la efectiva viabilidad del proceso. Puede pedir, por ejemplo, la determinación del sujeto empresarial al que deba dirigirse la demanda en el caso de entidades sin personalidad jurídica o de grupos de empresa, la identificación de posibles responsables para la indemnización de los daños producidos, o el examen de libros, cuentas u otros documentos que se entiendan imprescindibles, entre otras posibles diligencias y averiguaciones. Quien pretenda demandar también puede solicitar al órgano judicial la práctica anticipada de algún medio de prueba cuando exista temor fundado de que, por causa de las personas o del estado de las cosas, dichos actos no pudieran realizarse después, o de que su realización en otro momento pudiera presentar graves dificultades (como el examen de testigos de edad avanzada).

La demanda en todo caso se ha de presentar por escrito (pese al mentado principio de "oralidad"), mediante documento que no necesariamente tiene que responder a un formulario predeterminado pero en el que en todo caso debe consignarse el órgano al que se dirige, el cauce procesal que haya de seguirse, la identificación de demandante y demandado, la designación en su caso de letrado para la defensa o de procurador para la representación (con el fin de que la otra parte pueda hacer lo propio si así lo deseara), la enumeración clara y concreta de los hechos sobre los que verse la pretensión, y la súplica o solicitud que se hace al órgano judicial. Para facilitar su redacción y, a la postre, para hacer más factible el acceso a la justicia de los interesados (que pueden acudir directamente al juez y que no tienen por qué ser entendidos en la materia), no se exige al demandante que aduzca o consigne fundamentos jurídicos, aunque obviamente pueden incorporarse.

Es previsible que la demanda dé cobijo a una única acción y una sola pretensión, pero, como regla general, el actor puede acumular en su demanda cuantas acciones le competan contra el demandado, aunque procedan de diferentes títulos, siempre que puedan tramitarse ante el mismo órgano judicial. También se admite la acumulación de acciones que se ejerciten simultáneamente por uno o varios actores contra uno o varios demandados, siempre que entre ellas exista "un nexo por razón del título o causa de pedir". Lo mismo que cabe que una sola demanda sea presentada de modo conjunto por varios actores, en un solo escrito o en varios escritos (regla que, al igual que las que acabamos de mencionar, pueden facilitar el acceso a la justicia por parte de los habituales demandantes, es decir, de los trabajadores). No obstante, no se admite acumulación en cierto tipo de acciones, normalmente porque han de tramitarse a través de modalidades procesales diferentes, o porque se trata de pretensiones que han de resolverse con mayor rapidez. La acumulación puede efectuarse en la misma demanda o después de presentada la demanda, antes en todo caso de la celebración de los actos de conciliación y de juicio. Como es fácil de colegir, el principal efecto de la acumulación es la discusión y resolución conjunta de todos los asuntos acumulados, mediante una misma resolución. Por sus ventajas de economía y coherencia procesal, también se admite la acumulación de procesos activados por diferentes demandas (acumulación de autos o procesos), de recursos procedentes de diferentes procesos (acumulación de recursos) y de ejecuciones derivadas de distintas resoluciones judiciales (acumulación de ejecuciones), siempre que, en todas esas hipótesis, se trate de pretensiones equivalentes o conexas, y con la salvedad de aquellos casos que revelen incompatibilidad entre sí. En principio, la acumulación puede llevarse a efecto a instancia de parte, aunque también cabe la posibilidad de que se ordene de oficio, con audiencia a las partes implicadas. Un supuesto muy singular de acumulación es el de demandas de despido y demandas de extinción del contrato de trabajo por voluntad del trabajador, cuando afecten a las mismas partes y concurran en el tiempo.

Con la demanda pueden solicitarse las medidas cautelares que resulten necesarias para hacer efectiva la tutela judicial que se pide. La medida cautelar más típica y generalizada es el embargo preventivo de bienes del demandado en cuantía suficiente para cubrir la pertinente reclamación (de nuevo pensando en el trabajador acreedor frente al empresario deudor), pero caben también otras medidas cautelares más especializadas, como la paralización de la actividad en caso de riesgo de accidente de trabajo, el cese transitorio en el trabajo cuando el trabajador alegue incumplimientos empresariales para pedir la extinción indemnizada del contrato, o esa misma petición de cese momentáneo en la prestación de servicios u otras medidas de asistencia y tutela en caso de acoso, discriminación o lesión de derechos fundamentales.

9. EL DESARROLLO DEL PROCESO: ARGUMENTACIÓN Y CONTRADICCIÓN COMO CONDICIONES DE JUSTICIA

En principio, el desarrollo del proceso laboral sigue las pautas de los procesos comunes, con lo que ello significa de supervisión por parte del órgano judicial competente de la pertinente observancia de las exigencias procesales de rigor y de garantía de la igualdad de las partes con vistas a su respectiva defensa y a la creación de las condiciones adecuadas para que pueda llevarse a cabo la oportuna contradicción de sus posiciones. De cualquier modo, también en este terreno podemos encontrarnos con algunas previsiones que tratan de manera más explícita de la preservación de los derechos e intereses legítimos en juego, lo cual puede servir, llegado el caso, de apoyo a la parte más vulnerable para lograr el mayor grado de justicia, o de "rectitud", en la resolución de la controversia. Digamos por lo pronto que la presentación formal de la demanda abre un trámite de admisión en el órgano judicial de recepción que tiene por objeto comprobar el cumplimiento de los requisitos legalmente establecidos para su viabilidad, no sólo con referencia a su contenido, sino también en lo que tiene que ver con la preceptiva cumplimentación de los trámites previos de evitación del proceso. En este sentido, conviene apuntar que el sistema español viene apostando cada vez con más intensidad por el principio *pro actione*, que deriva del derecho a la tutela judicial efectiva y que conduce a dar a los interesados la posibilidad de subsanar las deficiencias advertidas salvo que el causante de las mismas hubiera actuado con patente negligencia o con mala fe, y con excepción de aquellos supuestos en los que se alcen obstáculos legales o materiales insalvables. Obviamente, la demanda puede tropezar con barreras infranqueables de tipo jurisdiccional o procesal, relacionadas con el asunto objeto del pleito (como la cosa juzgada o la litispendencia) o con la "logística" judicial implicada (como la falta de capacidad o legitimación en el demandante, o la falta de jurisdicción o de competencia en el órgano judicial de referencia).

La admisión a trámite de la demanda supone la efectiva puesta en marcha del proceso laboral, al que se le da vida mediante la oportuna citación a las partes para los actos de conciliación y juicio. Tradicionalmente, eran actos que se habían de desarrollar sin solución de continuidad (el fracaso del intento de conciliación conducía directa e inmediatamente al acto del juicio), aunque en la actualidad cabe separarlos en el tiempo, tal vez para darle a este singular trámite de conciliación más protagonismo y más espacio de juego. En todo caso, es importante destacar ahora que el arreglo voluntario de la controversia en sede judicial (esto es, una vez que se admite a trámite la demanda) es una posibilidad que está abierta a lo largo de todo el proceso laboral, incluidas, en su caso, las fases de recurso y de ejecución. A tal efecto, las partes del proceso laboral pueden intentar la conciliación en su sentido más puro, pueden nombrar un mediador para intentar el acuerdo y pueden asimismo firmar un compromiso arbitral para que su disputa se resuelva por laudo, siempre a la vista o con conocimiento del órgano judicial competente, que deberá prestar su aval a la solución que voluntariamente se alcance (para que pueda valer como título suficiente a los efectos oportunos, entre ellos el de ejecución) y que también podrá prestar a las partes su asesoramiento y auxilio en la identificación de sus respectivos derechos. Con carácter previo al juicio, las partes también pueden formular al juez o tribunal cuestiones de su interés, lo cual puede ser buena ocasión para que el trabajador, como sujeto previsiblemente menos informado, busque asesoramiento acerca de sus derechos o sus razonables expectativas.

A la manera de los procesos civiles, el proceso laboral comprende una sucesión de actos que cabe agrupar en tres grandes fases: alegaciones iniciales de las partes, práctica de pruebas y conclusiones. Si todo se desarrolla con normalidad, el proceso concluye con la pertinente sentencia, aunque puede concluir anticipadamente, mediante la correspondiente resolución judicial (en forma de auto) si concurren circunstancias que, según las correspondientes previsiones legales, así lo justifiquen, o si las partes utilizan sus facultades de renuncia, desistimiento o allanamiento. Teóricamente, es un proceso sencillo y rápido, cuya realización, por lo demás, sólo puede suspenderse por una sola vez, a petición de las partes y por motivos justificados, sin perjuicio de que por circunstancias graves adecuadamente probadas pueda acordarse una segunda suspensión de manera excepcional, siempre que los implicados actúen con la diligencia debida. La incomparecencia del demandado no impide la celebración de los sucesivos actos procesales hasta la conclusión del juicio, aunque la legislación procesal española da al "demandado rebelde" (en realidad, al demandado que no comparece) la posibilidad de formular en un momento posterior una demanda encaminada a revisar las actuaciones, si prueba que su incomparecencia fue debida a defectos en la citación u otras causas ajenas a su voluntad.

En la fase de alegaciones al demandante corresponde ratificar en su caso su demanda, con algunas posibilidades de ampliación o complemento siempre que no se desvíe de su objeto, mientras que al demandado toca la respuesta a la misma, con la expresión de las excepciones que considere pertinentes, con la posibilidad de formular reconvención, y con algún margen para alegar compensación de deudas. Como regla general la carga de la prueba corresponde a quien, en una u otra posición procesal, pida o alegue algo a favor de sus derechos o intereses legítimos, pero en determinadas situaciones (discriminación, lesión de derechos fundamentales o reparación de accidentes de trabajo y enfermedades profesionales) se produce traslación (no exactamente inversión) de la carga de probar a partir de la presentación por parte del demandante de indicios razonables, lo cual puede ser de gran ayuda para las posibles víctimas de esa clase de actos, que, por razones fáciles de entender, suelen ser imputados a los empresarios más que a los trabajadores. También aquí conviene tener presente que son nulas las pruebas obtenidas con violación de esos derechos, regla que tiene origen en la jurisprudencia y que, de nuevo, alberga un claro sentido protector de la parte que habitualmente tiene la posición más débil en la relación de trabajo. Practicadas las pruebas, las partes habrán de formular oralmente sus conclusiones de modo preciso y concreto, con determinación en su caso de las cantidades líquidas reclamadas y del contenido de la pretensión ejercitada, sin alteración de los puntos principales de la demanda o reconvención. Tras unas posibles diligencias finales (en las que el órgano judicial puede ampliar su conocimiento de los hechos y de los términos de la disputa, y en la que las partes pueden obtener alguna información suplementaria), se habrá de dictar sentencia en el plazo de cinco días, con consignación de los hechos probados, los razonamientos que conducen a la decisión y el fallo, además de otras cuestiones adyacentes o complementarias. La sentencia, que puede pronunciarse *in voce* en determinadas condiciones, debe ser motivada, clara, precisa y congruente. Las sentencias firmes producen el consabido efecto de cosa juzgada, en sus dimensiones "negativa" (no cabe volver sobre la misma disputa) y "positiva" (influencia en otros litigios en los que se discuta la misma cuestión).

Hemos expuesto en estos últimos párrafos el esquema de lo que en el orden jurisdiccional social español se conoce como proceso laboral "ordinario", por el que deben tramitarse todas aquellas acciones que no tengan asignado un cauce procesal más específico. Con ello queremos decir que nuestra legislación procesal laboral prevé "modalidades procesales" (conocidas tradicionalmente con la denominación de "procesos especiales") que a veces conforman un proceso propiamente dicho, con particularidades en sus distintas fases, y otras veces constituyen más bien una adaptación más o menos localizada de las reglas ordinarias. Por lo que ahora más interesa, podríamos decir que las modalidades procesales tratan de dar una respuesta más precisa y consecuente a una serie de acciones que normalmente son promovidas por los trabajadores y que por uno u otro motivo aconsejan una adecuación de plazos y trámites. O incluso una declaración de prioridad o preferencia. Es el caso, como ya se mencionó en su momento, del proceso de despido (en el que se ventila la regularidad de la decisión empresarial dirigida a la extinción del contrato de trabajo) y del proceso de tutela de los derechos fundamentales, que tiene por objeto valorar y reparar en su caso eventuales lesiones a tales derechos y que tienen la particularidad añadida de que sólo puede ser activado por el trabajador, por los sindicatos de trabajadores o por las víctimas de acoso y violencia. Una modalidad procesal muy destacada en nuestro orden jurisdiccional es asimismo la de "conflicto colectivo", en la que se enjuician disputas jurídicas que afecten por naturaleza a un grupo de trabajadores y en la que las representaciones colectivas (de trabajadores, pero también de empresarios) juegan un papel muy protagonista. Señalemos para terminar que en el seno de la jurisdicción social española también puede ponerse en marcha un proceso "monitorio" (concentrado y monográfico, rápido y abreviado) para atender la reclamación, por parte del trabajador frente a su empresario, de cantidades determinadas y vencidas que no excedan de la cuantía legalmente establecida (cuantía que podríamos calificar de "menor" y que el legislador ha ido adaptando al transcurso de los tiempos).

10. EL SISTEMA DE RECURSOS EN EL ORDEN JURISDICCIONAL SOCIAL ESPAÑOL

Cabría preguntarse si del derecho a la tutela judicial efectiva se desprende automáticamente el derecho a recurrir las decisiones judiciales, como una suerte de derecho a una segunda oportunidad en el enjuiciamiento y la resolución del litigio. Para nuestra jurisdicción constitucional, el derecho reconocido en el artículo 24 de la Constitución Española no contiene *per se* ese eventual ingrediente, con la salvedad de que en el ámbito penal ha de garantizarse una segunda instancia –un segundo "juicio"– por exigencias de las normas internacionales ratificadas por España. De ese modo, el derecho a la tutela judicial efectiva sólo proporciona derecho a recurso cuando el legislador abre esa posibilidad, y siempre que se cumplan las condiciones legalmente establecidas a tal efecto. Así las cosas, conviene recordar que el orden jurisdiccional social español se asienta sobre el principio de instancia única y doble grado, por lo que no está prevista la reproducción íntegra del juicio en un segundo nivel jurisdiccional al modo de los recursos de apelación, pero sí la posibilidad de interponer recurso extraordinario por causas legalmente tasadas. Este es, así pues, el alcance que habrá que dar al derecho a la tutela judicial efectiva en nuestro particular terreno, para el que el legislador ha previsto un sistema de recursos (o "medios de impugnación") que cumple básicamente dos objetivos: la corrección de infracciones o desviaciones graves eventualmente cometidas por el juzgador de instancia, y la formación de una doctrina judicial consolidada, que puede llegar a constituir "jurisprudencia", sobre las cuestiones en disputa.

En ese sistema se incluyen medios de impugnación de las resoluciones judiciales de muy diversa naturaleza, de los que ahora conviene destacar los tres ya conocidos, entre otras razones por su mayor envergadura: suplicación, casación y casación para unificación de doctrina. Los tres son recursos de naturaleza extraordinaria (sólo pueden interponerse por motivos legalmente tasados) y de carácter "devolutivo" (se sustancian y resuelven en un órgano judicial superior al que dicta la resolución recurrida, en el primer caso por el TSJ competente y en los otros dos casos por el TS). Además de esas características esenciales y genuinas (extraordinarios y devolutivos), los recursos mencionados tienen otras numerosas notas en común, como la necesidad de que las partes intervengan con asistencia y representación técnica, la obligación del recurrente de cumplimentar determinadas exigencias de contenido económico (depósito, consignación u otras posibles garantías) salvo que goce del beneficio de justicia gratuita (lo cual significa a la postre que sólo pueden aplicarse a quienes concurren al proceso con la condición de empresarios), la no admisión de documentos o alegaciones que no resulten de los autos de referencia (salvo que concurran circunstancias especiales), la acumulación de los recursos en trámite en los que exista identidad de objeto y coincida alguna de las partes, la posibilidad de imposición de costas a la parte vencida en el recurso (de nuevo, siempre que no goce del beneficio de justicia gratuita), la facultad del órgano judicial de imponer multas por temeridad o mala fe, y la posibilidad de que durante su tramitación del recurso las partes alcancen convenio transaccional.

Los recursos extraordinarios que acabamos de ver sólo pueden interponerse frente a resoluciones no firmes, lo cual seguramente aconseja recordar los supuestos en los que la resolución judicial correspondiente adquiere firmeza. Son tres supuestos, concretamente los siguientes: a) cuando el legislador cierra directamente la posibilidad de recurso contra las resoluciones de instancia (opción que suele aplicar en aquellas disputas que merecen una respuesta rápida, taxativa e irreversible, como es, por ejemplo, la relativa a la fijación del periodo de vacaciones antes de que se pase el momento hábil para ello), que automáticamente obtienen esa condición; b) cuando transcurre el plazo dispuesto por el legislador para recurrir y ninguno de los interesados recurre (plazo que suele ser corto, de cinco o diez días), y c) cuando, interpuesto recurso, se cierra la pertinente tramitación, con la conclusión completa y absoluta del correspondiente itinerario procesal. Una vez que la sentencia es firme, en una u otra de estas hipótesis, no cabe su impugnación. O, por decirlo mejor, no cabe impugnarla "en principio", porque alguna vía para ello podríamos encontrar aún, como diremos después.

Los recursos extraordinarios a los que hacíamos referencia (suplicación, casación y casación para unificación de doctrina) pueden utilizarse, así pues, cuando la sentencia de instancia sea por naturaleza recurrible y no haya concluido todavía el plazo dispuesto para ello por el legislador. En todo caso, el acceso a los mismos no reviste el mismo grado de facilidad que el acceso a la justicia sin más (esto es, el acceso a la "instancia"). El filtro –por decirlo así— es bastante más exigente para los recursos, bajo el presupuesto, seguramente, de que el justiciable ya ha podido ver atendida su pretensión de justicia. La legislación española impone, en efecto, condiciones formalmente muy estrictas para el uso de estos medios de impugnación (que en esencia giran en torno a las ideas de infracción de ley y quebrantamiento de las formas esenciales del juicio), aunque también hay que tener en cuenta que nuestra jurisdicción constitucional (en su labor de interpretación y aplicación del derecho constitucional a la tutela judicial efectiva) ha proyectado sobre esas reglas legales su doctrina general favorable a una interpretación flexible de los requisitos procesales, posición que progresivamente ha ido siendo asumida también por la propia jurisdicción social. Con ello, no se ha trastocado el carácter extraordinario de dichos recursos, pero sí se ha facilitado su uso por parte de los interesados (y, por consiguiente, el acceso a la justicia en estos otros escalones de la jurisdicción). Tal vez con la salvedad del requisito de "contradicción" que específicamente se exige para la viabilidad del recurso de casación para unificación de doctrina, que sigue mostrando su innata capacidad selectiva y que además se ha ido rodeando de otros requisitos complementarios (como el de "interés casacional objetivo") que no han hecho más que reforzarlo.

Precisemos a estos efectos que no se advierten ni en la regulación legal de referencia, ni en la doctrina judicial elaborada a partir de la misma, sesgos distintivos en razón de la condición del recurrente (o potencial recurrente) y, más concretamente, en función de que se trate de trabajador o de empresario. La única diferencia apreciable deriva más bien del bagaje que acompaña al beneficio de justicia gratuita, que, en este contexto, sirve a sus beneficiarios para eludir las cargas económicas que conlleva la decisión de recurrir. Una diferencia (entre trabajadores y empresarios, en definitiva) que, por cierto, justificó en su momento nuestro Tribunal Constitucional con el argumento de que también en la legislación procesal laboral (y no sólo en la sustantiva) pueden estar inmersos, y pueden aflorar, los clásicos fines de tutela y compensación del contratante débil.

Como dijimos, la sentencia que pone fin a estos recursos adquiere por definición firmeza, pues ya no es posible continuar el itinerario procesal dentro de la jurisdicción ordinaria. Pero ello no impide su impugnación ante otras jurisdicciones externas al Poder Judicial, como puede ser el caso de la jurisdicción constitucional (con fundamento en una eventual lesión de los derechos reconocidos en la Constitución Española) o de la jurisdicción europea de derechos humanos (por vulneración en este caso de algún precepto del CEDH). También hay que tener en cuenta, por otra parte, que el sistema jurisdiccional español contempla la posibilidad de impugnar sentencias firmes incluso dentro de su propia maquinaria judicial, bien es cierto que en circunstancias muy excepcionales. Las vías que ofrece el sistema a tales efectos son las siguientes: demanda de "revisión", demanda de "error judicial", solicitud de "nulidad de actuaciones" y demanda promovida por el "demandado rebelde". Todas estas vías, muy estrictas y exigentes, pueden dar lugar a una reconsideración de la decisión adoptada durante el tránsito ordinario del proceso y, en ese sentido, pueden contribuir a una más perfecta tutela judicial. Pueden aportar algún ingrediente más, a la postre, a la idea de acceso a la justicia.

11. LA EJECUCIÓN CONTENCIOSA O COACTIVA DE LAS RESOLUCIONES JUDICIALES COMO CLAVE DE CIERRE DEL SISTEMA

El derecho a la tutela judicial efectiva entraña asimismo el derecho a que se cumplan efectivamente las decisiones judiciales. Este derecho a la ejecución, que en el sistema español también forma parte de la potestad jurisdiccional atribuida por la Constitución Española "a los jueces y tribunales determinados por las leyes" (art.117.3), sirve antes que nada para otorgar la fuerza ejecutiva pertinente a las resoluciones judiciales (autos o sentencias), pero también se proyecta, por disposición expresa de nuestro legislador, sobre aquellos otros títulos que el legislador asimile a los de naturaleza judicial a estos efectos, aunque tengan origen extrajudicial. Es el caso, concretamente, de los acuerdos alcanzados por las partes en los procedimientos de conciliación o mediación y de los laudos arbitrales resultantes del pertinente compromiso de los contendientes en un determinado conflicto (o de una imposición legal en su caso).

Las reglas sobre ejecución de resoluciones judiciales y otros títulos ejecutivos en el ámbito de las relaciones de trabajo (que proceden en buena medida de la legislación procesal especializada en este terreno y que cuentan con la cobertura de la legislación procesal civil o común) también ofrecen en principio una apariencia aséptica o neutral, pero lo cierto es que inevitablemente miran al trabajador, en tanto que habitualmente es el que demanda la tutela judicial y el que, de obtener sentencia favorable, suele necesitar el apoyo jurisdiccional correspondiente. Es muy poco previsible, en verdad, que el empleador promueva los trámites de ejecución contra el trabajador, con la salvedad, quizá, de aquellos casos en los que la extinción de la relación laboral conlleve alguna consecuencia negativa para el trabajador, como pudiera ser el desalojo de la vivienda proporcionada por el empresario. Con este matiz, la valoración del "acceso a la justicia" en este singular campo de operaciones aconseja sobre todo un escrutinio de las previsiones legales desde la perspectiva de satisfacción efectiva de los logros alcanzados por el trabajador a través del correspondiente periplo judicial. Se trataría, por decirlo de otro modo, de comprobar hasta qué punto la legislación pone medios suficientes para que el empresario cumpla las cargas u obligaciones derivadas de la sentencia.

Con este enfoque, merece la pena poner de relieve, por lo pronto, que la legislación procesal laboral española prevé dos grandes tipos (o más exactamente dos grandes fases) de ejecución. De un lado, la ejecución provisional, prevista para aquellos casos en los que la resolución de referencia es objeto de recurso y que, por ello mismo, trata de satisfacer el interés legítimo del vencedor del pleito de instancia en la medida en que tal situación lo permita, siempre a la espera de la solución final que se adopte al resolverse dicha impugnación. De otro lado, la ejecución definitiva, que corresponde a las resoluciones firmes, y que habrá de llevarse a cabo de forma plena y con todas sus consecuencias. Dicho sea de paso, en un caso y en otro (aunque tal vez con más sentido en la provisional) cabe ejecución parcial de las sentencias, referida lógicamente a los pronunciamientos que por su naturaleza admitan la oportuna separación.

Junto a esa distinción más bien funcional, la mencionada legislación diferencia, como es natural, entre obligaciones de contenido económico y obligaciones de hacer. Las primeras suelen tener por objeto el abono al trabajador de una determinada cantidad en concepto de salarios debidos o de indemnización, y para su satisfacción efectiva se prevé sobre todo la posibilidad de que el trabajador perciba "anticipos reintegrables" como forma de ejecución provisional durante la tramitación del pertinente recurso, aunque también está previsto, para los casos de extinción del contrato de trabajo, el paso transitorio del trabajador a la situación de desempleo para que perciba las correspondientes prestaciones en tanto no se resuelva definitivamente la controversia. Por lo que se refiere a las segundas, seguramente habría que decir que la obligación de hacer que más comúnmente se impone al empresario es la de readmisión del trabajador, que deriva de la irregularidad del despido y para cuya realización efectiva el legislador español ha previsto todo un entramado de reglas que de nuevo distinguen entre ejecución provisional (en la que sobre todo importa la continuidad en el abono de los salarios) y ejecución definitiva (en la que entran en juego, no sólo los naturales deberes de abono de salarios y cuotas de seguridad social, sino también exigencias más específicas en forma de indemnizaciones adicionales). Al cabo de todo ello, como habrá imaginado el lector, se sitúan unas aspiraciones (o expectativas) de tutela real (readmisión efectiva) que no siempre logran cumplirse.

Probablemente la ejecución "dineraria" y la ejecución de las sentencias de despido constituyan el grueso de la actividad ejecutiva desempeñada por los órganos del orden jurisdiccional social español. Pero –en un contexto de comparación de sistemas como el que nos ocupa– vale la pena hacer referencia también a la ejecución de las sentencias dictadas en procesos de alcance colectivo, que afectan por definición a un grupo de trabajadores. Estas sentencias tienen antes que nada carácter declarativo (por ejemplo, acerca de la interpretación correcta de una cláusula de convenio colectivo), y por esa razón la vía usual para su ejecución (esto es, para llevar su contenido al interior de cada una de las relaciones individuales de trabajo implicadas en el asunto) no era otra que la apertura de procesos individuales en los que se pudiera enjuiciar y decidir en qué términos lo resuelto en el plano colectivo podría ser aplicado a cada uno de los trabajadores demandantes. Esta forma de ejecución se entendía tradicionalmente inevitable, y muchas veces lo seguirá siendo, pero desde hace algún tiempo, y a instancia de nuestra jurisdicción constitucional (y desde el prisma del derecho a la tutela judicial efectiva), se ha procurado dar ejecución directa a esa clase de sentencias, para evitar esa duplicación de trámites procesales. Con ese fin, y después del previsible periodo de rodaje de esas nuevas ideas, nuestra vigente legislación procesal laboral admite que en las demandas de conflicto colectivo se introduzcan datos individualizados sobre los trabajadores potencialmente afectados por el conflicto (y por la sentencia), de tal modo que la resolución judicial que ponga fin al proceso de conflicto colectivo, de contar con esos datos, pueda concretar en su caso las correspondientes condenas al empresa, una vez hecha la declaración general de rigor y sobre la base de tal declaración. Así las cosas, tras la sentencia "colectiva" (a la que desde el magisterio de don Manuel Alonso Olea se venía atribuyendo cierta naturaleza "normativa") podría pasarse directamente, y sin más dilaciones, a la fase de ejecución.

12. REFLEXIÓN FINAL

Sería injusto decir que en el sistema español no se dan las condiciones apropiadas para el acceso a la justicia laboral o, en general, para la tutela de derechos e intereses legítimos en el ámbito de las relaciones de trabajo. Es verdad que España no cuenta con una estructura completa y sistematizada de medios extrajudiciales de solución de conflictos, y que ello posiblemente pueda calificarse como deficiencia desde los cánones que viene utilizando la Organización Internacional del Trabajo para evaluar el estado de la cuestión en el país de referencia (y tal vez una particularidad respecto de otros sistemas nacionales de nuestro entorno próximo). Pero, a cambio, España posee desde hace tiempo una robusta organización judicial que proporciona cauces asequibles y adaptados para que quienes se vean envueltos en controversias o contiendas en relación con sus derechos e intereses laborales puedan acceder a los juzgados y tribunales en busca de la correspondiente satisfacción. La emergencia y consolidación de una jurisdicción especializada en los asuntos laborales y sociales seguramente es la mejor prueba de tal afirmación. Hablamos, como es natural, de la jurisdicción social, que a partir de la Constitución de 1978 constituye más exactamente un "orden jurisdiccional" dentro de una organización judicial más amplia (la "jurisdicción ordinaria"), diseñado y sostenido precisamente para que la maquinaria jurisdiccional del Estado pueda actuar con la necesaria preparación en esa clase de materias.

En este contexto, la especialización jurisdiccional tiene un significado múltiple. Antes que nada, significa que se trata de una estructura de juzgados y tribunales expertos en la materia, para juzgar y ejecutar lo juzgado con pleno conocimiento de causa, esto es, con el pertinente dominio científico y técnico en lo que atañe a la legislación social. Pero la idea de especialización también alberga aquí, cuando menos, otros dos significados. De un lado, quiere decir que estos cauces procesales especializados van a contar con mayores o mejores facilidades de acceso que las vías jurisdiccionales ordinarias, justamente para evitar que las condiciones o exigencias que tradicionalmente se han venido imponiendo al ejercicio de acciones judiciales (con su traducción en costes o en rigor burocrático) actuaran como elemento disuasorio u obstaculizador para el habitual demandante en el campo laboral, que no es otro que quien vive de su trabajo. De otro lado, significa que el proceso se desarrolla conforme a principios especiales (oralidad, inmediatez, concentración y celeridad), tendentes, en esencia, a procurar una justicia simplificada y rápida. La concesión automática del beneficio de justicia gratuita a trabajadores y beneficiarios de seguridad social y el carácter no preceptivo en instancia de las figuras clásicas de la representación y la defensa procesal, son muestras elementales de ello. Las amplias posibilidades de intervención procesal de los sindicatos (que incluso pueden representar en juicio al trabajador), y las notables facultades del juez de exploración y búsqueda de la verdad material, son otros tantos ingredientes añadidos históricamente por el legislador con ese mismo fin.

No puede hablarse en España, de todos modos, de un principio *pro operario* en el contexto procesal o de la jurisdicción social. Ni está previsto legalmente un principio de ese tenor, ni se puede extraer de la jurisprudencia. A diferencia de otros sistemas legales o jurídicos, no existe entre nosotros ninguna regla que obligue al juez a decidir en el sentido más favorable para el trabajador en caso de duda jurídica insalvable o irresoluble mediante los cánones generales de interpretación y aplicación de las normas. Ni en lo que tiene que ver con la legislación procesal ni en lo relativo a la legislación laboral o social sustantiva. Cosa distinta es que el encargado de juzgar y decidir –el titular del juzgado o tribunal– tenga resortes abundantes para indagar sobre las circunstancias concurrentes en el litigio, procurar a resultas de ello el efectivo cumplimiento de las normas en cuestión, y garantizar, a la postre, la debida salvaguarda de los derechos reconocidos en favor del trabajador, para evitar su renuncia o defraudación. Y distinto es, asimismo, que desde la jurisdicción constitucional española se haya insistido en la necesidad de proceder a una interpretación flexible de las normas procesales, para favorecer el principio *pro actione* y dar cumplida respuesta al derecho constitucional a la tutela judicial efectiva, una tesis que, siendo aplicable a cualquier justiciable, generalmente sirve de apoyo a las acciones ejercidas por la parte más débil del contrato de trabajo.

En realidad, las condiciones objetivas en las que se desenvuelve la actividad de la jurisdicción social en la España actual parecen bien distintas de las que pudieran haber existido en las primeras fases de la legislación laboral y de implantación de los tribunales de trabajo: el nivel de formación de quienes trabajan por cuenta ajena es sensiblemente más alto, las posibilidades económicas de la tradicionalmente llamada "clase obrera" también se han elevado en términos generales, y la capacidad de asistencia técnica de sindicatos y otras representaciones colectivas de los trabajadores es cada vez más notable, por referirnos tan sólo a ciertos aspectos del mundo de nuestros días con trascendencia procesal. Todo ello contribuye, como es natural, a que sea más ancho y efectivo el margen de acceso a la justicia, y a que hogaño sea verdaderamente excepcional la hipótesis de que la persona que vive de su trabajo y que ve violentados o inobservados sus derechos, no acuda a la jurisdicción en defensa de los mismos por razones ajenas a su voluntad. Acaso pudiera decirse que la idea de especialización de la jurisdicción social va concentrándose paulatinamente en sus dimensiones objetivas, en el sentido de que es una cualidad jurisdiccional que permanece -y sin duda debe permanecer—en atención sobre todo a la clase de acciones que se ejercitan en el terreno de las relaciones de trabajo, y no tanto a que los interesados necesiten en este contexto una consideración especial por parte del legislador. Afirmaciones que, no obstante, deben someterse a barbecho en determinadas situaciones o circunstancias. Ni qué decir tiene que las personas que se encuentran en situación de exclusión social o de mayor vulnerabilidad (que en muchos casos son personas inmigrantes) pueden seguir necesitando el apoyo institucional que en los primeros tiempos reclamaban todos los obreros. Tampoco debe perderse de vista, por otro lado, que -por circunstancias no difíciles de desentrañar—el acceso a la justicia suele resultar menos problemático para quienes gozan de mayor grado de estabilidad o seguridad en el empleo que para el trabajador precario o, en general, para quien corre algún riesgo de pérdida del empleo. En este punto, la garantía de indemnidad –derivada a la postre del derecho a la tutela judicial efectiva—puede llegar a ser un soporte de trascendental relevancia para amparar la defensa en sede judicial de derechos e intereses legítimos en la relación de trabajo, por cuanto sirve de parapeto frente a eventuales reacciones de la parte empresarial.

ALGUNOS DATOS DE ESTADÍSTICA. En España contamos principalmente con dos fuentes estadísticas relativas a la litigiosidad laboral: la que elabora y ofrece el Ministerio de Trabajo con el nombre de *Estadística de asuntos judiciales sociales* (a la que ese mismo Ministerio añade una segunda estadística sobre mediación, arbitraje y conciliación), y la *Estadística judicial* elaborada por el Consejo General del Poder Judicial, que comprende el conjunto de la actividad judicial española y que en materia laboral se remite prácticamente a los datos sistematizados por el Ministerio de Trabajo (a los que se puede acceder a través de las direcciones *http://www.mitramiss.gob.es/estadisticas/ajs/welcome.htm* y *https://www.mites.gob.es/es/estadisticas/condiciones_trabajo_relac_laborales/MAC/welcome.htm*). Los datos agregados más recientes que a ese respecto pueden ofrecerse son los siguientes: *A) Estadística de asuntos judiciales.* En el año 2023 (último de los recopilados y ofrecidos) los Juzgados de lo Social (órgano judicial de instancia en el sistema español) resolvieron un total de 340.837 asuntos (-8,7% respecto al mismo periodo del año anterior), de los que 141.709 (el 41,6% del total de asuntos) se resolvieron por sentencia, favorable en todo o en parte en 88.376 de esos casos (62,4% del total de las sentencias), mientras que por conciliación se resolvieron 79.180 (un 23,2% del total de asuntos). Del total de asuntos resueltos, 246.084 (72,2%) correspondieron a conflictos individuales, de los que 112.196 (45,6%) se referían a despidos y 133.888 (54,4%) a otras reclamaciones derivadas del contrato de trabajo, mientras que 2.086 (0,6%) se referían a conflictos colectivos y 92.667 (27,2%) a conflictos relacionados con la Seguridad Social. En los conflictos individuales referidos a despidos, el número total de trabajadores afectados fue de 125.141, de los cuales 27.220 fueron resueltos por sentencia favorable al trabajador (total y en parte) y 51.256 resueltos por conciliación, con una indemnización media por trabajador de 10.904,0 euros en los asuntos resueltos por sentencia favorable y de 8.367,5 euros en los despidos resueltos por conciliación. *B) Estadísticas de mediación, arbitraje y conciliación.* Conforme al avance enero-septiembre 2023 (último disponible), los servicios públicos competentes en esa tarea (SMAC) resolvieron un total de 328.030 conciliaciones individuales, de las que 187.007 (57,0%) fueron sobre despidos, 106.625 (32,5%) sobre reclamaciones de cantidad y 34.398 (10,5%) por sanciones y otras diversas causas. Las conciliaciones individuales con avenencia fueron 112.260 (34,2%), de las que el mayor número correspondió a los despidos (99.334, un 88,5%), seguido de las reclamaciones de cantidad (9.961, un 8,9%). Por su parte, los órganos extrajudiciales de solución de conflictos de comunidades autónomas resolvieron en ese periodo un total de 11.347 conciliaciones individuales, de las que 8.226 (72,5%) fueron despidos, 1.344 (11,8%) reclamaciones de cantidad y 1.777 (15,7%) sanciones y otras diversas causas. Según la Memoria de Actividades de su Fundación, el Servicio Interconfederal de Mediación y Arbitraje (SIMA), de ámbito nacional y ceñido a los conflictos colectivos, tramitó 467 asuntos en el año 2021, un 21,6% más que en el ejercicio anterior. Por cierto, las resoluciones judiciales pueden consultarse en España a través de la base de datos ofrecida por el Centro de Documentación Judicial (CENDOJ) del Consejo General del Poder Judicial (a la que puede acceder mediante la dirección *https://www.poderjudicial.es*).

BREVE RESEÑA DE BIBLIOGRAFÍA. M. E. CASAS BAAMONDE, "Tutela judicial efectiva y garantía de indemnidad (el derecho a la garantía de indemnidad en la jurisprudencia constitucional)", *Las transformaciones del Derecho del Trabajo en el marco de la Constitución Española. Estudios en homenaje al Profesor Miguel Rodríguez-Piñero y Bravo-Ferrer,* La Ley, 2006; J. CRUZ VILLALÓN, "Constitución y proceso de trabajo", *Revista Española de Derecho del Trabajo,* núm.38 (1989); J. J. GARCÍA MURCIA, "Medios extrajudiciales de solución de conflictos laborales en el sistema español", *Medios* *de solución de conflictos laborales. Perspectiva euroamericana,* Tirant lo Blanch, 2023, y "El papel de la negociación colectiva en la solución de conflictos laborales", *Negociación colectiva y solución de conflictos de trabajo,* Tirant lo Blanch, 2024; A. MARTÍN VALVERDE, "Jurisdicción social y tutela judicial efectiva", *Derecho Privado y Constitución,* núm.4 (1994); A. MARTÍN VALVERDE, "Sistema judicial y jurisdicción laboral (un ensayo de derecho comparado)", *El proceso laboral. Estudios en homenaje al profesor Luís Enrique de la Villa Gil,* Lex Nova, 2001; J. MONTERO AROCA, *Los Tribunales de Trabajo (1908-1938). Jurisdicciones especiales y movimiento obrero,* Universidad de Valencia, 1976; M. RODRÍGUEZ-PIÑERO BRAVO-FERRER, "Sobre los principios informadores del proceso de trabajo", *Revista de Política Social,* núm.81 (1969); M. RODRÍGUEZ-PIÑERO BRAVO-FERRER, "Jurisdicción de trabajo y sistema constitucional", *Cuestiones actuales de Derecho del Trabajo. Estudios ofrecidos al Profesor Alonso Olea,* MTSS, Madrid, 1990; M. RODRÍGUEZ-PIÑERO BRAVO-FERRER, "Proceso de trabajo y justicia constitucional", *El proceso laboral. Estudios en homenaje al profesor Luís Enrique de la Villa Gil,* Lex Nova, 2001; M. RODRÍGUEZ-PIÑERO BRAVO-FERRER, "Tutela judicial efectiva, garantía de indemnidad y represalias empresariales", *Derecho vivo del Trabajo y Constitución. Estudios en homenaje al profesor doctor Fernando Suárez González,* La Ley, 2003; F. VALDÉS DAL-RÉ, "Las jurisdicciones sociales en los países de la Unión Europea: convergencias y divergencias", *Actualidad Laboral,* núm.1 (2000), y "Tutela judicial efectiva y acceso al proceso laboral", *El proceso laboral. Estudios en homenaje al profesor Luís Enrique de la Villa Gil,* Lex Nova, 2001.

Francia

Acceso a la justicia en el ámbito de las relaciones de trabajo

MARIE-CÉCILE ESCANDE-VARNIOL[1]

SUMARIO – 1. Introducción. 2. La influencia de los instrumentos internacionales y la configuración general del sistema nacional. 3. La jurisdicción como medio de solución de los conflictos de trabajo – conflictos individuales. 5. Capacidad, legitimación y condiciones de acceso a la justicia laboral. 6. El papel de las organizaciones y representaciones colectivas. 7. Diseño legal, modo de inicio y principales aspectos del proceso. 8. El sistema de recursos contra las resoluciones judiciales. 9. Modos y posibilidades de ejecución de las resoluciones judiciales. 10. Conclusión.

SUMMARY – 1. Introduction. 2. The influence of international instruments and the general configuration of the national system. 3. Jurisdiction as a means of resolving labour disputes – individual disputes. 5. Capacity, legitimacy and conditions of access to labour justice. 6. The role of collective organisations and representatives. 7. Legal design, initiation, and main aspects of the process. 8. The system of appeals against judicial decisions. 9. Methods and possibilities for the enforcement of judicial decisions. 10. Conclusion.

SOMMAIRE – 1. Introduction. 2. L'influence des instruments internationaux et la configuration générale du système national. 3. La juridiction comme moyen de résolution des conflits du travail – conflits individuels. 5. Capacité, légitimité et conditions d'accès à la justice du travail. 6. Le rôle des organisations et des représentations collectives. 7. Cadre légal, mode de mise en œuvre et principaux aspects de la procédure. 8. Le système de recours contre les décisions judiciaires. 9. Modes et possibilités d'exécution des décisions judiciaires. 10. Conclusion.

RESUMEN: Aunque el título podría invitar a desarrollar el tema de la justicia social, nos limitaremos aquí a un enfoque pragmático y concreto del acceso a la justicia en el ámbito del derecho laboral. La tarea es ardua, ya que en Francia la justicia laboral es competencia de numerosos órganos jurisdiccionales. Dividida

[1] Maître de conférences HDR émérite, Université Lumière Lyon 2, CERCRID.

entre el orden administrativo y el orden judicial, la fragmentación continúa dentro de estos dos órdenes. En Francia, no es el derecho aplicable el que determina la competencia jurisdiccional, sino el objeto de la demanda o las partes implicadas. En este estudio se ha optado por presentar esencialmente la organización y el funcionamiento de la principal y más emblemática jurisdicción laboral, el Conseil des prud'hommes (CPH). Se trata de un órgano jurisdiccional paritario de primera instancia, compuesto por magistrados no profesionales del Derecho, asalariados o empleadores del mundo laboral. Designados por los sindicatos, se distribuyen en secciones especializadas en función de su origen profesional. La competencia de los Conseil des Prud'hommes se limita a los litigios relacionados con el contrato de trabajo. Se recurre a ellos principalmente por parte de los asalariados, en la mayoría de los casos tras un despido. Para facilitar el acceso, el procedimiento es sencillo y comienza con un intento de conciliación. Las sucesivas reformas de los últimos diez años tienden a formalizar aún más este acceso. Sin embargo, se mantiene el principio de oralidad y no es obligatoria la asistencia de un abogado. Las posibles vías de recurso en apelación y casación se inscriben en el ámbito del procedimiento civil clásico. Numerosos estudios e informes se preguntan regularmente sobre la conveniencia de una reforma en profundidad de esta antigua institución, pero en la mente de los trabajadores simboliza a menudo una justicia de fácil acceso y cercana a sus preocupaciones.

PALABRAS CLAVE: acceso a la justicia laboral, proceso laboral, conflicto individual de trabajo.

SUMMARY: Although the title may invite some developments on social justice, we stick here to a pragmatic and concrete approach of access to justice in the field of labour law. The task is an arduous one, since in France labour law falls within the jurisdiction of a number of different courts. It is divided between the administrative and judicial orders, and fragmentation continues within these two orders. In France, it is not the applicable law that determines jurisdiction, but the subject matter of the claim or the parties involved. This study focuses on the organisation and operation of the main and most emblematic labour court, the Conseil des Prud'hommes (CPH). A joint court at first instance, it is made up of judges who are not legal professionals, and who are employees or employers in the world of work. Appointed by the trade unions, they are divided into specialised sections according to their professional background. The jurisdiction of the CPH is limited to disputes relating to employment contracts. Most cases are brought by employees, usually following dismissal. To facilitate access, the procedure is simplified and begins with an attempt at conciliation. Successive reforms over the last ten years have tended to formalise access to the tribunal. However, the principle of oral proceedings remains, and the assistance of a lawyer is not compulsory. The appeals and recourse to the Court of Cassation are within the scope of traditional civil procedure. Numerous studies and reports regularly question the advisability of an in-depth reform of this old institution, but in the minds of workers it often symbolises justice that is easy to access and close to their concerns.

KEYWORDS: access to labour justice, labour proceedings, individual labour dispute.

RESUME: Bien que le titre puisse inviter à quelques développements sur la justice sociale, on s'en tient ici à une approche pragmatique et concrète de l'accès à la justice dans le domaine du droit du travail. La tâche est ardue, en France la justice du travail relève de la compétence de nombreuses juridictions. Partagée entre ordre administratif et ordre judiciaire, la fragmentation se poursuivant à l'intérieur de ces deux ordres. En France, ce n'est pas le droit applicable qui commande la compétence juridictionnelle, mais l'objet de la demande ou les parties concernées. Le parti est pris dans cette étude de présenter essentiellement l'organisation et le fonctionnement de la principale, et la plus emblématique, juridiction du travail, le Conseil des Prud'hommes (CPH). Juridiction paritaire au premier degré de l'instance, elle est composée de magistrats non professionnels du droit, salariés ou employeurs du monde du travail. Désignés par les syndicats, ils sont répartis dans des sections spécialisées en fonction de leur origine professionnelle. La compétence des CPH est limitée aux litiges liés au contrat de travail. Elle est saisie essentiellement par les salariés, le plus souvent après licenciement. Pour en faciliter l'accès, la procédure est simplifiée et commence par une tentative de conciliation. Les réformes successives de ces dix dernières années tendent à formaliser davantage cet accès. Cependant, le principe d'oralité demeure et l'assistance d'avocat n'est pas obligatoire. Les recours possibles en Appel et Cassation rejoignent le champ de la procédure civile classique. De nombreuses études et rapports s'interrogent régulièrement sur l'opportunité d'une réforme en profondeur de cette vielle institution, mais dans l'esprit des travailleurs elle symbolise souvent une justice facile d'accès et proche de leurs préoccupations.

Mots clés: accès à la justice du travail, procédure en matière de travail, conflit individuel du travail.

1. INTRODUCCIÓN

Cuando se habla de justicia, siempre es necesario precisar los contornos del discurso, ya que las diferentes acepciones del término son numerosas y variables. Según las disciplinas que lo abordan, desde la filosofía hasta el derecho, pasando por la sociología, las definiciones y concepciones difieren. Incluso si nos limitamos al ámbito jurídico, desde la teoría de la justicia[2] hasta la práctica judicial, las propuestas siguen siendo numerosas. No es nuestra intención entrar aquí en ese debate. Sin embargo, en el ámbito de las relaciones laborales que estudiamos, surge otro concepto, el de «justicia social»[3]. Lejos de limitar los debates, la adición del adjetivo tiende a amplificarlos. Como señalaban dos autores al inaugurar un simposio sobre Justicia(s) social(es): Perspectivas del derecho social, «hoy en día todo parece poder etiquetarse como «justicia social» para legitimar la acción pública»[4]. De hecho, el concepto está presente en numerosos discursos para juzgar si una política social, fiscal o medioambiental, entre otras, es justa o injusta. Una vez más, si nos limitamos a nuestra materia, encontramos este concepto de justicia social en los grandes textos internacionales, en particular en la OIT. La Constitución derivada del Tratado de Versailles, la Declaración de Filadelfia[5] y las grandes declaraciones sobre la justicia social para un mundo más justo remiten a un concepto universal que cada Estado debe aplicar en su orden público nacional. Lo que dice: "El acceso a la justicia laboral está, por lo tanto, claramente reconocido como dimensión fundamental del acceso a la justicia social. Fortalecer y apoyar las instituciones de prevención y resolución de conflictos laborales es entonces una importante prioridad para la OIT[6]".

---

[2] J. Rawls, A Theory of Justice, Havard University press 1971.

[3] A. Fouillée, L'idée de justice sociale, Revue des Deux Mondes, 1899, 47.

[4] B. Dabosville et M. Morane Keim-Bagot, Justice(s) sociale(s): perspectives de droit social, Droit social 2024, 756.

[5] A. Supiot, L'Esprit de Philadelphie, la justice sociale face au marché total, Ed. Seuil 2021.

[6] Acceso a la justicia laboral: Derecho y practicas comparada sobre prevención y resolución de conflictos laborales, 0IT 2023. En otro documento da más precisiones sobre lo que los Estados miembros tienen que hacer : "En efecto, el acceso a la justicia laboral es una dimensión clave del acceso a la justicia social, y la Organización Internacional del Trabajo (OIT) reconoce que mejorar el acceso a la justicia laboral para todos exige revisar los marcos normativos, agilizar los procedimientos

El presente estudio se sitúa, por tanto, más humildemente en el nivel de la aplicación nacional de este concepto, el del pragmatismo y de una visión concreta de la justicia como institución pública. Nos sumamos aquí a la definición de otro autor para quien: «Utilizada en un contexto de derecho positivo, la expresión «justicia social» se refiere, de forma resumida y algo reductora, al conjunto de jurisdicciones encargadas de los litigios sociales»[7].

Por lo tanto, el acceso a la justicia, incluso limitado al ámbito de las relaciones laborales, queda un tema amplio. No puede limitarse a la descripción del proceso o de las competencias judiciales en el ámbito laboral. Se trata, en primer lugar, de un derecho fundamental, el derecho de acceso a la ley, a una justicia equitativa, a que se respeten y defiendan sus derechos, a vivir en una sociedad justa y equitativa. Esta visión muy abierta es la de la OIT debido a las disparidades tanto culturales como económicas y políticas a nivel mundial.

El tema sigue siendo tanto filosófico y sociológico como jurídico. Incluso si nos limitamos a nuestra disciplina jurídica, el campo es considerable. ¿Debemos limitarnos a una visión jurisdiccional o considerar que el acceso al derecho abarca muchas otras formas, como el diálogo social, las formas amistosas de resolución de conflictos o incluso los mecanismos de prevención e información?

En la medida en que este estudio se lleva a cabo a raíz de otros tres que han tratado las formas amistosas de resolución de conflic-

---

y reducir los costos, además de reforzar las calificaciones y la capacidad de todo el personal de los tribunales y las instituciones de prevención y resolución de conflictos", Acceso a la justicia laboral: una herramienta de diagnóstico para la autoevaluación de la efectividad de las instituciones de prevención y resolución de conflictos laborales, OIT, 2023.

7 P. Y. Verkindt, Quelques variations sur la notion de justice sociale à l'occasion du rapport « Les accidents du travail et les maladies professionnelles sur la scène judiciaire », Droit social 2023, 576.

tos laborales, la postura aquí será limitar el presente estudio a la resolución judicial de conflictos laborales[8].

El panorama francés en materia de justicia laboral se caracteriza por su fragmentación. Numerosos tribunales diferentes tienen competencia en ámbitos específicos del derecho laboral. Sin embargo, en primera instancia, el tribunal principal y que se ocupa únicamente de esta materia es el Conseil des prud'hommes (CPH). Calificada de "modelo unico en europa" por el ministero de la justicia[9], se trata de una jurisdicción muy antigua, cuyos orígenes se remontan al siglo XV, y que debe su nombre a su característica más destacada, a saber, que los jueces no son magistrados de carrera, sino trabajadores y empresarios elegidos por sus pares. Su competencia, sin embargo, se limita a los litigios relacionados con el contrato de trabajo, desde la contratación hasta el despido. Desde siempre, los conflictos en materia de seguridad social son competencia de un tribunal o de salas especiales. Los litigios colectivos son competencia de la jurisdicción civil. Los tribunales administrativos son competentes para los funcionarios y contratados de derecho público o los actos de la administración.

---

8 M.C. Escande-Varniol, Medios de solución de conflictos laborales, perspectiva Euroamericana, Dir. J. García Murcia y V. Torres de León, ed. tirant lo blanch 2023, Francia p. 287-316; M.C. Escande-Varniol, Negociación colectiva y solución de conflictos de trabajo, Dir. J. García Murcia y V. Torres de León, ed. tirant lo blanch 2024, Francia p. 277-313.

9 https://travail-emploi.gouv.fr/histoire-des-prudhommes-quelques-reperes «Los tribunales laborales constituyen una excepción en el **panorama judicial europeo**, dada su estructura y funcionamiento, en los que intervienen **jueces no profesionales** procedentes de la sociedad civil. Esta particularidad refuerza la proximidad entre el mundo laboral y la justicia, lo que permite una gestión más pragmática y equitativa de los conflictos». Opinión parcial que muestra el orgullo del ministerio hacia una institución judicial secular, pero que no tiene en cuenta las numerosas dificultades de funcionamiento, que inspiran más humildad. El derecho comparado europeo muestra sistemas diferentes, pero a veces mucho más eficaces que el modelo francés. Pensamos especialmente en la justicia laboral en Alemania.

Ante un contencioso tan disperso entre jurisdicciones muy diferentes, hemos optado por centrarnos en la jurisdicción especializada, el Conseil des Prud'hommes, a pesar de su competencia limitada. Esto no impedirá que se hagan algunas digresiones menos detalladas sobre la competencia de otras jurisdicciones. También se verá que, en materia de recursos, en apelación y en casación, la diversidad de competencias es menor.

2. LA INFLUENCIA DE LOS INSTRUMENTOS INTERNACIONALES Y LA CONFIGURACIÓN GENERAL DEL SISTEMA NACIONAL

Marco internacional – Francia es miembro fundador de la OIT, ha ratificado numerosos convenios. El derecho laboral francés se ajusta en general a los convenios de la OIT, aunque no estamos exentos de críticas. El impacto de las normas de la OIT es notable en su aplicación directa por los tribunales. Aunque no es frecuente, se observa que el Tribunal de Casación no duda en fundar sus decisiones en convenios de la OIT. Lo hace, ya sea para reforzar su decisión, ya sea para descartar la aplicación de una ley nacional que considera contraria a los compromisos internacionales de Francia[10].

Francia es también miembro del Consejo Europeo y ha ratificado el Convenio Europeo de los Derechos Humanos (como España, Italia o Portugal). El Tribunal Europeo de los Derechos Humanos (TEDH) tiene competencia para contestar a una pre-

---

10 R. de Quenaudon, L'application par le juge français des droits sociaux fondamentaux affirmés par l'OIT et l'ONU, RDT 2007, 109; Algunos ejemplos : Cass. Soc. 10 avril 1998, n°97-17.870 ; Cass. Soc. 31 mai 2011, n° 09-67.501 ; Cass. Soc. 11 mai 2022, n° 21-14.490 ; L. Malfettes, Précisions sur le rôle du juge dans l'appréciation de la licéité de l'objet du syndicat, Dalloz actu, 15 oct. 2024, à propos de Cass. Soc. 15 oct. 2024, n° 23-16.941 ; Cass. Soc. 4 sept. 2024, n° 22-23.648 ; Cass. Soc. 9 avril 2025, n° 24-13.958.

gunta relacionada a la interpretación del Convenio Europeo de los Derechos Humanos. Las partes pueden recurrir al TEDH sólo cuando se han agotado todas las vías de recurso nacionales. Sus fallos se dirigen a los Estados, que deben tomarlo en consideración y modificar sus normas o su interpretación para el futuro. No puede cambiar el fallo nacional que queda aplicable. En materia de Derecho laboral, el texto más importante del Consejo de Europa es la Carta Social Europea, adoptada en 1961, revisada en 1991. Pero no es vinculante. Su órgano de control es el Comité Europeo de los Derechos Sociales. Emite opiniones que los Estados deben seguir, pero no hay sanciones por incumplimiento. Sin embargo, el Tribunal Europeo de Derechos Humanos ha evolucionado en su interpretación del convenio y ahora ya no le es ajena la materia social. Incorpora la defensa de los derechos sociales en la interpretación de un texto que en un principio se refería esencialmente a los derechos civiles y políticos[11].

Dentro del Convenio Europeo de los Derechos Humanos, el articulo 6 es relativo al derecho a un proceso equitativo "*Toda persona tiene derecho a que su causa sea oída equitativa, públicamente y dentro de un plazo razonable, por un Tribunal independiente e imparcial, establecido por ley, que decidirá los litigios sobre sus derechos y obligaciones de carácter civil o sobre el fundamento de cualquier acusación en materia penal dirigida contra ella.*" Francia ha sido condenada en varias ocasiones sobre la base de este texto, en particular debido a la excesiva duración de sus procedimientos[12]. También, el articulo 8 sobre la protección de la vida privada, del domicilio y de la corres-

---

11 E. Serverin, Le procès des délais de procédure prud'homale, RDT 2012, 471;J.P. Marguénaud et J. Mouly, Chronique de jurisprudence de la Cour européenne des droits de l'Homme, Droit soc. 2021, 503 ; Droit soc. 2018, 796 ; Droit soc. 2015, 719 ; Droit soc. 2014, 641.

12 Por ejemplo (fuera del contensioso social): CEDH 8 fév. 2018, Goetschy c/France, Req. n° 63323/12; CEDH 4 fév. 2003, Benhaim c/France, Req. 58600/08; CEDH 6 fév. 2025, Req n° 46422/18. H. Diaz, Délai raisonnable : durée excessive d'une procédure sur intérêts civils, Dalloz actu 9 juin 2022;

pondencia o el articulo 10 sobre la libertad expresión son interpretados por la CEDH con una visión social[13].

Es bien conocido que Francia es miembro fundador de la UE, organización internacional de integración, mucho más exigente que las previas. En materia laboral, la UE tiene una competencia importante. Así que muchas reglas nacionales tienen que ser en conformidad con las directivas europeas. Los jueces de los estados miembros deben interpretar el derecho nacional en conformidad con el derecho de la UE y su interpretación por el Tribunal de la UE. (Ex derechos a vacaciones pagadas en caso de enfermedad). Para garantizar el respeto del derecho de la UE por parte de los Estados miembros, la UE se ha dotado de una jurisdicción supranacional, el Tribunal de Justicia de la UE. En su ámbito de competencia, cualquier tribunal nacional puede plantear una cuestión prejudicial al Tribunal de la UE, a propósito de la interpretación de unas reglas de la UE. El tribunal nacional tiene que esperar la repuesta en la forma de un fallo muy detallado, y aplicar la interpretación del TUE a su propia sentencia. Así que se puede decir que el TUE es un tribunal supranacional, su interpretación prevalece sobre la interpretación de los tribunales supremos nacionales en los ámbitos de competencia de la UE (limitados a su competencia legal). En Francia, como en los otros países europeos, los fallos del TJUE han obligado a menudo al Tribunal de Casación o al Tribunal supremo administrativo, a modificar su jurisprudencia para ajustarse al Derecho europeo[14]. El legislador nacional también ha tenido que intervenir en ocasiones a raíz de decisiones que consideraban que la legislación nacional no se ajustaba al Derecho europeo[15].

---

13 G. Raimondi, Quelques aspects de la jurisprudence de la Cour européenne des droits de l'homme en matière de droits économiques et sociaux, Droit soc. 2017, 355.

14 J.Ph. Lhernould, L'obligation d'adaptation du droit du travail français à la jurisprudence de la CJUE, Droit soc. 2010, 893.

15 P. Rodière, Du bon, du discutable et du mauvais, le dialogue franco-européen sur le droit social fundamental aux congés payés, Droit soc.

Marco nacional – La competencia judicial laboral en Francia es caracterizada por su gran fragmentación. A principio, hay una *summa divisio* entre las jurisdicciones judiciales para el civil y el penal, y los tribunales administrativos, los dos con tres niveles desde la instancia hasta la casación.

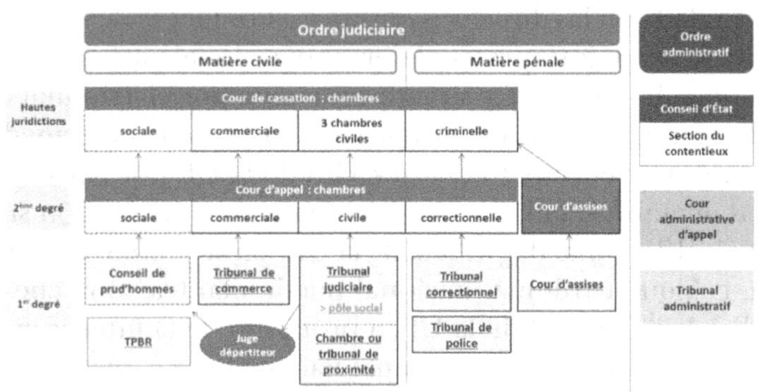

El sistema presenta un mosaico de distintos tribunales competentes según el ámbito del requisito, particularmente al primer grado. Sin embargo, tenemos un tribunal especializado en una parte de la materia laboral, es el "Conseil des Prud'hommes" (CPH), competente para las demandas relativas al contrato de empleo. Los conflictos colectivos (interpretación del convenio colectivo, huelga, contestación de las elecciones profesionales), relevan de la competencia del tribunal judicial. La seguridad social es de la competencia de tribunales especiales. Desde 2016 todos los casos de seguridad social son juzgados por el "pôle social" (salas especiales), parte del Tribunal Judicial. Antes era un Tribunal independiente, Tribunal de los casos de la seguridad social. El contencioso de la seguridad social queda todavía alejado del derecho

2024, 609; S. Selusi, Position de la CJUE en matière de congés payés et d'arrêt maladie: un nouveau signal adressé au législateur français, Dalloz actu, 24 novembre 2023.

laboral[16]. En Francia son dos disciplinas muy distintas, aunque se habla de derecho social para nombrar la reunión del derecho laboral y del derecho de la seguridad social. En las facultades de derecho, dan lugar a dos clases distintas.

Por otra parte, si el asunto se refiere a una transferencia de empresa o a una liquidación, la competencia es del tribunal de comercio. Y si los trabajadores no son asalariados, pero independientes, se les asimilas a comerciantes y la competencia, también es del tribunal de comercio.

Por lo tanto, hay que recordar que en Francia la competencia jurisdiccional depende del objeto de la demanda y, en ocasiones, de la calidad de las partes, pero rara vez del derecho aplicable[17].

Al nivel de apelación o de casación la competencia es más sencilla. Son salas especializadas de los tribunales de apelación o del tribunal de casación que son competentes.

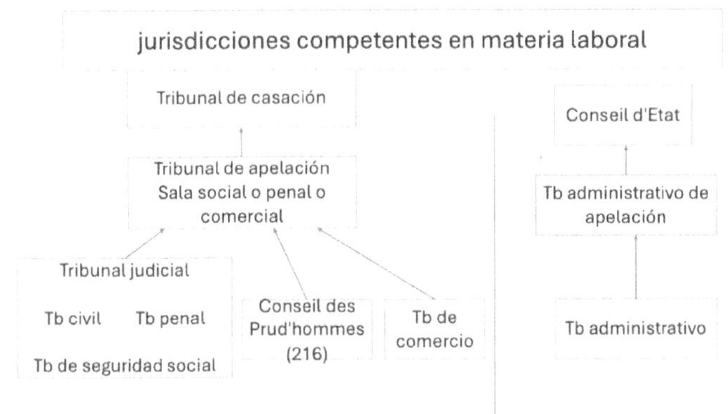

16 Se han presentado numerosos proyectos de reforma para crear una jurisdicción social única, pero ninguno ha llegado a buen puerto. Las últimas reformas tenderían más bien a simplificar y profesionalizar las jurisdicciones históricas. P. Laroque, Contentieux social et juridiction sociale, Droit soc. 1954, 271; Quelles réformes pour la justice sociale? F. Guiomard, RDT 2014, 129; A. Supiot, L'impossible réforme des juridictions sociales, RF aff. Soc. 1993, 97.

17 G. Auzero, D. Baugard, E. Dockès, Droit du travail, Précis Dalloz 2022, 116.

Aquí presentaremos esencialmente el Conseil des Prud'hommes, aunque diremos algo también de los otros tribunales competentes en materia laboral. Pero no trataremos de la competencia en ámbito de la seguridad social. Es una competencia especial, como es una especialidad extraña del derecho laboral.

La experiencia real – Volviendo al título de nuestro estudio, hay que subrayar que el Estado ha hecho muchos esfuerzos para facilitar el acceso al derecho en general. Ahora existen lugares de información numerosos, nombrados "Points-justice", repartidos en todos sitios del territorio donde los ciudadanos pueden reunirse con abogados o juristas y exponerles sus problemas. También, un número de teléfono dedicado permite a los ciudadanos plantear preguntas a profesionales del ámbito jurídico. Estas facilidades de información tienen por objeto orientar a los justiciables hacia los procedimientos adecuados y, en la medida de lo posible, evitar litigios o errores en la presentación de demandas. Estos servicios son gratuitos, ya que se trata de un servicio público creado por el Ministerio de Justicia[18]. Además, en materia laboral, los sindicatos también son importantes medios de información en caso de conflictos laborales tanto individuales que colectivos.

En materia laboral, hasta ahora, los medios amistosos no tenían mucho éxito, aunque la conciliación sea obligatoria y gratuita como primer paso delante del Conseil des Prud'hommes. Los franceses están más apegados a la justicia que impone que a la negociación. En particular, en materia de derecho laboral, los trabajadores demandantes esperan la condena del empleador y rara vez están dispuestos a negociar un acuerdo con la empresa que los ha despedido. Pero costumbres, o mentalidades evolucionan. Los medios alternativos van teniendo más éxito. A eso, diferentes explicaciones. Se podría pensar que la gran duración de los procedimientos desalienta a los justiciables y los empuja hacia la transacción, pero diversas reformas recientes también explican esta evolución. Por un lado, el legislador fomenta los acuerdos

---

18 https://www.justice.fr/themes/acces-droit-point-justice

extrajudiciales por transacción, mediación o escrituras negociadas por abogados (procédure participative). Por otro lado, desde 2016, según la ley, los distintos órganos del CPH pueden remitir en cualquier momento a las partes a un mediador antes de la fase de conciliación o de resolución judicial[19].

A estas novedades procesales se suman reformas fundamentales del Derecho laboral, que explican no solo el éxito de los modos alternativos, sino también la considerable disminución del número de asuntos tramitados ante los Conseil des Prud'hommes. Por un lado, una reforma del despido colectivo ha transferido parte de los litigios a los tribunales administrativos, debido a la intervención de la administración durante el procedimiento. Por otro lado, una reforma de la terminación del contrato laboral por acuerdo negociado entre las partes también ha contribuido a reducir el número de casos ante los tribunales laborales. Además, una reforma de la indemnización por despido improcedente ha establecido una escala de indemnizaciones que deja poco margen a los jueces en la determinación de la indemnización. Esta reforma fomenta el acuerdo desde la fase de conciliación, o bien las transacciones previas. Por lo tanto, la diminución de los fallos no ha llegado a disminuir la duración de los procesos. Quedan todavía demasiado largos como se ve en las tablas siguientes:

19 Art. R. 1471-2 Code travail.

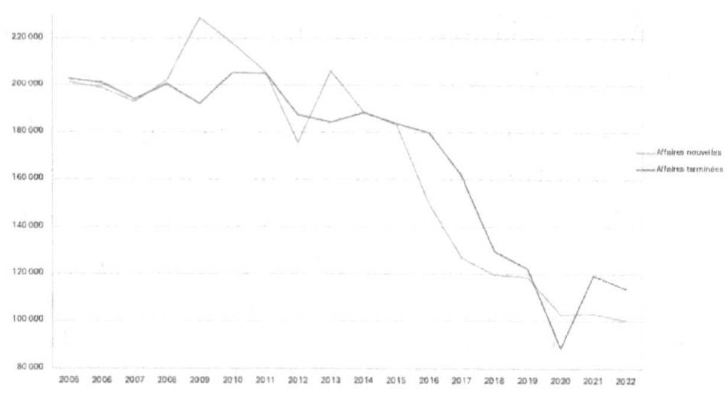

	2018	2019	2020	2021	2022
plazo medio (meses)					entre 4,3 y 21,4 (75%)
todos los casos	14,6	14,2	15,6	16,3	15,4
sentencias	16,9	16,5	18,3	18,2	17,6
medidas provisionales	2,2	2,4	3,1	2,5	2,4

3. LA JURISDICCIÓN COMO MEDIO DE SOLUCIÓN DE LOS CONFLICTOS DE TRABAJO – CONFLICTOS INDIVIDUALES

Como se lo ha visto, varios tribunales, en primera instancia, son competentes en el ámbito de conflictos de trabajo. El principal es el *Conseil des Prud'hommes,* antiguo y cuya competencia cubre los conflictos en el ámbito del contrato de trabajo (cualificación, contratación, ejecución, despedido u otro modo de terminación del contrato). Los otros tribunales competentes en el ámbito laboral son jurisdicciones de derecho común (Tribunal civil o tribunal de derecho público), o especializadas en otro ámbito (tribunal de comercio o sala de seguridad social). Aquí nos limitamos al *Conseil des Prud'hommes.*

Historia - los Con*seil des prud'hommes* son tribunales paritarios de trabajo, establecidos en el primer nivel de la organización judicial civil, habían sido creados antes de la Revolución de 1789 y fueron restablecidos por Napoleón Ier en 1806. Al principio su misión era resolver los conflictos por conciliación o arbitraje, en conformidad con las normas profesionales. Las diferentes reformas adoptadas en los siglos XIX y XX transformaron una instancia de conciliación en un verdadero órgano jurisdiccional, sin que nunca se modificara legalmente la ausencia de jueces de carrera. Numerosos estudios e informes denuncian los males que aquejan a esta institución y proponen soluciones[20]. Pero no han tenido ningún efecto. El legislador ha preferido adoptar algunas reformas marginales entre 2014 y 2017. Han simplificado el procedimiento, sin revolucionar una institución a la cual los franceses están muy apegados. Los proyectos de reforma para hacer más jurídica la justicia laboral, confiándola a jueces de carrera, también se enfrentan a un problema financiero. Si hay que sustituir a los 14 500 consejeros de los tribunales laborales por magistrados de carrera, el presupuesto del Ministerio de Justicia aumentará el déficit. Así, por ejemplo, los jueces de los tribunales laborales ya no son elegidos, sino designados por los sindicatos representativos, para un mandato renovable de cuatro años. Hoy en día, es un tribunal que aplica el derecho laboral, muy amplio y de orden

---

[20] T. Grumbach, A propos des conseils de prud'hommes… cent ans après, Dr. Ouvrier nov. 1997 ; G. Gélineau-Larrivet, Quelques réflexions sur les conseils de prud'hommes et la procédure prud'homale, Mélanges offerts à Pierre Drai, Dalloz 2000, 343Rapport Marshall, Les juridictions du XXIème siècle, déc. 2013 ; Rapport ministèriel «Lacabarats», L'avenir des juridictions du travail : vers un tribunal prud'homal du XXIème siècle, 16 juil. 2014 ; Commission des lois et des affaires sociales, 10 juillet 2019.

público. Pero sigue marcado por una particularidad de su origen: el procedimiento delante el *Conseil des Prud'hommes* empieza con un intento de conciliación obligatorio antes de proceder a la sentencia judicial en caso de fracaso. Esta fase preliminar de conciliación se encuentra en muchos países, tanto en los estudiados en este libro como en otros países europeos. Esto es aún más notable si se tiene en cuenta que, en general, Francia no tiene una cultura del compromiso.

Funcionamiento - Existe uno o varios Conseil des Prud'hommes en la jurisdicción de cada tribunal judicial. El número y la ubicación de los CPH no se corresponden con una división administrativa, como ocurre con otras jurisdicciones, sino con la importancia económica y el número de empresas y empleados de una zona geográfica[21]. Cada CPH es un tribunal paritario: está compuesto por un número igual de empleados y empleadores; su presidente es alternativamente un empleado o un empleador, cambia cada año. Un CPH se divide en cinco secciones autónomas: agricultura, industria, comercio, dirección, y actividades diversas. Una sección puede tener varias salas según la importancia del contencioso[22]. Cada sección (o cada sala de sección) tiene dos salas, nombradas Bureau (oficina). Por un lado, el Bureau de conciliación y orientación, compuesto por un asesor de la empresa y un asesor de los trabajadores, cuya misión es proponer una solución amistosa al litigio; por otro lado, el Bureau de juicio, compuesta por dos asesores empleadores y dos asesores de los trabajadores, cuya misión es resolver el litigio en caso de que fracase el intento de conciliación, emitiendo una sentencia que tiene fuerza de cosa juzgada y puede ser objeto de recurso. El Conseil des Prud'hommes también cuenta con una formación de urgencia, compuesta por un asesor empleador y un asesor de los asalariados, capaz de tomar

---

[21] Actualmente hay 200 Conseils des prud'hommes repartidos por todo el territorio francés.

[22] Cifras E. Serverin, precit.

medidas urgentes, conservatorias o de restablecimiento, llamada formación de "référé"[23].

Independientemente de la formación, en caso de igualdad de votos, el asunto se remite a la misma sala de juicio o a la misma formación de medidas de urgencia, presidida por un juez del tribunal judicial, llamado juez partidor, para obtener una mayoría[24]. De facto, la tasa de fallos en departición no es muy importante[25]. Se eleva a 16% en 2023.

Los consejeros Los consejeros laborales son designados a partir de listas sindicales por un período de cuatro años. Son trabajadores en activo o jubilados. Deben disponer del tiempo necesario para ejercer sus funciones. Siguen percibiendo su salario por las horas de ausencia del trabajo. Gozan de protección contra el despido, como los representantes de trabajadores. El Estado reembolsa a los empleadores los salarios pagados durante las horas de servicio en el Conseil de Prud'hommes o en formación. Los jubilados y los empleadores reciben una indemnización por el tiempo dedicado. En el momento de su nombramiento, todos los jueces del Conseil de Prud'hommes, tanto trabajadores como empleadores, deben seguir una formación inicial y continua. La formación de los nuevos asesores está organizada por la Escuela Nacional de la Magistratura[26]. Es obligatoria[27] y tiene una duración de cinco días, tres de ellos a distancia y dos presenciales en Burdeos. Durante el ejercicio horas impartida por los institutos de formación sindical[28]. Posteriormente, el asesor deberá seguir una formación continua en un centro de formación público acreditado, con una duración total de seis semanas durante su mandato

23 Para una presentación simplificada https://www.justice.fr/themes/cph

24 B. Munoz Perez, E. Serverin et F. Venin, La départition prud'homale, Infostat justice n°48, juin 1997.

25 https://www.justice.gouv.fr/sites/default/files/2024-07/RSJ2023_4_4.pdf

26 Art. L. 1442-2 et D. 1442-10-2 C. travail.

27 Art. L. 1442-2 et D. 1442-10-1 C. travail, Si el asesor no realiza la formación, será destituido.

28 Art. L. 1442-1et s. ; D. 1442-1 et s. C. travail.

(4 años). Estas horas se consideran muy insuficientes para formar en derecho y en la redacción de sentencias a personas que nunca han cursado estudios jurídicos. En el ejercicio de sus funciones en el Conseil de Prud'hommes, estos asesores son considerados magistrados de pleno derecho. Imparten justicia «en nombre del pueblo francés».

Cabe precisar que los magistrados de carrera deben aprobar el examen de ingreso a la escuela de la magistratura con un título de máster y seguir 18 meses de formación en la escuela y en prácticas.

Recursos - Según la importancia del litigio, las partes pueden o no interponer recurso contra la decisión del CPH. Se habla de la tarifa de competencia del tribunal. Actualmente, esta tarifa está fijada en 5000 €[29]. Si el litigio se refiere a una suma mayor, o no evaluable en especie (daño moral, por ejemplo), las partes pueden interponer recurso ante el tribunal de apelación territorialmente competente. Cualquier sea el valor del litigio, las partes pueden recurrir en casación.

4. EL ÁMBITO COMPETENCIAL DE LAS JURISDICCIÓNES HABILITADAS PARA ENTENDER DE CONFLICTOS DE TRABAJO – FUERA DEL CPH

Como ya se ha dicho, en materia de justicia laboral, no se puede hablar de una jurisdicción en singular. La realidad muestra una mosaica de tribunales competentes según el objeto del litigio. Fuera de la competencia del Conseil des prud'hommes en el ámbito del contrato de trabajo de los trabajadores del sector privado que ya hemos presentado, hay que decir algo de la competencia general de los tribunales judiciales. También, plantaremos aquí las grandes líneas de la competencia en materia de seguridad social, y de los casos de competencia de los tribunales administrativos.

---

29 La tarifa es fijada por un decreto, Art. R. et D. 1462-3 code du travail. La tarifa no ha evoluado desde 2020.

Tribunales judiciales – Son los tribunales de competencia general en materia civil. Así que en materia laboral, fuera de la competencia especial del Conseil des Prud'hommes, los tribunales judiciales son competentes por todos otros asuntos. Con una ley de 2019[30] el legislador ha simplificado la organización de la justicia, haciendo la fusión entre los Tribunales de instancia y los Tribunales de grande instancia. Desde el 1er de enero 2020, se nombran Tribunales judiciales. Son competentes en materia de elecciones profesionales, de representación sindical, del funcionamiento de los representantes del personal, especialmente el pago de los expertos o más bien de todo lo que el empleador tiene que pagar por este funcionamiento; contencioso de la interpretación de los convenios colectivos (fuera de la interpretación del Conseil des Prud'hommes en materia de aplicación del convenio a un asalariado), y de todos los conflictos colectivos. Como se ve en la tabla siguiente, la presentación ante los tribunales judiciales aumenta, pero queda marginal comparándolo a las presentaciones ante los Conseils des Prud'hommes. El TJ es también competente en materia de responsabilidad civil[31].

---

30 Loi n° 2019-222 du 23 mars 2019, de programmation 2018-2022 et de réforme pour la justice ;

31 Es un contencioso muy raro pero interesante en materia de estrategia judicial, por ejemplo: Civ. 2, 10 nov. 2005, n° 04-17324, confirmación de CA. Versailles28 mai 2004, E. Serverin et T. Grumbach, La saga judiciaire Flodor, RDT 2009, 693.

Graphique 1-Répartition des contentieux selon la juridiction saisie

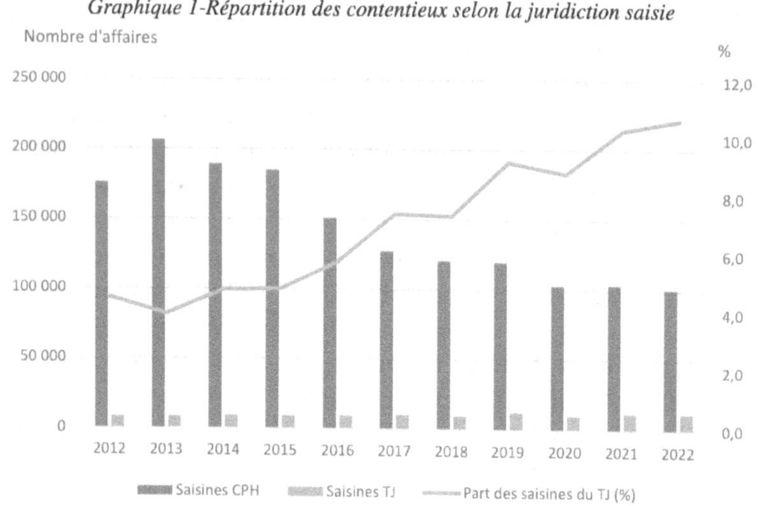

Seguridad social – Desde el 1er de enero de 2019, todos los litigios sociales, que hasta entonces se repartían entre los tribunales de asuntos de seguridad social (TASS), los tribunales de incapacidad (TCI) y las comisiones departamentales de asistencia social (CDAS), se fusionaron y se transfirieron a los tribunales de primera instancia (que desde entonces se han convertido en tribunales judiciales). Dentro de los Tribunales judiciales, una parte llamada "pôle social" tiene competencia por toda la materia de seguridad social[32]. El artículo L.142-1 del Código de Seguridad Social define lo que abarca el contencioso de la seguridad social. Incluye los litigios relativos a:

- la aplicación de las leyes y reglamentos de la Seguridad Social y de la Mutualidad Social Agrícola (1°);
- la recaudación de determinadas contribuciones, pagos y cotizaciones contemplados en el Código de la Seguridad Social y el Código del Trabajo (2°, 3°);

- al estado o grado de invalidez, en caso de accidente o enfermedad no profesional, y al estado de incapacidad para el trabajo, al estado de incapacidad permanente para el trabajo, en particular al porcentaje de dicha incapacidad, en caso de accidente de trabajo o enfermedad profesional -para el régimen general y el régimen agrícola- (4°, 5°, 6°);
- las decisiones de las CARSAT (Cajas de seguro de jubilación y salud en el trabajo) y de las cajas de mutualidad social agrícola en materia de tarificación de los riesgos profesionales (7°);
- las decisiones de la CDAPH (Comisión de Derechos de Autonomía de las Personas con Discapacidad) y del presidente del consejo departamental relativas a las menciones «discapacidad» y «prioridad» que figuran en la tarjeta «movilidad inclusión» (8°, 9°).

Los recursos contenciosos interpuestos en las materias mencionadas en el artículo L. 142-1, con excepción de los relativos a la tarificación del riesgo profesional, irán precedidos de un recurso previo, en las condiciones previstas por la reglamentación. Existen dos tipos de recursos previos, según el carácter médico o no de la impugnación. Son recursos amistosos delante de una comisión al nivel regional.

Como ya dicho, en Francia el derecho de la seguridad social y por supuesto su contencioso, es un asunto y una disciplina jurídica especial, fuera del derecho laboral. Pero hablando del acceso a la justicia, se puede decir que, en materia de seguridad social, las instituciones judiciales son muy técnicas y mucho más difícil de comprensión que el Conseil des Prud'hommes. Es cosa de especialistas.

Orden administrativo – Una gran particularidad de las instituciones judiciales franceses es la separación entre orden judicial (civil) y orden administrativo. Aquella situación es ligada a la historia del país, no se encuentra en muchos otros países.[33] Resulta de primero la competencia de los tribunales administrativos en materia de empleo público. El orden administrativo es competente para los funcionarios, pero también para todos los contratados de derecho público (que trabajan en una administración). Sin embargo, unos contratos especiales, que relevan de la política de empleo, son de la competencia de los Conseil des Prud'hommes por excepción legislativa. De segundo, los tribunales administrativos son competentes siempre que una administración haya tomado una decisión. En este sentido, las decisiones de la administración laboral solo pueden ser impugnadas ante los tribunales administrativos. Es el caso de las sanciones impuestas por los inspectores de trabajo, pero también de las autorizaciones (o denegaciones) de despido de un trabajador protegido, o de la validación de un plan de despidos económicos. Por lo tanto, el espectro de competencias es amplio y los litigios administrativos ocupan un lugar importante en el derecho laboral.

El orden administrativo es componente de los tres niveles: Tribunales administrativos, tribunales administrativos de apelación, Conseil d'Etat al nivel supremo. Pero si la demanda es relativa a la nulidad de un acto administrativo de nivel nacional (decreto o decisión ministerial, por ejemplo), solo el Conseil d'Etat es competente. Es un orden completamente distinto del orden civil y penal. Tiene sus propios magistrados que no tienen la misma formación y no son seleccionados mediante los mismos concursos.

Esta situación plantea diversos problemas: por un lado, a los justiciables no siempre les resulta fácil saber a qué jurisdicción deben acudir. Por otro lado, esto ralentiza los procedimientos y, por lo tanto, dificulta el acceso a la justicia. En efecto, a veces es necesario que el juez administrativo se pronuncie sobre la legalidad de una decisión administrativa (por ejemplo, la autorización del despido de un trabajador protegido) antes de que el trabajador pue-

---

33 Y. Struillou, L'office du juge administratif en contentieux public du travail, in M. Keller (dir), Procès du travail et travail du procès, LGDJ 2008, 279.

da acudir al Consejo de Prud'hommes. Por último, pueden surgir conflictos de competencia, por ejemplo, cuando ambas instancias se declaran incompetentes. Para estos casos, existe el Tribunal de Conflictos, cuya única función es resolver estas dificultades designando al tribunal competente[34].

5. CAPACIDAD, LEGITIMACIÓN Y CONDICIONES DE ACCESO A LA JUSTICIA LABORAL

A pesar de su lentitud, la justicia está bastante bien administrada, en respeto al derecho laboral. Sin embargo, una discusión recurrente se refiere a la composición del tribunal. Los jueces no son juristas, sino magistrados designados por los sindicatos, procedentes del mundo profesional. Esta falta de formación jurídica[35] plantea el problema de una justicia que a veces se basa más en la equidad que en la aplicación estricta de las normas jurídicas[36]. Sin duda, esto explica por qué los recursos ante el tribunal de apelación que emanan de las decisiones de los CPH son más numerosos que los que proceden de otros tribunales de primera instancia. Hace tiempo que se está considerando una reforma, pero actualmente no hay ninguna propuesta seria al respecto.

Competencia material - La competencia del Conseil des prud'hommes, juez del contrato de empleo, podría limitarse a los que han concluido aquel contrato, empleador y empleadores. Pero las jurisdicciones sociales no se limitan a la existencia de tal contrato. Se fían a la realidad. Si de verdad la relación de trabajo entre un trabajador y un ordenante revela un estado de subordinación, el juez puede recalificar el contrato civil o comercio en

---

34 Tb. Conflits, 22 de noviembre de 2010, n.º 3476, sobre la competencia entre el juez judicial y el juez administrativo en materia de contratos de «empleo solidario» y «empleo consolidado».

35 Art. D 1242-6 c. trav. Formation syndicale.

36 L. Cadiet, Les mots de la justice du travail, in A droit ouvert, Mélanges en l'honneur d'A. Lyon-Caen, 2018, 161.

contrato de empleo. Si no lo hace, el Conseil des Prud'hommes no es competente. La competencia será del tribunal comercio. Es lo que ocurre actualmente con los trabajadores de plataforma, como Uber, Bolt, Glovo o foodora. A priori son independientes, por lo menos es lo que exige la plataforma, pero muy a menudo, la relación laboral se desarrolla en un estado de subordinación del trabajador con respecto a la plataforma[37]. En este caso, el juez puede recalificar el contrato como contrato de trabajo. En Francia, la ley no establece una presunción de empleo asalariado como lo hizo por ejemplo España con el decreto-ley sobre los *drivers*[38].

La recalificación del contrato tiene numerosas consecuencias financieras: pago de horas extras, vacaciones, indemnización por despido y posibilidad de que las cajas de protección social pidan las cotizaciones no pagadas.

Acción colectiva o de grupo – Las acciones ante el juez de lo social, basadas en el contrato de trabajo, son exclusivamente acciones individuales. Las acciones colectivas como tales (interpretación del convenio colectivo, huelga, elecciones profesionales) son competencia del tribunal judicial. Sin embargo, de hecho, puede haber acciones individuales agrupadas. Cuando un grupo de empleados presenta la misma reclamación individual, las demandas se agrupan en una sola audiencia para una buena administración de la justicia, pero cada demanda dará lugar a una respuesta individual, aunque el problema de derecho se resuelva de la misma manera para cada demandante[39].

---

37 Aff. Take Eat Easy, Soc. 28 nov.2018, n° 17-20079 ; Uber, Soc. 4 mars 2020 ; Bolt, Soc. 15 mars 2023, n° 21-17.316 ; Le Cab, 24 avr. 2024, n°22-17.995.

38 Real Decreto-ley 9/2021, "Ley-Rider".

39 Por un ejemplo, C.cass. soc. 23 oct. 2024, n° 23-11.087 à 23-11.306, unión de 215 demandas presentadas por un sindicato en el marco de una acción sustitutiva; E. Serverin, L'effectivité de l'action de substitution pour la défense des droits des salariés en question: variations procedurales autour de l'arrêt de la chambre sociale du 23 octobre 2024.

Representación ante el Conseil des Prud'hommes - Ante el CPH, la representación por abogado no es obligatoria. Según el artículo R. 1453-2 del Código del Trabajo, las personas habilitadas para asistir o representar a las partes son los empleados o los empleadores que pertenecen al mismo sector de actividad; los delegados permanentes o no de las organizaciones de empleadores y empleados; el cónyuge, la pareja vinculada por un pacto civil de solidaridad o el concubino; los abogados o los miembros de la empresa o del establecimiento. Como se ve en la tabla siguiente, el recurso al ministerio de abogado va crecientemente. Es resultado de la complexidad del derecho laboral.

Graphique 15- Évolution du mode d'assistance/représentation des défendeurs (procédures initiées par les salariés ordinaires)

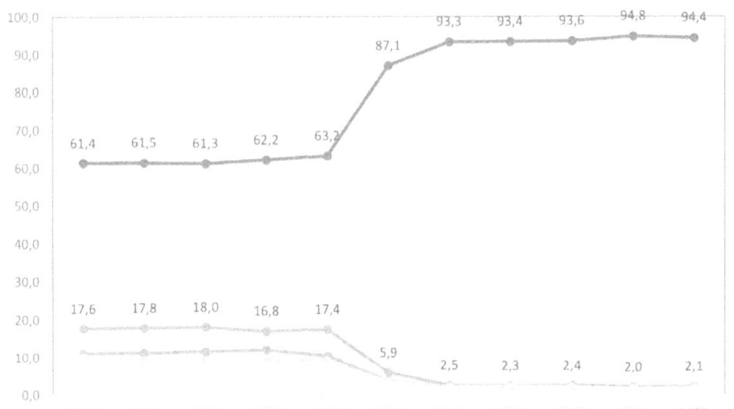

En caso de recurso delante el Tribunal de apelación, la asistencia por abogado es obligatoria solo desde 2016. Delante el Tribunal de casación, son abogados especializados, su asistencia es también obligatoria desde 2016.

Coste económico –El principio de justicia gratuita se aplica en todos los tribunales franceses. Sin embargo, las partes siguen siendo responsables de algunos gastos. En particular, los honorarios de los abogados. Existe un sistema de asistencia jurídica. El Estado puede proporcionar ayuda financiera en función de los ingresos de la persona. Si el trabajador es eligible a esta ayuda, los honorarios del abogado corren a cargo del Estado, según un baremo fijado por decreto en función de la naturaleza y la complejidad del procedimiento.

Ingresos fiscales personales	Ingresos fiscales mensuales (por el ejemplo)	Tasa de la ayuda financiera
inferior à egal a 12 712 €	**inferior o egal a 1 059 €**	**100%**
Entre 12 713 € y 15 027	**Entre 1 059 € y 1 252 €**	**55%**
Entre 15 028 € y 19 066 €	**Entre 1 252 € y 1 589 €**	**25%**

6. EL PAPEL DE LAS ORGANIZACIONES Y REPRESENTACIONES COLECTIVAS

Las organizaciones representativas de trabajadores o empresarios desempeñan un papel muy importante, no solo en la defensa de los intereses profesionales de sus miembros, sino también en la defensa de los intereses colectivos de la profesión. Para ello, la ley les reconoce diferentes posibilidades de acción ante los tribunales. Además de estas acciones judiciales, los sindicatos también desempeñan un papel de consejo jurídico y de defensa de los trabajadores ante los tribunales.

Asesor jurídico o defensa de los trabajadores - La ley del 31 de diciembre de 1971 autoriza a los sindicatos a prestar asesoramiento y redactar documentos «en beneficio de las personas cuya defensa de intereses esté contemplada en sus estatutos, sobre cuestiones que se relacionen directamente con su objeto». Más recientemente[40], el legislador ha reconocido el estatuto de defensor sindical que puede representar a las partes ante los CPH y los tribunales de apelación[41]. Incumbe a la administración del trabajo establecer la lista de estos defensores sindicales, a propuesta de las organizaciones de empleadores y empleados representativas a nivel nacional. Disfrutan de una autorización para ausentarse de su trabajo y son remunerados por el empleador (el Estado se hace cargo de los gastos). Estos defensores gozan de un especial amparo contra el despido.

Acciones en su propio nombre - Cualquier sindicato, incluso no representativo, puede actuar ante los tribunales para defender sus intereses. Estos pueden ser patrimoniales o morales, como la defensa de la libertad sindical. En este contexto, puede actuar, por ejemplo, impugnando las elecciones para la representación sindical o pidiendo que se respete un convenio colectivo.

Acción de sustitución - La acción llevada a cabo por un sindicato en lugar de un empleado es contraria al principio general según el cual «nadie puede actuar en nombre de otro». Por esta razón, se limita, por un lado, a la sustitución de los trabajadores por sindicatos representativos de los empleados y, por otro, a casos específicos. Sin embargo, limitada a dos motivos en 1981 (trabajadores a domicilio y aplicación de un convenio colectivo), la lista de motivos de sustitución se ha ampliado considerablemente a lo largo de las reformas. Algunos desean ahora que este mecanismo se generalice.

Para sustituir a un empleado, el sindicato no necesita su autorización. Basta con que haya sido informado y no se haya opuesto a esta acción del sindicato. El empleado también puede intervenir

---

40 Art. 1453-4 c.tr., ley n° 2015-990 du 6 août 2015.

41 Art. L. 1453-4 et s. ; C. Morin, Le nouveau défenseur syndical, JCP 2016, 1284.

en cualquier momento del proceso. También puede ser beneficiario de la indemnización por daños y perjuicios dictada por el tribunal. Como la demanda se refiere a un elemento contractual, el CPH es competente. El Tribunal de casación es muy stricto sobre el respeto de las reglas de procedimiento[42].

Defensa del Interés Colectivo de la Profesión - Desde hace mucho tiempo, la jurisprudencia admite la acción sindical en defensa de un interés colectivo de la profesión (sentencia de 5 de abril de 1913). La ley siguió (1920) y actualmente es el artículo L. 2132-3 del Código Laboral el que establece que los sindicatos pueden, ante todos los tribunales, ejercer todos los derechos reservados a la parte civil, en relación con hechos que causen un perjuicio, directo o indirecto, al interés colectivo de la profesión que representan[43]. Esta acción está abierta a todos los sindicatos de trabajadores o de empleadores, incluso a los no representativos. De esta manera, los sindicatos pueden contribuir al respeto de la ley, al igual que la administración del trabajo o el fiscal.

Acción de grupo - Las organizaciones sindicales representativas también disponen de una acción especial en materia de discriminación. Esta acción, denominada «de grupo», se ejerce ante un tribunal civil para determinar que varios candidatos a un empleo, a unas prácticas o a un período de formación en una empresa o varios empleados son objeto de una discriminación directa o indirecta, basada en el mismo motivo que figura en la lista de criterios discriminatorios legalmente reconocidos, y atribuible a un mismo empleador[44].

---

42 C.cass. soc. 23 oct. 2024, n° 23-11.087 à 23-11.306, unión de 215 demandas presentadas por un sindicato en el marco de una acción sustitutiva; E. Serverin, L'effectivité de l'action de substitution pour la défense des droits des salariés en question: variations procedurales autour de l'arrêt de la chambre sociale du 23 octobre 2024.

43 F. Guiomard, L'action en justice des syndicats dans l'entreprise : « vieille lune », toujours actuelle?

44 art. L. 1134-7 C. tr. ; S. Izard, L'action de groupe en matière de discrimination dans la loi justice XXI, Sem soc Lamy, oct. 2016, n° 1741 ;

7. DISEÑO LEGAL, MODO DE INICIO Y PRINCIPALES ASPECTOS DEL PROCESO

Aquí solo hablaremos del procedimiento ante el Conseil des Prud'hommes, que es muy diferente de los procedimientos ante el tribunal judicial civil o penal. Sin embargo, desde hace algunos años, las sucesivas reformas (2016, 2017, 2019) acercan el procedimiento laboral al procedimiento civil[45]. En particular, el principio de oralidad del procedimiento se desvanece detrás de un formalismo más pronunciado[46]. No obstante, el procedimiento ante el Conseil des Prud'hommes sigue siendo original, en particular por la obligación de conciliación previa que se mantiene, aunque su éxito sigue siendo incierto.

Proceso delante del Conseil des Prud'hommes – El proceso empieza cuando una de las partes presenta una demanda ante el tribunal. En la mayoría de los casos, es el asalariado despedido quien presenta la demanda. Por un lado, las demandas presentadas por el empresario son muy poco frecuentes y, por otro, también es poco frecuente que el empleado emprenda acciones contra su empleador durante la ejecución del contrato, aunque de la ley y la jurisprudencia protegen el trabajador contra las represalias de su empleador en caso de demanda judicial contra este último[47].

O. Levannier-Gouël, Fallait-il consacrer l'action de groupe en droit du travail?

45 M. Beckers, La réforme de la procédure prud'homale : l'illusion de l'efficacité, RDT 2017, 279 ; F. Millot et C. Mathurin, Contentieux du travail - En questions : La réforme de la procédure prud'homale, JCP S 2016, act. 381.

46 Art. R. 1453-3 C. tr. "el procedimiento delante el Conseil des Prud'hommes es oral".

47 Por ejemplo : art. 1235-3-1 ; L. Gratton et O. Leclerc, Actions en justice et mesures de rétorsion, RDT 2014, 321 ; Cass. Soc. 6 fév. 2013, n°11-11.740, RDT 2013, 630, note P. Adam ; Soc. 21 nov. 2018, n° 17-11.122, RDT 2019, 257, obs. I. Meyrat

Las reformas de 2016 y 2017 han reforzado los trámites que deben cumplirse al presentar la demanda en la secretaría del Conseil des Prud'hommes. Antes era muy sencillo, el solicitante podía hacerlo sin formalidad, por escrito o más bien verbalmente ante la secretaría del Conseil des Prud'hommes. Ahora, los solicitantes deben adjuntarse al escrito elementos precisos, so pena de que se rechacé la demanda. También se han reducido los plazos de prescripción. La acción debe presentarse en los doce meses siguientes a la fecha del despido (antes eran cinco años). Ahora es muy difícil presentar una demanda sin ayuda de un avocado o un defensor sindical que conoce bien los tramites del procedimiento prudente.

Conciliación - El procedimiento ante el Conseil des Prud'hommes empieza con la fase de conciliación, de manera histórica. Desde 2015, la oficina de conciliación se ha convertido en la oficina de conciliación y orientación. Su papel se ha incrementado para acelerar el procedimiento. También se aleja de la forma tradicional de oralidad y presencia obligatoria de las partes. Las reformas tienden hacia una mayor profesionalización de la justicia laboral, acercándola al procedimiento civil ordinario, aunque por el momento conserva una gran originalidad.

Tradicionalmente, las partes tenían que estar representadas en la audiencia de conciliación, mientras que desde 2016, solo es una facultad, aunque los jueces pueden exigir su presencia personal[48]. El Tribunal de Casación reconoce a los jueces de la oficina de conciliación un papel activo en la búsqueda de un acuerdo que preserve los derechos de cada una de las partes[49]. Hay que subrayar el aumento del número de conciliaciones efectivas. La tasa tradicionalmente baja, va aumentando desde pocos años, pasando de

---

48 Art. R. 1453-1 c. tr: « Las partes se defienden a sí mismas. Tienen la facultad de hacerse asistir o representar. »

49 Cass. Soc. 28 mars 2000, D. 2000, 537, note J. Savatier, Grands arrêts du droit du travail n° 30.

13% en 2012 a 21% en 2022[50]. Aquel aumento puede explicarse como el resultado de las reformas reciente del procedimiento, en particular, el nuevo papel de la oficina de conciliación y orientación, a la cual se añada una reforma de la indemnización de los despidos. El legislador ha establecido un procedimiento especial en caso de despido[51]. Las partes pueden llegar a un acuerdo que regule las indemnizaciones debidas por el empresario, basándose en una tarifa reglamentaria. Este acuerdo, una vez firmado, acaba el procedimiento[52].

Los jueces de la sala de conciliación y orientación también pueden tomar una serie de decisiones. Pueden ordenar al empleador que entregue documentos como, por ejemplo, los recibos de sueldo. También pueden ordenar medidas de instrucción, como investigaciones en el lugar de trabajo o la búsqueda de testigos. Sin embargo, estas facultades de instrucción se utilizan poco debido a la falta de tiempo de los jueces de los tribunales laborales y a la gran cantidad de casos que deben tramitar.

Más allá de la fase de conciliación, los jueces pueden orientar a las partes hacia una instancia de juicio en formación plenaria (dos jueces empleadores, dos jueces empleados) o en formación restringida (un empleador y un empleado). La orientación está relacionada con el fondo del asunto.

En cualquier momento del procedimiento, las partes pueden firmar un acuerdo de conciliación o un acuerdo transaccional. El demandante también puede decidir abandonar la acción en cur-

---

50 C. Moreau et E. Serverin, Les affaires prud'homales dans la chaine judiciaire de 2012 à 2022, Rapport à la Direction des affaires civiles et du sceau, mai 2024, p. 63.

51 Art. L. 1235-1 c. tr. « si las partes aceptan la conciliación, el acuerdo prevé el pago de una indemnización a tanto alzado que se suma a las indemnizaciones legales o convencionales. »

52 Art. 1235-1 et D. 1235-21 c. tr.

so. Estas situaciones son frecuentes, en parte debido a la lentitud de los procedimientos de los tribunales laborales en Francia[53].

8. EL SISTEMA DE RECURSOS CONTRA LAS RESOLUCIONES JUDICIALES

El principio de recurso contra una decisión judicial de primera instancia se respeta ante los tribunales laborales, como ante cualquier tribunal francés. Sin embargo, hay que distinguir dos tipos de recurso: el recurso de apelación, que permite volver a juzgar el asunto como si fuera la primera vez, y el recurso de casación, que solo puede referirse a la aplicación y interpretación del derecho por el tribunal anterior. Todos los recursos alargan la duración del proceso. Todos los recursos alargan la duración del proceso. Esto puede disuadir a los justiciables de interponer un recurso. La ausencia de recursos no es necesariamente señal de satisfacción de las partes en el proceso, en particular de los trabajadores.

Apelación - Las decisiones de los CPH pueden ser recurridas ante un tribunal de apelación si el importe del litigio es superior a 5000 euros o si la demanda no es cuantificable, como es el caso de los daños morales, por ejemplo. Sin embargo, los pequeños litigios financieros tienen una vía de recurso, ya que pueden recurrirse en casación.

A nivel de apelación no hay tribunales especializados. Los tribunales de apelación, cuya competencia es territorial, reciben las apelaciones de todos los tribunales civiles, del tribunal judicial y de su parte especializada en asuntos de seguridad social, pero también de los Conseils des Prud'hommes o de los tribunales de comercio, entre otros. Sin embargo, todos los tribunales de apelación, incluso los más pequeños (tenemos 36 tribunales de

---

53 Es difícil nombrarlos, pero se observa que sobre 1000 demandas, Mas de 400 se acaban sin ninguna decisión de la jurisdicción laboral, C. Moreau et E. Serverin, precit.

apelación en Francia), tienen al menos una sala especializada en materia social (derecho laboral y seguridad social). El tribunal vuelve a juzgar el caso, puede solicitar investigaciones adicionales o proponer a las partes una mediación. Sus decisiones pueden dar lugar a un recurso de casación.

Al igual que en primera instancia, se observa una disminución del número de recursos ante los tribunales de apelación, pero un aumento de la duración de los procedimientos, lo que indica un disfuncionamiento. La tasa de recursos en apelación es más o menos de 60%. Es más alto que en las otras materias. Según los mejores observadores[54], no hay que considerar que los juicios dictados por los tribunales laborales sean de menor calidad por el hecho de que sus miembros no sean jueces de carrera. Las decisiones dictadas con la presidencia de un juez del tribunal judicial tienen una tasa de apelación más elevada que las decisiones dictadas en formación ordinaria. Parece que los aspectos económicos y jurídicos explican en mayor medida esta tasa.

Graphique 23- Évolution du nombre d'affaires CPH et hors CPH traitées par les cours d'appel et durées de traitement (hors jonction et interprétation)

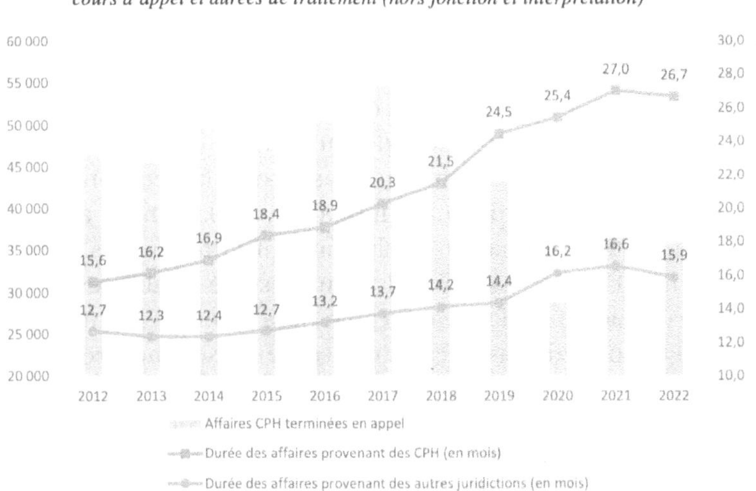

54 C. Moreau et E. Serverin, precit. P. 67 et s.

Casación - El Tribunal de Casación, garante del derecho y su interpretación, es la jurisdicción suprema del orden judicial. Se puede asimilar a un tribunal supremo, pero solo por el orden judicial, es decir todo lo civil y lo penal. Es único en Francia y tiene su sede en París. Está compuesto por seis salas, tres civiles, una mercantil, una social y una penal. Estas salas pueden reunirse en una asamblea plenaria para garantizar la armonización de la interpretación del derecho. Aunque las salas mercantil y penal conocen asuntos relacionados con el derecho laboral, es la sala social la que juzga la mayor parte de los litigios laborales. Estos litigios son tan numerosos que, desde 2003, los recursos de casación en materia de seguridad social se encomiendan a la segunda sala civil del Tribunal de Casación. La Sala de lo Social es la sala especializada en derecho laboral. Conoce de todos los recursos procedentes de los CPH en particular, que hubiera apelación o no.

La función del Tribunal de Casación no es volver a juzgar el caso, sino verificar la aplicación e interpretación de la norma jurídica. Emite sentencias de rechazo si considera que la interpretación es conforme a la ley. Emite sentencias de casación si no está de acuerdo con la forma en que se ha aplicado la ley. En este caso, se anula la decisión anterior y el asunto se remite a un tribunal del mismo grado y naturaleza, es decir, si el recurso se hubiera formulado tras una sentencia de un Conseil des Prud'hommes, otro CPH deberá volver a juzgar el asunto; si la decisión anulada hubiera sido dictada por un tribunal de apelación, el asunto se remitirá a otro tribunal de apelación, con otros jueces. Cuando dicta sentencias de casación, el tribunal suele establecer normas de interpretación de la ley aplicable para orientar la nueva decisión del tribunal de instancia. En caso de un segundo recurso en el mismo asunto sobre el mismo punto de derecho, será el pleno el que dicte la decisión y, en caso de remisión, el tribunal de instancia deberá aplicar obligatoriamente la norma dictada por el tribunal de casación.

Se observa que los fallos del tribunal de casación son todos publicados en internet[55]. Son objeto de numerosos comentarios en revistas especializadas. Es esta jurisprudencia la que se estudia en las universidades, mientras que las decisiones de los CPH tienen muy poca visibilidad. Quienes mejor conocen la jurisprudencia de los CPH son los profesionales, abogados o asesores sindicales, o los jueces de lo social, por supuesto. Es a ellos a quienes deben acudir los justiciables para hacerse una idea del éxito de su demanda antes de acudir a los tribunales.

9. MODOS Y POSIBILIDADES DE EJECUCIÓN DE LAS RESOLUCIONES JUDICIALES

En cuanto al tribunal, hay dos formaciones, una ordinaria, llamada "bureau de jugement", sala de juzgamiento, y otra que se reúne en caso de urgencia, llamada formación "de référé", juez de medidas profesionales.

Las resoluciones judiciales son, en principio, inmediatamente ejecutivas, salvo apelación del fallo. En lo que respecta a los litigios individuales, generalmente posteriores a un despido, el sistema francés puede calificarse de indemnizatorio, a diferencia de otros países como Alemania, por ejemplo, que favorecen la reincorporación del empleado. En el ámbito de los conflictos colectivos, la vía judicial parece poco eficaz.

Cauces de urgencia – La formación paritaria que existe desde 1974 para decidir en casos de urgencia se llama référé prud'homal[56]. Puede tratarse de medidas relativas a hechos indiscutibles (pago de salarios o horas extraordinarias), o para prevenir un daño inminente (peligro para un empleado) o poner fin

---

55 Legifrance.gouv.fr o courdecassation.fr.

56 J. Normand, Les procédures d'urgence en droit du travail, Dr. Soc. 1980 ; S. Mraouahi, Du bon usage du référé prud'homal, Dr. Ouvrier 2017, 290.

a una perturbación manifiestamente ilícita (ruptura anticipada de un contrato de duración determinada). El juez de medidas cautelares no puede interpretar las cláusulas del contrato o del convenio colectivo. Puede ordenar la reintegración de un representante del personal, por ejemplo. Sus decisiones son siempre provisionales, a la espera de una decisión sobre el fondo.

Medidas ejecutivas – En formación paritaria (tantos representantes de los trabajadores como de los empleadores), como todas las formaciones del CPH, el tribunal delibera por mayoría de votos. En caso de empate, se celebrará una nueva audiencia, presidida por un juez del tribunal civil. Esto solo afecta a alrededor del 10 % de los juicios. Las decisiones son inmediatamente ejecutables, salvo apelación. Se traducen esencialmente en la condena al pago de daños y perjuicios. En casos excepcionales, los jueces pueden declarar la nulidad del despido y ordenar la reincorporación obligatoria del empleado. La ley francesa prevé la indemnización de los empleados despedidos injustamente (ausencia de causa real y seria), salvo que se haya violado un derecho fundamental. Se consideran nulos los despidos injustificados de un representante del personal, de una mujer embarazada o en casos de discriminación o acoso. La nulidad conlleva el pago de los salarios perdidos entre el día del despido y el día de la reincorporación. Más allá del despido, se formulan otras demandas, en particular en materia de tiempo de trabajo, horas extraordinarias, salarios o complementos salariales, por ejemplo. Los jueces responden a todas las demandas presentadas por las partes.

El juez suele ordenar multas coercitivas, la obligación de ejecutar la sentencia en un plazo breve, salvo que se paguen sumas adicionales que aumentan con el retraso en la ejecución. Estas multas coercitivas, que tienen fuerza ejecutiva, pueden dar lugar a restricciones por parte de un agente judicial o de la policía.

Resolución de los conflictos colectivos - En materia de conflictos colectivos, el tribunal judicial es el competente. Por lo general, el empleador lo recurre en forma de medidas provisionales, en particular para solicitar el cierre de la empresa debido al peligro relacionado con la huelga y las acciones de los huelguistas. Las respuestas de los jueces suelen ser decepcionantes para los empresarios. Es raro que los jueces ordenen el levantamiento de un piquete de huelga o el cierre de una empresa. Solo lo hacen si la grave e inminente amenaza está realmente demostrada. A menudo, el juez suspende su decisión y da a las partes un plazo para negociar antes de volver a él. Saben que la solución de un conflicto colectivo no pasa por el juez, que puede agravarlo, sino por la negociación, que puede restablecer el diálogo.

10. CONCLUSIÓN

Para concluir este estudio, en el que se ha prestado principal atención a la organización y el funcionamiento del Conseil des Prud'hommes, jurisdicción especializada y original, volveremos al título de este trabajo. ¿Facilitan el acceso a la justicia laboral los diferentes mecanismos institucionales que hemos presentado? Al término de la exposición, la respuesta sigue siendo delicada y debe matizarse. Dejamos la palabra a una de nuestras más altas instituciones judiciales públicas: "Los CPH constituyen un modelo de justicia original, impartida por pares, a la que los interlocutores sociales están muy vinculados y que ningún informe reciente ha planteado cuestionar. Sin embargo, la calidad del servicio que prestan a los justiciables no es satisfactoria, al igual que su funcionamiento. Tanto en primera instancia como en apelación, los plazos son demasiado largos y los casos pendientes aumentan a pesar de las reformas del Derecho laboral, que han reducido el volumen de litigios, y de las modificaciones de los procedimientos"[57].

Más allá de la lentitud y la falta de medios financieros, hay que destacar que el acceso a la justicia institucional sigue siendo difícil

---

57 Rapport de la Cour des comptes, 4ème Chambre, 2ème section, S2023-0498, Les conseils de Prud'hommes, https://www.ccomptes.fr/sites/default/files/2023-10/20230622-S2023-0498-Conseils-de-prudhommes_0.pdf

para los más desfavorecidos. De hecho, los estudios estadísticos muestran que son principalmente los trabajadores con contrato indefinido los que recurren a la justicia. Los trabajadores con contratos de duración determinada o temporales siguen estando muy alejados de esta institución por razones que sería demasiado largo explicar aquí.

Graphique 4 -Les contrats des salariés ordinaires

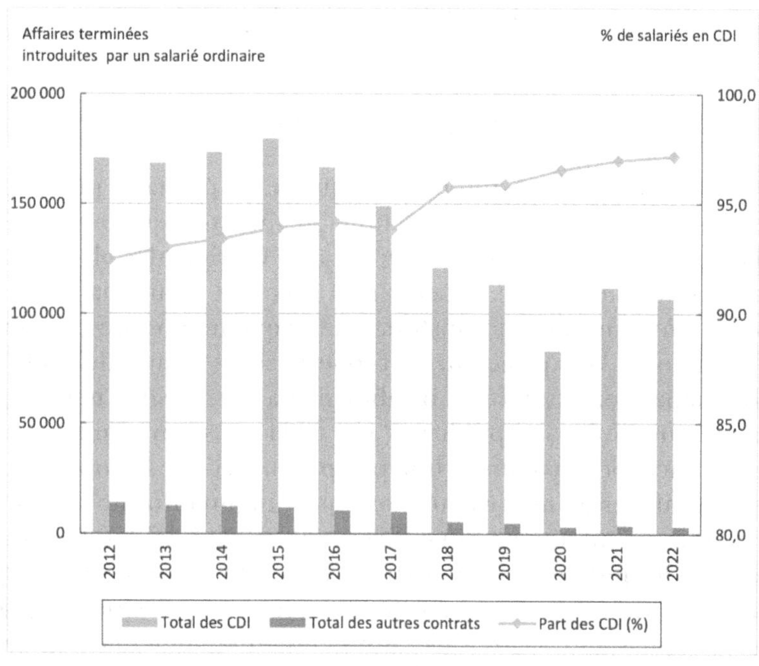

Para los trabajadores con contrato indefinido, el acceso a la justicia es a menudo un mal menor. Se produce tras un despido, es decir, todas las injusticias relacionadas con el poder de dirección del empleador durante la ejecución del contrato escapan en gran medida a la justicia. Quizás habría que volver entonces al concepto más amplio de justicia social mencionado en las primeras líneas de este trabajo para asegurarla a todos.

Italia

Conflictos laborales y acceso a la justicia en Italia[1]

MARZIA BARBERA[2] Y VENERA PROTOPAPA[3]

SUMARIO:

1. Introducción. - 2. El acceso a la justicia laboral en el sistema italiano: un modelo subsidiario de asistencia jurídica gratuita. - 3. Las especificidades del sistema nacional de defensa judicial de los derechos sociales. - 4. La crisis del proceso del trabajo. - 5. Conflictos individuales y conflictos colectivos. Las acciones de clase y las acciones colectivas inhibitorias. - 6. El derecho (y el proceso judicial) como instrumento para el cambio social.

RESUMEN: Este capítulo analiza el derecho de acceso a la justicia desde la perspectiva de la efectividad de los derechos sociales, con especial atención al ámbito laboral. El estudio se centra en el caso italiano, examinando en primer lugar el sistema estatal de patrocinio a expensas del Estado, sus limitaciones y el desarrollo de un modelo subsidiario basado en actores sociales como los sindicatos. En segundo lugar, se analizan las características del proceso laboral en Italia y las reformas recientes que han afectado negativamente al acceso efectivo a la justicia. En la tercera parte se aborda la evolución hacia formas de tutela colectiva, como las acciones de clase y las acciones colectivas inhibitorias, cuya aplicación fue ampliada por la reforma de 2019 más allá del ámbito de la protección de los consumidores. Finalmente, se examinan casos emblemáticos relativos a la aplicación del Estatuto de los Trabajadores y de las normas antidiscriminatorias,

---

1 Este trabajo es fruto de una reflexión común. El párrafo 2 ha sido escrito por Marzia Barbera, mientras que los párrafos 3, 4 y 5 han sido escritos por Venera Protopapa. Los párrafos 1 y 6 han sido escritos por ambas autoras.

2 Profesora emérita de Derecho del Trabajo, Universidad de Brescia (Italia).

3 Profesora asociada de Derecho del Trabajo, Universidad de Verona (Italia).

con el objetivo de reflexionar no solo sobre su éxito o fracaso en la protección judicial de los derechos, sino también sobre el vínculo entre estrategias legales y movilización social.

Questo capitolo analizza il diritto di accesso alla giustizia dalla prospettiva dell'effettività dei diritti sociali, con particolare attenzione all'ambito del lavoro. Lo studio si concentra sul caso italiano, esaminando innanzitutto il sistema statale di patrocinio a spese dello Stato, le sue limitazioni e lo sviluppo di un modello sussidiario basato su attori sociali come i sindacati. In secondo luogo, vengono analizzate le caratteristiche del processo del lavoro in Italia e le recenti riforme che hanno inciso negativamente sull'accesso effettivo alla giustizia. Nella terza parte, si affronta l'evoluzione verso forme di tutela collettiva, come l'azione di classe e l'azione inibitoria collettiva, estese dalla riforma del 2019 oltre l'ambito della tutela del consumatore. Infine, si esaminano casi emblematici relativi all'applicazione dello Statuto dei lavoratori e delle norme antidiscriminatorie, con l'obiettivo di riflettere non solo sul successo o il fallimento delle azioni in giudizio in termini di protezione dei diritti coinvolti, ma anche sul nesso tra strategie legali e mobilitazione sociale.

1. INTRODUCCIÓN

El derecho de acceso a la justicia es crucial en un estado liberal: permite a las personas defender sus intereses ante los tribunales y lograr su completa integración en la comunidad política.

Como aclara Mauro Cappelletti (1974), uno de los mayores investigadores del tema del acceso a la justicia a nivel global, mientras que, en los estados liberales y burgueses de finales del siglo XVIII y del siglo XIX, los procedimientos civiles para litigios civiles reflejaban la filosofía esencialmente individualista de los derechos entonces prevalecientes, a partir de cuando las sociedades modernas avanzaron hacia el reconocimiento de derechos y deberes sociales, el significado de la fórmula de "acceso a la justicia" comenzó a referirse sobre todo a la implementación de los derechos sociales, que típicamente implican un compromiso por parte del Estado de hacer, operar, e intervenir.

Por tanto, a los efectos de este artículo, el problema del acceso a la justicia se analizará desde la perspectiva de la efectividad de los derechos sociales.

Sin embargo, las desigualdades epistemológicas de clase y de mercado históricamente han impedido u obstaculizado la consecución de los derechos sociales. En todo el mundo, los grupos e individuos pobres y marginados carecen de acceso a las herramientas que necesitan para acceder efectivamente al sistema judicial. Este problema es particularmente grave en el ámbito del derecho laboral. De ahí surge la obligación del Estado de adoptar medidas para garantizar la igualdad del acceso a los procedimientos, por ejemplo, mediante el establecimiento de la asistencia jurídica gratuita, y de abordar el problema de la representación legal de intereses colectivos y grupales.

En esta perspectiva, mientras que los jueces asumen un papel fundamental en nombre del Estado Social, la cuestión del acceso a la justicia surge necesariamente también en términos sustanciales, como lo demuestran los esfuerzos implementados por los Estados contemporáneos: primero con el objetivo de asegurar la asistencia a las personas sin recursos en los tribunales y, posteriormente, en la dirección de garantizar mecanismos de protección de intereses colectivos como los de los trabajadores, los consumidores o del medio ambiente.

El acceso a la justicia incorpora el derecho a un proceso equitativo en virtud del artículo 6 del CEDH y del artículo 47 de la Carta de los Derechos Fundamentales de la UE, y el derecho a un recurso efectivo en virtud del artículo 13 del CEDH y del artículo 47 de la Carta UE.

El requisito de efectividad, en el ámbito de las citadas disposiciones, debe referirse tanto a los aspectos procesales como a los sustantivos, es decir, a los remedios que pueden obtenerse tras el resultado de la acción judicial. Para garantizar una mejor administración de justicia, los Estados pueden establecer límites, por ejemplo, mediante la fijación de plazos de prescripción o mediante la regulación de las costas procesales para desalentar el uso indebido de acciones legales. Sin embargo, tales restricciones sólo se permiten siempre cuando tengan una finalidad legítima, sean proporcionadas y no menoscaben la esencia misma de la ley, que incluye también la posibilidad de obtener la ejecución de decisiones favorables.

Por último, el derecho a un recurso efectivo debe ser tal para todas las personas, independientemente de sus recursos económicos. Las desigualdades que limitan el acceso a la justicia y los intentos por solventar esas desigualdades pueden encontrarse en todo el mundo. Sin embargo, a pesar de ser a menudo el resultado de procesos globales de circulación de modelos jurídicos, las instituciones que se han establecido para garantizar el acceso a la justicia adoptan distintas formas localmente.

En la primera parte, este capítulo hará una breve descripción de la historia y del contexto institucional de los servicios jurídicos gratuitos estatales en Italia y evaluará la efectividad de la concesión de la asistencia jurídica a aquellos que no pueden permitirse de pagar a un abogado. A continuación, se describirá las razones del funcionamiento deficiente de este sistema, que es uno de los motivos que han llevado a un modelo "subsidiario" de asistencia jurídica gratuita basado en los actores sociales, principalmente los sindicatos de los trabajadores.

En la segunda parte, se describirán las características del proceso laboral en Italia, con referencia especial a los siguientes aspectos: el ámbito competencial, las condiciones de acceso a la justicia laboral, la carga de la prueba, el papel de las organizaciones y representaciones colectivas, el sistema de recursos contra las resoluciones judiciales y los modos y posibilidades de ejecución de las resoluciones judiciales.

Finalmente, se describirán las razones de su crisis actual, debida sobre todo a las recientes reformas en materia de costos y gastos de justicia.

En la tercera parte, se abordarán los instrumentos a través de los cuales se ha intentado recientemente superar la impronta individualista que conserva el proceso laboral, a pesar de las importantes excepciones que representan las acciones colectivas reconocidas a los sindicatos por el artículo 28 del Estatuto de los Trabajadores y a las organizaciones representativas de los intereses lesionados por la legislación sobre la discriminación en el empleo.

Examinaremos, en particular, los instrumentos de las acciones de clase y las acciones colectivas inhibitorias, cuya aplicación fue extendida por la reforma de 2019 desde el ámbito específico de la protección del consumidor hacia todos los casos en los que se denuncie la vulneración de "derechos individuales homogéneos".

En la última parte, tras examinar la cuestión del acceso a la justicia en la lógica del "ordinamento intersindacale" y de la doctrina que ha elaborado este concepto, el articulo abordará el tema del acceso a la justicia centrándose primero en la aplicación judicial del Estatuto de los Trabajadores, y después en la experiencia más reciente de la aplicación de las normas antidiscriminatorias relativas a los migrantes, que también afectan las relaciones del trabajo. El texto analizará estas experiencias no con el objetivo de evaluar únicamente su éxito o fracaso en la protección judicial de los derechos, sino con el propósito de ampliar la reflexión sobre la relación entre las estrategias legales y la movilización social y política.

2. EL ACCESO A LA JUSTICIA LABORAL EN EL SISTEMA ITALIANO: UN MODELO SUBSIDIARIO DE ASISTENCIA JURÍDICA GRATUITA

El sistema de acceso a la justicia italiano ofrece en el campo laboral un llamativo ejemplo de subsidiaridad, en el que los actores sociales han prestado apoyo, y en algunas áreas han sustituido, al Estado como garante del acceso efectivo a la justicia. La construcción de este sistema se remonta a principios de los años 70, a la Ley 11 agosto 1973, n. 533, y tiene su origen en el fracaso del sistema de asistencia jurídica italiano en el área de los conflictos laborales. La característica más innovadora de la reforma (que se incluyó en una reforma más general de la legislación de procedimientos laborales) consistió en rechazar la idea - vigente desde los años 20 del siglo pasado (Cappelletti 1975) - de la representación legal de los pobres como un "*onorificum munus*" i.e. una asistencia honoraria y obligatoria que los abogados prestan gratuitamente como parte de sus obligaciones profesionales.

En línea con el ejemplo de otros países europeos, la Ley del 1973 estableció un sistema de asistencia jurídica pública, conforme al cual la representación legal ante los tribunales era prestada por abogados privados retribuidos por el estado. Además, la ley sustituyó la exigencia del "estado de pobreza" por uno de límite de ingresos y una valoración previa de la base jurídica de la reclamación por el mismo juez que tendría que pronunciarse al respecto.

En el momento de la promulgación de esta ley, este nuevo modelo de asistencia jurídica tenía que sustituir a corto plazo al mencionado modelo anterior, impulsando una reforma general de todo el sistema de acceso a la justicia. Sin embargo, no fue así. La reforma general esperada tuvo que esperar otros treinta años en ser implementada[4], no solo por las dificultades para llegar a un acuerdo político sobre su contenido sino también por el fracaso de la reforma adoptada en 1973, que hizo imposible aprovechar de su experiencia de aplicación.

El fracaso estuvo marcado por la introducción de un complicado e imperfecto mecanismo para poder optar a la asistencia jurídica del Estado. El límite de ingresos determinado resulto ser

---

4 Siguiendo una sentencia del Tribunal Europeo de Derechos Humanos (*Artico v. Italy*, 37 TEDH (ser. A) (1980) en la que se establecía que la República de Italia había vulnerado el derecho a asistencia jurídica garantizado por el artículo 6(3) del Convenio Europeo, en 1990 se aprobó la Ley 217/1990, que concedía servicios jurídicos gratuitos prestados por el estado (con distintas limitaciones) en procedimientos penales. Una reforma general del sistema se promulgó con el Texto Único del año 2002 (d.p.r. 115/02).

demasiado bajo y la ley no permitía evaluar la situación social y familiar del solicitante, mientras que la valoración previa de la reclamación implicaba un anticipo arriesgado del resultado de la controversia.

Sin embargo, la mayor deficiencia era la falta de cualquier forma de asesoramiento y asistencia jurídica extrajudicial.

La ineficacia de la asistencia jurídica pública dejó margen a las organizaciones no-gubernamentales, y específicamente a los sindicatos, para que se hicieran cargo de la situación, estableciendo un sistema de representación jurídica paralelo y de asesoramiento a los trabajadores, que competiría agresivamente y, acabaría incluso sustituyendo, a la asistencia jurídica gratuita pública (Tucci 1978). La función de los sindicatos italianos se amplió mucho a finales de los 60 durante el periodo de agitación en la industria y de las luchas de trabajadores. Una forma de reforzar aún más esa función consistió en cubrir las nuevas demandas de justicia generadas por esta conflictividad social.

El sistema funcionó en cierta medida como un sistema informal de honorarios basados en resultados: los sindicatos ofrecieron a sus afiliados asistencia jurídica extrajudicial a través de sus empleados, mientras que la asistencia jurídica y la representación ante los tribunales era prestada mediante un mandato *ad litem* otorgado por el trabajador a un abogado privado que colaboraba con el sindicato. La asistencia jurídica era completamente gratuita al individuo, y los abogados percibían sus honorarios y recuperaban los gastos incurridos solamente si su cliente ganaba el pleito[5].

Se ha subrayado que, en este contexto, «la implicación del sindicato era la única forma que se garantizaba la protección jurídica a los trabajadores, de modo que en los sectores en que dicha in-

---

[5] Sobre la crisis de este modelo, debido a las nuevas normas sobre costes relacionados con el acceso a los tribunales y honorarios, véase más adelante, § 4.

tervención no se produjo, el acceso a la justicia era virtualmente inexistente» (Tucci 1978, p. 143).

La entrada en vigor del mencionado Texto Único, que amplió la asistencia jurídica gratuita pública a todos los tipos de litigios, pretendió rellenar este vacío[6]. Sin embargo, a pesar de la implementación de la anhelada reforma general de la asistencia jurídica, el sistema no mejoró. Su eficacia se ha visto minada a lo largo de los años por distintos factores, como la complejidad irracional y sin sentido del procedimiento de aplicación burocrática (por ejemplo: extranjeros tienen también que demostrar pruebas de sus ingresos en el país de origen, una exigencia a menudo imposible de acreditar[7], el límite de bajos ingresos establecido por la ley, y la significativa discrepancia entre los "honorarios de asistencia jurídica gratuita" y los honorarios ordinarios). Finalmente, el

6 La asistencia jurídica está ahora a disposición de los ciudadanos italianos, no italianos y apátridas que cumplan las exigencias específicas establecidas por la ley. En los casos penales, las solicitudes de servicios jurídicos gratuitos prestados por el estado se dirigen al tribunal ante el cual se está sustanciando el caso. En todos los demás casos, la solicitud se dirige al Colegio de Abogados local, que debe también evaluar que la demanda no sea manifiestamente infundada. Una vez la solicitud ha sido aceptada, el beneficiario puede nombrar al abogado de su elección, con una selección entre los abogados que figuran en un registro especial. Para un análisis en profundidad del sistema véase Macrì (2003).

7 Con arreglo a alguna interpretación de la ley, mientras que en los casos penales la ayuda estaba a disposición de los no nacionales con independencia de su condición de migrante, en los casos civiles y administrativos la ayuda se concedía solamente a inmigrantes con residencia regular. La cuestión fue sometida al Tribunal Constitucional en Corte Cost. 14 mayo 2004, n. 144 que determinó que el derecho de acceso a la justicia garantizado por el artículo 24 de la Constitución es un derecho humano inviolable, que no puede ser denegado en base a la presencia regular o irregular del extranjero en el territorio nacional. Sin embargo, el hecho de que la Ley 94/2009 haya tipificado como delito la estancia irregular hace poco probable que los inmigrantes indocumentados soliciten asistencia jurídica en los procedimientos civiles.

Texto Único, en línea con la legislación anterior, no logró incluir ninguna otra actividad además del litigio, quedando excluidos el asesoramiento jurídico extrajudicial y la asistencia extrajudicial. Todos estos factores han limitado considerablemente la capacidad de la asistencia jurídica pública para responder efectivamente a la necesidad de servicios jurídicos, con el planteamiento de serias dudas sobre la calidad de los servicios jurídicos. Tampoco existen datos sobre el número de personas que requieren servicios jurídicos, por lo que resulta imposible estimar en qué medida la asistencia jurídica satisface las necesidades legales de las personas en situación de pobreza. La crisis del sistema es evidente si consideramos que, desde en el 2014, los datos muestran una caída de los gastos totales de asistencia jurídica, frente a un aumento de los beneficiarios potenciales.

En contraste, los servicios jurídicos ofrecidos por sindicatos siempre han sido de más fácil acceso, en la mayoría de los casos con buena calidad profesional y han incluido, al contrario de lo que ocurre con la asistencia jurídica pública, asesoramiento jurídico y asistencia anterior al juicio[8].

Por lo tanto, es fácil entender el motivo por el que los estudios sociológicos y jurídicos sobre el uso del derecho y la defensa ante los tribunales de intereses individuales y colectivos se ha centrado principalmente en el mecanismo de acceso a la justicia subsidiario anteriormente descrito. La última parte del artículo describirá las acciones legales interpuestas bajo el Estatuto de los Trabajadores, que constituyen la parte más significativa de esta experiencia, desde un punto de vista tanto política como legal. Los litigios por

---

8 También los grupos de consumidores y las organizaciones de propietarios ofrecen servicios jurídicos a sus miembros. Normalmente, estas organizaciones ofrecen un asesoramiento preliminar a través de su personal y remiten después a los clientes que lo necesitan a abogados especializados en las áreas relevantes del derecho, con los que tienen suscrito un acuerdo en cuanto a honorarios. Hay que señalar que, en comparación con los sindicatos, son significativamente menos conocidos que aquellos que pueden potencialmente beneficiarse de su actividad.

discriminación laboral serán el otro campo de esta investigación de la dinámica trabajadores/actores sociales en relación con la defensa de los derechos sociales ante los tribunales.

3. LAS ESPECIFICIDADES DEL SISTEMA NACIONAL DE DEFENSA JUDICIAL DE LOS DERECHOS SOCIALES

Con la aprobación de la Ley 533/1973 que regula el proceso laboral, las expectativas de acceso efectivo a la justicia por parte de los trabajadores han encontrado su principal respuesta en la jurisdicción laboral. La ley introdujo un proceso inspirado en la oralidad, la concentración y la inmediatez, formando un ejemplo de una «protección diferenciada» que implementa valores constitucionales (Costantino 2023, p. 24; en general sobre la ratio de la Ley 533/1973, Dalfino 2023).

La legislación italiana atribuye la competencia sobre los litigios en materia de empleo y seguridad social y asistencia social obligatoria a las "Secciones especializadas en litigios laborales". Tales conflictos están sujetos a un procedimiento especial establecido por la Ley 533/1973 y que ha permanecido casi intacto en su esencia.

Como se ha anticipado, el procedimiento se caracteriza por tres elementos: la oralidad (en el proceso de trabajo, la discusión del caso se desarrolla principalmente en la sala del tribunal, a través de la forma oral); inmediatez (coincidencia entre el juez que conduce la fase de instrucción - es decir, la fase en la que se recogen las pruebas - y el juez que dicta la decisión final) y concentración (sistema rígido de limitaciones respecto de las alegaciones y pruebas que se pretende hacer valer ante el tribunal) (para un análisis actualizado de estos aspectos y de las especificidades del proceso laboral, véase el número especial de 2023 de LDE).

El procedimiento laboral se diferencia del ordinario en la forma de la demanda. En realidad, no se trata de una citación, sino de un recurso directo ante el juez del trabajo. La demanda debe contener: la indicación del juez; los datos referentes al demandante y al demandado; la determinación del objeto de la demanda; y, bajo pena de caducidad, la exposición de los hechos y elementos de derecho en que se basa la demanda, con las conclusiones pertinentes y la indicación específica de los medios de prueba que el recurrente pretende utilizar y, en particular, de los documentos que se ofrecen para su comunicación (414 Código Procesal Civil; en adelante, c.p.c.).

La eficacia de este procedimiento, sin embargo, no es «el resultado exclusivo de la bondad de la técnica legislativa, sino que también se logró gracias a las medidas reglamentarias y organizativas adoptadas al mismo tiempo, en particular la creación de secciones especializadas (sin retrasos) y el aumento de la plantilla» (Orrù 2023, p. 56).

Las secciones especializadas en materia laboral están presentes en cada Tribunal ordinario para la primera instancia, en cada Corte de Apelaciones para la segunda instancia, y en el Tribunal de Casación para el control de legitimidad, con competencia para juzgar en materias particulares relativas al derecho del trabajo, de la seguridad social y de la asistencia obligatoria.

El proceso prevé tres instancias de enjuiciamiento. Además de la primera instancia, existe un derecho de recurso ordinario "a crítica libre" mediante el cual se pueden denunciar los defectos de fondo; mientras que ante el Tribunal de Casación el recurso es admisible por motivos que atañen a cuestiones de puro derecho (motivos de legitimidad).

En primera instancia el juez es monocrático (juez único), mientras que en la apelación la sentencia es colegiada (tres jueces). En el Tribunal de Casación, los asuntos son tratados por una sección especializada en la resolución de controversias relacionadas con el derecho laboral y la seguridad social, normalmente integrada por cinco magistrados.

A) El ámbito competencial

Como se anticipó, el juez laboral es competente en materia de "conflictos laborales" y de "seguridad y asistencia social obligatoria".

La competencia en materia de conflictos laborales (409 c.p.c.) incluye cinco categorías de conflictos: a) relaciones laborales privadas subordinadas, aunque no sean inherentes al funcionamiento de una empresa; b) disputas en materia agraria; c) relaciones laborales parasubordinadas; d) relaciones laborales en organismos económicos públicos; e) relaciones laborales al servicio de la administración pública que no estén adscritas a otro orden jurisdiccional.

La competencia en el ámbito de la seguridad y la asistencia social obligatoria incluye los seguros sociales, los accidentes de trabajo, las enfermedades profesionales, las prestaciones familiares, así como cualquier otra forma de seguridad y asistencia social obligatoria.

Sin embargo, no se excluye que otros jueces puedan conocer de litigios en estos ámbitos. Esta posibilidad se está dando recientemente en el caso de las acciones de clase y las acciones colectivas inhibitorias reservadas a secciones especializadas en asuntos empresariales (para una discusión, De Santis 2023).

La competencia del tribunal laboral abarca tanto al sector privado como al sector público, con algunas excepciones relativas a procedimientos de concurso para la contratación de empleados de la administración pública y algunas categorías de relaciones laborales no privatizadas que están reservadas a la competencia de los tribunales administrativos (por ejemplo, magistrados, fiscales, diplomáticos).

B) Condiciones de acceso a la justicia laboral

El acceso al proceso laboral está reservado a los trabajadores subordinados y parasubordinados. Sin embargo, dado que el derecho laboral italiano da prioridad al modo en que se desarrolla efectivamente la relación laboral sobre su calificación formal, un trabajador formalmente clasificado como autónomo, pero en realidad dependiente, puede dirigirse al juez del trabajo para solicitar el reconocimiento de su subordinación y de todos los derechos que de ella se derivan.

A pesar de la particular relevancia del interés colectivo en materia laboral, el proceso laboral, salvo algunas excepciones, ofrece pocas salidas en esta dirección. Sin embargo, si el perjuicio denunciado por los trabajadores se refiere a una misma conducta por parte del empleador o a conductas en serie, nada impide a los trabajadores, si lo consideran oportuno, proponer acumulativamente la misma causa.

También es posible proponer una acción de clase de conformidad con la Ley 31/2019 que permite acumular en un mismo proceso las demandas de indemnización de múltiples trabajadores contra el empleador, siempre que sean homogéneas (por ejemplo, las reclamaciones de indemnización de múltiples trabajadores contra el empleador (empresa) siempre que sean homogéneas (por ejemplo, se deriven del mismo acto o comportamiento) (véase § 5).

Sin embargo, no se puede decir que el acceso a la justicia sea efectivo en la medida en que el Estado no aborde con instrumentos adecuados la cuestión de los gastos asociados al litigo, en particular los gastos vinculados a la administración de justicia y la necesaria asistencia técnica por parte de abogados.

En cuanto a los costes de la justicia, uno de los elementos cruciales de la reforma de 1973 se refería a la gratuidad del proceso laboral que, en la lógica del legislador, respondía al objetivo de gravar lo menos posible a la población económicamente más débil (art. 10).

Más recientemente, sin embargo, el principio de gratuidad también ha sido cuestionado, incluso con fines deflacionistas, especialmente en materia de seguridad social y asistencia.

Actualmente, la ley fija un umbral de exención del pago del "contributo unificato" (tasa judicial): en los procesos por conflictos de seguridad social y asistencia social obligatoria, así como por conflictos laborales individuales o relativos a las relaciones de empleo público, las partes cuyos ingresos no excedan tres veces el umbral de ingresos previsto para el acceso a la asistencia jurídica gratuita. En 2023, el umbral de ingresos para la admisión a la asistencia jurídica gratuita fue fijado por decreto ministerial de 5.10.2023 en 12.838,01 €; el umbral de exención es, por tanto, igual a 38.514,03 euros (el triple de 12.838,01 euros). El umbral se incrementa en 1.032,91 euros por cada miembro de la familia conviviente a cargo.

La contribución es de 43 euros en procesos de seguridad y asistencia social. En los conflictos laborales se aplica la contribución a tanta alzada reducida a la mitad y el valor de la contribución se calcula en función del valor del caso (por ejemplo, para un asunto con un valor entre 5.200 y hasta 26.000 euros, la contribución es de 237 euros)

La contribución se incrementa a la mitad para los procedimientos de apelación y se duplica para los procesos ante el Tribunal de Casación.

Particularmente importantes son las disposiciones en casos de desestimación total o de declaración de inadmisibilidad o inviabilidad del recurso, incluso de adhesión a la casación: la parte que lo propuso deberá pagar una cantidad adicional a título de contribución igual a la debida por el mismo recurso, ya sea principal o incidental (por ejemplo, en un caso ante el Tribunal de Casación la contribución por un caso de valor entre 5.200 y 26.000 euros será de 237 euros y, en caso de rechazo total, se podrá exigir a la parte perdedora que pague el doble).

Luego están los gastos relacionados con la asistencia técnica de un abogado. El art. 74, 2 párrafo del Decreto Presidencial 115 de 2002 prevé la posibilidad para los ciudadanos sin recursos de recurrir a la asistencia jurídica con cargo al Estado cuando sus motivos no sean manifiestamente infundados. Los umbrales de ingresos están fijados por el art. 76 (en 2023, el umbral se estableció en 12.838,01 €). La parte que pierde no puede beneficiarse nuevamente de la admisión en la fase de apelación, salvo en el caso de la acción de indemnización por daños en el proceso penal.

La ley italiana también establece que los gastos legales sigan la regla de la parte perdedora, lo que significa que la parte que pierde el caso debe pagar los gastos legales que haya incurrido la parte ganadora, excepto en ciertos casos excepcionales que con el tiempo se han ido definiendo de forma cada vez más restrictiva: originariamente en caso de la existencia de un "motivo justificado"; en 2009, por "motivos graves y excepcionales"; y, desde 2014, únicamente en caso de derrota mutua, de novedad absoluta de la cuestión debatida o de evolución de la jurisprudencia respecto a cuestiones determinantes. Sobre esta cuestión ha intervenido el Tribunal Constitucional, declarando la incompatibilidad con la Constitución de la reforma de 2014 en la medida en que no prevé la posibilidad de compensar las costas también cuando existan "otros motivos graves y excepcionales análogos" (De Angelis 2018; Scarpelli, Giaconi 2018).

La reforma del artículo 92 del Código de Procedimiento Civil tuvo un impacto significativo en el acceso a la justicia por parte de los trabajadores, al contradecir la práctica generalizada de los jueces laborales de compensar las costas procesales en caso de derrota del trabajador. Para comprender la forma en que surge la cuestión del acceso a la asistencia jurídica en el ordenamiento italiano, es importante tener en cuenta el hecho de que, desde la primera experimentación del sistema de asistencia jurídica gratuita en el contexto del proceso laboral, hubo una conciencia generalizada de que los trabajadores disfrutaban de mecanismos alternativos para apoyar su demanda de justicia (Tucci 1978; Cipriani 1994). Se hace referencia, come ya se ha anticipado, a la consolidación de los servicios de asistencia jurídica que las organizaciones sindicales ofrecen desde la segunda mitad de los años 1960 a los trabajadores, confiando su asistencia en juicios a los "abogados del sindicato", profesionales que mantienen una relación privilegiada con las organizaciones sindicales (Barbera, Protopapa 2020).

Las novedades relativas a la regulación de las costas, además de crear una serie de impedimentos/presiones en detrimento de los trabajadores, también han cuestionado fuertemente las perspectivas de viabilidad futura de este mecanismo alternativo basado esencialmente en la voluntad de los abogados de asumir el riesgo de no ser pagados por el trabajador en caso de pérdida, ante la posibilidad de poder contar con un flujo sostenido de casos canalizados por el sindicato. (Barbera, Protopapa 2020; Scarpelli, Giaconi 2018).

Los datos a este respecto confirman empíricamente la disminución de casos interpuestos en coincidencia con las reformas adoptadas (Terzi 2015; 2023).

Es claro que se necesitan otros elementos para delinear los contornos de la crisis de efectividad de la justicia laboral (De Angelis 2018): una serie de transformaciones que han involucrado la disciplina sustantiva y al fenómeno de la externalización del trabajo, que junto con la crisis económica del 2008, han aumentado el riesgo para el trabajador, incluso cuando sale victorioso, de no poder satisfacer sus pretensiones, salvo la posibilidad de impugnar supuestos de interposición ficticia o haciendo valer la responsabilidad solidaria del contratista en caso de contrata.

C) La carga de la prueba

En lo que respecta a la tramitación del caso, las normas aplicables en materia de carga de la prueba reflejan la regla general según la cual quien quiera hacer valer un derecho ante un tribunal debe probar los hechos que lo fundamentan (Colosimo 2023). Por ejemplo, en los casos de despido, corresponde al trabajador la carga de alegar y probar la existencia de la relación laboral y el hecho del despido, mientras que corresponde al empleador probar los hechos que constituyen la causa de despido.

En el caso de acciones antidiscriminatorias, se prevé una adaptación de la carga de la prueba que permita a quien denuncia una discriminación aportar elementos mediante los cuales sea posible presumir la existencia de discriminación. En este caso, corresponderá al empleador demostrar el carácter no discriminatorio de la conducta cuestionada (Peruzzi 2017).

En la audiencia fijada para la discusión del caso, el juez interroga libremente a las partes presentes, intenta conciliar la disputa y formula una solución o propuesta conciliatoria. La no comparecencia personal de las partes, o la negativa a la propuesta de acuerdo o conciliación del juez, sin motivo justificado, constituyen conductas que podrán ser apreciadas por el juez a los efectos de la causa. El acta de conciliación tiene valor ejecutivo.

El juez puede indicar en cualquier momento a las partes si hay irregularidades en las actas y documentos que pueden subsanarse, asignando un plazo para ello, sin perjuicio de los derechos que puedan alegarse.

También podrá disponer de oficio, en cualquier momento, la admisión de cualquier medio de prueba, incluso fuera de los límites establecidos por el Código Civil, con excepción del juramento decisorio, así como solicitar informaciones y observaciones, tanto escritas como orales, a las organizaciones sindicales indicadas por las partes.

A petición de parte, podrá ordenar el acceso al lugar de trabajo, siempre que sea necesario para el esclarecimiento de los hechos, y también ordenar, si lo considera útil, el interrogatorio de los testigos en ese lugar.

El juez, cuando lo considere necesario, podrá ordenar la comparecencia de aquellas personas que estén incapacitadas para testificar conforme al artículo 246 c.p.c. o que tengan prohibido declarar conforme al artículo 247 c.p.c., para interrogarlas libremente sobre los hechos del caso.

D) El papel de las organizaciones y representaciones colectivas

Según la ley actual, las organizaciones sindicales pueden emprender acciones legales incluso si no tienen personalidad jurídica (Razzolini 2018). Además de poder emprender acciones legales para proteger los llamados intereses propios, las organizaciones sindicales están legitimadas en los siguientes casos:

- Art. 28 del Estatuto de los Trabajadores aplicable en caso de conducta antisindical (órganos locales de asociaciones sindicales nacionales);
- Art. 28 Decreto Legislativo 150/2011;
- Art. 44 Decreto Legislativo 286/1998 sobre discriminación (organizaciones representativas de los intereses afectados y órganos locales de las organizaciones sindicales más representativas);
- Art. 420 bis c.p.c. y art. 840 sexiesdecies (como organización representativa de los derechos homogéneos tutelados inscritas en una lista establecida para este fin).
- Sin perjuicio de estos supuestos de legitimación, la jurisprudencia casi siempre ha excluido la posibilidad de que las organizaciones sindicales pudieran emprender acciones judiciales para la protección de intereses colectivos, como, por ejemplo, el interés en el cumplimiento de las cláusulas del convenio colectivo que establecen derechos a favor de los trabajadores individuales. No solo eso; la jurisprudencia también ha excluido la posibilidad de que el sindicato intervenga en procesos legales, incluso en un sentido adhesivo dependiente de las pretensiones del trabajador individual (Falsone 2023, Recchia 2018).

Por lo tanto, fuera de los supuestos típicos, el papel de las organizaciones sindicales en procesos legales es bastante limitado ya que pueden intervenir exclusivamente a petición de parte (425 c.p.c.) o de oficio (421 c.p.c.) con el fin de aportar en el juicio, a través de uno de sus representantes, informaciones y observaciones orales o escritas. También, el juez puede solicitar a los sindicatos el texto de los convenios y acuerdos colectivos de trabajo, incluidos los de empresa, que se aplicarán en el caso (425 c.p.c). Sin embargo, esta disposición ha tenido poca aplicación práctica. (Falsone 2023)

Desde enero del 2020, las organizaciones sindicales pueden intervenir ante el Tribunal Constitucional como *amicus curiae*.

También existen algunos supuestos en los que las organizaciones sindicales pueden emprender acciones legales por delegación de los trabajadores, pero estos casos tienen un alcance limitado ya que se refieren únicamente a la legislación contra la discriminación.

E) El sistema de recursos contra las decisiones judiciales

Es posible recurrir en apelación las decisiones de primera instancia que, como ya se dijo, están abiertas a la "libre crítica".

El recurso debe estar motivado, y para cada uno de los motivos deberá indicarse, bajo pena de inadmisibilidad, de forma clara, concisa y específica: la parte de la decisión de primera instancia que se impugna; las censuras propuestas a la reconstrucción de los hechos realizada por el juez de primera instancia; las infracciones de la ley denunciadas y su relevancia a los efectos de la resolución impugnada.

Las decisiones de apelación pueden recurrirse ante el Tribunal de Casación por motivos puramente jurídicos.

Si las partes consideran que ha habido una violación de sus derechos fundamentales previstos por el CEDH, pueden apelar ante el Tribunal de Estrasburgo. A diferencia de los recursos presentados ante el CEDH, el Comité Europeo de Derechos Sociales no puede examinar denuncias individuales. Sólo determinadas organizaciones no gubernamentales tienen derecho a presentar reclamaciones colectivas sobre la Carta (las personas físicas no tienen derecho a hacerlo). Debido a su carácter colectivo, las reclamaciones sólo pueden plantear cuestiones relativas al incumplimiento por la legislación o la práctica de un Estado de una de las disposiciones de la Carta.

F) Modos y posibilidades de ejecución de las decisiones judiciales

Las sentencias laborales son ejecutables provisionalmente, salvo que el tribunal de apelación decida suspender su ejecución. Para garantizar mejor la posición del trabajador, también existe la posibilidad de proceder a la ejecución de la condena basándose únicamente en la parte dispositiva de la sentencia (es decir, antes de que el juez presente los fundamentos de la sentencia).

Cuando la ejecución se promueve para la protección de los derechos derivados de conflictos laborales, el conocimiento de la oposición a la ejecución y a los actos ejecutivos corresponden al juez del trabajo y se rigen por las normas establecidas para el proceso laboral.

Debido a la peculiaridad de los intereses tutelados, la ley reconoce ciertos derechos de prelación sobre los créditos derivados de la relación laboral y de la relación de seguridad social en favor de determinadas categorías de trabajadores.

El articulo 2751 bis del Código Civil reconoce un privilegio general sobre los bienes muebles por los créditos relativos a los salarios adeudados, en cualquier forma, a los trabajadores subordinados y por todas las indemnizaciones debidas como consecuencia de la terminación de la relación de trabajo, así como por la reclamación del trabajador por los daños y perjuicios derivados del impago por el empresario de las cotizaciones obligatorias a la seguridad social, así como por la reclamación de indemnización por daños sufridos como consecuencia de un despido ineficaz, nulo o anulable.

En caso de despido, cuando el objeto de la condena es la readmisión en el puesto de trabajo, la relación laboral se reconstruye retroactivamente con todas las consecuencias económicas, retributivas y de seguridad social, pero la obligación de readmisión en sí misma es considerada por la jurisprudencia no susceptible de ejecución forzosa.

Es interesante señalar que el derecho italiano prevé una medida general de *astreinte* en caso de condena al cumplimiento de obligaciones distintas del pago de sumas de dinero, que implica la posibilidad, salvo que esto sea manifiestamente injusto, de fijar, a instancia de parte, la suma de dinero adeudada por el deudor por cualquier violación o incumplimiento posterior o por cualquier retraso en la ejecución de la medida. Sin embargo, el art. 614 bis c.p.c. no se aplica «a los litigios relativos al trabajo por cuenta ajena público o privado y a las relaciones de colaboración coordinada y continua a que se refiere el artículo 409 del Código Procesal Civil» (Biasi 2020; De Angelis 2010). Esto ha llevado, casi por unanimidad, a la jurisprudencia a no aplicar medidas de astreinte no sólo en los conflictos individuales sino también en los previstos en el art. 28 del Estatuto de los Trabajadores, con algunas excepciones (Falsone 2023).

Sin embargo, existen algunos casos particulares de sanciones pecuniarias destinadas a incentivar el cumplimiento de la decisión. Por ejemplo, en caso de despido de dirigentes sindicales, el empleador está obligado a pagar una suma igual al monto del salario al “Fondo de Ajuste de Pensiones”; o, en el caso de conductas discriminatorias, el art. 37 del Código de Igualdad de Oportunidades prevé una multa o la detención, así como el pago de una suma de dinero al "Fondo de Ajuste de Pensiones" por cada día de retraso.

El incumplimiento de una decisión adoptada en virtud del art. 28 del Estatuto de los Trabajadores en materia de conducta antisindical también tiene relevancia penal, mientras que en el caso de la acción colectiva inhibitoria sería posible obtener una orden para que cese la conducta omisiva o comisiva, apoyada en la posibilidad de recurrir a medidas de *astreinte*, incluso fuera de los casos previstos por el art. 614 bis c.p.c.

4. LA CRISIS DEL PROCESO DEL TRABAJO

Las recientes reformas en materia de gastos de justicia han comprometido significativamente la capacidad del proceso laboral para compensar la desigualdad en el acceso a la justicia.

La conciencia sobre las diferentes condiciones económico-sociales del trabajo representó uno de los elementos subyacentes al modelo de protección diferenciada previsto por el legislador de la Ley 533/1973. Desde el punto de vista jurídico, esta intervención se produce en aplicación del art. 3 párrafo 2 de la Constitución, que compromete a la República Italiana a «eliminar los obstáculos económicos y sociales que, limitando de hecho la libertad y la igualdad de los ciudadanos, impiden el pleno desarrollo de la persona humana y la participación efectiva de todos los trabajadores en la organización política, económica y social del país».

Teniendo en cuenta, por tanto, la relevancia constitucional de las posiciones sustantivas involucradas y la desigualdad económica entre trabajador y empleador, el proceso laboral fue imaginado como una herramienta ágil capaz de tomar una decisión de manera rápida y gratuita.

Si bien con el tiempo la eficiencia de los primeros años de aplicación del procedimiento laboral ha ido disminuyendo, en el año 2019, último antes de la pandemia del Covid-19, la duración de los procesos laborales y de seguridad social fue significativamente menor que la de otros juicios civiles, en primera y segunda instancia; respectivamente, 472 y 871 días para el juicio laboral, 861 y 1136 para el juicio civil ordinario (De Angelis 2023). Para comprender mejor el contexto más amplio, es importante señalar que la cuestión de la duración del juicio representa un problema sistémico muy grave de la administración de justicia en Italia que ha dado lugar a numerosas condenas a Italia por violación del art. 6 del CEDH (según los datos sobre las decisiones del TEDH hasta 2021, de 2.466 sentencias contra Italia, 1.203 se referían a la duración irrazonable del proceso).

Desde el punto de vista de la gratuidad, como se había anticipado, las recientes reformas en materia de costos y gastos de justicia han comprometido significativamente la capacidad del proceso laboral para compensar la desigualdad entre las partes según el diseño original de la reforma de 1973.

Salvo en el ámbito de la exención de ingresos (Martino 2023), la introducción de tasas ha hecho que la decisión de recurrir ante el juez sea muy costosa desde el punto de vista económico, en particular en lo que respecta al procedimiento de apelación, debido también a las sanciones aplicables en caso de desestimación.

Asimismo, la serie de intervenciones del legislador sobre el art. 92 c.p.c., ha desalentado al mismo tiempo la promoción de acciones legales por parte de los trabajadores, temerosos de tener que asumir los costos de la defensa técnica de la parte contraria, y ha hecho descender las conciliaciones (Terzi 2015; Barbera, Protopapa 2020; Scarpelli, Giaconi 2018). La intensidad de estos efectos varía según las circunstancias concretas: es mayor en casos complejos en los que la incertidumbre de la prueba aumenta el riesgo de que el trabajador pierda y en los casos en los que los costos no son proporcionales a los montos obtenibles como resultado de la sentencia (Terzi 2023).

Por otro lado, no parece que las herramientas de resolución extrajudicial disponibles actualmente puedan ofrecer una mejor respuesta.

Sin embargo, ante el retroceso de las protecciones previstas en la Ley 533/1973, a las que se hace referencia en los párrafos anteriores, vuelve a ser de interés el tema del desarrollo de formas de conciliación sindical, con peticiones incluso doctrinales hacia la autonomía colectiva (ver edición RGL sobre el 50° aniversario del proceso).

Sin perjuicio de estas consideraciones, no han faltado intervenciones por parte del ordenamiento jurídico estatal tendentes a favorecer otros instrumentos de resolución de conflictos (Barbera. Ravelli 2023; Licci 2023), principalmente con el objetivo de desactivar la litigiosidad judicial, no sin cautelas ligadas a la naturaleza de las posiciones sustantivas involucradas: para que la conciliación sea válida, debe tener lugar en las llamadas sedes protegidas (art. 2113 c.c.), (como la Comisión de conciliación establecida en las Direcciones del Trabajo territoriales, o las comisiones de conciliación establecidas a nivel sindical).

Esto ocurrió durante la década de los 1990 a través de reformas que hicieron obligatorio el intento de conciliación. Sin embargo, estas reformas han brindado muy pocos resultados, lo que ha obligado al legislador a dar marcha atrás en su elección.

Especialmente con la Ley 183/2010, el legislador ha logrado una multiplicación significativa de los mecanismos de conciliación y arbitraje. Estas intervenciones, si por un lado brindaron a las partes mayores oportunidades de resolución extrajudicial de disputas, por otro lado, dieron lugar a un marco regulatorio de considerable complejidad (y no siempre racional desde un punto de vista sistemático), en el que la necesidad de desinflar la litigiosidad parece tener un peso mayor que la necesidad de proteger a los derechos individuales de los trabajadores (Barbera, Ravelli 2023). También hay que considerar que estas herramientas tienden a producir resultados notables cuando se encuentran dentro de un sistema eficiente, lo que no se puede decir del sistema italiano. La decisión del legislador de eliminar la obligatoriedad del intento de conciliación en 2010 confirma indirectamente esta opinión. Por último, el Decreto Legislativo 149/2022 introdujo entre los instrumentos de resolución alternativa de conflictos la negociación asistida, un procedimiento confiado a los abogados de las partes, cuya difusión sigue siendo aún limitada en la práctica.

En los últimos años, no han faltado intentos de agilizar los plazos judiciales, particularmente en materia de despidos, aunque los objetivos de estas intervenciones no reflejan la necesidad de garantizar una decisión rápida, dado el impacto diferencial del paso del tiempo en la posición del trabajador, sino más bien la necesidad de garantizar una decisión en un corto tiempo para la empresa. Sin embargo, estos intentos no han tenido mucho éxito (véase, por ejemplo, el procedimiento "Fornero" introducido en 2012 y derogado en 2022).

5. CONFLICTOS INDIVIDUALES Y CONFLICTOS COLECTIVOS. LAS ACCIONES DE CLASE Y LAS ACCIONES COLECTIVAS INHIBITORIAS.

A pesar de la importante apertura del legislador de 1973 a las necesidades concretas de los trabajadores en materia de acceso a la justicia, el proceso laboral se caracteriza por una impronta individualista, excluyendo, fuera de los supuestos tipificados (como el articulo 28 de los Estatutos de los trabajadores o las acciones colectivas por discriminación en el trabajo), de los trabajadores individuales. Del mismo modo, la interpretación de un convenio colectivo puede resultar relevante especialmente en el contexto de un conflicto individual. En ese caso, se prevé que el juez pueda decidir tal cuestión interpretativa mediante sentencia, dictando autos separados para la instrucción posterior o, en todo caso, para la continuación de la causa fijando una audiencia posterior en una fecha no anterior a noventa días.

En los últimos años, sin embargo, se han abierto nuevas vías de acceso a la justicia por las partes que deseen emprender acciones legales en defensa de intereses colectivos.

La Ley 31/2019 ha ampliado el ámbito de aplicación - tanto de la acción colectiva indemnizatoria como de la acción inhibitoria - a cualquier tipo de «conducta pluriofensiva realizada por una empresa o entidad institucional ("entidades gestoras de servicios públicos o empresas de servicios públicos") en el ejercicio de sus respectivas actividades» (Dalfino 2023). El primero tipo de acción reúne en una sola demanda todas las demandas de indemnización o restitución que se derivan de la vulneración de una serie homogénea de derechos individuales, previendo que la acción pueda ser ejercitada por «una organización o asociación sin ánimo de lucro que tenga entre sus fines estatutarios la protección de los mencionados derechos, o de cada uno de los miembros de la clase» (artículo 840-bis c.p.c.).

En cambio, el segundo tipo tiene por objeto el cese y la no repetición de la conducta ilícita. Por lo tanto, tiene una función inhibitoria y puede ser promovida por «cualquiera que tenga un interés en que se pronuncie una medida cautelar contra actos y conductas que perjudiquen a una pluralidad de personas o entidades» (artículo 840-sexidecies c.p.c.).

La ley marca un punto de inflexión en el ámbito del reforzamiento de los instrumentos de tutela judicial de carácter colectivo, también como consecuencia de una mayor atención al papel de los particulares en la aplicación del Derecho de la Unión y a la efectividad del acceso a la justicia, si bien centrado en ámbitos del derecho que responden primordialmente a las necesidades del correcto funcionamiento del Mercado Único Europeo.

Lo que se desprende de esta ley es la expectativa hacia las normas de derecho procesal de facilitar el acceso a la tutela judicial, limitando el impacto de la disparidad de recursos, información y conocimiento del funcionamiento del proceso que siempre ha distinguido a los "*repeat players*" (que son responsables de múltiples violaciones y que se caracterizan por su reiterada interacción con el proceso) de los "*one-shotters*" (que tienden a sufrir tales violaciones y que se caracterizan por el contrario por una interacción episódica con el proceso) (Galanter 1974).

Tras el artículo 28 del Estatuto de los Trabajadores y la acción colectiva en materia de discriminación, aparece así en el horizonte sindical un nuevo instrumento de protección colectiva. Esta vez, la innovación no surge en el contexto del derecho sindical, ni siquiera en el contexto conexo del derecho antidiscriminatorio, que ahora se ha convertido en derecho *mainstream* y que hasta hace poco se percibía como ajeno a la disciplina laborista. Sin embargo, las nuevas acciones colectivas reflejan una trayectoria muy familiar para el derecho laboral, porque tiene en su base «una fuerte insatisfacción con la configuración jurídica de las relaciones entre las partes, basada en la serena confianza en la igualdad formal de las partes y en la eficacia legitimadora - ex post - del libre consentimiento con respecto al contenido del acuerdo negociado» (Donzelli 2008, p. 758).

La relevancia de las nuevas acciones colectivas para el derecho del trabajo es potencialmente perturbadora. Las nuevas acciones colectivas parecen ofrecer, por fin, una respuesta al malestar de los juristas laboralistas italianos con respecto a la insuficiencia de nuestro sistema procesal - sólo parcialmente superada con la adopción del art. 28 del Estatuto de los Trabajadores - y la consiguiente mortificación de la dimensión colectiva de los conflictos laborales. Estos, como escribió Umberto Romagnoli (1969, p. 127), refiriéndose en particular a los conflictos relativos a la aplicación e interpretación de los convenios colectivos, son «a la vez colectivos e individuales».

Como acertadamente ha señalado la doctrina, las nuevas acciones dan entrada en el ordenamiento jurídico a una nueva forma de conflicto colectivo de trabajo (Raimondi 2020), ofreciendo a los sindicatos (y a los individuos) la oportunidad de entablar un litigio colectivo sobre la violación por parte del empleador (y no sólo), de las protecciones previstas por la ley o la negociación colectiva en favor de los trabajadores individuales (Razzolini 2023; Recchia 2021; Treu 2023; Protopapa 2024a, también para referencias adicionales sobre el debate nacional).

En cuanto a los resultados de una posible acción del sindicato, en el caso de una acción de daños, sería posible obtener una constatación de los perfiles comunes de la violación, lo que abre el camino a la posibilidad de que los trabajadores obtengan una indemnización por daños y perjuicios y realicen eventuales reclamaciones restitutorias; en el caso de una acción de cesación, sería posible obtener una orden de cese de la conducta omisiva o comisiva, apoyada en la posibilidad de recurrir a medidas de *astreinte* y la adopción de medidas correctoras adecuadas a favor de toda la clase.

Aunque las nuevas acciones colectivas pueden ofrecer una respuesta concreta a la demanda de justicia de los trabajadores y a la crisis de eficacia de las protecciones laborales, la primera fase de aplicación aún no permite evaluar en qué medida los distintos actores del sistema, incluidos los sindicatos y los jueces, serán capaces de comprender los retos que acompañan a las nuevas acciones.

6. EL DERECHO (Y EL PROCESO JUDICIAL) COMO INSTRUMENTO PARA EL CAMBIO SOCIAL.

El uso del derecho como instrumento de cambio social es un concepto constitutivo de la cultura laboralista. Resulta interesante observar el análisis que la doctrina ha realizado a lo largo de los años sobre esta función del derecho y sobre el papel desempeñado por los diversos actores del sistema: juristas, jueces y actores sociales en primer lugar.

Durante mucho tiempo, la corriente "legalista" del laboralismo italiano, que consideraba la ley y los tribunales como las principales herramientas de protección de los derechos individuales, fue minoritaria respecto a la corriente pluralista, que confiaba la protección de dichos derechos a las prácticas sociales, en particular a la negociación colectiva.

Si bien hoy la fórmula de acceso a la justicia se refiere principalmente a la justicia estatal, durante varias décadas se afianzó entre los juristas laborales la creencia de que las entidades sindicales debían construir sus propios sistemas de resolución de conflictos, no sólo individuales sino también colectivos, para garantizar la tutela de los derechos de los trabajadores y la satisfacción de los intereses colectivos de forma autónoma, sin necesidad de recurrir a la justicia estatal (Carabelli 2023). Se hacía referencia a mecanismos de conciliación y arbitraje regulados por convenios colectivos y gestionados por los propios interlocutores sociales.

Hace algunos años, Gino Giugni, reflexionando sobre el derecho sindical y lo que él llama sus interlocutores, recordó que, desde la República de Weimar, el derecho sindical ha sido sobre todo un programa de una política reformista del derecho, a la que también había concurrido la doctrina, aunque indirectamente (Giugni 1970, ahora in Giugni 1989, p. 183). En sus palabras: «El abogado, en los sistemas jurídicos modernos, propone modelos de soluciones, no resuelve problemas; diseña, no decide; Opera, normalmente, ejerciendo influencia sobre los sujetos legitimados para promulgar la ley» (1989, p. 191).

Giugni señala que la doctrina podría influir en quienes están legitimados para promulgar la ley, - el legislador - no en quienes la interpretan - el juez - porque cree que el diálogo entre la doctrina y los tribunales, durante mucho tiempo, ha sido un diálogo fallido.

Por mucho tiempo, esto ha perjudicado en primer lugar a los jueces, quienes se han confinado a un formalismo jurídico, a una visión individualista de las relaciones laborales o a una defensa conservadora de la paz social. Sin embargo, también ha perjudicado a la doctrina tradicional, centrada principalmente en cuestiones abstractas. A su juicio, ningún abogado laboralista puede ignorar la realidad de los conflictos sociales, tal como surge de la práctica social (práctica sindical, práctica empresarial), pero también como se expresa en los tribunales, en el proceso. Ignorar la forma en que las cuestiones teóricas surgen y se resuelven realmente en el litigio supone caer en un "conceptualismo estéril" y la incapacidad de traducir los conceptos teóricos a la experiencia jurídica concreta.

Esto no significa que Giugni comparta la visión de la política del derecho como "política judicial" que defienden algunos sectores de la doctrina jurídica, en concreto, aquellos académicos pertenecientes a la llamada "corriente legalista". Según su argumento que estos enfatizan la protección de los derechos individuales por parte del juez, en detrimento de las decisiones estratégicas de los sindicatos e independientemente de las posibles consecuencias negativas de dar soluciones individuales a los conflictos laborales colectivos.

La conclusión que Giugni extrae de su análisis es que, si alguna vez el derecho sindical se enriqueció con nuevos contenidos, esto no ocurrió gracias al diálogo entre la doctrina y los tribunales. Como mucho, la doctrina podría haber afectado a la autonomía colectiva, pero con mayor frecuencia «la doctrina no profundizó en la concreción de las relaciones sociales», permaneciendo como una doctrina de ideas. En cuanto a los jueces, estos estaban demasiado absortos en la dimensión individual de la relación laboral como para comprender realmente la dimensión colectiva, hasta el punto de que, cuando se interesaron en definir el derecho de ponerse en huelga, lo interpretaron como un derecho individual.

El artículo concluye así con un llamamiento, dirigido tanto a la doctrina como a los jueces, a un mayor interés por el fenómeno del "derecho espontáneo" que surge de la negociación colectiva.

Curiosamente, mientras Giugni celebra la normatividad de la negociación colectiva y el fenómeno de autonomía social que encarna, la idea de que las fuerzas sociales puedan contribuir directamente a la aplicación de la ley y a su interpretación le resulta bastante ajena. En una nota a pie de página donde critica algunos argumentos judiciales, él observa que estos no provienen de la doctrina, sino directamente del sindicato. En esencia, parece que la doctrina y los jueces (en general, los juristas) son el nexo necesario entre la ley y su aplicación social.

El artículo de Gino Giugni data de 1970. Cinco años después, otro libro propone una perspectiva muy diferente. Se trata de "El uso político del Estatuto de los Trabajadores", editado por Tiziano Treu (Treu 1975). En la introducción, Treu aclaró que el enfoque del libro ya no eran las teorías de los académicos ni los argumentos de los jueces, sino las complejas relaciones entre los diferentes actores del sistema: trabajadores, sindicatos, abogados y poder judicial.

La investigación, la primera hecha sobre la aplicación del Estatuto de los Trabajadores, abarcó los años inmediatamente posteriores a la entrada en vigor de la ley. Fue realizada por un grupo de reconocidos sociólogos y juristas y tuvo un amplio impacto en la literatura italiana sobre el derecho y la sociedad. Fue la primera vez que abogados, sociólogos y politólogos analizaron conjuntamente la demanda de justicia y la justicia.

El estudio partió del supuesto conceptual de que el acceso a la justicia es principalmente un proceso impulsado por los actores. En este sentido, los hallazgos de la investigación mostraron la insuficiencia de cualquier interpretación determinista de la relación entre el marco político y social y las tendencias cuantitativas y cualitativas de la demanda de justicia y la respuesta judicial. No podemos entrar en una descripción detallada de los hallazgos de la investigación. Bastará con decir que la investigación reconoce la naturaleza política del papel de los sindicatos como guardianes de la calidad y cantidad de las demandas legales, proporcionando un claro ejemplo en el que el proceso se utiliza para apoyar la movilización política, en lugar de esta o como su sustituto.

Sin embargo, si bien la relación entre las estrategias legales y políticas está claramente establecida, no se tiene en cuenta el peso de las preferencias y la voz de los trabajadores individuales en las estrategias implementadas por los sindicatos.

La implicación de nuevos actores en litigios contra la discriminación en el empleo, destinados a ampliar el acceso a la justicia laboral a comunidades vulnerables como inmigrantes, plantea de nuevo la cuestión de la función desempeñada por los actores privados que ejercitan una acción judicial en defensa de los intereses individuales y colectivos (Barbera 2019).

En cierta medida, el impacto de las estrategias de litigación promovidas por organizaciones de la sociedad civil en defensa de los derechos de los inmigrantes puede dar lugar a aún mayores preocupaciones que aquellas resultantes de la aplicación en los tribunales del Estatuto de los Trabajadores por parte de los sindicatos. Al contrario de lo que ocurre con las organizaciones sindicales que prestan servicios jurídicos a sus propios miembros, las organizaciones de la sociedad civil mencionadas carecen de inmigrantes entre sus miembros y no tienen vínculos estables con organizaciones de inmigrantes. Sin embargo, hasta la fecha la cuestión no ha sido abordada con detenimiento.

Solo la última generación de abogados interesados en explorar la participación de la sociedad civil en estrategias legales, principalmente en el ámbito de la migración, comenzó a plantearse este tipo de preguntas. Se empezaron a explorar las compensaciones entre la movilización legal y social y política, así como los riesgos de que los abogados dominen a clientes marginados.

Sin embargo, estas cuestiones críticas no deben oscurecer la relevancia de la acción judicial en la promoción de los intereses de los trabajadores. Al contrario, invitan a los sindicatos y a las organizaciones de la sociedad civil a reflexionar sobre el peso de sus opciones para los individuos y a experimentar nuevas interacciones entre las acciones judiciales y otras formas de acción sindical, incluida la acción contractual y organizativa. Como demuestran los recientes litigios en el sector de las plataformas digitales, un uso estratégico del contencioso puede apoyar los objetivos de la acción sindical en dos frentes: por un lado, ejerciendo presión sobre el empleador e influyendo en el contenido de la acción contractual; por otro, reforzando la capacidad de movilización de los trabajadores, especialmente en sectores poco sindicalizados o caracterizados por formas contractuales que se sitúan fuera del perímetro de la subordinación (Protopapa 2024b).

Analizar cómo construir estas interacciones de manera concreta es un paso necesario para reflexionar sobre el acceso a la justicia no sólo en términos individuales, sino también en términos de representación colectiva de intereses.

REFERENCIAS BIBLIOGRÁFICAS

Barbera M. (2019), *Perché non abbiamo avuto un caso Brown,* in *QG*, 3.

Barbera M., Protopapa V. (2020) *Access to Justice and Legal Clinics: Developing a Reflective Lawyering Space. Some Insights from the Italian Experience,* in *IJGLS*, p. 249,

Biasi M. (2020), *L'esclusione lavoristica dalla misura coercitiva indiretta ex art. 614-bis c.p.c.: un opportuno ripensamento,* in *LDE*, 2.

Cappelletti M. (1974), *Formazioni sociali e interessi di gruppo davanti alla giustizia civile*, in *RDP*, 3, p. 25.

Cappelletti M. (1975), *The Emergence of a Modern Theme*, in *Toward Equal Justice: A Comparative Study Of Legal Aid In Modern*, (Cappelletti et al eds.), Milano: Giuffre, p. 3.

Carabelli U. (2023), *Saluti e presentazione del Convegno*, in *Il processo del lavoro compie 50 anni*, *RGL*, Quaderno 7, p. 11.

Cipriani F. (1994), *Il patrocinio dei non abbienti in Italia*, in *FI*, c. 83.

Colosimo C. (2023), *L'effettività delle tutele nei meccanismi di attenuazione e inversione dell'onere della prova*, in *LDE*, Numero speciale del 2023.

controversie di lavoro, in *FI*, V, c. 18.

Costantino G., (2023), *Quadro storico-evolutivo del proceso del lavoro dal 1973 ad aggi*, in *Il processo del lavoro compie 50 anni*, RGL, Quaderno 7, p. 23.

Dalfino D. (2023), *La ratio ispiratrice della legge n. 533 del 1973*, in *LDE*, Numero speciale del 2023.

De Angelis L. (2023), *La tutela differenziata del lavoro alla prova della Riforma Cartabia: spunti di riflessione*, in *Il processo del lavoro compie 50 anni*, *RGL*, Quaderno 7, p. 38.

De Angelis L. (2018), *Nuova compensazione delle spese processuali e controversie di lavoro tra vulgata e riflessioni critiche*, *Biblioteca* '20 Maggio' - 2/2018.

De Angelis L. (2010), *La nuova generale misura coercitiva (art. 614-bis c.p.c.) e le controversie di lavoro*, in *FI*, c. 18.

De Santis A.D. (2023), *Le class action*, in *LDE*, Numero speciale del 2023.

Donzelli R. (2008), *La tutela giurisdizionale degli interessi collettivi*, Napoli: Jovene.

Falsone M. (2023), *Il sindacato nel processo del lavoro: una storia di valorizzazioni, contenimenti e sospetti*, in *LDE*, 3.

Galanter M. (1974), *Why the Haves Come out Ahead: Speculations on the Limits of Legal Change*, in *Law & Society Review*, 9, p. 95

Giugni G. (1970), *Il diritto sindacale e i suoi interlocutori*, in RTDPC, p. 369, ora in Giugni G. (1989), *Lavoro legge contratti*, Bologna: Il Mulino.

Licci P. (2023), *La composizione stragiudiziale delle controversie di lavoro*, in *LDE*, Numero speciale del 2023.

Macrì G. (2003), *Difesa d'ufficio e gratuito patrocinio. Aspetti sociologici e giuridici*, https://www.adir.unifi.it/rivista/2003/macri/.

Martino E. (2023), *Lavoratori, sindacato e costi del processo del lavoro in Il processo del lavoro compie 50 anni*, in *Il processo del lavoro compie 50 anni*, *RGL*, Quaderno 7, p. 216.

Orrù T. (2023) *Il processo del lavoro e l'ordinamento giudiziario*, in *Il processo del lavoro compie 50 anni, RGL*, Quaderno 7, p. 50.

Peruzzi M. (2017), *La prova del licenziamento ingiustificato e discriminatorio*, Torino: Giappichelli.

Protopapa V. (2024a), *Sindacato e nuove azioni "di classe"*, in *LD*, 2, p. 257.

Protopapa V. (2024b), *It's Strategic! Riders, Unions, and Litigation in Italy*, in *IJCLLIR*, 3, p. 347

Raimondi E. (2020), *Interesse collettivo, diritti individuali omogenei e la nuova azione di classe*, in *Sindacato e processo* (2020), p. 57.

Ravelli F., Barbera M. (2023), *Conciliación y arbitraje en el derecho laboral italiano: una visión general*, in *Medios de solución de conflictos laborales. Perspectiva euroamericana* (Garcia Murcia, Torres de Leon eds.), Valencia: Tirant Lo Blanche, p. 317.

Razzolini O. (2018), *Azione sindacale e tutela giurisdizionale*, Milano: Franco Angeli

Razzolini O. (2023), *Class action: l'azione in giudizio del sindacato verso un cambio di paradigma*, in *RIDL*, 1, p. 111.

Recchia G.A. (2021), *Il sindacato va al processo: interessi collettivi dei lavoratori e azione di classe*, in *LDE*, 4.

Recchia G.A. (2018), *Studio sulla giustiziabilità degli interessi collettivi dei lavoratori*, Bari: Cacucci.

Romagnoli U. (1969), *Le associazioni sindacali nel processo*, Milano: Giuffrè.

Scarpelli F., Giaconi M. (2018), *Il costo della giustizia nel processo del lavoro. La compensazione delle spese legali dopo la Corte Costituzionale sull'art. 92 c.p.c.*, in *LDE*, 1.

Terzi A. (2015), *Il trattamento delle spese processuali nel processo del lavoro dopo la riforma del 2014: dubbi di costituzionalità*, in *QG*, 15 dicembre 2015.

Terzi A. (2023), *I costi del processo del lavoro*, in *Il processo del lavoro compie 50 anni, RGL*, Quaderno 7, p. 147.

Treu T. (ed) (1975), *L'uso politico dello Statuto dei lavoratori*. Bologna: Il Mulino.

Treu T. (2023), *Processo del lavoro e ruolo del sindacato*, in in *Il processo del lavoro compie 50 anni, RGL*, Quaderno 7, p. 65.

Tucci G. (1978), *L'accesso dei non abbienti alla giustizia: dal patrocinio gratuito al patrocinio retribuito dallo Stato*, in *RGL*, 2, p. 143.

México

El acceso a la justicia laboral en México: entre cambios paraprocesales, procesales, visos de rezago y carrera judicial

ALFREDO SÁNCHEZ-CASTAÑEDA

RESUMEN: El acceso a la justicia se encuentra reconocido en los tratados internacionales de los que nuestro país es parte, pero poco a poco ha sido limitado el control de convencionalidad. En el ámbito nacional el acceso a una justicia efectiva enfrenta grandes retos. La justica laboral es dual, por un lado, tribunales para trabajadores del sector privado (con excepciones) y por otro lado tribunales para servidores públicos. En materia de trabajadores del sector privado, las reformas constitucionales de 2017 y la legal de 2019 conservaron una fase paraprocesal obligatoria y una jurisdiccional que buscaba atender el déficit de un acceso a la justicia pronta y expedita, que pareciera, no está sucediendo. Además de un profundo cambio en la carrera judicial, que transita del mérito, la experiencia y los concursos, a requisitos generales y elecciones para acceder a un nombramiento de juzgador.

ABSTRACT: Access to labor justice is recognized in the international treaties to which our country is a party, although little by little the control of conventionality has been limited and at the national level, access to effective justice faces major challenges. The labor justice system is dual: on the one hand, courts for private sector workers (with exceptions) and on the other hand, courts for public servants. With respect to private sector workers, the constitutional reforms of 2017 and the legal reform of 2019 retained a mandatory para-procedural phase and a jurisdictional phase that sought to address the deficit of access to prompt and expeditious justice, which, it seems, is not happening. In addition to a profound change in the judicial career, which transits from merit, experience and competitions to elections to access a judge appointment.

PALABRAS CLAVE: acceso a la justicia, elección de jueces, justicia laboral, proceso laboral, conciliación laboral, carrea judicial.

KEY WORDS: access to justice, election of judges, labor justice, labor process, labor conciliation, judicial career.

INTRODUCCIÓN

El acceso a la justicia es el derecho que tiene toda persona, sin discriminación alguna, de acudir a las autoridades ministeriales, judiciales o administrativas para la salvaguarda o defensa de sus derechos. La Constitución mexicana, en materia de relaciones laborales, señala que los conflictos entre trabajadores y patrones del sector privado están a cargo de tribunales laborales del Poder Judicial de la Federación o de las entidades federativas. Establece, igualmente, una conciliación prejudicial obligatoria en un órgano administrativo federal o estatal. Se trata de una competencia jurisdiccional y administrativa reciente, del año de 2017, fecha en que se modificó la Ley Fundamental. Cabe señalar que previamente la jurisdicción del trabajo estaba a cargo del Poder Ejecutivo Federal y Estatal.

Las innumerables críticas a su mal funcionamiento y control político,[1] desembocaron en la reforma constitucional de 2017 y legal de 2019.

Reformas que contrastan con el inmovilismo procesal y de diseño legal que existe en el caso de los servidores públicos federales y locales, quienes tienen su propio tribunal laboral dependiente del Poder Ejecutivo Federal o Estatal (en el caso de la Ciudad de México no cuenta con tribunal para servidores públicos y sus asuntos se ven en el tribunal federal de servidores públicos). Poderes ejecutivos que nombran también a los jueces de dichos tribunales. Como se observa a pesar de ser el mismo modelo de impartición de justicia laboral, el relativo a los servidores o funcionarios públicos no ha sido reformado.

---

1 OIT, *Tribunales del trabajo en América Latina*, Ginebra, 1949, pp. 90-91.; CARPIZO, Jorge, "La naturaleza jurídica de las Juntas de Conciliación y Arbitraje en México", *Boletín Mexicano de Derecho Comparado*, Núm. 15, México, 1972; Acosta Romero, Miguel, "Reflexiones sobre la posible integración de las Juntas de Conciliación y Arbitraje y Tribunal Federal de Conciliación y Arbitraje al Poder Judicial Federal", *Estudios en Homenaje al doctor Héctor Fix-Zamudio en sus treinta años como investigador de las Ciencias Jurídicas*. México, Universidad Nacional Autónoma de México, T. III, 1988, pp. 1575-1604; Barquet Rodríguez, Alfredo F., "La Administración de la Justicia Laboral en la Junta Federal de Conciliación y Arbitraje", *Revista de Administración Pública*, No. 95, Agosto, México, 1997; Bassols, Narciso, "¿Qué son, por fin, las Juntas de Conciliación y Arbitraje?", *Revista Artículo 123 Constitucional*, Año 1, No. 1, Enero-Junio, México, 1990; Fix Zamudio, Héctor., "La naturaleza jurídica de las juntas de conciliación y arbitraje", *Revista Artículo 123 Constitucional*, AÑO 1, NO. 1, enero-junio, México, 1990; De Buen Unna, Carlos, "La crisis de los Tribunales de Trabajo en México", *Jurídica. Anuario del Departamento de Derecho de la Universidad Iberoamericana*, número 28, 1998, pp. 225-256 y De Buen, Néstor, "¿Administrar la ley o administrar justicia? (devaneos laborales)", *Revista Mexicana de Procuración de Justicia*, vol. I, No. 1, febrero de 1996, pp. 63-69.; Sánchez-Castañeda, Alfredo, "Una visión sistemática de la procuración de justicia laboral", en *Las relaciones laborales en el siglo XXI*, Patricia Kurczyn Villalobos (coord.), UNAM, México, 2000, 370 pp.

La reforma en materia de impartición de justicia para los trabajadores del sector privado (aunque conocen también de algunos servidores públicos) hace difícil señalar hitos importantes y más bien, se empiezan a ver disfuncionamientos no superados con la reforma en comento. Así como un nuevo reto con el reciente cambio de modelo en la carrera judicial, como se verá más adelante.

1. UN CONTROL DE CONVENCIONALIDAD ACOTADO

El derecho de acceso a la justicia, a un debido proceso, a la tutela judicial efectiva y a un recurso efectivo ante los tribunales aparecen en los siguientes instrumentos internacionales, de los que México es parte, la Carta de las Naciones Unidas (1945); la Declaración Universal de los Derechos Humanos (1948), el Pacto Internacional de Derechos Económicos, Sociales y Culturales (1966) y en la Declaración sobre el Progreso y el Desarrollo en lo Social (1969).

En el ámbito americano el derecho al acceso a la justicia se encuentra consagrado en la Carta Internacional Americana de Garantías Sociales (1947), la Carta de la Organización de los Estados Americanos (1948), la Declaración Americana de los Derechos y Deberes del Hombre (1948), en la Convención Americana sobre Derechos Humanos (Pacto de San José), adoptada en la ciudad de San José de Costa Rica, el 22 de noviembre de 1969, en el Protocolo Adicional a la Convención Americana sobre Derechos Humanos en materia de Derechos Económicos, Sociales y Culturales (1988).

La Declaración Americana de los Derechos y Deberes del Hombre reconoce el derecho de toda persona de "*...disponer de un procedimiento sencillo y breve por el cual la justicia lo ampare contra actos de la autoridad que violen, en perjuicio suyo, alguno de los derechos fundamentales consagrados constitucionalmente*". Por su parte, la Convención Americana de Derechos Humanos o Pacto de San José señala que toda persona "*...tiene derecho a un recurso sencillo y rápido* *o a cualquier otro recurso efectivo ante los jueces o tribunales competentes, que la ampare contra actos que violen sus derechos fundamentales reconocidos por la Constitución, la ley o la presente Convención, aun cuando tal violación sea cometida por personas que actúen en ejercicio de sus funciones oficiales*".

En México y, en general, en el Sistema Interamericano de Derechos Humanos (SIDH), gracias al concepto de control de convencionalidad desarrollado por la Corte Interamericana de Derechos Humanos, en conjunción con el mandato constitucional, los jueces nacionales tienen la obligación de aplicar tanto el derecho interno como las obligaciones derivadas de los instrumentos internacionales suscritos por los Estados.

En ese sentido, para la Corte Interamericana de Derechos Humanos todo juez está obligado a realizar un control de convencionalidad: "*...a) los jueces nacionales deben actuar como jueces interamericanos vigilando que el contenido de las normas, su interpretación y su aplicación sean compatibles con el parámetro de control de convencionalidad; b) el parámetro de control de convencionalidad está conformado por la CADH, los tratados interamericanos de los que el Estado sea parte, el resto de los tratados internacionales en materia de derechos humanos de los que el Estado es parte y la jurisprudencia de la Corte Interamericana derivada tanto de casos contenciosos como de opiniones consultivas; c) dicho control debe realizarse* ex officio *por los órganos judiciales y de manera difusa, lo que quiere decir que deben llevarlo a cabo todos los jueces del Estado*"[2].

El parámetro de convencionalidad comprende la Convención Americana de Derechos Humanos, los tratados internacionales de los que el Estado sea parte cuando señalan obligaciones de derechos humanos; los tratados internacionales en materia de derechos humanos de los que el Estado sea parte y la jurisprudencia de la Corte Interamericana de Derechos Humanos.

---

[2] Centro de Estudios Constitucionales de la Suprema Corte de Justicia de la Nación, "Control de convencionalidad", *Cuadernos de Jurisprudencia*, núm. 10, México, SCJN, 2021, 1-2 pp.

Sin embargo, en materia de tratados de derechos humanos ratificados por el país, existe una limitante o restricción. Si bien es cierto que el artículo 1°. constitucional establece el deber de todas las autoridades de proteger los derechos humanos conforme a la Constitución principio de interpretación conforme, y a los tratados internacionales de los que México sea parte, favoreciendo el principio *pro persona*. Lo anterior es así, siempre y cuando dichos instrumentos internacionales no contravengan el texto de la Constitución (reforma constitucional del 10 de junio del 2011)[3].

Un ejemplo de la repercusión de las limitantes en materia laboral puede observarse en la estabilidad en el empleo de los servidores públicos, quienes no tienen derecho a la reinstalación en caso de despido injustificado (art. 123 constitucional apartado "B", fracción XI), esto no sucede. De tal manera que en el caso de los agentes del Ministerio Público, los peritos y los miembros de las instituciones policiales de la Federación, las entidades federativas y los Municipios, cuando los tribunales resuelvan que su: "*...separación, remoción, baja, cese o cualquier otra forma de terminación del servicio fue injustificada, el Estado sólo estará obligado a pagar la indemnización y demás prestaciones a que tenga derecho, sin que en ningún caso proceda su reincorporación al servicio, cualquiera que sea el resultado del juicio o medio de defensa que se hubiere promovido*". Como se puede apreciar, según se desprende del segundo párrafo de la fracción XIII del artículo en comento, no existe un derecho a la reinstalación a pesar de la existencia de una separación injustificada.

Como se observa, la propia Constitución niega, a ciertos servidores públicos, el derecho a la reinstalación, a pesar de un despi-

---

[3] Conviene tener presente los señalado en los criterios del expediente Varios 912/2010, que reforzó la obligatoriedad de la jurisprudencia de la Corte Interamericana en los asuntos en que México fuera parte; por otro lado, la contradicción de tesis 293/2011 retomaría la vinculatoriedad de las sentencias emitidas por el tribunal interamericano, y que la Constitución y los tratados en materia de derechos humanos conforman el bloque de constitucionalidad, salvo que exista restricción expresa en la Constitución, como se apuntó arriba.

do injustificado; una restricción que se contrapone con principio y derecho a la igualdad y a la no discriminación en el empleo y la ocupación.

2. LA CONCILIACIÓN PREJUDICIAL

En materias de competencia federal, los trabajadores y patrones deben acudir[4], al Centro Federal de Conciliación y Registro Laboral (CFCRL)[5] y, en caso de tratarse de competencia local estatal, deben presentarse ante el Centro de Conciliación Local que existe en cada Entidad Federativa del país.

La conciliación prejudicial tiene características particulares que la aleja de un método clásico de autocomposición, entre las que se pueden señalar las siguientes: es obligatoria; no puede durar más de 45 días naturales; los trabajadores pueden ser auxiliados en el proceso de conciliación; la asistencia personal del trabajador será con una persona de confianza, esto es, no con un abogado; plantea casos exceptuados de conciliación, cuando se vean involucrados derechos humanos laborales; calidad de cosa juzgada y, la posibilidad de conciliar hasta antes de que se dicte sentencia[6]. En ese sentido, nos centraremos en la vía judicial y las trasformaciones disruptivas de los últimos años.

---

4 La conciliación prejudicial ya la hemos desarrollado ampliamente en otro estudio: Sánchez Castañeda, Alfredo, "La conciliación laboral en el nuevo modelo de justicia laboral: Un camino complejo por recorrer", en Sánchez Castañeda, Alfredo, Márquez Gómez Daniel, Carrillo Cruz Beatriz (coords.), *Desafíos de los medios alternativos de solución de controversias en el Derecho Mexicano Contemporáneo.* Defensoría de los Derechos Universitarios, serie: Los derechos universitarios en el siglo XXI, Núm. 9. México, Ciudad de México: Universidad Nacional Autónoma de México, 2019, 264 pp.

5 Organismo descentralizado con personalidad propia y autonomía técnica, sectorizado en la Secretaría del Trabajo y Previsión Social.

6 Una explicación detallada de la etapa prejudicial conciliatoria y críticas a la misma, se pueden ver en: Sánchez Castañeda, Alfredo "Dialogo

En el caso de los trabajadores del sector público, no existe una conciliación prejudicial ni optativa ni obligatoria. Los conflictos de trabajo se resuelven en tribunales *ad hoc* para servidores públicos.

3. COMPETENCIA EN MATERIA DE JUSTICIA LABORAL

En México, las relaciones de trabajo se regulan en la Constitución, la cual, en su artículo 123, cuenta con dos apartados. El apartado "A", para los trabajadores del sector privado y el apartado "B" para los trabajadores del sector público.

De esta manera existen dos leyes federales. Por un lado, la Ley Federal del Trabajo (LFT) para los trabajadores del sector privado y para algunos trabajadores de organismos descentralizados del Estado, y por otro lado la Ley Federal de los Trabajadores al Servicio del Estado (LFTSE) para los servidores públicos. Las anteriores dos leyes se encargan de regular también los conflictos de trabajo de las relaciones de trabajo del sector privado (LFT) y las relaciones de trabajo del sector público (LFTSE).

Para los trabajadores del sector privado, corresponde a los Tribunales del Poder Judicial de la Federación o a los Tribunales de las entidades federativas, el conocimiento y la resolución de los conflictos de trabajo que se susciten entre trabajadores y patrones, sólo entre aquellos o sólo entre éstos, derivado de las relaciones de trabajo o de hechos relacionados con ellas.

Los Tribunales federales, de las entidades federativas y de la Ciudad de México, están a cargo cada uno, de un juez, además, cuentan con los secretarios, funcionarios y empleados que se juzgue conveniente, los cuales son determinados y designados de

---

social, negociación y resolución de conflictos en México" en García Murcia, Joaquín y Torres de León, Vasco, *Medios de solución de conflictos laborales. Perspectiva Euroamericana,* Tirant lo Blanch, Valencia, 2023, págs. 343-390.

conformidad con la Ley Orgánica del Poder Judicial de la Federación o de la Ley Orgánica del Poder Judicial Local, según corresponda.

Los Tribunales de Trabajo de las Entidades Federativas son competentes para conocer de los conflictos que se susciten dentro de su jurisdicción, que no sean de competencia Federal.

La aplicación de las normas de trabajo corresponde a las autoridades federales, competencia federal, y en ese sentido a Tribunales del Poder Judicial de la Federación, cuando se trate de: I. Ramas industriales y de servicios: 1. Textil; 2. Eléctrica; 3. Cinematográfica; 4. Hulera; 5. Azucarera; 6. Minera; 7. Metalúrgica y siderúrgica, abarcando la explotación de los minerales básicos, el beneficio y la fundición de los mismos, así como la obtención de hierro metálico y acero a todas sus formas y ligas y los productos laminados de los mismos; 8. De hidrocarburos; 9. Petroquímica; 10. Cementera; 11. Calera; 12. Automotriz, incluyendo autopartes mecánicas o eléctricas; 13. Química, incluyendo la química farmacéutica y medicamentos; 14. De celulosa y papel; 15. De aceites y grasas vegetales; 16. Productora de alimentos, abarcando exclusivamente la fabricación de los que sean empacados, enlatados o envasados o que se destinen a ello; 17. Elaboradora de bebidas que sean envasadas o enlatadas o que se destinen a ello; 18. Ferrocarrilera; 19. Maderera básica que comprende la producción de aserradero y la fabricación de triplay o aglutinados de madera; 20. Vidriera, exclusivamente por lo que toca a la fabricación de vidrio plano, liso o labrado o de envases de vidrio; 21. Tabacalera, que comprende el beneficio o fabricación de productos de tabaco; y 22. Servicios de banca y crédito.

II. Empresas: 1. Aquéllas que sean administradas en forma directa o descentralizada por el Gobierno Federal; 2. Aquellas que actúen en virtud de un contrato, o concesión federal y las industrias que les sean conexas. Para los efectos de esta disposición, se considera que actúan bajo concesión federal aquellas empresas que tengan por objeto la administración y explotación de servicios públicos o bienes del Estado en forma regular y continua, para la satisfacción del interés colectivo, a través de cualquier acto administrativo emitido por el gobierno federal, y 3. Aquéllas que ejecuten trabajos en zonas federales o que se encuentren bajo jurisdicción federal, en las aguas territoriales o en las comprendidas en la zona económica exclusiva de la Nación.

Corresponde también a los Tribunales del Poder Judicial de la Federación o a los Tribunales de las entidades federativas, el conocimiento y la resolución de los conflictos de trabajo que se susciten entre trabajadores y patrones, sólo entre aquellos o sólo entre éstos, derivado de las relaciones de trabajo o de hechos relacionados con ellas.

La competencia por razón del territorio se rige por las normas siguientes:

I. En los conflictos individuales, el actor puede escoger entre:

a) El Tribunal del lugar de celebración del contrato;

b) El Tribunal del domicilio de cualquiera de los demandados, y

c) El Tribunal del lugar de prestación de los servicios; si éstos se prestaron en varios lugares, es competente el Tribunal del último de ellos.

II. En los conflictos colectivos de jurisdicción federal, es competente el Tribunal Federal; en los conflictos colectivos de jurisdicción local, conoce el Tribunal Local del lugar en que esté ubicada la empresa o establecimiento;

III. Cuando se trate de la cancelación del registro de un sindicato, el Tribunal Federal cuya adscripción sea la más cercana a su domicilio;

IV. En los conflictos entre patrones o trabajadores entre sí, el Tribunal del domicilio del demandado, y

V. Cuando el demandado sea un sindicato, el Tribunal Federal o el Tribunal Local más cercano al domicilio de este, según corresponda a la naturaleza de la acción intentada.

4. PROCEDIMIENTOS JUDICIALES EN MATERIA LABORAL PARA LOS TRABAJADORES DEL SECTOR PRIVADO

La LFT establece que a los Tribunales del Poder Judicial de la Federación o de los Tribunales de las entidades federativas les corresponde el conocimiento y la resolución de los conflictos de trabajo que se susciten entre trabajadores y patrones, sólo entre trabajadores o sólo entre patrones.

La LFT contempla diferentes tipos de procedimientos en un juicio laboral, para los trabajadores del sector privado. Aunque ciertos trabajadores del sector público, según lo establece su normatividad, también pueden acudir a dicha instancia[7]. El conjunto de procedimientos que contempla la LFT, son los siguientes:

Procedimiento ordinario. Se refiere a los conflictos individuales o colectivos que no tengan una tramitación especial.

Procedimientos especiales. Tienen que ver con conflictos por jornadas inhumanas; contratos de trabajo que se ejecuten fuera de México; arrendamiento de habitaciones a trabajadores; productividad, formación y capacitación; determinación de antigüedad del trabajador; prima de antigüedad; repatriación de trabajadores de buques; terminación de relaciones de trabajo en los buques por apresamiento o siniestro; gastos de traslado de tripulaciones aeronáuticas y sus familiares; muerte por riesgo de trabajo; designación de los médicos de las empresas; conflictos cuya cuantía no exceda de tres meses de salario; designación de beneficiarios del trabajador fallecido o desaparecido por un acto delincuencial y conflictos en materia de seguridad social.

Conflictos individuales de seguridad social. Se refiere a las controversias en que se demande el otorgamiento de prestacio-

---

[7] Trabajadores de empresas o entidades paraestatales, como los de Petróleos Mexicanos (PEMEX), trabajadores del Instituto Mexicano del Seguro Social (IMSS) trabajadores de la Comisión federal de Electricidad (CFE). Así como los trabajadores de universidades e instituciones de educación superior autónomas por ley, entre otros.

nes en dinero o en especie, derivadas de los diversos seguros que componen el régimen obligatorio del seguro social, organizando y administrado por el Instituto Mexicano del Seguro Social, y de aquellas que conforme a la Ley del Seguro Social y a la Ley del Instituto del Fondo Nacional de la Vivienda para los Trabajadores, deban cubrir el Instituto del Fondo Nacional de la Vivienda para los Trabajadores y las Administradoras de Fondos para el Retiro, así como las que resulten aplicables en virtud de contratos colectivos de trabajo o contratos ley.

Conflictos colectivos de naturaleza económica. Conflictos que tienen que ver con la modificación o implantación de nuevas condiciones de trabajo, o la suspensión o terminación de las relaciones colectivas de trabajo, salvo que la LFT señale otro procedimiento.

Procedimiento de huelga. Conflictos en que se busque el equilibrio entre trabajadores y patrones; se señale el incumplimiento del contrato colectivo de trabajo o la negativa de firmar o revisar un contrato colectivo. Los cuales pueden detonar una huelga. Se debe señalar que en México es obligatoria la celebración de un contrato colectivo en caso de que un sindicato lo solicite. La negativa a firmar un contrato colectivo es una causa justificada para realizar una huelga en una empresa.

Procedimiento de ejecución. Tiene que ver con el cumplimiento de las sentencias dentro de los quince días siguientes al día en que surta efectos su notificación.

Procedimientos paraprocesales o voluntarios. Aquellos que se tramitan por solicitud de parte interesada, sin que, en principio, se promueva un conflicto, a saber, avisar a los tribunales del despido de un trabajador, cuando una declaración fiscal de una empresa repercuta en un reparto de las utilidades para los trabajadores (el reparto de utilidades es una obligación anual que tienen las empresas en México de repartir un porcentaje de sus ganancias con sus trabajadores).

En 2024, se contaba con 132 Tribunales Laborales Federales, en funciones. Por tipo de asunto, ingresaron 26,863 (41.12%)

procedimientos ordinarios; 6,719 (10.28%) procedimientos especiales individuales; 180 (0.28%) procedimientos especiales colectivos; 22,220 (34.01%) conflictos individuales de seguridad social; 15 (0.02%) conflictos colectivos de naturaleza económica; 938 (1.44%) procedimientos de ejecución; 6,815 (10.43%) procedimientos paraprocesales o voluntarios y, 1,582 (2.42%) procedimientos de huelga[8].

Las resoluciones dictadas fueron de la siguiente manera: 5,329 (10.86%) incompetencia; 8,120 (16.55%) desechamiento; 2,222 (4.53%) desistimiento; 18,173 (37.03%) sentencia definitiva; 6,647 (13.54%) convenio; 4,770 (9.72%) conclusión; 3,462 (7.05%) remisión al Centro Federal de Conciliación y Registro Laboral; 20 (0.04%) declaración de existencia/inexistencia de huelga; 305 (0.62%) conclusión de procedimiento de ejecución y 28 (0.06%) improcedente la solicitud del procedimiento de ejecución[9].

Llama la atención el alto porcentaje de incompetencias, desechamientos y desestimientos, en total 31.94%, en total casi cuatro de cada diez asuntos. De igual manera, llama la atención el bajo número de procedimientos de ejecución.

5. EL PROCEDIMIENTO LABORAL PARA TRABAJADORES DEL SECTOR PÚBLICO

Artículo 123, apartado "B", fracción XII, establece que, entre los Poderes de la Unión y sus trabajadores, los conflictos individuales, colectivos o intersindicales se deben someter al Tribunal Federal de Conciliación y Arbitraje (TFCA).

---

8 Consejo de la Judicatura Federal, *Anexo Estadístico 2024*, Dirección General de Estadística Judicial, p.32. Consultado en mayo de 2025: https://www.dgej.cjf.gob.mx/resources/anexos/2024/graficas/intro_2024.pdf

9 *Ídem*.

La misma fracción excluye de la competencia del TFCA, los conflictos entre el Poder Judicial de la Federación y sus servidores públicos, así como los que se susciten entre la Suprema Corte de Justicia y sus empleados. En este caso la instancia competente es el Tribunal de Disciplina Judicial. De igual manera se excluye de la competencia del TFCA a los militares, marinos, integrantes de la Guardia Nacional, personal del servicio exterior, agentes del Ministerio Público, peritos y los miembros de las instituciones policiales, quienes se rigen por sus propias leyes. Por su parte, la fracción XIII *bis* del artículo en comento, excluye también de la competencia del TFCA a los servidores públicos del banco central.

El artículo 1° de la LFTSE establece la competencia de dicha ley para los titulares y trabajadores de las dependencias de los Poderes de la Unión, de la Ciudad de México, así como para el Instituto de Seguridad y Servicios Sociales de los Trabajadores del Estado, las Juntas Federales de Mejoras Materiales, el Instituto Nacional de la Vivienda, la Lotería Nacional, el Instituto Nacional de Protección a la Infancia, el Instituto Nacional Indigenista, la Comisión Nacional Bancaria y de Seguros, la Comisión Nacional de Valores, la Comisión de Tarifas de Electricidad y Gas, el Centro Materno Infantil "Maximino Ávila Camacho", el Hospital Infantil y otros organismos descentralizados, similares a los anteriores que tengan a su cargo función de servicios públicos.

Por su parte, el artículo 118 de la LFTSE establece que el TFCA está conformado por el pleno y cuando menos por tres salas (actualmente se compone por ocho salas). El Pleno se integra por la totalidad de los Magistrados de las Salas y un Magistrado adicional, designado por el Presidente de la República, quien funge como Presidente del Tribunal. Por su parte, cada Sala está compuesta por tres Magistrados (uno designado por el Gobierno Federal, uno en representación de los trabajadores, nombrado por la Federación de Sindicatos de Trabajadores al Servicio del Estado y un tercer árbitro, elegido por los dos anteriores, quien funge como Presidente de la Sala). Entre las competencias del Tribunal se encuentran, de conformidad con el artículo 124 de ese ordenamiento:

- Resolver conflictos individuales entre los titulares de una dependencia o entidad y sus trabajadores.
- Conocer y resolver conflictos colectivos entre el Estado y las organizaciones de trabajadores al servicio de este.
- Otorgar y, en su caso, cancelar el registro de los sindicatos.
- Atender conflictos sindicales e intersindicales.
- Registrar las Condiciones Generales de Trabajo, los Reglamentos de Escalafón, los Reglamentos de las Comisiones Mixtas de Seguridad e Higiene, así como los Estatutos de los Sindicatos.

El TFCA cuenta con un procedimiento que se puede calificar de ordinario e incluso de naturaleza sumaria, dado que se establece que, el procedimiento para resolver las controversias que se sometan al TFCA, se reduce: a la presentación de la demanda respectiva que debe hacerse por escrito o verbalmente por medio de comparecencia (aunque esto último en la práctica no ocurre); a la contestación, que se hace de igual forma; y a una sola audiencia en la que se reciben las pruebas y alegatos de las partes, y se pronuncia una resolución, salvo cuando a juicio del propio Tribunal se requiera la práctica de otras diligencias, en cuyo caso se ordena que se lleven a cabo y, una vez desahogadas, se dictará laudo (art. 127 LFTSE). De igual manera, se establece que el procedimiento ante el Tribunal no se requiere forma o solemnidad especial en la promoción o intervención de las partes (art. 126 LFTSE).

En materia de conflictos colectivos o sindicales, la LFTSE, establece que en cuanto se reciba la primera promoción relativa a un conflicto colectivo o sindical, el presidente del TFCA debe citar a las partes dentro de las 24 horas siguientes a una audiencia de conciliación, que debe llevarse a cabo dentro del término de tres días contados a partir de la fecha de la citación. En esta audiencia procura avenir a las partes. Si se celebra un convenio, se eleva a la categoría de laudo o sentencia, que las obliga como si se tratara de sentencia ejecutoriada. Si no se avienen, se remite el expediente a la Secretaría General de Acuerdos del Tribunal para que se proceda a un arbitraje.

6. CAPACIDAD, LEGITIMACIÓN Y CONDICIONES DE ACCESO A LA JUSTICIA LABORAL

En el caso del sector privado, son partes en el proceso del trabajo, las personas físicas o morales que acrediten interés jurídico y ejerciten acciones u opongan excepciones. De igual manera las personas afectadas por la resolución que se pronuncie en un conflicto pueden intervenir en él, comprobando su interés jurídico o ser llamadas a juicio por el Tribunal (art. 689 y 690 LFT).

Los terceros interesados en un juicio pueden comparecer o ser llamados a éste hasta antes de la celebración de la audiencia preliminar en el caso del procedimiento individual ordinario y de juicio en los demás casos, para manifestar por escrito lo que a su derecho convenga, dentro de los diez días siguientes a la fecha en que sea notificado personalmente para que manifieste lo que a su derecho convenga; en dicho escrito además de acreditar su personalidad debe ofrecer las pruebas de su interés.

Los menores trabajadores tienen capacidad para comparecer a juicio, sin necesidad de autorización alguna; pero, en caso de no contar con un asesor, el Tribunal debe solicitar la intervención de la Procuraduría de la Defensa del Trabajo para tal efecto.

El artículo 692 de la LFT señala que las partes pueden comparecer a juicio en forma directa o por conducto de apoderado, quien debe acreditar su personalidad de la siguiente manera:

I. Cuando el compareciente actúe como apoderado de persona física, podrá hacerlo mediante poder notarial o carta poder firmada por el otorgante y ante dos testigos, sin necesidad de ser ratificada ante el Tribunal;

II. Los abogados patronos o asesores legales de las partes, sean o no apoderados de éstas, deben acreditar ser abogados o licenciados en derecho.

III. Cuando el compareciente actúe como apoderado de persona moral, puede acreditar su personalidad mediante testimonio notarial o carta poder otorgada ante dos testigos, previa comprobación de que quien otorga el poder, está debidamente autorizado para ello; y

IV. Los representantes de los sindicatos deben acreditar su personalidad con la certificación que les extienda la autoridad registradora correspondiente, de haber quedado inscrita la directiva del sindicato. También podrán comparecer por conducto de apoderado legal, quien en todos los casos deberá ser abogado, licenciado en derecho o pasante.

Los Tribunales pueden tener por acreditada la personalidad de los representantes de los trabajadores o sindicatos, federaciones y confederaciones, siempre que de los documentos exhibidos lleguen al convencimiento de que efectivamente se representa a la parte interesada.

Los trabajadores, los patrones y las organizaciones sindicales pueden otorgar poder mediante simple comparecencia, previa identificación, ante los Tribunales del lugar de su residencia, para que los representen ante cualquier autoridad del trabajo.

El poder que otorgue un trabajador para ser representado en juicio se entiende conferido para demandar todas las prestaciones principales y accesorias que correspondan, aunque no se exprese así en el mismo.

Si dos o más personas ejercitan la misma acción u oponen la misma excepción en un mismo juicio; es necesario que litigen unidas y con una representación común, salvo que los colitigantes tengan intereses opuestos.

En México el acceso a la justicia no tiene coste económico. De hecho, existe la Procuraduría de la Defensa del Trabajo y a nivel federal y estatal, sus similares para los trabajadores del sector privado. Las procuradurías tienen como finalidad asesorar a los trabajadores y en su caso, representar a los mismos, sin coste económico alguno. Se trata de un servicio gratuito del Estado. De igual manera los servidores públicos, en el ámbito federal cuentan con una procuraduría del trabajo.

7. INICIO Y PRINCIPALES ASPECTOS DEL PROCESO LABORAL: EL PRINCIPIO *IN DUBIO PRO OPERARIO* Y LA CARGA DE LA PRUEBA

En el sector privado, el proceso laboral está sujeto a principios procesales y facticos. Procesalmente, se rige por los principios de inmediación, inmediatez, continuidad, celeridad, veracidad, concentración, economía y sencillez procesal. De igual manera el proceso debe ser público, gratuito, predominantemente oral y conciliatorio. Desde el punto de vista fáctico, el juez debe atener al principio de la primacía de la realidad sobre elementos formales que lo contradigan. Además, el juez debe privilegiar la solución del conflicto por encima de formalismos procesales, pero sin que afecte el debido proceso y los fines del derecho del trabajo. Durante un juicio y hasta su instrucción, el juez debe estar presente en el desarrollo de las audiencias.

Dos particularidades distinguen al derecho del trabajo, por un lado, el principio *in dubio pro operario* y, por otro lado, el relativo a la carga de la prueba, que libera al trabajador de probar ciertos hechos, siendo obligación del patrón probarlos.

El principio *in dubio pro operario* se encuentra en el artículo 18 de la LFT, el cual establece que: *En la interpretación de las normas de trabajo se tomarán en consideración sus finalidades señaladas en los artículos 2º.*[10] *y 3º.*[11] *En caso de duda, prevalecerá la interpretación más*

---

[10] **Artículo 2º.** *Las normas del trabajo tienden a conseguir el equilibrio entre los factores de la producción y la justicia social, así como propiciar el trabajo digno o decente en todas las relaciones laborales.*
Se entiende por trabajo digno o decente aquél en el que se respeta plenamente la dignidad humana del trabajador; no existe discriminación por origen étnico o nacional, género, edad, discapacidad, condición social, condiciones de salud, religión, condición migratoria, opiniones, preferencias sexuales o estado civil; se tiene acceso a la seguridad social y se percibe un salario remunerador; se recibe capacitación continua para el incremento de la productividad con beneficios compartidos, y se cuenta con condiciones óptimas de seguridad e higiene para prevenir riesgos de trabajo.
El trabajo digno o decente también incluye el respeto irrestricto a los derechos colectivos de los trabajadores, tales como la libertad de asociación, autonomía, el derecho de huelga y de contratación colectiva.
Se tutela la igualdad sustantiva o de hecho de trabajadores y trabajadoras frente al patrón.
La igualdad sustantiva es la que se logra eliminando la discriminación contra las mujeres que menoscaba o anula el reconocimiento, goce o ejercicio de sus derechos humanos y las libertades fundamentales en el ámbito laboral. Supone el acceso a las mismas oportunidades, considerando las diferencias biológicas, sociales y culturales de mujeres y hombres.

[11] **Artículo 3o.** *El trabajo es un derecho y un deber social. No es artículo de comercio, y exige respeto para las libertades y dignidad de quien lo presta, así como el reconocimiento a las diferencias entre hombres y mujeres para obtener su igualdad ante la ley. Debe efectuarse en condiciones que aseguren la vida digna y la salud para las y los trabajadores y sus familiares dependientes.*
No podrán establecerse condiciones que impliquen discriminación entre los trabajadores por motivo de origen étnico o nacional, género, edad, discapacidad, condición social, condiciones de salud, religión, condición migratoria, opiniones, preferencias sexuales, estado civil o cualquier otro que atente contra la dignidad humana.
No se considerarán discriminatorias las distinciones, exclusiones o preferencias que se sustenten en las calificaciones particulares que exija una labor determinada.
Es de interés social garantizar un ambiente laboral libre de discriminación y de violencia, promover y vigilar la capacitación, el adiestramiento, la formación para y en el trabajo, la certificación de competencias laborales, la productividad y la calidad en el trabajo, la sustentabilidad ambiental, así como los beneficios que éstas deban generar tanto a los trabajadores como a los patrones.

favorable al trabajador. Los dos anteriores artículos establecen una serie de principios laborales y de igualdad sustantiva entre hombres y mujeres.

Es justamente la frase del artículo tercero de la LFT que hace referencia a la interpretación más favorable para el trabajador el fundamento que se ha utilizado tanto en materia sustantiva como procesal. Aunque se debe anotar que la interpretación más favorable al trabajador, sólo se refiere a la interpretación de las normas de trabajo, no en la valoración de las pruebas en un juicio, según ha señalado la jurisprudencia[12].

Respecto a la carga de la prueba, el proceso laboral mexicano se caracteriza por la liberación de la carga de la prueba para el tra-

---

12 PRUEBAS EN EL JUICIO LABORAL. EN SU VALORACIÓN ES INAPLICABLE EL PRINCIPIO DE QUE EN CASO DE DUDA DEBE ESTARSE A LO MÁS FAVORABLE AL TRABAJADOR. *El artículo 18 de la Ley Federal del Trabajo contiene el referido principio, el cual está íntimamente vinculado a la interpretación de las normas de trabajo, en la medida en que permite elegir la más benéfica para el trabajador cuando exista duda sobre su sentido y significado jurídicos; por su parte, el artículo 841 de la misma legislación otorga al juzgador la facultad de apreciar los hechos en conciencia y determinar libremente el valor que merecen las pruebas, con la única condición de que funde y motive su decisión. En ese sentido, se concluye que en la valoración de pruebas, los tribunales de trabajo no pueden apoyarse en el principio de que en caso de duda debe estarse a lo más favorable al trabajador, porque el propósito de éste consiste en disipar la duda en la interpretación de una norma laboral, mientras que la finalidad de las pruebas y, desde luego, de su apreciación, es determinar la veracidad de los hechos narrados en el juicio, lo que únicamente puede estar sujeto a las reglas de la lógica, del raciocinio, de la experiencia y del conocimiento.* Contradicción de tesis 194/2010. Entre las sustentadas por el Primer Tribunal Colegiado en Materias Administrativa y de Trabajo del Décimo Primer Circuito, el Tercer Tribunal Colegiado en Materia de Trabajo del Primer Circuito y el Tercer Tribunal Colegiado en Materia de Trabajo del Cuarto Circuito. 8 de septiembre de 2010. Cinco votos. Ponente: Sergio A. Valls Hernández. Secretario: Luis Javier Guzmán Ramos. Tesis de jurisprudencia 134/2010. Aprobada por la Segunda Sala de este Alto Tribunal, en sesión privada del veintidós de septiembre de dos mil diez.

bajador, cuando existan otros medios que le permitan al Tribunal llegar al conocimiento de los hechos. Además, en la legislación mexicana el patrón tiene la obligación de probar:

a) Fecha de ingreso del trabajador.
b) Antigüedad del trabajador.
c) Faltas de asistencia del trabajador.
d) Causa de rescisión de la relación de trabajo.
e) Terminación de la relación o contrato de trabajo para obra o tiempo determinado.
f) Constancia de haber dado por escrito al trabajador o al Tribunal de la fecha y la causa del despido.
g) La negativa lisa y llana del despido, no revierte la carga de la prueba.
h) Asimismo, la negativa del despido y el ofrecimiento del empleo hecho al trabajador no exime al patrón de probar su dicho.
i) El contrato de trabajo.
j) Jornada de trabajo ordinaria y extraordinaria, cuando ésta no exceda de nueve horas semanales.
k) Pagos de días de descanso y obligatorios, así como del aguinaldo.
l) Disfrute y pago de las vacaciones.
m) Pago de las primas dominical, vacacional y de antigüedad.
n) Monto y pago del salario.
o) Pago de la participación de los trabajadores en las utilidades de las empresas.
p) Incorporación y aportaciones al Instituto Mexicano del Seguro Social; al Fondo Nacional de la Vivienda y al Sistema de Ahorro para el Retiro.

Como se señaló previamente, para acceder a la vía judicial se requiere agotar una conciliación previa obligatoria. Destaca también el hecho que incluso en la vía judicial es posible conciliar. Se dice que la conciliación, en juicio, no debe implicar la renuncia de derechos. Al respecto, como se señaló previamente en el año de 2020, se tenían registrados 6,647 (13.54%) convenios, como medio de conclusión en los tribunales de trabajo.

El procedimiento ordinario laboral se integra de una etapa escrita y una etapa oral, previa conciliación obligatoria, salvo ciertas excepciones[13]. Luego de dicha etapa se establece que el proceso laboral ordinario debe tener una duración de hasta seis meses.

La fase escrita inicia con la presentación de la demanda. El Tribunal le asigna a la parte actora un buzón electrónico, nombre de usuario y contraseña correspondiente para consultar su expediente. Si la demanda se encuentra ajustada a la ley, el Tribunal dicta el acuerdo de admisión de demanda. A continuación, el Tribunal emplaza a la parte demandada, a quien le proporciona copia de la demanda, del auto admisorio de demanda, y de las pruebas ofrecidas, para que pueda formular su contestación y ofrecer pruebas. De igual manera, el Tribunal asigna un buzón electrónico, nombre de usuario, contraseña al demandado para consultar su expediente. Contestada la demanda el Tribunal corre traslado al demandante de la copia de la contestación y de sus anexos, para

---

13 Discriminación en el empleo y ocupación por embarazo, así como razones de sexo, orientación sexual, raza, religión, origen étnico, condición social o acoso u hostigamiento sexual. Designación de beneficiarios por muerte. Prestaciones de seguridad social por riesgos de trabajo, maternidad, enfermedades, invalidez, vida, guarderías y prestaciones en especie y accidentes de trabajo. Tutela de derechos fundamentales y libertades públicas de carácter laboral relacionados con: Libertad de asociación, libertad sindical y negociación colectiva; trata laboral, trabajo forzoso y obligatorio y trabajo infantil. Disputa de la titularidad de contratos colectivos o contratos ley. Impugnación o modificación de estatutos de los sindicatos; lo anterior, de conformidad con el artículo 685 Ter de la LFT.

que, en su caso, objete las pruebas, formule su réplica y ofrezca nuevas pruebas relacionadas con sus objeciones. Subsiguientemente, el Tribunal corre traslado de la réplica al demandado y de sus anexos para que formule por escrito su contrarréplica y en su caso objete las nuevas pruebas ofrecidas.

En la fase oral se desarrolla la audiencia preliminar, en donde las partes comparecen ante el Tribunal personalmente o por medio de apoderado. Incluso si asisten por su cuenta, deben ser asistidos por un abogado o pasante en derecho, para garantizar su debida defensa. En dicha audiencia, el Tribunal examina las cuestiones relativas a la legitimación procesal; señala los hechos que no son motivo de controversia; resuelve sobre la admisión de las pruebas ofrecidas por las partes y, fija día y hora para la celebración de la Audiencia de Juicio. La Audiencia de Juicio se desahoga con la comparecencia de las partes presentes; se analizan y califican las pruebas que presenten las partes; se abre la fase de desahogo de pruebas y se certifican las mismas; las partes formulan sus alegatos y, el Tribunal declara cerrada la etapa de juicio, y emite su sentencia en ese mismo momento.

Como se señala, el juez debe emitir su sentencia en la misma Audiencia de Juicio y el texto de la sentencia se pone a disposición de las partes en la misma audiencia. No obstante, el párrafo segundo del artículo 873-J de la LFT prevé que, en casos excepcionales y justificados, el Tribunal emita su sentencia dentro de los cinco días siguientes a la celebración de la Audiencia de Juicio.

Formalmente el proceso laboral está diseñado para que sea breve. Una de las razones de la reforma legal de 2019 fue justamente contar con una justicia laboral pronta y expedita[14], ya que

---

14 Secretaría del Trabajo y Previsión Social; "Justicia laboral será más rápida con nuevo sistema en manos del poder judicial", BOLETÍN 181/2019, 6 de octubre de 2019. En dicho Boletín se señala que de juicios que duraban 4 años, ahora durarán seis meses. https://www.gob.mx/stps/prensa/justicia-laboral-sera-mas-rapida-con-nuevo-sistema-en-manos-del-poder-judicial?idiom=es Consutado el 1 de mayo de 2025.

la conciliación prejudicial no puede durar más de 45 días naturales, el juicio no debe durar más de seis meses y la sentencia se emite en la audiencia de juicio.

Sin embargo, la realidad es muy diferente. Tomemos de ejemplo la Ciudad de México. En octubre de 2022 iniciaron funciones nueve Tribunales Laborales de Asuntos Individuales y un Tribunal Laboral de Asuntos Colectivos del Poder Judicial de la CDMX. En el año de 2022 se recibieron 1,114 demandas, de las cuales 1,046 en materia individual y 68 en materia colectiva. En el año de 2023, se recibieron 14,749 demandas, de las cuales 14,527 fueron en materia individual y 22 en materia colectiva.

Se debe señar también que el número de asuntos concluidos en los tribunales de trabajo de la Ciudad de México fueron en 2022 de 245, de los cuales sólo hubo 2 sentencias y 243 "terminados por causas diversas a una sentencia" y en el año 2023, 472 sentencias y 2435 también terminados por "causas diversas a una sentencia". Presentándose en el año 2022; 7 amparos y el 2023, 647 amparos. Como se aprecia, el número de asuntos concluidos, por citar sólo el 2023, de un total de 14,749, sólo fueron concluidos por sentencia 472, quedando la incertidumbre de los que significa "terminados por causa diversa a sentencia"[15].

Cabe señalar, que el acceso a la justica laboral en la Ciudad de México, se ha visto afectado por una suspensión de labores de ya un mes de duración de los trabajadores del Poder Judicial de la Ciudad de México.[16] La suspensión de labores inició el 30 de

---

15 Poder Judicial de la CDMX, *Anuario Estadístico e indicadores de derechos humanos 2024,* PJCDMX/ Naciones Unidas-Oficina del Alto Comisionado de las Naciones Unidas, México. https://www.poderjudicialcdmx.gob.mx/wp-content/uploads/Anuario-Estadistico-e-Indicadores-de-Derechos-Humanos-2024_VF-20ene25.pdf, pp.144 y 149.

16 INFOABE; Presidente del Poder Judicial en CDMX hace llamado a trabajadores: les pide volver a sus puestos el 30 de junio.26 de junio de 2025. https://www.infobae.com/mexico/2025/06/27/presidente-del-poder-judicial-en-cdmx-hace-llamado-a-trabajadores-les-pide-volver-a-sus-puestos-el-30-de-junio/ Consultado el 27 de junio de 2025.

mayo, motivada por la sobrecarga de trabajo, la falta de aumento salarial y la exigencia de mejores condiciones de trabajo. La suspensión ha afectado a 200,000 personas, la cancelación de 1,200 a 1,350 audiencias en los juzgados, incluidas las laborales[17].

Si se consideran todos los asuntos jurisdiccionales en materia laboral en los poderes judiciales estatales, tan solo en 2024 se abrieron 120, 325 expedientes[18]. En el mismo periodo, el Poder Judicial de la Federación (PJF) abrió 60,258 expedientes de procedimiento ordinario. De los expedientes competentes en los que se admitió la demanda, se solucionaron 23,207. Al cierre del periodo señalado, 22,593 expedientes estaban en *proceso de resolución*. Particularmente en el año de 2024, el PJF abrió 25,020 expedientes y solucionó 10,561[19].

Respecto de la duración del proceso, em el Poder Judicial de la Federación, para la resolución de los expedientes en el procedimiento ordinario, 20.0 % se solucionó en un rango de 61 a 90 días; le siguieron los solucionados en un rango de 91 a 120 días, con 18.1 por ciento. De forma general, 56.7 % de los expedientes tuvo una duración del proceso menor o igual a 120 días hábiles.[20]

En el orden jurisdiccional laboral local,[21] de noviembre de 2020 a diciembre de 2024, los poderes judiciales estatales inicia-

---

[17] INFOBAE, Paro en tribunales de la CDMX genera rezago masivo de sentencias y pérdidas económicas a litigantes, 27 de junio de 2025. https://www.infobae.com/mexico/2025/06/27/paro-en-tribunales-de-la-cdmx-genera-rezago-masivo-de-sentencias-y-perdidas-economicas-a-litigantes/ Consultado el 28 de junio de 2025.

[18] INEGI, *Registro administrativo en materia de justicia laboral federal y estatal (RALABF-E), 5 de junio de 2025.* https://www.inegi.org.mx/contenidos/saladeprensa/boletines/2025/especiales/RALABF-E2025.pdf *Consultado el 10 de junio de 2025.*

[19] *Ibidem.*

[20] *Ibidem.*

[21] Se incluyen los procedimientos: ordinario, especial individual, especial colectivo, huelga, colectivo de naturaleza económica, paraprocesal, tercerías, preferencias de crédito y ejecución.

ron 292,419 expedientes. De los expedientes en los que se admitió la demanda, se solucionaron 86,532. Al cierre del periodo, había 153,831 en proceso de resolución. En particular, como se precisó, en 2024, los poderes judiciales estatales abrieron 120,325 expedientes y solucionaron 36,108. Del total de expedientes abiertos en materia laboral del ámbito estatal, 39,242 (13.4 %) correspondieron al estado de México y 32,473 (11.1 %) a Ciudad de México. En cuanto a los expedientes solucionados, 23,571 (27.2 %) correspondieron al estado de México y 6,812 (7.9 %) a Guanajuato. En los 292,419 expedientes abiertos de noviembre de 2020 a diciembre de 2024, el tipo de procedimiento más frecuente fue el ordinario, con 208,673 (71.4%). Siguió el paraprocesal, con 48,975 (16.7%).[22] Como se puede ver, tanto en el ámbito federal como en el local se empieza a generar un retraso en la impartición de justicia.

Por otro lado, nuevamente se está repitiendo en los Tribunales Federales del Trabajo lo que existía en la anterior Junta Federal de Conciliación y Arbitraje. Si bien los tribunales del trabajo conocen de asuntos de trabajadores del sector privado, al tener también competencia para conocer de ciertos trabajadores del Estado. Ha llevado a los tribunales a la siguiente situación. Prácticamente el 50% de los asuntos que conoce son de servidores públicos, a pesar de ser una excepción a su competencia. Lo anterior se puede demostrar si se observa que, al 31 de diciembre de 2024, de los 60258 expedientes abiertos de naturaleza individual, las actividades legislativas, gubernamentales, de impartición de justicia y de organismos internacionales y extraterritoriales representaron la mayor cantidad de expedientes abiertos, con el 45.2 % del total y le siguió la industria manufacturera, con 32.0 %.[23] Resulta paradójico que tratándose de tribunales de trabajo para el sector

---

[22] INEGI, *Registro administrativo en materia de justicia laboral federal y estatal (RALABF-E). Op. cit.*

[23] *Ibidem.*

privado, el 45% de los expedientes abiertos, tenga que ver con un servidor público o trabajador del Estado.

En el caso de la conciliación obligatoria, esta se instauró con la finalidad de que las controversias entre trabajadores y patrones se resolvieran antes de llegar a juicio y en ese sentido, su derecho al acceso a la justicia se diera de una manera más rápida. Sin embargo, los acuerdos conciliatorios celebrados en los Centros de Conciliación locales en el año de 2023 fueron de 402,194 casos. Número inferior al número de convenios prejudiciales que se solían celebrar antes de la reforma laboral. Así tenemos que en el año de 2018 fueron 575,082 convenios, en el año de 2019 fueron 596,576 convenios[24]. Lo anterior quiere decir que con el nuevo modelo de conciliación no se han llegado a superar el número de conciliaciones que había antes de entrada la reforma laboral.

8. EL SISTEMA DE RECURSOS

En la Ley Federal del Trabajo de 2019 se establece como único recurso, el de reconsideración. Procede solamente contra actos u omisiones que dicte el secretario Instructor respecto de la admisión o prevención de la demanda, la notificación a los demandados, las vistas, traslados y notificaciones, las pruebas ofrecidas para acreditar las excepciones dilatorias y las providencias cautelares. Esto es en la fase escrita del procedimiento ordinario laboral. El recurso se desahoga oralmente en la audiencia preliminar y se resuelve en la misma audiencia. De ser fundado el recurso, el juez subsana el acto u omisión recurrido.

El recurso se presenta por escrito si se promueve en contra de providencias cautelares, por ejemplo, embargo precautorio, cuando se reclame discriminación en el empleo, prohibir salir del territorio nacional y requerir al patrón se abstenga de dar de baja a la persona trabajadora de la seguridad social. En este caso se

---

24 *Ibidem.*

debe presentar dentro de los tres días siguientes en que se tenga conocimiento del acto que se impugna. La contraparte cuenta con tres días para que manifieste lo que a su derecho convenga. El recurso se resuelve en la audiencia preliminar; salvo que la providencia cautelar ocurra después de celebrada dicha audiencia y su interposición sea posterior.

Por lo que respecta a los medios de impugnación que permiten depurar el procedimiento de los trabajadores del sector público, la LFTSE contempla el Recurso de Revisión (art. 128 LFTSE), el cual procede contra los acuerdos dictados por los secretarios de acuerdos en las audiencias durante la tramitación del procedimiento y antes del dictado del laudo. Es el Pleno del Tribunal el que conoce dicho recurso, según se trate de asuntos individuales o colectivos y debe hacerse valer dentro del término de 24 horas al de la culminación de la audiencia, que se cuentan de momento a momento. Aunado a lo anterior, resulta aplicable de manera supletoria la LFT, para regularizar el procedimiento (art. 686 LFT), en el cual se corrije cualquier irregularidad u omisión en la sustantación del procedimiento; así como la tramitación de los incidentes de previo y especial pronunciamiento e innominados (art. 761 LFT).

El amparo laboral. El juicio de amparo es un medio de control constitucional que busca que se respeten los derechos consagrados en el ordenamiento jurídico mexicano. El juicio de amparo resuelve controversias relativas a los actos u omisiones de la autoridad o sobre violaciones a los derechos humanos.

Existen dos tipos de amparo, el amparo directo y el amparo indirecto. El amparo directo procede contra sentencias definitivas o resoluciones que pongan fin a un juicio. El amparo indirecto procede contra de actos cometidos y contra actos u omisiones que provengan de autoridades diversas a los tribunales.

El procedimiento laboral aparte del recurso de reconsideración no cuenta con un recurso en contra de una sentencia definitiva o la resolución que ponga fin al juicio. No existe apelación y el amparo no puede considerarse como un recurso, ya que es un juicio independiente que tiene como finalidad, proteger los derechos constitucionales de las partes, no los derechos emanados de normas secundarias. No obstante, si se puede considerar que el amparo directo es un medio de defensa que se puede hacer valer ante una sentencia o resolución que vulnere derechos constitucionales.

El amparo indirecto procede contra los demás actos dentro del juicio que ocasionen un perjuicio a los derechos humanos de las partes. Para que se pueda hacer uso del amparo indirecto, se deben agotar los medios de defensa ordinarios existentes (principio de definitividad). En materia laboral se tendría que agotar el recurso de reconsideración.

Sin embargo, dado el alcance limitado del recurso de reconsideración, la parte que considere vulnerados sus derechos humanos puede hacer uso del amparo indirecto.

9. EJECUCIÓN DE LAS RESOLUCIONES JUDICIALES

La normatividad mexicana establece que las sentencias deben cumplirse dentro de los quince días siguientes al día en que surta efectos la notificación. Vencido el plazo, la parte que obtuvo sentencia favorable puede solicitarle al juez la ejecución de la sentencia por medio de una diligencia de requerimiento de pago y embargo.

Si el juez advierte que existe riesgo de no ejecutar la sentencia, o si el patrón realiza actos tendientes al incumplimiento de ésta, el juez tomará las medidas necesarias a efecto de lograr el cumplimiento eficaz de la sentencia. Para ello podrá decretar el embargo de cuentas bancarias y/o bienes inmuebles, debiendo girar los oficios respectivos a las instituciones competentes. Asimismo, deberá dar vista a las instituciones de seguridad social a efecto de que se cumplimenten las resoluciones en lo que respecta al pago de las cotizaciones y aportaciones que se contengan en la sentencia.

La acción para solicitar la ejecución de las sentencias definitivas del Tribunal prescribe en dos años en términos del artículo 519 de la LFT. La prescripción correrá a partir del día siguiente al que hubiese notificado la sentencia del Tribunal a las partes y solo se interrumpe en los siguientes casos:

a) Por la presentación de la solicitud de ejecución debidamente requisitada, mediante la cual la parte que obtuvo sentencia favorable solicite al juez dicte el auto de requerimiento y embargo correspondiente, o bien que abra el Incidente de Liquidación, y

b) Cuando alguna de las partes interponga el medio de impugnación correspondiente.

Independientemente de lo anterior, las partes pueden convenir en las modalidades de su cumplimiento.

Cuando en una ejecución de una sentencia o convenio se deba entregar una suma de dinero o el cumplimiento de un derecho al trabajador, el Tribunal debe cerciorarse que se le otorgue personalmente. La ejecución, debe señalarse, no es de fácil realización, porque en muchas ocasiones cuando se llegó a esa etapa, la empresa ha desparecido o no tiene bienes que se le embarguen.

10. LA CARRERA JUDICIAL: ENTRE SELECCIÓN Y ELECCIÓN

El 15 de septiembre de 2024 se reformaron diversos artículos de la Constitución de los Estados Unidos Mexicanos, en los que se establece que las personas juzgadoras deben ser electos por voto popular. Si bien, la carrera judicial se mantuvo, ésta es sólo para los funcionarios judiciales que no fueran jueces, magistrados o ministros de la Suprema Corte de Justicia de la Nación. De esta manera a partir de la reforma constitucional de 2024 se puede distinguir entre carrera judicial administrativa, en donde la ley detalla el catálogo de categorías[25] y, por otro lado, un ingreso a la judicatura a través de elecciones, como se verá más adelante.

La carrera judicial en México tuvo una aparición más o menos reciente, en el año de 1994. Previamente, en la Constitución de 1917 se señalaba que los magistrados y jueces serían nombrados y adscritos al Pleno de la Suprema Corte de Justicia de la Nación. En 1934 se estableció un sistema escalafonario para vacantes de

---

[25] El artículo 11 de la Ley de Carrera Judicial del Poder Judicial de la Federación, publicada en el Diario Oficial de la Federación el 2 de enero de 2025, establece que: La Carrera Judicial está integrada por las siguientes categorías:
I. Secretaria o Secretario General de Acuerdos de la Suprema Corte, de la Sala Superior del Tribunal Electoral o del Tribunal de Disciplina Judicial;
II. Subsecretaria o Subsecretario General de Acuerdos de la Suprema Corte, de la Sala Superior del Tribunal Electoral o del Tribunal de Disciplina Judicial;
III. Secretaria o Secretario de Estudio y Cuenta de Ministra o Ministro; Secretaria o Secretario de
Estudio y Cuenta, e Instructor o Instructora de la Sala Superior del Tribunal Electoral; y Secretaria o Secretario Proyectista, e Instructor o Instructora del Tribunal de Disciplina Judicial;
IV. Secretaria o Secretario de Tribunal de Circuito; Secretario o Secretaria de Estudio y Cuenta, así como Instructor o Instructora de las Salas Regionales del Tribunal Electoral;
V. Asistente de constancias y registro de tribunal de alzada;
VI. Secretario o Secretaria Proyectista de Tribunal de Circuito;
VII. Secretario o Secretaria de Juzgado de Distrito;
VIII. Asistente de constancias y registro de Juez de control o Juez de enjuiciamiento; así como los Secretarios o Secretarias instructores, de constancias, de audiencias, de acuerdos, de diligencias y de instrucción de los juzgados laborales;
IX. Secretaria o Secretario Proyectista de Juzgado de Distrito;
X. Actuaria o Actuario del Poder Judicial de la Federación, y
XI. Oficial judicial.

jueces y magistrados sin criterios claros. Disposiciones posteriores no incluyeron variantes importantes[26].

La Ley de Carrera Judicial del Poder Judicial de la Federación de 2021 creó[27] "...*un sistema institucional encargado de regular los procesos de ingreso, formación, promoción, evaluación del desempeño, permanencia y separación de las personas servidoras públicas de carácter jurisdiccional del Poder Judicial de la Federación, basado en el mérito y la igualdad real de oportunidades...*" [28] que garantizaran su independencia y permanencia en el cargo. Dicha ley instauró la Escuela Federal de Formación Judicial como órgano auxiliar del Consejo de la Judicatura Federal y encargada de la carrera judicial, basa en la capacitación y el mérito. No obstante, ese ordenamiento fue abrogado por la Ley del mismo nombre que fue publicada el 2 de enero de 2025.

Antes de la reforma constitucional de 2024, formaban parte de la carrera judicial los oficiales judiciales (personal de apoyo en los juzgados), los actuarios (dotados de fe pública y encargados de comunicar las resoluciones judiciales), los secretarios (encargados de dar constancia de la autenticidad de las actuaciones, así como de examinar solicitudes de las partes y presentar proyectos de resolución a los juzgadores), los jueces (primera instancia en la resolución de una controversia) y los magistrados (segunda instancia en la resolución de una controversia). Mientras que los ministros de la Suprema Corte de Justicia de la Nación eran electos

---

26 Ver: Bustillos, Julio; "Los jueces federales en México: antes y después de la carrera judicial"; *Revista del Instituto de la Judicatura Federal*, volumen 32, 2011, México, pp. 23-48.

27 Consejo de la Judicatura Federal/ Escuela Federal de Formación Judicial; Carrera Judicial. Capacitación y mérito, un punto de encuentro en la reforma judicial; México, julio de 2024, 30 pp.

28 Artículo 4º de la Ley de Carrera Judicial del Poder Judicial de la Federación, publicada en el *Diario Oficial de la Federación*, el 7 de junio de 2021.

por una mayoría calificada del Senado de la República a partir de una terna propuesta por la presidencia de la República[29].

La carrera judicial tenía como finalidad garantizar la profesionalización y la especialización de todos los funcionarios judiciales. Los jueces en funciones, hasta el año de 2024, tenían un promedio de 16 años como oficial judicial, actuario o secretario, antes de su nombramiento como jueces. En el caso de los magistrados, contaban con una antigüedad promedio de 19 años y 8 meses[30].

Por su parte, el artículo 4 de la Ley de 2025 define la carrera judicial como "un sistema institucional integrado por los procesos de ingreso, formación, promoción, evaluación del desempeño, permanencia y separación del cargo de las personas servidoras públicas que la componen, basado en el mérito y la igualdad real de oportunidades"[31].

Mientras que en su artículo 5 enumera los fines de este sistema en el orden siguiente:

"*I. Garantizar la independencia, imparcialidad, idoneidad, estabilidad, profesionalización y especialización de las personas servidoras públicas que forman parte de ella; II. Propiciar la permanencia y superación de sus integrantes, con base en expectativas de desarrollo personal progresivo; III. Desarrollar un sentido de identidad y pertenencia hacia el Poder Judicial de la Federación; IV. Contribuir a la excelencia, eficiencia y eficacia de la impartición de justicia; V. Coadyuvar en la legitimidad de los órganos jurisdiccionales que integran el Poder Judicial de la Federación; VI. Vincular el cumplimiento de los objetivos institucionales con el desempeño de*

---

29 En caso de que no hubiera acuerdo sobre la terna. El presidente mandaba una nueva terna y si seguía el desacuerdo, el presidente tenía la Facultad de elegir a uno de entre la segunda terna propuesta.

30 Consejo de la Judicatura Federal; *Carrera Judicial. Información Estadística.* 3 de septiembre de 2024. https://www.dgej.cjf.gob.mx/resources/infoRelevante/carreraJudicial.pdf

31 *Vid.* Ley de Carrera Judicial del Poder Judicial de la Federación publicada en el *Diario Oficial de la Federación* el 2 de enero de 2025 en https://www.diputados.gob.mx/LeyesBiblio/pdf/LCJPJF.pdf

las responsabilidades y el desarrollo profesional de las personas servidoras públicas que forman parte de ella, y VII. Coadyuvar en el ejercicio de una justicia orientada por la igualdad sustantiva y la justicia social"[32].

Críticas al Poder Judicial. Una de las críticas que se han hecho al Poder Judicial Federal tiene que ver con la corrupción y el nepotismo. El mismo Poder Judicial ha reconocido que a 30 años de su creación, en 1994, no se han podido erradicar las prácticas de corrupción y de nepotismo entre los funcionarios judiciales. Además de las múltiples quejas recibidas y los procedimientos iniciados de oficio, existe un gran número de asuntos aún en etapa de investigación en la Unidad General de Investigación y Responsabilidades Administrativas. En 2023, la Secretaría Ejecutiva de Disciplina del Consejo de la Judicatura Federal recibió 4,080 quejas en contra de funcionarios de los órganos jurisdiccionales. Por lo que se hace necesario consolidar el procedimiento de responsabilidad administrativa en la investigación, la substanciación y la resolución, así como combatir de manera frontal la corrupción. Entre varios puntos se señala la necesaria disminución de la discrecionalidad en la gestión administrativas de los órganos jurisdiccionales y fortalecer la transparencia en la carrera judicial, para garantizar que las promociones y designaciones se basen en méritos y competencias[33].

Respecto al nepotismo, desde el 2019 el Consejo de la Judicatura Federal adoptó un acuerdo que establece el Plan integral de combate al nepotismo.[34] Por otro lado, si bien ha disminuido, ya que en el 2022 de 49,630 personas servidoras públicas en activo,

---

32 *Ídem.*

33 Suprema Corte de Justicia de la Nación/ Consejo de la Judicatura Federal, Reforma integral al sistema de justicia en México: desafíos y propuestas.

34 Acuerdo del Pleno del Consejo de la Judicatura Federal por el que se establece el Plan Integral de Combate al Nepotismo, aprobado en sesión ordinaria de 4 de diciembre de 2019, por unanimidad de votos de los señores consejeros: Presidente Ministro Arturo Zaldívar Lelo de Larrea, Bernardo Bátiz Vázquez, Jorge Antonio Cruz Ramos, Eva Veró-

24,546 tenía una relación familiar al menos con un familiar; para el 2024 de 44,432 personas servidoras públicas, en activo, 16,639 tenían al menos un familiar en el Poder Judicial. No obstante, lo anterior, se reconoce que se debe garantizar el acceso en condiciones de igualdad y, la necesidad de establecer un servicio civil de carrera administrativa que combata el favoritismo y las relaciones familiares[35].

Sin embargo, las principales críticas al Poder Judicial Federal se dieron entre los años de 2023 y 2024, en donde hubo una serie de cuestionamientos provenientes del Poder Ejecutivo Federal sobre tema de corrupción y nepotismo. De igual manera, se criticó reiteradamente los altos salarios de los ministros de la SCJN, además de las declaraciones de inconstitucionalidad de diversas reformas legales propuestas por el Poder Ejecutivo Federal. Luego que, en las elecciones federales, el partido en el poder obtuvo un triunfo que le aseguró la mayoría calificada para reformar la Constitución; con ello, se abrió la puerta para que los jueces federales, los magistrados de circuito y los integrantes de la SCJN fueran electos por voto popular. Las modificaciones a la Constitución Federal que también se replicaron en las constituciones estatales.

La reforma constitucional del 2024. El 15 de septiembre entro en vigor la reforma constitucional sobre la elección de los impartidores de justicia. De esta manera, los ministros de la SCJN, los magistrados de la Sala Superior y salas regionales del Tribunal Electoral, los magistrados d Tribunal de Disciplina Judicial, los magistrados de los Tribunales Colegiados de Circuito y Tribunales Colegiados de Apelación, los jueces de los Juzgados de Distrito del Poder Judicial de la Federación, así como los jueces y magistrados

---

nica de Gyvés Zárate, Alejandro Sergio González Bernabé, Sergio Javier Molina Martínez y Loretta Ortiz Ahlf.

35 Suprema Corte de Justicia de la Nación/ Consejo de la Judicatura Federal, Reforma integral al sistema de justicia en México: desafíos y propuestas pp.114-116.

de los poderes judiciales de las entidades federativas deben ser electos por voto directo libre y secreto de la ciudadanía.

Además, la reforma en comento reemplazó al Consejo de la Judicatura Federal (órgano administrativo y sancionador del Poder Judicial de la Federación) por el Órgano de Administración Judicial y el Tribunal de Disciplina Judicial; se disminuyó el número de ministros de la SCJN de 11 a 9 integrantes; se redujo el mandato de los ministros de la SCJN de 15 a 12 años; se desaparecieron las dos Salas de la SCJN y ahora sólo sesionará en Pleno; se eliminó la Sala Regional Especializada del TEPJF; se modificaron los requisitos para acceder a los cargos judiciales y se establecieron límites a las remuneraciones de los juzgadores.

Las críticas a las reformas han sido abundantes, se cuestiona el cambio del mérito y el concurso por la elección de jueces; se señala que se está acabando con la independencia judicial y, en general, se señala que las necesarias reformas para mejorar la impartición de justicia son de otro calado y que, en ese sentido, la elección de jueces no va a resolver los problemas en materia de impartición, administración y procuración de justicia. Sin dejar de señalarse los pronunciamientos previos sobre la necesidad de contar con procesos de selección basado en exámenes de diversas naturalezas para acreditar la competencia e idoneidad como impartidores de justicia.[36]

Por otro lado, las críticas al proceso electoral judicial, recién realizado el primero de junio pasado, han sido tanto externas como internas. Entre las externas se puede encontrar a la Relatoría Especial sobre la independencia de los magistrados y abogados de la ONU, quien advirtió que la elección popular podría

---

36 Consejo de Derechos Humanos. Informe de la Relatora Especial sobre la independencia de los magistrados y abogados, Gabriela Knaul, A/HRC/23/43/Add.4, 2 de abril de 2013. https://www.ohchr.org/sites/default/files/Documents/HRBodies/HRCouncil/RegularSession/Session23/A-HRC-23-43-Add4_fr.pdf Consultado el 22 de junio de 2025.

politizar el Poder Judicial y en ese sentido, subordinar decisiones técnicas a intereses políticos[37]. Por su parte, la Comisión Interamericana de Derechos Humanos se pronunció sobre los impactos en el derecho de acceso a la justicia y en la independencia judicial.[38] Destaca también el informe preliminar de la Misión de Observación Electoral de la Organización de los Estados Americanos sobre las elecciones judiciales, quien enfáticamente señala que: "*...no recomienda que este modelo de selección de jueces se replique para otros países de la regió*n"[39].

Las críticas internas han provenido del Centro de Estudios Constitucionales de la SCJN[40], de los partidos políticos de oposición[41], de un sector ilustrado del mundo académico[42] y de funcionarios electorales.

---

37 ONU - Relatoría Especial sobre la independencia de los magistrados y abogados. Ref.: OL MEX 11/2024.

38 Comisión Interamericana de los Derechos Humanos (CIDH). 12/09/2024. https://www.oas.org/es/cidh/jsForm/?File=/es/cidh/prensa/comunicados/2024/213.asp Consultado el 22 de junio de 2025.

39 Informe Preliminar de la Misión de Observación Electoral de la OEA para las Elecciones del Poder Judicial en México. 6 de junio de 2025. https://www.oas.org/fpdb/press/2025_MEXICO_MOE_Elecciones_Judiciales_-Informe_Preliminart_ESP.pdf Consultado el 22 de junio de 2025.

40 Centro de Estudios Constitucionales/SCJN; Análisis de la iniciativa de reforma al poder judicial en México. Problemas asociados con la iniciativa de reforma constitucional del Poder Judicial presentado el 5 de febrero de 2024. VERSIÓN OFICIAL. https://www.sitios.scjn.gob.mx/cec/sites/default/files/page/files/2024-06/Ana%CC%81lisis%20de%20la%20iniciativa%20de%20reforma.%20Problemas%20asociados_final.pdf Consultado el 23 de junio del 2025.

41 López-Castro, Fernanda; "Inédita Elección judicial en México: ¿Qué significa la votación para jueces y por qué hay oposición?"; *Infobae*, 1° de junio de 2025. https://www.infobae.com/mexico/2025/06/01/inedita-eleccion-judicial-en-mexico-que-significa-la-votacion-para-jueces-y-por-que-hay-oposicion/ Consultado el 22 de junio de 2025.

42 Valadés, Diego, "Reflexiones sobre la reforma judicial en México", *Hechos y Derechos*, Número especial. Foros sobre la Reforma Constitucional en Materia de Justicia. Palabras pronunciadas en los Foros sobre la Re-

Las elecciones judiciales se realizaron el pasado 1° de junio del 2025. Se eligieron a 2,682 jueces, magistrados y ministros de la SCJN, así como jueces y magistrados de las entidades federativas. La participación fue del 13% de la población.

Como se puede apreciar, la carrera judicial para jueces, magistrados y miembros de la SCJN ha transitado del mérito, el concurso y la experiencia, a la elección popular y requisitos generales de elegibilidad para ser juez. Se trata de un cambio de modelo dramático que ha generado una gran tensión en México, entre los detractores y los defensores de la reforma judicial.

En el caso de la justicia laboral, se inició una nueva etapa en el 2019 con la creación de jueces del trabajo pertenecientes al Poder Judicial, que ingresaban a dicho nombramiento por sus méritos, por los cursos que tomaron y por el examen que realizaron para acceder a la judicatura. Ese modelo que empezó a funcionar en el 2019 se cambia por otro en el 2025, que establece la elección de jueces. La reforma también tan drástica en un modelo que apenas estaba operando, generará sin duda tensiones en el funcionamiento de la justicia laboral.

Sin duda, los cambios en materia de acceso a la justicia, pueden ser calificados como inciertos, en un sistema de impartición de justicia que necesita optimizarse y tener como hoja de ruta, el respeto del debido proceso, así como el acceso a una justicia pronta y expedita, como garantías mínimas.

11. BIBLIOGRAFÍA

Acosta Romero, Miguel, "Reflexiones sobre la posible integración de las Juntas de Conciliación y Arbitraje y Tribunal Federal de Conciliación y Arbitraje al Poder Judicial Federal", *Estudios en Homenaje al doctor Héc-*

---

forma Constitucional en Materia de Justicia, convocados por la UNAM. Julio 29-agosto 1°, 2024, 01 de agosto de 2024. https://revistas.juridicas.unam.mx/index.php/hechos-y-derechos/issue/view/753.

tor Fix-Zamudio en sus treinta años como investigador de las Ciencias Jurídicas. México, Universidad Nacional Autónoma de México, T. III, 1988, pp. 1575-1604.

Barquet Rodríguez, Alfredo F., "La Administración de la Justicia Laboral en la Junta Federal de Conciliación y Arbitraje", *Revista de Administración Pública,* No. 95, agosto, México, 1997.

Bassols, Narciso, "¿Qué son, por fin, las Juntas de Conciliación y Arbitraje?", *Revista Artículo 123 Constitucional,* Año 1, No. 1, enero-junio, México, 1990.

Bustillos, Julio; "Los jueces federales en México: antes y después de la carrera judicial"; *Revista del Instituto de la Judicatura Federal,* volumen 32, México, 2011, pp. 23-48.

CARPIZO, Jorge, "La naturaleza jurídica de las Juntas de Conciliación y Arbitraje en México", *Boletín Mexicano de Derecho Comparado,* Núm. 15, México, 1972.

Centro de Estudios Constitucionales de la Suprema Corte de Justicia de la Nación, "Control de convencionalidad", *Cuadernos de Jurisprudencia,* núm. 10, SCJN, México, 2021, 1-2 pp.

Centro de Estudios Constitucionales/SCJN, *Análisis de la iniciativa de reforma al poder judicial en México. Problemas asociados con la iniciativa de reforma constitucional del Poder Judicial presentado el 5 de febrero de 2024.* VERSIÓN OFICIAL. https://www.sitios.scjn.gob.mx/cec/sites/default/files/page/files/2024-06/Ana%CC%81lisis%20de%20la%20iniciativa%20de%20reforma.%20Problemas%20asociados_final.pdf Consultado el 23 de junio del 2025.

Comisión Interamericana de los Derechos Humanos (CIDH). 12/09/2024. https://www.oas.org/es/cidh/jsForm/?File=/es/cidh/prensa/comunicados/2024/213.asp Consultado el 22 de junio de 2025.

Consejo de Derechos Humanos. Informe de la Relatora Especial sobre la independencia de los magistrados y abogados, Gabriela Knaul, A/HRC/23/43/Add.4, 2 de abril de 2013. https://www.ohchr.org/sites/default/files/Documents/HRBodies/HRCouncil/RegularSession/Session23/A-HRC-23-43-Add4_fr.pdf Consultado el 22 de junio de 2025.

Consejo de la Judicatura Federal, *Anexo Estadístico 2024,* Dirección General de Estadística Judicial, p.32. Consultado en mayo de 2025: https://www.dgej.cjf.gob.mx/resources/anexos/2024/graficas/intro_2024.pdf

Consejo de la Judicatura Federal, *Carrera Judicial. Información Estadística.* 3 de septiembre de 2024. https://www.dgej.cjf.gob.mx/resources/infoRelevante/carreraJudicial.pdf

Consejo de la Judicatura Federal/ Escuela Federal de Formación Judicial, *Carrera Judicial. Capacitación y mérito, un punto de encuentro en la reforma judicial*, México, julio de 2024, 30 pp.

De Buen Unna, Carlos, "La crisis de los Tribunales de Trabajo en México", *Jurídica. Anuario del Departamento de Derecho de la Universidad Iberoamericana*, número 28, México, 1998, pp. 225-256.

De Buen, Néstor, "¿Administrar la ley o administrar justicia? (devaneos laborales)", *Revista Mexicana de Procuración de Justicia*, vol. I, No. 1, febrero, México, 1996, pp. 63-69.

Fix Zamudio, Héctor., "La naturaleza jurídica de las juntas de conciliación y arbitraje", *Revista Artículo 123 Constitucional*, Año 1, No. 1, enero-junio, México, 1990.

INEGI, *Registro administrativo en materia de justicia laboral federal y estatal (RALABF-E), 5 de junio de 2025.* https://www.inegi.org.mx/contenidos/saladeprensa/boletines/2025/especiales/RALABF-E2025.pdf *Consultado el 10 de junio de 2025*

Informe Preliminar de la Misión de Observación Electoral de la OEA para las Elecciones del Poder Judicial en México. 6 de junio de 2025. https://www.oas.org/fpdb/press/2025_MEXICO_MOE_Elecciones_Judiciales_-Informe_Preliminart_ESP.pdf Consultado el 22 de junio de 2025.

López-Castro, Fernanda; "Inédita Elección judicial en México: ¿Qué significa la votación para jueces y por qué hay oposición?"; *Infobae*, 1° de junio de 2025. https://www.infobae.com/mexico/2025/06/01/inedita-eleccion-judicial-en-mexico-que-significa-la-votacion-para-jueces-y-por-que-hay-oposicion/ Consultado el 22 de junio de 2025.

OIT, *Tribunales del trabajo en América Latina*, Ginebra, 1949, pp. 90-91.

ONU - Relatoría Especial sobre la independencia de los magistrados y abogados. Ref.: OL MEX 11/2024.

Poder Judicial de la CDMX, *Anuario Estadístico e indicadores de derechos humanos 2024*, PJCDMX/ Naciones Unidas-Oficina del Alto Comisionado, México, pp.144 y 149.

https://www.poderjudicialcdmx.gob.mx/wp-content/uploads/Anuario-Estadistico-e-Indicadores-de-Derechos-Humanos-2024_VF-20ene25.pdf,

Sánchez Castañeda, Alfredo "Dialogo social, negociación y resolución de conflictos en México" en García Murcia, Joaquín y Torres de León, Vasco, *Medios de solución de conflictos laborales. Perspectiva Euroamericana*, Tirant lo Blanch, Valencia, México, 2023, pp.343-390.

Sánchez Castañeda, Alfredo, "La conciliación laboral en el nuevo modelo de justicia laboral: Un camino complejo por recorrer", en Sánchez Castañeda, Alfredo, Márquez Gómez Daniel, Carrillo Cruz Beatriz (coords.), *Desafíos de los medios alternativos de solución de controversias en el Derecho Mexicano Contemporáneo,* Defensoría de los Derechos Universitarios, serie: Los derechos universitarios en el siglo XXI, Núm. 9., UNAM, México, 2019, 264 pp.

Sánchez-Castañeda, Alfredo, "Una visión sistemática de la procuración de justicia laboral", en *Las relaciones laborales en el siglo XXI,* Patricia Kurczyn Villalobos (coord.), UNAM, México, 2000, 370 pp.

Secretaría del Trabajo y Previsión Social; "Justicia laboral será más rápida con nuevo sistema en manos del poder judicial", BOLETÍN 181/2019, 6 de octubre de 2019. https://www.gob.mx/stps/prensa/justicia-laboral-sera-mas-rapida-con-nuevo-sistema-en-manos-del-poder-judicial?idiom=es Consutado el 1 de mayo de 2025.

Valadés, Diego, "Reflexiones sobre la reforma judicial en México", *Hechos y Derechos,* Número especial. Foros sobre la Reforma Constitucional en Materia de Justicia. Palabras pronunciadas en los Foros sobre la Reforma Constitucional en Materia de Justicia, convocados por la UNAM, julio 29-agosto 1º, México, 2024. https://revistas.juridicas.unam.mx/index.php/hechos-y-derechos/issue/view/753.

Panamá

Acceso a la justicia en el ámbito de las relaciones de trabajo. Perspectiva panameña

Acces to justice in labor relations: Panamenian perspective

VASCO TORRES DE LEÓN[1]

SUMARIO

1. Introducción. 2. La influencia de los instrumentos internacionales y la configuración general del sistema nacional. 3. La jurisdicción como medio de solución de los conflictos de trabajo. 4. El ámbito competencial de la jurisdicción habilitada para entender de los conflictos de trabajo. 5. Capacidad, legitimación y condiciones de acceso a la justicia laboral. 6. El papel de las organizaciones y representaciones colectivas. 7. Diseño legal, modo de inicio y principales aspectos del proceso. 8. El sistema de recursos contra las resoluciones judiciales. 9. Modos y posibilidades de ejecución de las resoluciones judiciales. 10. La solución voluntaria de los conflictos laborales y el acceso a la justicia laboral.

SUMMARY

1. Introduction. 2. The influence of international instruments and the general configuration of the national system. 3. Jurisdiction as a means of resolving labor disputes. 4. The scope of jurisdiction authorized to hear labor disputes. 5. Capacity, legitimacy, and conditions for access to labor justice. 6. The role of organizations and collective representations. 7. Legal design, method of initiation, and main aspects of the process. 8. The system of appeals against court decisions. 9. Methods and possibilities for enforcing court decisions. 10. Voluntary resolution of labor disputes and access to labor justice.

---

1 El autor es Profesor Titular III (catedrático) de Derecho del Trabajo en la Universidad de Panamá y director general de la Escuela de Dialogo Social, Tripartismo y Resolución de Conflictos, de la Universidad de Panamá.

RESUMEN

El presente estudio da cuenta del sistema jurídico diseñado en Panamá para proveer de justicia laboral. El estudio revisa los elementos configuradores del sistema y los aspectos sustanciales del mismo, describiendo la forma en que se originó, las influencias que tuvo y las peculiaridades del sistema, revisando especialmente la configuración de la jurisdicción, el proceso y las resoluciones, además de otros aspectos de índole histórico-configurativa.

ABSTRACT

This study examines the legal system designed in Panama to provide labor justice. It reviews the elements that shape the system and its substantive aspects, describing how it originated, its influences, and its peculiarities. It specifically examines the configuration of jurisdiction, process, and resolutions, as well as other historical and configurational aspects.

PALABRAS CLAVES: Acceso, justicia, trabajo

KEYWORDS: Access, justice, work

1. INTRODUCCIÓN

El presente estudio se enmarca en el formato que viene desarrollando la Escuela Interamericana de Dialogo Social, Tripartismo y Resolución de Conflictos, en este caso realizar un estudio sobre el acceso a la justicia laboral. En tal sentido la aproximación desarrollada ha sido a partir del formato propuesto para la tarea anunciada, por supuesto, con algunas adecuaciones para un mejor abordaje del sistema panameño.

Panamá presenta desde fechas relativamente tempranas (hace más de 50 años) un completo, y un poco *sui generis*, sistema legal de acceso a la justicia laboral. Si bien es cierto que existen normas bastante tempranas sobre justicia laboral, incluyendo la primera configuración de la justicia de trabajo, con el Código de Trabajo de 1947[2], no es sino hasta la década de los 70s cuando se termina

[2] Por medio de la Ley 67, del 11 de noviembre, de 1947.

de configurar la justicia de trabajo[3], sin perjuicio de nuevos acomodos que se verificaron más tarde. Y es que, además del mismo Código de 1972 que mantuvo la jurisdicción del trabajo, tal como la había concebido el Código del 47, la nueva legislación instituyó un muy prolijo procedimiento laboral con muchos procesos, ordinarios y especiales, así como con diversidad de recursos y demás elementos necesarios para configurar un proceso, además de oral, muy ágil y fundado en principios que forjaron el clásico derecho del trabajo.

Mas recientemente, aunque de forma tímida, la jurisprudencia fue integrando la perspectiva de las normas internacionales en los mecanismos de acceso a la justicia de trabajo, a la par de un mejor entendimiento y aplicación de criterios emanados de órganos de control de la OIT, en cuanto el entendimiento y aplicación de normas laborales.

Como veremos abajo, el estudio da cuenta de la conformación de la planta jurisdiccional, sus competencias y estructuración de forma detallada, tal como ha diseñado el formato de estos estudios nacionales; examina los asuntos colectivos pertinentes, así como el papel de las representaciones colectivas; mira en detalle los principales aspectos del proceso y el sistema de recursos; así como la ejecución de las resoluciones judiciales.

Adicionalmente, el formato de estudio nos permite exponer someramente la espinosa perspectiva del acceso a la justicia de prestadores de servicios a quienes no se les aplica el derecho del trabajo y su tratamiento en el ámbito nacional; también se ha incluido una perspectiva de lo que se ha anotado como un tema de interés, aunque no claramente dentro de este estudio, esto es, la perspectiva de los métodos alternos de resolución de conflictos como parte del espectro general del acceso a la justicia laboral.

---

[3] Con la aprobación del Código de Trabajo de 1972, por medio del Decreto de Gabinete 252, de 30 de diciembre, de 1971, por el cual se aprueba el Código de Trabajo. Publicado en Gaceta N° 17040.

En fin, cumpliendo con el cuarto libro de estos estudios colectivos que este Grupo de Panamá viene desarrollando en el ámbito parcialmente euroamericano, he aquí la perspectiva desde Panamá.

2. LA INFLUENCIA DE LOS INSTRUMENTOS INTERNACIONALES Y LA CONFIGURACIÓN GENERAL DEL SISTEMA NACIONAL

El sistema de acceso a la justicia laboral en Panamá puede estar moldeado por los diseños que elaboró el clásico derecho del trabajo, cuando aún los instrumentos internacionales no eran muy conocidos o difundidos. Sin embargo, también es cierto que tales diseños obedecían al desarrollo de la doctrina en general, la cual, seguramente inspiró instrumentos internacionales tempranos. Veamos.

2.1 Marco internacional de referencia para cada Panamá: líneas de regulación y exigencias

Panamá, como signatario de instituciones e instancias internacionales, ha experimentado la influencia de instrumentos internacionales emanados de tales instancias. Instrumentos de ámbito global como la Declaración Universal de Derechos Humanos (art. 8)[4]; el Pacto Internacional de Derechos Civiles y Políticos (art. 14)[5]; e instrumentos de ámbito regional como

---

4 Declaración Universal de Derechos Humano: "Art. 8. Toda persona tiene derecho a un recurso efectivo ante los tribunales nacionales competentes, que la ampare contra actos que violen sus derechos fundamentales reconocidos por la constitución o por la ley".

5 Pacto Internacional de Derechos Civiles y Políticos: "Art. 14. Todas las personas son iguales ante los tribunales y cortes de justicia. Toda persona tendrá derecho a ser oída públicamente y con las debidas garantías por un tribunal competente, independiente e imparcial, establecido

la Declaración Americana de Derechos y Deberes del Hombre (Art. XVIII)[6] y la Carta Americana de Derechos Humanos (art. 8)[7], los cuales consagran el derecho a la tutela judicial efectiva, consagrando el acceso a la justicia como un derecho de rango internacional.

La normativa internacional consagra, con muy próxima naturaleza, el derecho al *recurso efectivo ante los tribunales*; el derecho a *ser oído* por un tribunal; *ocurrir ante un tribunal* para hacer valer derechos; el derecho a *ser oído* por un tribunal o juez competente. Fórmulas todas que establecen de forma diáfana el derecho de acceder a la justicia judicial.

En lo que respecta a la Organización Internacional del Trabajo (OIT), no se tiene noticia de un instrumento que consagre el derecho al acceso a la justicia, sino hasta hace poco, con el Convenio sobre la violencia y el acoso, 2019 (núm. 190)[8] y la Recomendación sobre la violencia y acoso, 2019 (núm. 206), cuando la institución dictó una norma internacional con una exigencia directa

---

por la ley, en la substanciación de cualquier acusación de carácter penal formulada contra ella o para la determinación de sus derechos u obligaciones de carácter civil".

6 Declaración Americana de Derechos y Deberes del Hombre: "Art. XVIII. Toda persona puede ocurrir a los tribunales para hacer valer sus derechos. Asimismo, debe disponer de un procedimiento sencillo y breve por el cual la justicia lo ampare contra actos de la autoridad que violen, en perjuicio suyo, alguno de los derechos fundamentales consagrados constitucionalmente".

7 Carta Americana de Derechos Humanos: "Artículo 8. Garantías Judiciales 1. Toda persona tiene derecho a ser oída con las debidas garantías y dentro de un plazo razonable, por un juez o tribunal competente, independiente e imparcial, establecido con anterioridad por la ley, en la sustanciación de cualquier acusación penal formulada contra ella, o para la determinación de sus derechos y obligaciones de orden civil, laboral, fiscal o de cualquier otro carácter".

8 Panamá ratificó el convenio 190, mediante Ley 321, de 29 de agosto, de 2022. Publicada en Gaceta Oficial Digital, lunes 29 de agosto de 2022.

y clara sobre el acceso efectivo a la justicia laboral[9], pues, antes de ello, ha sido la acción tanto de la Comisión de Expertos en la Aplicación de Convenios y Recomendaciones (CEACR) como el Comité de Libertad Sindical (CLS), los que se han pronunciado, al hilo del examen de denuncias de convenios específicos (en el caso de la CEACR se ha pronunciado sobre los convenios sobre el trabajo forzoso y sobre los convenios de libertad sindical y negociación colectiva; convenios estos últimos sobre los que también se ha pronunciado el CLS)[10].

2.2 Marco normativo e institucional a escala nacional: medios previstos o habilitados legalmente para la solución de conflictos laborales, judiciales y/o extrajudiciales

Existe un sistema de resolución de conflictos que empieza con la reclamación o demanda ante la jurisdicción de trabajo, la cual se compone de tres niveles y se complementa con instancias administrativas de resolución de conflictos. La jurisdicción de trabajo tiene: Juzgados Seccionales de Trabajo -JST- (primera instancia); Tribunales Superiores de Trabajo -TST- (segunda estancia), y; Corte Suprema de Justicia (CSJ), Sala de Casación Laboral[11].

---

9 Convenio 190, artículo 10, que establece: Todo Miembro deberá adoptar medidas apropiadas para:
b) garantizar un fácil acceso a vías de recurso y reparación apropiadas y eficaces y a mecanismos y procedimientos de notificación y de solución de conflictos en los casos de violencia y acoso en el mundo del trabajo, que sean seguros, equitativos y eficaces, tales como". Norma que se articula con el art. 14 de la Recomendación, que establece: "Las vías de recurso y reparación mencionadas en el artículo 10, b), del Convenio podrían comprender".

10 Para un informe en detalle sobre el tema *vid.* C. Arese, Acceso a la tutela judicial efectiva laboral en países de América del Sur, Documento de Trabajo de la OIT, Organización Internacional del Trabajo, 2020.

11 Según el artículo 1, de la Ley 59, de 5 de diciembre, de 2001, que adiciona el Titulo XVII sobre jurisdicción laboral, al Libro Primero del Código Judicial y dicta otra disposición, en el cual se establece que el

Las instancias administrativas existen para el sector privado y para el sector público. Es el Ministerio de Trabajo y Desarrollo Laboral (MITRADEL) el que acoge instancias decisorias sobre temas laborales privados, tanto en la Dirección General de Trabajo (DGT)[12] como en las Juntas de Conciliación y Decisión (JCD)[13]. En tanto que, por otro lado, en Panamá existe una instancia de administración de justicia para funcionarios del Canal de Panamá[14] y, muy recientemente, se ha implementado el Tribunal Administrativo de la Función Pública, para atender reclamaciones laborales del sector público en general[15]. Adicionalmente, las universidades públicas, como la Universidad de Panamá, tienen

---

artículo 460-C queda así: "La jurisdicción especial de trabajo se ejerce de manera permanente por:
1. La Sala de Casación Laboral;
2. Los Tribunales Superiores de Trabajo, como tribunales de segunda instancia;
3. Los Juzgados Seccionales de Trabajo, como tribunales de primera o única instancia; y
4. Las Juntas de Conciliación y Decisión, como tribunales de primera o única
Instancia".

12 *Vid.* Artículo 4, de la Ley 53, de 28 de agosto, de 1975, por medio de la cual se le atribuye competencia al Ministerio de Trabajo y Bienestar Social (hoy MITRADEL) para conocer de reclamaciones laborales y se toman otras medidas. Publicada en Gaceta Oficial No. 17928, miércoles 17 de septiembre de 1975.

13 *Vid.* Ley 7, de 25 de febrero, de 1975, por medio de la cual se crean dentro de la Jurisdicción Especial de Trabajo las Juntas de Conciliación y Decisión. Gaceta Oficial No. 17801, martes 18 de marzo de 1975.

14 *Vid.* Artículo 111 de la Ley 19, de 11 de junio, de 1997, por la que se organiza la Autoridad de Canal de Panamá. Gaceta Oficial No. 23309.

15 Según el artículo 8, de la Ley 23, de 12 de mayo, de 2017, que reforma la Ley 9, de 1994, que establece y regula la carrera administrativa, y dicta otras disposiciones. Publicada en Gaceta Oficial No. 28277-B, viernes 12 de mayo de 2017.

su propio sistema de relaciones laborales que discurre por la vía gubernativa y contenciosa administrativa[16].

2.3 La experiencia real del país: medios habituales o de uso preferente o preponderante

Las JCD son lo que en otros países se ha denominado tribunales de despido, y es por donde discurre la mayor litigiosidad, con diferencia, con relación a conflictos laborales del sector privado. No obstante, es posible ver una significativa actividad en la DGT, en el proceso de "conciliación", donde se absuelve una relativa parte importante de la litigiosidad.

No existe una vía de resolución alternativa o voluntaria en Panamá por la cual se atienda la conflictividad laboral, en el caso del sector privado. Es de anotar que, en el sector público, se tiene la experiencia del Canal de Panamá en el que existe un sistema de resolución de conflictos por medios voluntarios, de acuerdo con lo pactado en los convenios colectivos[17]. Por otro lado, tal como se anotó arriba, es de esperar que la nueva legislación para el sector público en general desarrolle un sistema de resolución voluntaria de conflictos.

---

16 *Vid.* Artículo 239 del Estatuto Universitario, publicado en Gaceta Oficial No. 26202, del 15 de enero, de 2009 y Artículos 141-143 del Reglamento de Carrera Administrativa del Servidor Público de la Universidad de Panamá, publicado en Gaceta Oficial No. 28012-A, del 18 de abril, de 2016.

17 *Vid.* Artículos 3-11 de la Convención Colectiva de la Unidad de Trabajadores Profesionales 2022-2025; Artículos 4, 7, 13, 17 y 18 de la Convención Colectiva de la Unidad de Bomberos 2022-2028; Artículos 4, 7-9, 11, 23 de Convención Colectiva de la Unidad de Capitanes y Oficiales de Cubierta 2016; Artículos 5 y 13 de la Convención Colectiva de la Unidad de Prácticos 2016.

3. LA JURISDICCIÓN COMO MEDIO DE SOLUCIÓN DE LOS CONFLICTOS DE TRABAJO

La jurisdicción del trabajo es, indudablemente, con mucho el mecanismo más utilizado para la dirimencia de los conflictos de trabajo. No obstante, existen dos causes claramente establecidos que también hacen buena parte de tal mecanismo, esto es, la aplicación del derecho de conflictos colectivos y los procesos administrativos laborales. Veamos cómo se ha instituido tal jurisdicción del trabajo.

3.1 La jurisdicción especializada en materia laboral y de seguridad social

Ya con el Código de trabajo de 1948 (Ley 67/1947) se estableció la jurisdicción especial del trabajo. La cual fue completada con la creación de las JCD en 1975 (Ley 7/1975). En todo caso, es necesario consignar que existe una Sala de lo Laboral, en la Corte Suprema de Justicia, a la que no se le ha designado magistrados, lo que ha supuesto que la Sala Contenciosa Administrativa pase a ser una sala mixta en las que se ven tales casos (y otros).

Como se ha consignado arriba, los casos de los funcionarios se tramitan por la vía especial (Canal de Panamá); recurso ante el TAFP y casos específicos (universidades públicas).

En Panamá es posible verificar una jurisdicción de naturaleza mixta, entre lo *cuasi* judicial y lo judicial. En primer lugar, el Código del ´48 estructura su Libro Segundo en tres Títulos en los que regula la organización procesal laboral de la siguiente forma. El Título Primero establece la Jurisdicción Especial de Trabajo. Dentro del mismo se prevé, en el Capítulo Primero, la Organización y Competencia de los Tribunales de Trabajo –Sección Primera de Disposiciones Generales; Sección Segunda de los Juzgados Seccionales de Trabajo; Sección Tercera sobre Tribunales de Conciliación y Arbitraje; Sección Cuarta sobre el Tribunal Superior de Trabajo; Sección Quinta sobre Jurisdicción y Competencia; Sección

Sexta sobre Impedimentos, Recusaciones y Excusas-; el Capítulo Segundo compuesto de varias secciones sobre normas generales, acumulaciones, secuestro y acumulación, demanda, el juicio verbal, excepciones, pruebas, sentencias y recursos, es en realidad el procedimiento laboral adoptado por el Código. Un Capítulo Tercero sobre Conflictos de Carácter Económico y Social; un Capítulo Cuarto para Procedimiento en caso de Riesgo Profesional; un Capítulo Quinto para Recurso Administrativo; un Capítulo Sexto para Juzgamiento de Faltas; un Capítulo Séptimo sobre Ejecución de Sentencias y; un Capítulo Octavo para la Intervención del Instituto de Vigilancia y Protección del Niño.

El Título Segundo se encarga de la Organización Administrativa del Trabajo, con un Capítulo Primero sobre el Ministerio de Trabajo, Previsión Social y Salud Pública y; un Capítulo Segundo sobre la Inspección General de Trabajo.

Un Título Tercero, sin nombre, en el que se encuentra la Sección Primera sobre Prescripciones y una Segunda Sección referida a Faltas y sus Sanciones. Luego está el Titulo Cuarto sobre Disposiciones Finales.

Posteriormente, el Código de Trabajo de 1972 dedicaría su Libro Cuarto a las Normas Procesales, sin embargo, por mandato del artículo 1064.7 se mantienen en vigencia las Secciones Primera, Segunda, Cuarta y Quinta del Capítulo I, Título I, Libro II de la Ley 67 de 1947, es decir, del Código de 1948.

El Código de Trabajo 1972 ha dedicado uno de sus cinco libros a las normas procesales laborales. En efecto, el Libro Cuarto, denominado "Normas Procesales", contiene un "Título Preliminar" en el que establece normas generales sobre gestión y actuación, además de establecer una serie de "principios" del proceso laboral para, luego, en catorce capítulos, detallar todos los pormenores del proceso laboral en Panamá.

Más recientemente, se aprueba la Ley 59, de 5 de diciembre, de 2001, que "adiciona el Título XVII sobre Jurisdicción Laboral al Libro I del Código Judicial", la que deroga las disposiciones del

Código de 1947 y dicta normas sobre Jurisdicción y competencia (Capítulo I); normas sobre Tribunales Superiores de Trabajo (Capítulo II) y normas sobre Jueces Seccionales de Trabajo (Capítulo III) y crea la Sala IV, de Casación Laboral, en la Corte Suprema de Justicia.

Adicionalmente, se han establecido las Juntas de Conciliación y Decisión, como organismos legos de administración de justicia laboral compuestos de forma mixta entre trabajadores (por medio de una lista que presenta el CONATO y CONUSI), empresarios (por medio de una lista que presenten las organizaciones empresariales más representativas -CONEP-) y gobierno (designado por el MITRADEL), quien las presidirá. Las Juntas de Conciliación y Decisión están integradas administrativamente al MITRADEL, sin embargo, están subordinadas jerárquicamente a los Tribunales Superiores de Trabajo del Órgano Judicial en cuanto a los asuntos jurisdiccionales.

3.2 Establecimiento de la jurisdicción del trabajo y los hitos más importantes en su trayectoria histórica y su progresiva conformación

La jurisdicción del trabajo fue creada por la Ley 67 de 1947, modificada por la Ley 40 de 1975[18]. Posteriormente, el Código de Trabajo, de 1972, creo una serie de recursos que existen en la actualidad. Este Código de 1972 validó una Corte de Casación laboral; la cual se eliminó, transformándose a Sala de lo Laboral de la CSJ, producto de la reconformación actual de la jurisdicción laboral establecida en la Ley 59, de 5 de diciembre, de 2001[19]. La Ley 59/2001 reorganiza la jurisdicción de trabajo, básicamen-

---

[18] *Vid.* Ley 40, del 1° de agosto, de 1975, por la cual se modifican los artículos 340, 349 y 350 de la Ley 67 de 1947, se adiciona la Ley No. 7 de 1975, se crea una plaza de Magistrado en el Tribunal Superior de Trabajo y se dictan otras medidas.

[19] *Vid.* Ley 59 de 2001...*cit.*

te integrándola en la jurisdicción ordinaria (puesto que antes se consideró una "jurisdicción especial")[20].

Posteriormente se crean las Juntas de Conciliación y Decisión, en 1975, y se dotan de un procedimiento especial para los temas de su competencia, a saber, despido injustificado, asuntos de trabajadores domésticos y reclamaciones por menos de mil quinientos dólares (US$ 1,500.00)[21]. Adicionalmente, el Ministerio de Trabajo acoge competencias administrativas de justicia laboral por Ley 53/1975. Es en la Secretaría Judicial, de la Dirección General de Trabajo, en donde se surten los procesos administrativos laborales que la Ley 53, de 28 de agosto, de 1975 y los artículos 215, 240, 373 y 394 del Código de Trabajo fijan bajo la competencia del MITRADEL, lo cual se regula por medio del artículo 68.1, y siguientes, del Reglamento Orgánico del Ministerio de Trabajo.

Adicionalmente, el Decreto-Ley 8, de 26 de febrero, de 1998, sobre el trabajo en el mar y en las vías navegables, ha completado el cuadro de la jurisdicción laboral en nuestro Derecho[22].

El Canal de Panamá, por medio de su ley orgánica, la Ley No. 19, de 11 de junio de 1997, establece la Junta de Relaciones Laborales de la ACP. En tal sentido el artículo 111 establece: "Se crea la Junta de Relaciones Laborales con el propósito de promover la cooperación y el buen entendimiento en las relaciones laborales, así como de resolver conflictos laborales que están bajo su competencia".

Luego, por Ley 23, del 12 de mayo de 2017, que modifica la Ley 9 de 1994 y establece la Carrera Administrativa, se crea el Tribunal Administrativo de la Función Pública, el cual empezó a

---

[20] Ley 59, del 5 de diciembre, 2001, adiciona el Titulo XVII sobre jurisdicción laboral, al Libro Primero del Código Judicial y dicta otra disposición, publicada en Gaceta Oficial:24447 del 07-12-2001.

[21] *Vid.* Artículo 1, Ley 7, de 25 de febrero, de 1975... *cit.*

[22] No obstante, tales tribunales marítimos no han sido implementados y el reparto de tal materia sigue el trámite previo a la norma, esto es: juzgados seccionales de trabajo y juntas de conciliación y decisión.

funcionar en 2024 y, en su art. 42-A establece: "Se crea el Tribunal Administrativo de la Función Pública como ente independiente, especializado e imparcial, con jurisdicción en toda la República".

3.3 La planta jurisdiccional (niveles funcionales, tipo de órganos, distribución o asentamiento territorial, etc.)

La jurisdicción de trabajo en Panamá tiene en su base los Juzgados Seccionales de Trabajo y las Juntas de Conciliación y Decisión. Entre ambas instancias existe un reparto de competencias para conocer la mayoría de los litigios laborales, de tipo privado; las Juntas son, en esencia, tribunales de despido. Los Juzgados Seccionales son instancias unipersonales, en tanto que las Juntas son colegiadas. Estas estructuras tienen jurisdicción nacional, aunque su competencia obedece a un reparto territorial establecido en la ley (en esencia, cada provincia tiene un Juzgado Seccional y una JCD, aunque no todas, y; en el caso de Panamá, existe un número plural de juzgados y JCD).

Por otro lado, en el sector público existen instancias especiales, como la Junta de Relaciones Laborales de la ACP -colegiado- y el Tribunal Administrativo de la Función Pública -colegiado- (este último de muy reciente data). Si bien la JRL de la ACP tiene competencia sobre cualquier dependencia de la ACP a nivel nacional, en la práctica las instalaciones del Canal de Panamá están en territorios provinciales pertenecientes a la provincia de Panamá, Colón, Chorrera y alguna otra oficina fuera del área geográfica del Canal mismo (en Veraguas, por ejemplo). En tanto que el TAFP tiene oficinas en Panamá, pero su ley contempla la posibilidad de establecer juzgados administrativos de la función pública en el interior del país, con competencia para una o más provincias.

Existen tribunales de segunda instancia denominados Tribunales Superiores de Trabajo, que tiene competencia para conocer, mediante el recurso de apelación, las decisiones de primera instancia tanto de los Juzgados Seccionales como de las JCD, y funcionan de forma colegiada. Tienen jurisdicción nacional y un reparto de competencias territorial, también. En esencia se trata de un Tribunal Superior competente para asuntos dados en las provincias centrales y otro para la región metropolitana -que acoge los territorios más orientales.

Finalmente existe la Sala de lo Laboral en la Corte Suprema de Justicia, la cual no ha entrado en funciones puesto que no se le han designado los magistrados laborales correspondientes. Entre tanto, la Sala 3ra, de lo contencioso administrativo, conoce del recurso extraordinario de casación laboral. La sala tiene jurisdicción y competencia territorial en toda la República; en tanto que la ley establece su competencia por materia.

3.4 Instancias y recursos

La jurisdicción del trabajo en Panamá es de doble instancia. Se contempla de forma ordinaria el recurso de apelación frente a las decisiones de los Juzgados Seccionales de Trabajo y JCD. Así, según lo establece el artículo 460-C de la Ley 59 de 2001, "La Jurisdicción Especial de Trabajo se ejerce de modo permanente por:

1. La Sala de Casación Laboral;
2. Los Tribunales Superiores de trabajo, como tribunales de segunda instancia;
3. Los Juzgados Seccionales de Trabajo, como tribunales de primera o única instancia".

Así pues, de acuerdo con art. 914 del CT "El recurso de apelación procede contra resoluciones dictadas en primera instancia y sólo cuando se trate de casos expresamente previstos en la ley o de sentencia o auto que ponga fin al proceso o imposibilite su continuación, salvo en los procesos cuya cuantía sea inferior a quinientos balboas, que serán de única instancia". En tanto que el art. 924 del Código del 72 establece "Corresponde a la Corte de Casación Laboral conocer privativamente el recurso de casación que se establece y reglamenta en este capítulo".

También existe un recurso para acciones de menor cuantía, esto es, "El recurso de reconsideración sólo procede en los casos que la ley señale expresamente, y en los procesos cuya cuantía sea mayor de doscientos cincuenta balboas y no exceda de quinientos balboas, siempre que se trate de sentencia o de cualquier auto que ponga término al proceso o imposibilite totalmente su tramitación".

Para el Canal de Panamá se ha establecido el recurso de apelación por violación de ley el cual se elevará a la Sala IIIa de la Corte Suprema (art. 114 de Ley 19/1997) y, por parte del TAFP, se contempla el recurso contencioso administrativo, en vía laboral, ante la Corte Suprema de Justicia (art. 42-J de Ley 23/2017). Ambos tribunales establecen la doble instancia por medio de recursos de apelación, pudiera entenderse, que en violación de ley.

3.5 Conformación de los órganos judiciales competentes en materia laboral y social. Procedencia de sus miembros

Es la Ley de Carrera Judicial, Ley 53, de 27 de agosto de 2015, la que contempla el ingreso, traslado y ascenso a los cargos de carrera judicial. En principio pueden acceder personas de fuera de la jurisdicción, por la vía de concurso abierto. En la práctica se suele declarar concurso interno muchas de las vacantes, lo que privilegia la endogamia judicial.

Adicionalmente, tal como se mencionó arriba, las JCD se integran de forma *lega*, lo que supone que su integración se realiza de forma *sui generis*, por medio de presentación de listas de los sectores obrero y empresarial, unidos a la representación gubernamental. Tal sistema solo perdura en este tipo de tribunales, pues, los siguientes grados de la jurisdicción mantienen una composición togada y sujeto a lo establecido en la ley de carrera judicial mencionada.

4. EL ÁMBITO COMPETENCIAL DE LA JURISDICCIÓN HABILITADA PARA ENTENDER DE LOS CONFLICTOS DE TRABAJO

El ámbito de competencias de la jurisdicción de trabajo puede calificarse de amplio, conociendo materias laborales y también de seguridad social e, inclusive, como la propia ley declara, de "materias conexas" al ámbito laboral.

4.1 Ámbito de competencias de la jurisdicción laboral: asuntos laborales y de seguridad social

La jurisdicción de trabajo en Panamá, además de mantener competencias sobre asuntos laborales, también tiene competencias relacionadas a reclamaciones sobre asuntos de riesgos de trabajo, contemplándose que el juez laboral podrá declarar la responsabilidad del empleador derivada del incumplimiento de las normas sobre riesgos de trabajo y, a la vez, el trabajador podrá acudir a tribunales ordinarios cuando haya responsabilidad de acuerdo con el derecho común (art. 302 del CT).

El art. 460-L del Código Judicial (según ha sido reformado por la Ley 59 de 2001) les otorga competencia a los tribunales seccionales de trabajo para conocer de asuntos relativos a: 1. El contrato de trabajo; 2. Las renuncias por causas imputables al empleador 3. La disolución de organizaciones sociales; 4. Asuntos relativos a riesgos profesionales, y; 5. Faltas contra las leyes de trabajo o de seguridad social. 6. Demás casos que la ley determine.

No es identificable, al menos de forma directa, las competencias sobre asuntos de "contenido social", salvo lo que sea referido al ámbito social de tipo laboral.

4.2 Descripción de manera sumaria o concentrada del arco de competencias laborales

La competencia específica dada a los Juzgados Seccionales, a las Juntas de Conciliación y Decisión, sumado a las competencias genéricas que derivan del art. 460-A del Código Judicial (según ha sido reformado por la Ley 59 de 2001) completa el siguiente decálogo de competencias a la jurisdicción del trabajo: 1. Controversias surgidas del contrato de trabajo (los actos previos al contrato de trabajo, los actos coetáneos y posteriores al contrato de trabajo, algunos litigios conexos al contrato de trabajo); 2. Controversias y litigios laborales de dimensión colectiva (a. Las relaciones entre los sindicatos de trabajadores y los empresarios o sus representaciones –interpretación, efectos y validez de la convención colectiva en casos individuales, litigios derivados del pago de la cuota sindical, descontada por la empresa, al sindicato-; b. Los asuntos surgidos en el seno de las propias representaciones profesionales (adopción de estatutos, admisión y expulsión de afiliados, elección de directivos –art. 394 del CT-); c. Los que afecten la vida de la propia organización social –disolución-); 3. Violación de normas laborales (El proceso de juzgamiento de faltas a las leyes laborales); 4. Violación de normas sobre seguridad social (Las violaciones que puede conocer el juez laboral sobre seguridad social son aquellas que tienen vinculación directa con los riesgos profesionales a los que está expuesto el trabajador).

4.3 ¿Es posible que otros órdenes jurisdiccionales u otros tribunales conozcan de asuntos laborales o de índole "social"?

En principio existe un mandato constitucional -art. 77 constitucional- que establece que "Todas las controversias que originen las relaciones entre el capital y el trabajo quedan sometidas a la jurisdicción del trabajo, que se ejercerá de conformidad con lo dispuesto por la Ley". Algo que ha podido tener una excepción -cuya constitucionalidad es debatible- es la facultad dada a los tribunales marítimos de conocer reclamaciones laborales marítimas en naves de servicio internacional con pabellón panameño[23].

4.4 Diferencias en este sentido entre empleo privado y empleo público

La jurisdicción del trabajo en Panamá tiene competencia sobre relaciones laborales privadas, salvo algunas excepciones -asuntos de riesgos profesionales, art. 292 del CT- tal jurisdicción no tiene competencia sobre asuntos de funcionarios. Como se ha mencionado arriba, es de recientísima data el establecimiento de un tribunal para el sector público, de forma tal que tales funcionarios puedan tener mejor acceso a la justicia de trabajo.

Los recursos en la jurisdicción laboral de tipo privado suponen una finalización en la Corte Suprema de Justicia, por medio de la utilización de un recurso, extraordinario, de casación laboral; en tanto que la reciente jurisdicción para el sector que tiene empleo público, supone una única vía con posibilidad de una apelación de tipo laboral, también en la Corte Suprema de Justicia[24].

5. CAPACIDAD, LEGITIMACIÓN Y CONDICIONES DE ACCESO A LA JUSTICIA LABORAL

Existen algunos aspectos puntules en los que el acceso a la justicia del trabajo puede estar limitada, como en los casos de la persona que no se considera trabajador de naturaleza laboral. Otro elemento de interés es lo relativo al acceso a la justicia bajo condición de representante de intereses colectivos. Veamos.

---

23 *Vid.* Artículo 129, Decreto Ley 8, de 26 de febrero, de 1998, por la cual se reglamenta el trabajo en el mar y las vías navegables y se dictan otras disposiciones. Gaceta Oficial No. 23,490-A, de sábado 28 de febrero de 1998.

24 *Vid.* Artículo 42-J, de la Ley 9 de 1994, reformado por el artículo 8, de la Ley 23, de 12 de mayo, de 2017... *cit.*

5.1 El acceso a la justicia del prestador de servicio

Existen ámbitos jurisdiccionales diferenciados para trabajador asalariado y funcionario. En todo caso, por unas pocas excepciones, el funcionario tiene muy limitada protección judicial. Tal como se ha descrito arriba, la normativa laboral en el Código de Trabajo de 1972 contiene toda una estructura judicial para dilucidar aspectos derivados de la relación de trabajo de naturaleza laboral. En tanto que en el sector público panameño, en general, la protección de funcionarios es poco robusta.

En Panamá no se ha regulado sobre *cuasi* trabajadores, entendiendo por estos aquellas personas que prestan servicios personales y no tienen un contrato de trabajo o contrato funcionarial, pero que mantienen una relación directa de prestación de servicios con una empresa (típicamente el trabajador en plataformas digitales). Este tipo de prestación de servicios casi no tiene protección, sino es por la vía civil. En caso de una reclamación, el litigio debe identificar la contraparte patronal; si esta no existe no es viable el proceso laboral. Algo distinto sería la protección de falsos autónomos, en los que se puede demostrar la laboralidad del servicio y acceder a la tutela judicial laboral[25].

---

[25] El CT panameño establece 2 teorías para probar la existencia de un vínculo laboral: sea por medio de la teoría contractualista -existencia de un contrato de trabajo- o por medio de la teoría relacionista -prestación de servicio en condiciones de subordinación y dependencia-. En tal sentido, el art. 62 del CT establece ambas hipótesis como mecanismos de establecimiento de una relación de trabajo, con las obligaciones consustanciales a una relación laboral.
Adicionalmente, el art. 63, del CT, consagra el principio de primacía de la realidad, así: "Para la determinación de la relación de trabajo, o de los sujetos de la misma, se prescindirá de los actos y contratos simulados, de la participación de interpuestas personas como supuestos empleadores, y de la constitución u operación simulada de una persona jurídica en calidad de empleador".

5.2 Demanda colectiva representación técnica y asistencia jurídica

Es posible un conflicto de carácter colectivo -acción de clase-, cuando la naturaleza de la reclamación sea individual, cuando haya un número plural de trabajadores solicitando la misma prestación (horas extras) en lo que se haría una acumulación.

Es posible asistir al proceso sin representación legal de abogado, sea por sí mismo -el trabajador- o por medio del sindicato. En todo caso, el Ministerio de Trabajo provee de asistencia y representación legal a quien la solicite.

El acceso a la justicia es gratuito, por disposición constitucional (art. 201 constitucional). Sin perjuicio de que exista la condena en costas.

En el derecho panameño se contempla la unidad económica de la empresa, por medio de la cual se puede demandar a una empresa que es parte de tal unidad económica (grupo de empresas, art. 14.5 del CT). La persona natural es demandable.

6. EL PAPEL DE LAS ORGANIZACIONES Y REPRESENTACIONES COLECTIVAS

En este apartado se describe, con mayor detenimiento, el papel de las organizaciones y representaciones colectivas.

6.1 Intervención en sede judicial de sujetos colectivos

De acuerdo con el art. 357.3 entre los fines y funciones del sindicato se contempla "Representar a sus miembros en los conflictos, controversias y reclamaciones que se presenten, y demandar o reclamar en nombre de ellos en forma individual o colectiva, o intervenir en los conflictos, controversias o reclamaciones, individuales y colectivas, que se hubieren promovido". Tal normativa permite a tales organizaciones (sindicales) constituirse en demandantes.

Adicionalmente, la posibilidad de constituirse en coadyuvante no está determinada de forma expresa en la normativa, sin embargo, no parece haber impedimentos para que tales organizaciones puedan ser parte del proceso en tal calidad. De la misma forma en que el sindicato podrá actuar en nombre del trabajador.

6.2 Intervención de representaciones colectivas no sindicales, en sede judicial

En el derecho panameño la representación de los intereses colectivos e individuales de los trabajadores está dado, esencialmente, al sindicato. Sin embargo, organizaciones no sindicales, como representantes de trabajadores *ad hoc*, podrán representar ante el empleador a los trabajadores. Sin embargo, la ley no contempla la posibilidad de que un comité de empresa o representaciones *ad hoc* de trabajadores tengan un papel de representatividad en sede judicial, pues, como se manifiesta, los comités y delegados tienen un papel más bien a lo interno de la empresa.

7. DISEÑO LEGAL, MODO DE INICIO Y PRINCIPALES ASPECTOS DEL PROCESO

En este apartado se presenta con detalle los aspectos centrales del proceso, sus elementos configurantes y caracterizaciones más marcadas. Veámoslo.

7.1 La celeridad en los procesos

Aunque el proceso ordinario laboral pretende ser rápido, en la práctica existen diversos procesos, algunos son más rápidos que otros. Sin embargo, en comparación con los procesos civiles, el procedimiento laboral es sustancialmente rápido. En tal sentido, las decisiones en las JCD se pueden tomar el mismo día que se practica la audiencia y revisión de pruebas (art. 10 de ley 7/1975);

en tanto que los procesos ante el juez seccional de trabajo, si bien la norma establece también el fallo en audiencia, permite que el juez pueda tomar la decisión dentro de los siguientes siete (7) días (art. 970 del CT).

Adicionalmente, existen procesos que se han diseñado con mayor celeridad, como es el proceso de reintegro (arts. 978 y ss del CT) y proceso abreviado (art. 991) imputabilidad de la huelga (art. 499 y ss del CT).

Como es posible percatarse, en la legislación procesal laboral panameña existen procesos ordinarios de conocimiento, pero también una diversidad de procesos especiales, tanto para temas individuales como para temas colectivos. Tales diferencias se establecen en función de la clase de asunto o de las características de la pretensión.

7.2 Las reglas probatorias y la paridad de trato para trabajador y empleador en el proceso laboral

El proceso laboral panameño sigue la regla general sobre la carga de la prueba generalmente aceptada, esto es: "La carga de la prueba incumbe a la parte que afirma la existencia de hechos como fundamento de su acción o excepción" (art. 735 de CT).

En tanto que el art. 737 establece las excepciones a tal regla, las cuales suponen una diferencia de trato sobre las cargas probatorias. Sin embargo, tal diferencia de trato quizás venga fundada en el reconocimiento de la norma de la desigualdad de las partes en la relación de trabajo, pues, es posible asumir que el ingreso del trabajador al proceso no lo iguala económicamente al empleador, quien, siempre, podrá tener mejores medios para articular su defensa, además de ser el dueño/custodio de la prueba, generalmente. En tal sentido, el legislador panameño ha diseñado unas excepciones a la regla general probatoria, así como a otras situaciones de la relación de trabajo.

Así, como hemos mencionado, la ley parte de la igualdad de las partes en el proceso, sin embargo, el Código ha contemplado una serie de situaciones en las que se diseña un trato favorable para un sector específico en situaciones específicas. Por ejemplo:

Art. 63 del CT consagra el principio de primacía de la realidad, así: "Para la determinación de la relación de trabajo, o de los sujetos de esta, se prescindirá de los actos y contratos simulados". Tal principio otorga cierta ventaja al trabajador para evitar que se intente encubrir una relación de trabajo utilizando una figura contractual de naturaleza distinta a la laboral.

De manera más clara, la terminación de la relación de trabajo está amparada por una serie de presunciones a favor del trabajador, lo que, en la práctica supone un trato más favorable a la parte débil de la relación de trabajo. En tal sentido, el art. 737 del CT establece:

"Sin perjuicio de las presunciones previstas en las disposiciones de este Código, o que se desprenden de las mismas, en las relaciones de trabajo regirán las siguientes presunciones:

1. Acreditada la prestación del servicio o la ejecución de la obra, se presume la relación de trabajo, salvo prueba en contrario.
2. Todo contrato de trabajo se presume por término indefinido, salvo que se pruebe conforme a este Código que es por obra o tiempo definido y que el objeto de la prestación permita este tipo de contrato.
3. La relación de trabajo termina por despido, salvo prueba en contrario.
4. El despido se entiende sin causa justificada, salvo prueba en contrario.
5. Acreditada la existencia del contrato de trabajo en dos fechas distintas dentro de un mismo año, se reconocerá, salvo prueba en contrario, su ininterrupción.

6. Demostrado el salario ordinario devengado en los últimos tres meses de servicio, se presumirá en favor del trabajador, salvo prueba en contrario, que dicho salario ordinario fue devengado en el tiempo anterior que hubiere laborado, hasta en los últimos tres años".

Pero, este mismo artículo (737 de CT), también concede un trato favorable al empleador en un supuesto:

"7. Demostrado el pago del salario ordinario correspondiente a seis meses consecutivos según la periodicidad convencional, reglamentaria o acostumbrada en la respectiva empresa, se presumirá salvo prueba en contrario, que los salarios ordinarios por el tiempo anterior han sido igualmente pagados.

8. Demostrado el pago de la remuneración de las vacaciones por tres años de trabajo, se presumirá, salvo prueba en contrario, que están pagadas las causadas por los años anteriores".

7.3 Tipo de proceso o modalidades procesales

Es ampliamente difundida la división que de los procesos hacen las distintas legislaciones laborales, señalando que existen los juicios ordinarios y los juicios especiales. Los ordinarios son aquellos sometidos a la ritualidad ordinaria del Código, en tanto que los especiales son sometidos a reglas especiales creadas para cada uno de ellos.

En la legislación panameña existen distintos procesos. Existe una división entre los procesos laborales contenciosos de conocimiento, dentro de los que el código de trabajo panameño incluye el proceso común, el reintegro, la nulidad y el abreviado y los procesos especiales, que alude a modalidades del proceso laboral para temas específicos.

Por otro lado, el procedimiento laboral ha querido acentuar la centralidad del proceso ordinario, a cuyas reglas ha de referirse todo tipo de proceso planteado ante los tribunales laborales, de forma tal que se potencia la simplificación de las diferentes modalidades procesales por vía de regulación de aquellos aspectos concretos sobre los cuales aparezca la necesidad de una regulación especial y -como se menciona- rigiendo para el resto las reglas del proceso laboral ordinario común.

Existen algunas peculiaridades de estos procesos que pueden mencionarse, aun cuando las mismas no se repitan en todas las modalidades procesales que contempla la legislación panameña: a. La competencia es privativa de los Tribunales de Trabajo –con excepción del proceso ante las Juntas de Conciliación y Decisión-. b. Legitimación especial por la que pueden actuar sujetos colectivos –ilegalidad de huelga- c. Celeridad acentuada de todos estos procesos reflejada en los plazos breves de las distintas acciones –es el elemento más común-.

Los procesos especiales o modalidades procesales en la legislación laboral panameña son los siguientes: 1. Proceso ejecutivo; 2. Proceso de juzgamiento de faltas; 3. Proceso ante la Junta de Conciliación y Decisión. 4. Proceso de ilegalidad de la huelga.

7.4 Acceso al proceso, demanda y contestación

No existe como precondición para la demanda el trámite previo de conciliación por parte del demandante. De todas formas, tanto en las JCD (art. 10 de Ley 7/1975), como en los juzgados seccionales de trabajo, se prevé una formalidad en audiencia por el que el juzgador debe llamar a conciliar, lo cual no presenta mucha efectividad; aunque es cierto que tal formalidad presenta mejor acogida en las JCD[26].

---

[26] En el primer trimestre del 2025 se realizaron un total de 317 audiencias en las Juntas de Conciliación y Decisión, de las cuales 59 fueron conciliadas exitosamente, es decir, aproximadamente un 18% de las audiencias se resuelven a través de la conciliación y no por decisión de la Junta. *Vid.* Dirección Nacional de las Juntas de Conciliación y Decisión, *Juntas de Conciliación y Decisión a nivel nacional Ene-Mar 2025*, Cifras

Por otro lado, existe un llamado a conciliación administrativa que puede ser semi vinculante. Y es que, si bien el trabajador no debe agotar este paso para presentar una demanda, de todas formas, si éste decide hacerlo, el empleador está obligado a presentarse a la conciliación y, luego de tal paso (en el evento de que no haya conciliación o que la misma no sea completa), podrá presentarse la demanda en el tribunal competente.

Despejada la vía para presentar la demanda, es el art. 553 del CT el que establece los elementos de la demanda. De acuerdo con este:

"La demanda debe contener:

1. La designación del Juez a quien se dirige.
2. El nombre de las partes y el de sus representantes, si aquellas no comparecen o no pueden comparecer por sí mismas; su vecindad, residencia y dirección si es conocida, o la afirmación de que se ignora la del demandado, bajo juramento.
3. Lo que se demanda, expresando con claridad y precisión los hechos u omisiones.
4. La cuantía o estimación, si no se pide una suma líquida o determinada de dinero, salvo que se trate de peticiones de naturaleza no pecuniaria.
5. Los fundamentos de derecho en que se apoya. Cuando el trabajador pueda litigar en causa propia no será necesario este último requisito".

El trámite implica que "Cuando la demanda esté en forma legal, el Juez dará traslado de ella al demandado con tres días de término, acompañando copia de la misma, con apercibimiento que si no la contesta dentro de este término, el proceso se seguirá en los estrados del Tribunal" (art. 561 de CT).

---

preliminares, Dirección de Planificación/Departamento de Estadística, 2025.

Además, el demandado se sujetará al siguiente procedimiento: "La contestación de la demanda estará sujeta a los requisitos de los ordinales 1, 2 y 5 del artículo 553. Con la contestación deberá acompañarse una copia que, sin trámite, se le entregará al demandante.

El demandado que se oponga a las pretensiones del demandante, al contestar la demanda, expresará cuáles hechos admite como ciertos y cuáles rechaza o niega, explicando las razones de su negativa y consignando los hechos y motivos o excepciones en que apoya su defensa" (art. 566 de CT).

Finalmente, en lo relativo a si es posible la transacción o avenencia entre las partes a lo largo del proceso, la normativa panameña contempla medios excepcionales de terminación del proceso, que son los siguientes: desistimiento, caducidad de la instancia, allanamiento, conciliación, transacción, sustracción de materia y la litis pendencia.

De acuerdo con los artículos 941 y 942 del CT el actor deberá tener en cuenta para que opere el desistimiento tres elementos: a. si la demanda no ha sido notificada al demandado; b. si la demanda ya ha sido notificada al demandado y; c. cuando el desistimiento afecte a un tercero.

En atención a lo establecido en los artículos 945 y ss del CT, para que opere la caducidad de la instancia deben cumplirse con los siguientes requisitos: cuando el proceso se encuentre paralizado por más de dos (2) años; debe ser solicitada o decretada de oficio (arts. 949 y 945 del CT); debe tratarse de un proceso común de carácter patrimonial (art. 952 del CT).

El allanamiento procede en cualquier estado del proceso, antes de que se dicte el fallo –art. 953 del CT- y el juez debe decretarlo conforme a Derecho, salvo que la Ley le exija actuación de oficio, caso en el que se continuará el proceso sin que se le preste validez al allanamiento –art. 953 del CT-.

El Código establece en el art. 963b que "iniciada la audiencia, el Juez procurará conciliar a las partes.

Si una parte propusiere un arreglo y éste fuera aceptado por la otra, el avenimiento se hará constar en acta, firmada por las partes y el Juez".

Cuando se habla de transacción debemos aclarar cómo se puede aplicar la misma en el derecho laboral y es que una transacción que contenga la renuncia de derechos ciertos, que son parte del patrimonio jurídico del trabajador, no es válida y el juez debe anular dicha transacción, tal cual lo establece el art. 8 del CT y lo ordena el art. 963b del CT. La legislación laboral alude directamente a la transacción parcial cuando establece que "El demandado que reconociere en su contestación deber alguna suma líquida de dinero y otra obligación, o se allanare a una de las pretensiones, o si hubiere transacción parcial, debe consignar la suma que crea deber" (la cursiva es mía) –art. 955 del CT-.

La sustracción de materia se configura en nuestra legislación al amparo del art. 525 que establece que el juez, cuando éste va a proferir su decisión "debe tener en cuenta que el objeto del proceso es el reconocimiento de los derechos consignados en la Ley substancial y con este criterio se deben interpretar las disposiciones del presente Código" y se trata de actos que inciden directamente sobre la pretensión en litigio de manera sustancial hasta el grado de perderse el objeto del proceso.

La declaración de archivo del expediente supone una terminación del proceso. De acuerdo con el art. 597 del CT "Si ninguna de las partes al ser citadas por segunda vez, concurren a la audiencia, el Juez declarará extinguido el proceso, y en el mismo auto cancelará las medidas cautelares, si las hubiere". El archivo de la demanda porque se ordenó su corrección y no se realizó y ello imposibilitó al Juzgador para conocer del fondo del asunto, también es una forma de terminar el proceso de manera excepcional. La inacción del demandante origina que el juez ordene archivar –finalizando de esta manera- el expediente que apenas inicia (vea arts. 558, 566, 567 y 574 del CT).

La litispendencia, en el derecho panameño, puede ser entendida como un medio innominado de terminación del proceso, porque la presentación de una segunda demanda cuyos resultados puedan contradecir una primera, da lugar al archivo del expediente. No existe en el Código de Trabajo de 1972 mención expresa sobre la institución mencionada, sin embargo, la misma puede colegirse –a juicio de J. Fábrega- del art. 534 del CT.

Por otro lado, aunque arriba hemos descrito el procedimiento aplicable a la presentación de la demanda en el Código de Trabajo de 1972, lo que supone competencia de los Juzgados Seccionales de Trabajo, no se debe perder de vista que las JCD tiene su propia normativa sobre presentación de demanda, al igual que la Dirección General de Trabajo, donde se ven ciertas demandas. Veamos.

Las demandas ante las JCD pueden presentarse de forma verbal o escrita ante la JCD o ante la Dirección Regional respectiva (art. 8 de Ley 7/1975). En cuanto al contenido de la demanda, ésta debe sujetarse a lo establecido en el art. 553 del CT (art. 34 de DE Nº 1de 1993). Una vez recibida la demanda, la misma debe ser trasladada a la contraparte, asunto que realizará la Secretaría Judicial –Art. 35.2 de DE Nº 1de 1993- mediante notificación personal –art. 47 de DE Nº 1 de 1993-.

En tanto que las demandas presentadas ante la Dirección General de Trabajo se sujetarán al procedimiento establecido en la Ley 53 de 1975. Estas normas sobre procedimiento son las siguientes: “Artículo 4.-Las reclamaciones se presentarán verbalmente o por escrito en la Dirección General de Trabajo o en la Dirección Regional respectiva”. “El procedimiento será verbal, sin formalidades especiales, garantizará el derecho de defensa de las partes, la ratificación personal de la demanda y...” (art. 5). Adicionalmente, la Ley ha previsto que la demanda debe ser acogida de inmediato (art. 6), una vez admitida la demanda se dará traslado a la contraparte por el término de tres (3) días (art. 8).

7.5 Cuestiones de orden colectivo en sede judicial

La interpretación de un convenio colectivo o la ilegalidad de una orden empresarial que afecta al conjunto de sus trabajadores, no son de resorte judicial directo en el derecho panameño. Y si bien la autoridad administrativa tiene facultad interpretativa de la convención colectiva[27], la jurisprudencia ha dicho que los tribunales no están obligados por tales criterios interpretativos y que, si un caso es presentado a su competencia, ellos pueden interpretar el convenio colectivo de forma autónoma.

Por otro lado, existe el juicio declarativo que no impide que tanto en materia individual como colectiva se presente ante los tribunales ordinarios con la finalidad de lograr una declaratoria judicial del pretendido derecho, lo cual puede ser el caso de invalidar una orden empresarial que se estima ilegitima.

7.6 Facultades del juez en el proceso

Al juez laboral se le ha reconocido, tradicionalmente, una amplia facultad para dirigir, en general, el proceso. Aunque el art. 992 del CT agrupa en tres conjuntos de actos las acciones que el juez laboral puede desarrollar dentro del proceso, todas se resumen en la facultad primordial de dirección del proceso, sin perjuicio de las distintas normas repartidas por el Código en las que se encuentran mandatos directos o implícitos hacia el juzgador. Así el art. 992 dispone que:

"Son deberes del Juez:

1. Dirigir el proceso, velar por su rápida solución, adoptar las medidas conducentes para impedir su paralización y procurar la mayor economía procesal.
2. Emplear los poderes que este Código conceda, para evitar nulidades, sanear el proceso, verificar las afirmaciones de

---

27 *Vid.* Artículo 1, numeral 3o., de Ley 53, de 28 de agosto, de 1975…*cit.*

las partes impedir actos contrarios a la lealtad y probidad procesal.

3. Rechazar de plano cualquier solicitud que sea notoriamente improcedente o que implique una dilación manifiesta".

Así, la legislación panameña establece una ampliación de facultades del juez, asunto que deriva de las normas referidas a un sistema *cuasi* inquisitivo que supone facultades para dictar: suplencia de la demanda (art. 532, 558 y 574 del CT); impulso procesal (art. 523 del CT); sentencia inmediata (art. 970 del CT). El sistema *cuasi* inquisitivo es consagrado en nuestra legislación laboral al otorgársele amplias facultades al juez para manejar y dirigir el proceso, lo mismo que utilizar las reglas de la sana crítica en la valoración de las pruebas. La legislación panameña también consagra la facultad de fallo ultra y extra *petita*, que autoriza al Juez para "condenar por pretensiones distintas de las pedidas..." y "Podrá también condenarse a sumas mayores que las pedidas por las prestaciones reclamadas en la demanda (art. 535 de CT).

El juzgador laboral tiene poderes para impulsar el proceso hasta su terminación; sanea el proceso evitando nulidades por razones de procedimiento; aporta pruebas de acuerdo a su propio criterio; valora las pruebas de acuerdo a las reglas de la sana crítica; evita dilaciones innecesarias del proceso; procura la tutela del trabajador dentro del proceso por medio de la aplicación de las normas procesales de carácter tutelar y, en fin, amplias facultades derivadas de un sistema cuasi inquisitivo en el papel del juez dentro del proceso laboral. Más, aun, el juez laboral tiene la facultad de sancionar directamente la violación de las normas laborales cuando en el curso de un proceso de su conocimiento advirtiere la violación de estas –art. 1061 del CT-.

8. EL SISTEMA DE RECURSOS CONTRA LAS RESOLUCIONES JUDICIALES

El Código de Trabajo de 1972 establece, en los artículos 907 a 910, las normas generales que rigen los medios de impugnación en la jurisdicción laboral; a continuación, una perspectiva de ellos y su conexión con jurisdicciones internacionales.

8.1 Recursos, procedencia y fines

En cuanto a las clases de recursos, la legislación panameña reconoce los recursos devolutivos y no devolutivos, es decir recursos interpuestos ante la autoridad que dictó el acto y ante su superior (art. 907 del CT). También acepta los recursos ordinarios (apelación) –arts. 914-923 del CT- y extraordinarios (reconsideración, de hecho y casación) –arts. 911-913; 932-937 y; 924-931 del CT, respectivamente.

En cuanto a la legitimidad para impugnar, nuestra legislación permite que puedan interponer recursos impugnativos las partes y los terceros, de forma tal que deja de lado la posición doctrinal que sólo permite a la parte agraviada con la resolución la interposición de un recurso impugnativo. Así –prevé el art. 907 del CT- "los recursos pueden ser interpuestos por la parte agraviada o por el tercero agraviado..." y continúa la norma, a renglón seguido, "cualquiera de las partes está legitimada para impugnar una resolución cuando, aunque lo dispositivo le sea favorable, pueda sufrir un perjuicio substancial o procesal o justifique interés legítimo en la impugnación".

Se acoge la limitación del formalismo, pues, el CT establece la obligación de aceptar la interposición de un recurso aun cuando el mismo contenga errores de forma en cuanto a la denominación de este (art. 908). En estos casos el juez está obligado a recibir el escrito de impugnación y darle el trámite que corresponda aun cuando la parte lo haya denominado erróneamente. Sin embargo, el escrito debe ser lo suficientemente claro como para que sea posible deducir el propósito de este, además de cumplir con los demás presupuestos que la Ley establece para el recurso presentado.

En cuanto a la procedencia del recurso, por regla general, toda decisión que ponga fin al proceso o impida su continuación es recurrible de forma ordinaria, por medio del recurso de apelación, sean estos de temas laborales o protección social. El art. 914 del CT ha dispuesto: "El recurso de apelación procede contra resoluciones dictadas en primera instancia y sólo cuando se trate de casos expresamente previstos en la ley o de sentencia o auto que ponga fin al proceso o imposibilite su continuación, salvo en los procesos cuya cuantía sea inferior a quinientos balboas, que serán de única instancia". En términos generales el recurso de apelación es utilizable bajo tres situaciones: a. cuando se dicte una resolución en primera instancia; b. cuando se trate de una sentencia o auto que ponga fin al proceso y; c. en otros casos expresamente previstos en la Ley.

Adicionalmente, existe el recurso de reconsideración, que se asemeja mucho a lo que en España se denomina recurso de reposición, que es una "modalidad impugnatoria que se sustancia ante el mismo órgano unipersonal que dictó la resolución atacada, en base a fundamentos no tasados. Este recurso ordinario y no devolutivo permite, en consecuencia, a las partes procesales que soliciten del juzgador la reconsideración de su propio criterio, plasmado en una decisión anterior"[28].

Además, mediante el recurso de hecho se le permite a la parte que ha apelado la decisión de primera instancia y a quien se le ha negado esta apelación, o le ha sido concedida en un efecto no deseado, que recurra ante el superior del tribunal que niega la apelación, para obligarlo a conceder la misma. La finalidad del recurso es obligar al juez que ha rechazado la apelación a que

---

[28] Vid. A. Montoya Melgar y otros, Curso de procedimiento laboral, cit., p. 201-202.

conceda esta o, bien, que la conceda adecuadamente –art. 932 del CT-.

Finalmente, la casación laboral en Panamá viene instituida mediante el Código de Trabajo de 1972, o Decreto de Gabinete N° 252, de 30 de diciembre, de 1971, que establece en el Libro IV, Titulo VIII, Capítulo IV, entre los artículos 924 y 931 el "recurso de casación" en materia laboral. Dicho texto se ha mantenido sin variaciones hasta nuestros días, es decir, más de 50 años después.

El régimen jurídico del recurso de casación laboral se resume en lo siguiente: el art. 924 establece el órgano competente y el objeto del recurso de casación laboral; el art. 925 establece los casos en que procede el recurso; el art. 926 establece los requisitos que debe contener el recurso; en los arts. 927, 928, 929 se contempla el procedimiento a seguir en la interposición del recurso y el trámite correspondiente; el art. 930 se encarga, también del trámite del recurso y de los efectos de éste; para luego, en el art. 931, contemplar el efecto del fallo del Tribunal de Casación Laboral.

8.2 Fines de los recursos existentes

En general, la legislación no establece la finalidad de los recursos en general. Al parecer lo que se busca con los recursos es que la parte agraviada pueda resarcir una situación jurídica peyorativa, algo claramente verificable en los recursos de apelación y reconsideración. En tanto que el recurso de hecho, como se sabe, tiene como objeto el revisar la decisión sobre la admisibilidad o inadmisibilidad del recurso principal.

Algo distinto sí es posible verificar con el recurso de casación laboral, el cual se declara que tiene por objeto "... principal *enmendar los agravios* inferidos a las partes en las resoluciones judiciales de segunda instancia... [y] También tiene por objeto el recurso de casación procurar la *exacta observancia de las leyes* por parte de los tribunales y *uniformar la jurisprudencia nacional*" –art. 924 del CT- (la cursiva es mía). Así pues, la finalidad de la casación laboral es la de enmendar agravios; el que los tribunales cumplan con las leyes y; uniformar la jurisprudencia nacional.

8.3 La jurisdicciones especializadas, nacionales o internacionales

En nuestro medio es bien conocida la posibilidad de acudir a la Corte Interamericana de Derechos Humanos (CIDH), cuando se trate del desconocimiento de un derecho fundamental, de acuerdo con la Carta de la OEA; algo que, si bien ocurre, no es muy frecuente. En estos casos se debe haber agotado la vía nacional de forma plena para poder recurrir a la instancia internacional[29].

Por otro lado, y lo que es más frecuente, quizás, es la utilización de los órganos de control de la OIT frente a alegaciones sobre violaciones de derechos fundamentales laborales. En tal sentido, es muy llamativo que casi el 50% de los casos que conoce el Comité de Libertad Sindical de la OIT provienen de Latinoamérica (y la mitad de ellos viene de Centroamérica).

9. MODOS Y POSIBILIDADES DE EJECUCIÓN DE LAS RESOLUCIONES JUDICIALES

Las resoluciones judiciales, como es usual, tienen cauces específicos para asegurar su cumplimiento. Revisémoslos.

9.1 Cauces legales para dar ejecución a las resoluciones judiciales

Como es sabido, la legislación prevé un cauce natural para el cumplimiento de las resoluciones judiciales, fundado en el diseño legal ordinario. En caso de que tal diseño no se cumpla, es decir, no se acaté la decisión del juzgador contenida en la resolución,

---

[29] Tal como lo establece el artículo 46 numeral 1a de la Convención Americana sobre Derechos Humanos.

existen dos vías en el derecho laboral panameño para lidiar con la situación: el proceso ejecutivo (art. 994 del CT) y la ejecución de la sentencia (art. 895 del CT). Debe diferenciarse lo que es la ejecución de una sentencia, asunto que se tramita dentro del proceso en que fue dictada la correspondiente sentencia, y hasta tres años de dictada la misma, y el proceso ejecutivo, el cual procede después de vencido el término para intentar la ejecución de sentencia. La diferencia fundamental entre ambas figuras es que en el proceso ejecutivo se declara y se trata respecto de una pretensión, en tanto que en la ejecución de sentencia se procede a hacerla efectiva sin más.

Por otro lado, la forma en que se ejecuta una resolución que condena al pago de una cantidad dineraria, viene establecido en el art. 995, del CT, que dice: "Toda sentencia ejecutoriada es, para los efectos de su ejecución, un mandamiento ejecutivo. Si al cumplimiento del término establecido en el artículo 893, la parte condenada no ha verificado el pago, la parte favorecida solicitará la ejecución, para lo cual puede pedir el embargo y remate de bienes ante el tribunal que conoció la causa en primera instancia".

9.2 Ejecución de resoluciones especificas

Teniendo presente que la litigiosidad más elevada en materia laboral la constituye el despido, vale la pena verificar la forma en que una resolución referida al mismo es tratada. En tal sentido el despido puede tener una decisión referida a la ilegalidad del despido, legalidad del despido o la nulidad del despido

Por un lado, la ejecución de las resoluciones judiciales que declaran la nulidad o la falta de causa de un despido discurre de la siguiente forma: se ordena la readmisión o reintegro al puesto de trabajo y lo practican los propios tribunales y, bajo causa tazada, el empleador podrá optar por mantener el despido pagando la indemnización por despido injustificado, con un agravamiento de 50%. La nulidad del despido, en cambio, no debe producir la posibilidad de mantener el despido con el pago de indemnización agravada, sino la imposibilidad de practicar el despido con su consiguiente readmisión en el puesto de trabajo. En el caso de despido con causa, la resolución legaliza la decisión del empleador de haber realizado el despido.

Por otro lado, en los procesos de interés colectivo, como la negociación de la convención colectiva y condiciones de trabajo, generalmente se sigue el proceso de solución de conflictos colectivos laborales, el cual remite a negociación y eventual huelga, de no existir acuerdo. Otros conflictos de dimensión colectiva, pero de derecho, se surten por el proceso ordinario o de ilegalidad/ imputabilidad de la huelga, y es el juez el que ejecuta la sentencia.

10. LA SOLUCIÓN VOLUNTARIA DE LOS CONFLICTOS LABORALES Y EL ACCESO A LA JUSTICIA LABORAL

Queda por precisar en este escrito el papel de los medios alternativos o voluntarios de solución de conflictos laborales, en el contexto del acceso a la justicia laboral. Tal como se ha señalado en la guía para la elaboración de estas contribuciones, la connotación de la palabra justicia evoca tradicionalmente, ciertamente, instancias judiciales establecidas por el Estado. En tanto que, para la OIT, el panorama del acceso a la justicia laboral no es completo si no se presenta la situación de los medios voluntarios o alternativos de resolución de conflictos.

En tal sentido, conviene examinar la forma en que en el sistema nacional panameño trata el tema, sea de forma directa o indirecta. Veamos.

10.1 El diseño constitucional de acceso a la justicia

La Constitución panameña establece el Titulo VII dedicado a la *Administración de Justicia*, dedicando un Capítulo 1° al Órgano Judicial y otro Capítulo 2° al Ministerio Público. Dentro del primer capítulo establece, en el art. 201, facilidades de acceso a la justicia, así "La administración de justicia es gratuita, expedita e ininterrumpida. La gestión y actuación de todo proceso se surtirá en papel simple y no estarán sujetas a impuesto alguno". En tanto que, el art 202 constitucional establece que "El Órgano Judicial está constituido por la Corte Suprema de Justicia, los tribunales y los juzgados que la Ley establezca. La administración de justicia también podrá ser ejercida por la jurisdicción arbitral conforme lo determine la Ley. Los tribunales arbitrales podrán conocer y decidir por sí mismos acerca de su propia competencia"[30].

Al parecer, el diseño constitucional panameño establece como elemento de la administración de justicia, tanto el órgano judicial como los tribunales arbitrales, con lo cual se está refiriendo a un medio alternativo de resolución de conflicto. Y es que, dentro del órgano judicial no existe el arbitraje, siendo éste consagrado en ley especial referida a medios alternativos o voluntarios de resolución de conflictos.

De lo expuesto podría asumirse que, en el derecho panameño, el acceso a la justicia puede darse tanto por la vía judicial como por la vía alternativa o voluntaria. Asunto que en materia laboral tiene unas connotaciones específicas.

10.2 El diseño legal de acceso a la justicia laboral

En Panamá se dictó la primera ley sobre métodos alternos de resolución de conflictos con el Decreto Ley N° 5, de 8 de julio, de 1999, por medio del cual se estableció el régimen general de arbitraje, conciliación y mediación que, sin embargo, en su art. 2 es-

---

30 Es de anotar que lo referido a lo dispuesto sobre el arbitraje, en la segunda y tercera oración arriba citada, ha sido una inclusión producto de una reforma constitucional registrada con el Acto Legislativo N° 1, de 27 de julio, de 2004. Así, en tanto la Constitución Política vigente es de 1972 (con actos reformatorios en 1978, 1983, 1993 y 1994), la inclusión sobre el tema del arbitraje se produce luego de la vigencia de la primera ley sobre arbitraje, conciliación y mediación, en 1998.

tableció que no podían ser sometidas a arbitraje las controversias que surjan de materia que no sea de libre disposición de las partes, entendiéndose por tales "todas aquellas ...que se deriven de funciones de protección o tutela de personas...", norma sobre la cual la Corte Suprema de Justicia dictaminó que "la ley laboral panameña tiene entre sus finalidades la tutela del trabajador como la parte económicamente débil de la relación laboral, por lo que al menos que expresamente se regule la materia del arbitraje en los conflictos laborales, con la adecuación que se requiere, esta materia no es aplicable"[31].

Por otro lado, el Código de Trabajo de 1972 contempla tanto la posibilidad de arbitraje como de conciliación colectiva, en lo que sería la solución de conflictos por medio del derecho de conflictos colectivos. En todo caso, esta posibilidad de utilizar tanto mediación como conciliación en materia colectiva, viene cooptado por la administración de trabajo, que es la que diseña, ordena y conduce el proceso respectivo.

Sin embargo, en las relaciones laborales del sector público se ha permitido ampliamente el uso de los métodos alternos o voluntarios de solución de conflictos. Así, tanto en el Canal de Panamá[32], como en el recién instituido Tribunal Administrativo de la Función Pública (TAFP)[33], se aceptan los métodos alternos de solución de conflictos laborales, como forma de acceder a la justicia laboral. Adicionalmente, la Administración de la Universidad de Panamá, amparada en su facultad de autoreglamentación ha firmado una convención colectiva (2024-2028) con el Sindicato de Trabajadores de la UP (SINTUP), en el que se ha pactado el establecimiento de mecanismos alternos de resolución de conflictos.

---

31 *Vid.* Sent. de Sala III, de 23 de febrero, de 2010.

32 Que sigue básicamente el sistema federal norteamericano de relaciones laborales, de acuerdo a la Ley No. 19, de 11 de junio, de 1997.

33 Creado por Ley 23 de, 12 de mayo, de 2017.

10.2.1. Autoridad del Canal de Panamá

En el Caso de la Autoridad del Canal de Panamá, desde la Constitución Política, se ha establecido la posibilidad de utilizar el arbitraje como forma de dirimir los conflictos laborales (ar. 322 constitucional). Adicionalmente, la Ley 19/1997, Orgánica de la ACP, establece que "Toda convención colectiva tendrá un procedimiento para la tramitación de quejas, que incluirá la facultad de invocar arbitraje y medios alternativos para resolverlas. Este mecanismo constituirá el mecanismo administrativo exclusivo para resolver las quejas". Existiendo, además, alusiones que reiteran la utilización del arbitraje como forma de solución de conflictos laborales en los arts. 106 y 107 de la Ley 19/1998; algo que se reitera y desarrolla en el Reglamento de Relaciones Laborales de la ACP[34].

En adición a lo expuesto arriba, la institución dirimente de conflictos laborales de la ACP, la Junta de Relaciones Laborales, mantiene "...la facultad discrecional de recomendar a las partes los procedimientos para la resolución del asunto, o de resolverlo por los medios y procedimientos que considere necesario" -art. 114 de Ley 19/1997-; facultad que se ha traducido en la existencia de un sistema de métodos alternos de solución de conflictos laborales, por medio de mediadores y árbitros.

10.2.2 Tribunal Administrativo de la Función Pública

Como se manifestó antes, el TAFP, de acuerdo con la Ley 23/2017, está facultado para utilizar los métodos alternos de resolución de conflictos, pues, de acuerdo con el art. 42D, "El Tribunal Administrativo de la Función Pública elaborará su reglamento interno y el de procedimiento, así como el Reglamento de Aplica-

---

34 *Vid.* Acuerdo N° 18, de 1 de julio, de 1999 y modificado mediante Acuerdos N° 42, de 27 de marzo, de 2001 y N° 224, de 31 de marzo, de 2011.

ción de Métodos Alternos de Solución de Conflictos en los casos que deba resolver".

En la práctica, para el TAFP aún no se ha dictado tal reglamento de aplicación de métodos alternos, sin embargo, ha firmado un acuerdo con la Escuela De Dialogo Social, Tripartismo y Resolución de Conflictos, para elaborar un sistema de métodos alternos de solución de conflictos para aplicación en el sector público panameño.

10.2.3 Universidad de Panamá

La UP posé una autonomía constitucional que se proyecta, entre otras áreas, en su facultad de autoreglamentación. De acuerdo con la Corte Suprema de Justicia, la UP tiene "... la potestad de dictar a través de los organismos competentes normas de carácter material, es decir, reglamentos para regular todo lo concerniente a su organización... el vínculo dinámico del recurso humano que labora en ella sea como técnicos, científicos, docentes o administrativos..."[35]. Y en uso de tal facultad se ha dictado el Estatuto Universitario, de la Universidad de Panamá, que establece que son derechos del personal administrativo de la Universidad de Panamá: "c) Negociar colectivamente los conflictos con las autoridades universitarias" -art. 240 c del EU-.

En desarrollo a tal normativa que habilita la negociación colectiva, la Administración de la Universidad de Panamá ha firmado dos convenciones colectivas (2019-2023; 2024-2028). La convención colectiva 2024-2028 ha establecido en su clausula 42 una Comisión Especial para crear un: "Sistema universitario de prevención y métodos alternos de solución de conflictos laborales", "El sistema debe contener distintas modalidades para resolver los conflictos que puedan utilizar las partes, a saber, la mediación y el arbitraje laboral" (42.3).

---

[35] *Vid.* Sent. Pleno, 23 de junio, de 2011.

Perú

Acceso a la justicia en el ámbito de las relaciones de trabajo en el Perú

MARÍA KATIA GARCÍA LANDABURÚ

RESUMEN: En este trabajo se estudia el sistema peruano de acceso a la justicia laboral. Para ello se analiza la jurisdicción especializada en esa materia, su competencia para resolver conflictos de trabajo y cómo se desarrolla el proceso laboral hasta la ejecución de las resoluciones. Todo esto con el objeto de poder conocer en qué medida el sistema posibilita un acceso célere y efectivo a la justicia laboral.

ABSTRACT: This paper studies the Peruvian system of access to labour justice. For this purpose, it analyses the specialized jurisdiction in this matter, its competence to solve labour conflicts and how the labour process is developed until the execution of the resolutions. All this to be able to know to what extent the system enables rapid and effective access to labour justice.

PALABRAS CLAVE: acceso a la justicia, capacidad, legitimación, proceso laboral, relaciones laborales.

KEY WORDS: access to justice, capacity, standing, labour proceedings, labour relations.

1. INTRODUCCIÓN

En el Perú, cuando se usa la palabra "justicia" en el contexto de la solución de conflictos laborales, ésta es vinculada inmediatamente con el Poder Judicial y la participación de los órganos jurisdiccionales competentes para resolver las controversias. Por lo tanto, en este trabajo, que está centrado en el "acceso a la justicia" en el ámbito de las relaciones de trabajo, se hará referencia específicamente a dicho medio de solución de los conflictos laborales, sin desconocer que las controversias pueden también solucionarse a través de medios extrajudiciales,[1] y que la noción de acceso a la justicia puede ser entendida de una manera mucho más amplia, que excede a la tutela judicial del Estado[2].

Con esa finalidad, primero se hará mención en forma general al sistema peruano de acceso a la justicia, considerando los instrumentos internacionales ratificados por el Perú, las disposiciones

---

1 Si se desea conocer más sobre los medios extrajudiciales que existen actualmente en el Perú para resolver controversias laborales puede revisarse el trabajo de GARCÍA LANDABURU, M.K. "Mecanismos voluntarios de solución de conflictos laborales en el Perú", publicado en: GARCIA MURCIA, J. y TORRES DE LEON, V. (Directores), Medios de solución de conflictos laborales. Perspectiva Euroamericana, Tirant lo Blanch, Valencia, 2023, pp. 425-476.

2 Como refiere La Rosa, a partir de la evolución del concepto, el acceso a la justicia podría definirse como "el derecho de las personas, sin distinción de sexo, raza, edad, identidad sexual, ideología política o creencias religiosas, a obtener una respuesta satisfactoria ante sus necesidades jurídicas", el cual, desde un enfoque integral, constituye un instrumento para la transformación de las "relaciones de poder" que perpetúan la exclusión, pobreza y subordinación de ciertos grupos (como mujeres, indígenas, discapacitados, niños y ancianos). LA ROSA CALLE, J., "El acceso a la justicia como condición para una reforma judicial en serio", Derecho PUCP, 2009, núm. 62, p. 118.

Una demostración de la preocupación por un grupo vulnerable puede apreciarse en la Directiva 003-2022-CE-PJ aprobada por el Consejo Ejecutivo del Poder Judicial peruano, que establece disposiciones especiales para la atención judicial de personas adultas mayores.

previstas en la Constitución Política del Perú de 1993 (en adelante, la Constitución), y las normas más importantes sobre la materia, tanto las específicas como las generales -en lo que resulten aplicables- para luego estudiar la jurisdicción laboral, la capacidad y demás condiciones de acceso a la justicia laboral -sobre todo en el caso de los trabajadores y los sindicatos-, los principales aspectos del proceso y su efectividad, y finalmente los recursos que pueden interponerse ante las resoluciones judiciales así como los mecanismos que existen para ejecutar dichas resoluciones.

Es necesario advertir que, en el ámbito de las relaciones de trabajo en el Perú, la jurisdicción constitucional ha tenido y tiene un papel relevante en la resolución de casos que implican la vulneración de derechos fundamentales de los trabajadores, al ser el Tribunal Constitucional competente para resolver en última y definitiva instancia las resoluciones denegatorias en los procesos de amparo, no obstante, en este trabajo no se desarrollará en detalle la materia, mencionándose solo referencialmente que los siete procesos constitucionales previstos en los artículos 200 y 202 de la Constitución, incluidos los procesos de tutela de derechos como el de amparo, se encuentran regulados por el Código Procesal Constitucional (Ley 31037). Esta norma permite interponer el proceso de amparo una vez agotadas las vías previas, salvo que por esa exigencia la agresión pudiera convertirse en irreparable, es decir, este tiene carácter residual.

Finalmente, para que pueda conocerse mejor el caso peruano, es importante señalar que, de acuerdo con las proyecciones estadísticas, en el año 2024 la población del país superó los 34 millones de habitantes, encontrándose el 83.1% residiendo en áreas urbanas, 33.5% (11 millones 305 mil personas) en el departamento de Lima.[3] Ese año, la población ocupada fue de más de 17 millones 322 mil personas, pero solo el 29.1% contó con

---

[3] INSTITUTO NACIONAL DE ESTADÍSTICA E INFORMÁTICA. Situación de la Población Peruana 2024. Una mirada a la diversidad étnica, INEI, Lima, 2024, pp. 9, 13 y 16.

un empleo formal, el 70.9% tuvo un empleo informal, encontrándose incluidos en ese alto porcentaje los independientes cuya unidad productiva pertenece al sector informal, los asalariados sin seguridad social financiada por su empleador (es decir, no registrados formalmente como trabajadores subordinados) y los trabajadores familiares no remunerados[4].

2. EL SISTEMA PERUANO DE ACCESO A LA JUSTICIA

El Perú se ha comprometido a cumplir con diversos instrumentos internacionales que reconocen el derecho de las personas a acceder a una tutela judicial efectiva, como la Declaración Universal de Derechos Humanos (artículo 8) y el Pacto Internacional de Derechos Civiles y Políticos (artículo 2.3), y a nivel interamericano, la Convención Americana sobre Derechos Humanos (artículo 25). Igualmente, diversas normas internacionales del trabajo comprometen al Estado a contar con mecanismos adecuados de solución de conflictos.

A nivel constitucional, el inciso 3 del artículo 139 de la Constitución garantiza la tutela judicial efectiva, lo cual supone, como lo ha indicado el Tribunal Constitucional en la sentencia recaída en el Expediente 8123-2005-PHC, "tanto el derecho de acceso a los órganos de justicia como la eficacia de lo decidido en la sentencia".

Si bien se cuenta con vías judiciales y extrajudiciales para solucionar conflictos laborales, las primeras son las más utilizadas, en especial en el caso de los conflictos individuales. Existe una alta judicialización de los conflictos, debido a diversas causas que no es del caso desarrollar en esta oportunidad, pero esta afirmación puede confirmarse si se considera la cantidad de procesos laborales que se tramitan en el Perú, siendo esa la tercera materia

---

4 INSTITUTO NACIONAL DE ESTADÍSTICA E INFORMÁTICA. Perú: Comportamiento de los Indicadores del Mercado Laboral a Nivel Nacional y en 27 Ciudades. Año 2024, INEI, Lima, 2025, pp. 13 y 29.

más judicializada, después de los procesos de familia y penales.[5] Por ejemplo, durante el año 2024 ingresaron al Poder Judicial 491,486 procesos laborales[6].

3. LA SOLUCIÓN DE CONFLICTOS DE TRABAJO MEDIANTE LA JURISDICCIÓN LABORAL

En el Perú existe una jurisdicción especializada en materia laboral y de seguridad social,[7] la cual está reconocida por la Ley Orgánica del Poder Judicial (LOPJ), y se rige por la Nueva Ley Procesal del Trabajo, la Ley 29497. Esta es conocida como "jurisdicción laboral", y forma parte de lo que podría denominarse la "jurisdicción ordinaria", para contraponerla con la jurisdicción constitucional, que como ya se indicó involucra en última instancia al Tribunal Constitucional.

---

5 En el año 2024, la carga procesal (procesos pendientes al 1 de enero de 2024 e ingresados ese año) fue de 2'218,753 procesos de familia, 1'432,624 procesos penales y 1'178,417 procesos laborales. PODER JUDICIAL, Estadísticas de la función jurisdiccional a nivel nacional. Periodo: Enero-diciembre 2024, p. 21.

6 Ídem.

7 El artículo 2 de la Nueva Ley Procesal del Trabajo otorga competencia a los juzgados especializados de trabajo para conocer en proceso ordinario laboral, las pretensiones relativas a la protección de derechos laborales, originadas con ocasión de la prestación personal de servicios de naturaleza laboral, formativa o cooperativista. Este dispositivo contiene un listado de pretensiones, que, sin ser exclusivas, se consideran incluidas en dicha competencia, entre las cuales se encuentran el cumplimiento de obligaciones generadas o contraídas con ocasión de la prestación personal de servicios exigibles a institutos, fondos, cajas u otros (literal h), el cumplimiento de las prestaciones de salud y pensiones de invalidez, a favor de los asegurados o los beneficiarios, exigibles al empleador, a las entidades prestadoras de salud o a las aseguradoras (literal i), y el Sistema Privado de Pensiones (literal j).

3.1. Antecedentes

La atención de las controversias laborales ha evolucionado con el tiempo, es posible advertir que, en 1941, la Ley 9483 establecía que las reclamaciones de carácter individual que presentaran los obreros de Lima sobre pagos de salarios y todas las indemnizaciones reconocidas por ley -excepto las causadas por accidentes de trabajo y enfermedades profesionales-, serían tramitadas y resueltas en primera instancia por el Departamento Administrativo Judicial de la Dirección de Asistencia y Previsión Social; y los Inspectores del Ramo en las provincias o distritos en que hayan Inspecciones de Trabajo, o los Jueces de Primera Instancia donde no los haya, correspondiendo que el Tribunal del Trabajo las resuelva en segunda y última instancia, en apelación.

Posteriormente, en 1971, el Decreto Ley 19040 declaró en reorganización el Ministerio de Trabajo y estableció el Fuero Privativo de Trabajo, un organismo jurisdiccional autónomo encargado de conocer y resolver, en forma exclusiva, las reclamaciones de carácter individual que sobre pago de remuneraciones y otros derechos sociales formulen los trabajadores cuyo contrato de trabajo haya terminado, así como los demás que señala la ley. El Fuero Privativo de Trabajo estaba conformado por el Tribunal de Trabajo, los Jueces Privativos de Trabajo y por personal auxiliar, habiéndose dispuesto que en los lugares donde no existieran Jueces Privativos de Trabajo, ejercerían sus funciones las Autoridades Administrativas de Trabajo, siempre que fueran Letrados y en su defecto los Jueces de Primera Instancia en lo Civil del Fuero Común.

En 1979 el Decreto Ley 22465 integró los Fueros Privativos de Trabajo y de Comunidades Laborales en el Sector Trabajo, como un solo organismo jurisdiccional autónomo, denominado Fuero Privativo de Trabajo y Comunidades Laborales, encargado de conocer y resolver en forma exclusiva los procedimientos que eran de competencia de los fueros que se integraron.[8] La Constitución de 1979, promulgada en julio de ese año estableció en su artículo 232 que la potestad de administrar justicia es ejercida por los juzgados y tribunales jerárquicamente integrados en un cuerpo unitario, pero en su décimo primera disposición general y transitoria estableció que, mientras se expidiera la nueva LOPJ, el Fuero de Trabajo y Comunidades Laborales y el Fuero Agrario continuarían, en cuanto a su competencia, sujetos a sus respectivas leyes[9].

Fue recién en 1990, con la aprobación de la LOPJ mediante el Decreto Legislativo 612, la cual entró en vigor el 1 de enero de 1992, que se dispuso que los juzgados y tribunales de los fueros agrario y de trabajo se incorporarían como salas y juzgados especializados de las cortes superiores de los distritos judiciales donde estén ubicados, con todo su personal de magistrados, funcionarios y trabajadores, así como su infraestructura y acervo documentario.

Las acciones judiciales en materia laboral se siguieron rigiendo por Decreto Supremo 03-80-TR,[10] emitido en 1980 para regular las acciones judiciales en esa materia. Esto determinaba que fuera el secretario del juzgado quien tramitara el proceso y realizara el comparendo de actuación de pruebas, teniendo el juez conocimiento del expediente, recién cuando iba a sentenciar[11].

---

8 Las reclamaciones de carácter individual sobre pago de remuneraciones y otros derechos sociales; la ejecución de resoluciones consentidas o ejecutoriadas que expida la Autoridad Administrativa de Trabajo relativas al pago de sumas líquidas; y, las controversias que se susciten en el funcionamiento de las Comunidades Laborales y de las Comunidades de Compensación, en particular lo relacionado con la participación en las utilidades y en la gestión empresarial.

9 AMPUERO DE FUERTES, V., "Modificación del procedimiento laboral desde 1988-2013", en Homenaje Aniversario de la SPDTSS. 25 Año de las Bodas de Plata de la Sociedad, Sociedad Peruana de Derecho del Trabajo y de la Seguridad Social, Lima, 2013, pp. 536-537.

10 Con fuerza y jerarquía de ley por disposición expresa del artículo 30 del Decreto Ley 19040.

11 AMPUERO DE FUERTES, V. Óp. Cit., p. 536.

Finalmente, en 1996 se dictó la Ley 26636, Ley Procesal del Trabajo, que buscaba hacer más eficiente la justicia laboral en el Perú, y que estableció un proceso ordinario de audiencia única, en el cual se invitaba a las partes a conciliar, se fijaban los puntos controvertidos, se actuaban las pruebas (actuación dirigida personalmente por el juez), se realizaban los alegatos, y la sentencia era emitida dentro de los 15 días de concluida la actuación de pruebas.[12] Adicionalmente, esa norma reguló los siguientes procesos: sumarísimo, para la tramitación de los asuntos contenciosos de competencia de los juzgados de paz letrados; de ejecución; contencioso administrativo; y, no contencioso. Además, reconoció la existencia del proceso arbitral,[13] y reguló el recurso de casación con el fin de obtener la correcta aplicación e interpretación del derecho objetivo y unificar la jurisprudencia nacional.

La norma tenía por objeto modernizar y agilizar el proceso laboral, sin embargo, finalmente terminó ofreciendo una tutela judicial efectiva limitada pues permitía la generación de trámites que impedían la pronta solución de las controversias laborales, llegando los procesos a tener una duración promedio de entre 6 y 10 años, transgrediendo de esa manera el derecho al plazo razonable, provocando con eso un beneficio económico a los deudores laborales y ocasionando en los usuarios (sobre todo en los trabajadores) un descontento y desconfianza en el sistema de justicia laboral[14].

Si bien la Ley 26636 se sigue aplicando a los procesos iniciados a su amparo, por temas metodológicos se analizará únicamente la norma que la reemplazó, la denominada "Nueva Ley Procesal del Trabajo" (en adelante, NLPT), aplicable a los procesos que se inician a la fecha.

---

12 Ibidem, p. 543.

13 Ibidem, pp. 543-544.

14 MINISTERIO DE JUSTICIA. Exposición de Motivos del proyecto de Código Procesal del Trabajo, publicación dispuesta por Resolución Ministerial 0103-2024-JUS, pp. 3-5.

3.2. Norma vigente y situación actual de los órganos jurisdiccionales

Actualmente rige en el Perú la NLPT, norma dictada en 2010, que, como señala Pasco, se sustenta "en tres pilares: oralidad, uso intensivo de tecnología y rol protagónico del juez"[15].

La NLPT derogó en su Primera Disposición Derogatoria la Ley 26636 (Ley Procesal del Trabajo), pero además estableció en su Tercera Disposición Complementaria que los procesos iniciados antes de su vigencia seguirían su trámite según las normas procesales con las cuales se iniciaron, y que su aplicación sería progresiva.

La NLPT ha tenido una larga implementación que recién concluyó en 2022[16] y se encuentra vigente en este momento, sin embargo, es preciso señalar que el Ministerio de Justicia y Derechos Humanos aprobó en 2024 la publicación de un proyecto de Código Procesal del Trabajo[17] que se encuentra en el Congreso de la República (la Comisión de Justicia aprobó un predictamen el 9 de abril de 2025). Esta propuesta contiene cambios importantes

---

15 PASCO COSMÓPOLIS, M., "La nueva ley procesal del trabajo del Perú: pilares y paradigmas", Laborem, 2011, núm. 11, p. 137.
El uso intensivo de la tecnología no solo se aprecia actualmente en el desarrollo de audiencias en modo virtual, sino también en el uso del expediente judicial electrónico y la implementación de la mesa de partes electrónica. Estas medidas se vieron impulsadas debido al COVID-19, que generó que en marzo de 2020 se declarara el estado de emergencia nacional y se dispusiera el aislamiento social obligatorio. Un detalle de las medidas adoptadas y su compatibilidad con las normas y principios de la NLPT puede revisarse en QUISPE MONTESINOS, C.A., "Balance del proceso laboral a trece años de vigencia de la Nueva Ley Procesal del Trabajo", Revista de Derecho Procesal del Trabajo, 2023, vol. 6, núm. 8, pp. 215-248.

16 La última implementación se realizó en diciembre de 2022 en el Distrito Judicial de Huancavelica. PODER JUDICIAL, Mapas y dependencias judiciales a nivel nacional por Distrito Judicial al 30 de junio de 2024, p. 81.

17 Propuesta promovida por la Comisión de Asuntos Laborales constituida en el Poder Judicial, integrada por miembros de dicho poder del Estado y por representantes de las cinco centrales sindicales existentes en el Perú, tal como se indica en la exposición de motivos del proyecto.

en relación con el sistema actual, como la creación de un proceso único en lugar de los procesos ordinario y abreviado, y con las características de este último, con una audiencia única que deja de lado la audiencia de conciliación (la cual ha demostrado en este tiempo ser una etapa meramente formal que no ha contribuido al incremento de conciliaciones), y la implementación de procesos como el monitorio, que permitirían una solución rápida a los procesos de menor cuantía, un proceso de tutela de derechos fundamentales, para dar atención preferente a ciertos casos que requieren una atención urgente, y un proceso de conflictos colectivos jurídicos, buscando de esa manera contar con procesos más rápidos.

Esta propuesta obedece a la constatación fáctica que la implementación de la NLPT se realizó en su gran mayoría sin contar con el presupuesto necesario y sin estudios sobre la carga procesal existente y la que resultaba razonable para cada órgano jurisdiccional, por lo que solo se logró una optimización temporal del servicio de administración de justicia en materia laboral, ya que luego se produjo un incremento en la demanda del servicio que no se pudo atender debidamente, lo que generó el incumplimiento de los plazos máximos previstos en la norma, llegando a extenderse el tiempo de las audiencias de conciliación entre 6 y 8 meses y las audiencias de juzgamiento entre 8 y 10 meses, y las audiencias de vista de la causa hasta más de un año, generando que la duración del proceso se extendiera considerablemente, más aún si este llegaba hasta la Corte Suprema, situación que no contribuyó a incrementar las conciliaciones[18] pues la demora en la resolución de un proceso normalmente favorece a los empleadores, más aún si como en el Perú el interés legal laboral es no capitalizable.

---

18 MINISTERIO DE JUSTICIA, Óp. Cit., pp. 7-9.

3.2.1. Composición de los órganos jurisdiccionales

Los órganos que integran el Poder Judicial son la Corte Suprema de Justicia, las Cortes Superiores de Justicia, los Juzgados Especializados y Mixtos, los Juzgados de Paz Letrados y los Juzgados de Paz[19].

La Corte Suprema de Justicia es el máximo órgano jurisdiccional de la nación, y se encuentra dividida en Salas Especializadas permanentes y transitorias en tres especialidades. Derecho Civil, Derecho Penal y Derecho Constitucional y Social (esta última incluye la materia laboral). Las Cortes Superiores dirigen los Distritos Judiciales, las circunscripciones territoriales en las que se encuentra organizado el Poder Judicial, que cuentan con órganos jurisdiccionales de las distintas instancias, es decir, Juzgados Especializados y Mixtos, Juzgados de Paz Letrados y Juzgados de Paz.

Los órganos jurisdiccionales mencionados se encuentran integrados por personas de la carrera judicial, no obstante, también se prevé la existencia de jueces supernumerarios, es decir, de abogados designados temporalmente como jueces -luego de un concurso de méritos-,[20] para cubrir plazas que no pueden ser cubiertas por magistrados titulares o provisionales, por diversas circunstancias (licencia, renuncia, cese, etc.).[21] Además, el artículo 139 de la Constitución de 1993 señala como un principio de la adminis-

---

19 Además, el Poder Judicial cuenta como órganos de gobierno con la Presidencia del Poder Judicial, la Sala Plena de la Corte Suprema de Justicia y el Consejo Ejecutivo del Poder Judicial.

20 Mediante la Resolución Administrativa 399-2020-CE-PJ se aprobó el Reglamento transitorio de selección y registro de jueces supernumerarios.

21 La cantidad de jueces supernumerarios resulta preocupante. Por ejemplo, en el distrito judicial de Lima (el más grande en el Perú), el 71% y el 42% de los jueces de paz letrados y de los jueces especializados, respectivamente, son supernumerarios (considerando todas las especialidades). Como advierten Vinatea & Toyama, "Esto podría influir en el correcto desarrollo del proceso, tanto por la rotación que podría generar, con los problemas que ello conlleva, como por los eventuales problemas con la emisión de sentencias ajustadas a derecho". VINA-

tración de justicia, la participación popular en el nombramiento y en la revocación de magistrados, conforme a ley (numeral 17), lo cual ocurre en el caso de los jueces de paz.[22] En los demás casos, de acuerdo con lo previsto en el artículo 150 de la Constitución, la selección y nombramiento está a cargo de la Junta Nacional de Justicia, norma que también le encarga la ratificación de los jueces cada siete años y la evaluación parcial de su desempeño cada tres años y medio, correspondiéndole también aplicar la sanción de destitución (artículo 154 de la Constitución)[23].

La Constitución garantiza en el numeral 6 de su artículo 139 la pluralidad de instancia, principio de la administración de justicia que ha sido recogido en el artículo 11 de la LOPJ, de acuerdo con el cual, las resoluciones judiciales son susceptibles de revisión, con arreglo a ley, en una instancia superior.[24] Este principio tiene su origen en la Constitución de 1979, que reguló la instancia plural como un derecho constitucional, "estableciendo un mínimo y no un máximo de instancias", como precisa Priori, quien refiere que esta fue la primera después de siete constituciones en fijar ese derecho, y "parece un dogma" pues el doble grado de jurisdicción

---

TEA & TOYAMA, Juicios Laborales 2025: situación actual, tendencias y retos, V&T, Lima, 2025, pp. 37-38.

22 De acuerdo con el artículo 152 de la Constitución, los Jueces de Paz provienen de elección popular, proceso que se encuentra regulado por la Ley 28545.

23 Para acceder y permanecer en la carrera judicial se exige tener título de abogado, y dentro de los requisitos no es indispensable haber ejercido un cargo judicial, sino que puede haberse ejercido la abogacía o desempeñado la docencia universitaria en materia jurídica. Por ejemplo, a un juez supremo se le exige ser mayor de 45 años y haber ejercido el cargo de juez superior titular cuando menos 10 años o, alternativamente, haber ejercido la abogacía o desempeñado la docencia por un periodo no menor de 15 años. La edad y los años de experiencia son menores en el caso de los jueces superiores y de los jueces especializados.

24 El artículo 4 de la NLPT regula la competencia por función, disponiendo que la instancia inmediatamente superior conoce los recursos de apelación y queja por denegatoria del recurso de apelación.

no ha dado lugar a reflexiones pese a lo importante que resulta la rápida solución de los conflictos, sobre todo en casos como el proceso de amparo, en que se produce una lesión o amenaza de derechos constitucionales[25].

Lo resuelto en segunda instancia constituye cosa juzgada, su impugnación sólo procede en los casos previstos en la ley.[26] El recurso de casación en materia laboral, que resuelve la Sala de Derecho Constitucional y Social de la Corte Suprema de Justicia de la República, solo está previsto en ciertos casos específicos, para garantizar la correcta aplicación de la ley y para proteger derechos constitucionales, buscando uniformizar la jurisprudencia.

3.2.2. Planta jurisdiccional al 31 de diciembre de 2024

Al 31 de diciembre de 2024 el Poder Judicial contaba con 10 Salas Supremas, 243 Salas Superiores, 2,037 Juzgados Especializados y Mixtos, y 651 Juzgados de Paz Letrados, en total, 2,941 dependencias judiciales, 2,590 permanentes y 351 transitorias[27].

De estas, 6 eran Salas Supremas de Derecho Constitucional y Social (integradas por cinco vocales cada una); 48 Salas Superio-

---

25 PRIORI POSADA, G., "Reflexiones en torno al doble grado de jurisdicción". Advocatus, 2003, núm. 9, pp. 413 y 421-422.
Además, a nivel estadístico se aprecia que, por ejemplo, en el año 2024, el 75% de las sentencias laborales de primera instancia fueron confirmadas por la segunda instancia (tendencia que se mantiene en el tiempo, en un 70% o más casos), 10% resolvieron anular el resultado de primera instancia y 15% revocarlo, en todo o en parte.
VINATEA & TOYAMA, Óp. Cit., pp. 18-19.

26 En general, el uso temerario o de mala fe de los medios impugnatorios está sancionado.

27 PODER JUDICIAL, Boletín Estadístico Institucional No 04-2024 Enero-Diciembre, p. 12.

res Laborales, 204 Juzgados de Trabajo, y 84 Juzgados de Paz Letrados con especialidad laboral[28].

Como ya se indicó, la competencia de la Corte Suprema se extiende en todo el territorio peruano, mientras que la de las Cortes Superiores está determinada por el Distrito Judicial al que pertenecen, el cual no necesariamente guarda equivalencia con las circunscripciones políticas.

Existiendo aún procesos iniciados al amparo de la Ley Procesal del Trabajo anterior (en adelante, LPT), las dependencias se han dividido en función de ello, de la siguiente manera:

- De las 48 Salas Superiores, 20 conocen de la NLPT, 14 de LPT, y las restantes 14, de ambas (NLPT y LPT).
- De 204 Juzgados Especializados, 105 conocen de la NLPT, 69 de la LPT, y las restantes 30, de ambas.
- De los 84 Juzgados de Paz Letrado, 71 conocen de la NLPT, y 13, de ambas (NLPT y LPT)[29].

Como puede apreciarse, a todo nivel la mayor proporción de dependencias corresponde a las que aplican la NLPT en exclusividad (no existen Juzgados de Paz Letrados que apliquen exclusivamente la antigua LPT).

Sobre la distribución según Distrito Judicial, el mayor número de dependencias de especialidad laboral se concentran en los distritos judiciales que cubren territorialmente a la ciudad de Lima y a la provincia constitucional del Callao, esto se explica debido al alto nivel de centralismo que existe en el Perú, por lo que gran

---

[28] En el año 2023 también existieron 651 juzgados, de los cuales, solo 202 tenían especialidad (449 no), pese a que la R.A. 143-2010-CE-PJ declaró que "es procedente la especialización de los Juzgados de Paz Letrados a fin de brindar un mejor servicio de administración de justicia". PODER JUDICIAL, Mapas y dependencias judiciales a nivel nacional por Distrito Judicial al 30 de junio de 2024, p. 30.

[29] Ibidem, p. 83.

parte de las actividades económicas se concentran en la capital (Lima) y la provincia aledaña (Callao), en la cual se encuentran ubicados un puerto y el aeropuerto más importante del país.

4. COMPETENCIA DE LA JURISDICCION LABORAL PARA RESOLVER CONFLICTOS DE TRABAJO

De conformidad con el artículo II del Título Preliminar de la NLPT, corresponde a la justicia laboral resolver los conflictos jurídicos que se originan con ocasión de las prestaciones de servicios de carácter personal, estando excluidas las prestaciones de servicios de carácter civil, salvo que la demanda se sustente en el encubrimiento de relaciones de trabajo. Tales conflictos jurídicos pueden ser incluso previos o posteriores a la prestación efectiva de los servicios.

Con respecto a los conflictos derivados de relaciones de tipo administrativo, estos se tramitan mediante el procedimiento contencioso-administrativo a cargo de los juzgados especializados de trabajo[30].

Se pueden identificar cinco grandes temas que en términos generales competen a la jurisdicción laboral de acuerdo con lo previsto en la NLPT:

- Asuntos relativos a la prestación personal de servicios de naturaleza laboral, formativa o cooperativista, referidas a aspectos sustanciales o conexos, incluso previos o posteriores a la prestación efectiva de los servicios, incluida la

---

[30] La norma aplicable es la Ley 27584, Ley que regula el proceso contencioso administrativo, cuyo Texto Único Ordenado fue aprobado por Decreto Supremo 011-2019-JUS. Sus disposiciones también se aplican a las demandas contra actuaciones de las Autoridades Administrativas de Trabajo, conforme lo establece la Primera Disposición Complementaria Final de esa ley.

responsabilidad por daño patrimonial o extrapatrimonial, las enfermedades profesionales y los accidentes de trabajo;

- Los conflictos vinculados a una organización sindical o la vulneración de la libertad sindical;
- El cumplimiento de las prestaciones de salud y pensiones de invalidez, exigibles al empleador, a las entidades prestadoras de salud o a las aseguradoras, o las vinculadas al Sistema Privado de Pensiones;
- Las pretensiones originadas en las prestaciones de servicios de carácter personal, de naturaleza laboral, administrativa o de seguridad social, de derecho público; y,
- Las impugnaciones contra actuaciones de la autoridad administrativa de trabajo. En este último supuesto, la NLPT ha establecido un caso especial de procedencia en el que no resulta exigible el agotamiento de la vía administrativa[31].

4.1. Competencia de los juzgados de paz letrados, los juzgados especializados de trabajo y las salas laborales

De acuerdo con el artículo 1 de la NLPT, modificado por la Ley 32155 en el año 2024 con el objeto de incrementar la cuantía y de trasladar algunas competencias de los juzgados especializados hacia los de inferior jerarquía,[32] los juzgados de paz letrados labo-

---

31 De acuerdo con el artículo 20 de la NLPT, en el caso de pretensiones referidas a la prestación personal de servicios, de naturaleza laboral o administrativa de derecho público, no es exigible el agotamiento de la vía administrativa establecida según la legislación general del procedimiento administrativo, salvo que en el correspondiente régimen se haya dispuesto un procedimiento previo ante un órgano o tribunal específico, en cuyo caso debe recurrirse a ellos antes de acudir al proceso contencioso administrativo.

32 Con lo cual "los juicios comprendidos por este cambio dejarán de ser conocidos por un órgano colegiado como lo son las Salas Superiores (integradas por tres jueces), así como queda descartada toda posibi-

rales son competentes para conocer, en proceso abreviado laboral, las pretensiones referidas al cumplimiento de obligaciones de dar no superiores a 70 Unidades de Referencia Procesal (URP).[33] También conocen los procesos con título ejecutivo cuando la cuantía no supere ese monto (salvo en caso de cobranza de aportes previsionales del Sistema Privado de Pensiones retenidos por el empleador, en que no importa la cuantía), y los asuntos no contenciosos (como la entrega de documentos y el retiro de la consignación), sin importar la cuantía. Adicionalmente está a su cargo, en proceso abreviado laboral,[34] las pretensiones no cuantificables relativas a la protección de derechos individuales con excepción de las pretensiones vinculadas a la libertad sindical, y siempre que estas no sean de competencia de los juzgados especializados de trabajo, conforme a las materias señaladas en el artículo 2 de la NLPT; y, pretensiones no cuantificables acumuladas con una pretensión cuantificable hasta 70 URP, si están vinculadas entre sí.

Los juzgados especializados de trabajo conocen diversos procesos:[35]

---

lidad de acudir a una revisión por parte de la Corte Suprema. Así, los casos incluidos dentro del cambio normativo únicamente tendrán la posibilidad de tener dos instancias", la primera a cargo de un Juez de Paz Letrado y la segunda a cargo de un Juez Especializado. VINATEA & TOYAMA, Óp. Cit., pp. 31.

33 La URP para el año 2025 asciende a S/ 535 (aproximadamente USD 140), monto equivalente al 10% de la Unidad Impositiva Tributaria. En consecuencia, 70 URP equivalen aproximadamente a USD 9,850.

34 Además, conocen en proceso abreviado laboral las pretensiones de impugnación de sanciones disciplinarias distintas al despido, los actos de hostilidad, los casos relacionados con el pago de indemnizaciones por daños y perjuicios cuyo monto no sea superior a 70 URP y el reconocimiento de derechos laborales de los trabajadores en regímenes especiales. También los asuntos referidos a los descuentos de haberes de los trabajadores por casos de "pago indebido" realizado por la entidad.

35 Esta distribución de materias en procedimientos diferentes ha merecido diversas críticas, como la relativa a la tramitación a través del proceso ordinario de los actos de discriminación (ante el cual no tiene ningún sentido que el juez convoque a la audiencia de conciliación por ser los

- En proceso ordinario laboral: todas las pretensiones relativas a la protección de derechos individuales, plurales o colectivos, originadas con ocasión de la prestación personal de servicios de naturaleza laboral, formativa o cooperativista, referidas a aspectos sustanciales o conexos, incluso previos o posteriores a la prestación efectiva de los servicios,[36] así como todas las pretensiones referidas al cumplimiento de obligaciones de dar superiores a 70 URP (aproximadamente USD 9,850).
- En proceso abreviado laboral: de la reposición (cuando ésta se plantea como pretensión principal única) y las pretensiones relativas a la vulneración de la libertad sindical.
- En proceso contencioso administrativo, y conforme a la ley de la materia: las pretensiones originadas en las prestaciones de servicios de carácter personal, de naturaleza laboral, administrativa o de seguridad social, de derecho público; así como las impugnaciones contra actuaciones de la autoridad administrativa de trabajo.
- Los procesos con título ejecutivo: cuando la cuantía supera las 70 URP.

---

derechos fundamentales indisponibles e irrenunciables), cuando otro acto de discriminación como el vinculado a la vulneración de la libertad sindical se tramita en proceso abreviado laboral. ARCE ORTIZ, E., "La tutela laboral de los derechos fundamentales del trabajador. Una asignatura pendiente en tiempos de reforma", Derecho PUCP, 2012, núm. 68, pp. 445-446.

36 Se consideran incluidas en dicha competencia, las pretensiones relacionadas con el nacimiento, desarrollo y extinción de la prestación personal de servicios; la responsabilidad por daño patrimonial o extrapatrimonial, incurrida por cualquiera de las partes involucradas en la prestación personal de servicios, o terceros en cuyo favor se presta o prestó el servicio; los actos de discriminación en el acceso, ejecución y extinción de la relación laboral; los conflictos vinculados a una organización sindical y entre organizaciones sindicales, incluida su disolución; entre otras materias.

De acuerdo con el artículo 3 de la NLPT las salas laborales de las cortes superiores tienen competencia, en primera instancia, en procesos de acción popular en materia laboral[37] (tramitados conforme a la ley que regula los procesos constitucionales); anulación de laudo arbitral que resuelve un conflicto jurídico de naturaleza laboral; impugnación de laudos arbitrales derivados de una negociación colectiva; contiendas de competencia promovidas entre juzgados de trabajo y entre éstos y otros juzgados de distinta especialidad del mismo distrito judicial; conflictos de autoridad entre los juzgados de trabajo y autoridades administrativas en los casos previstos por la ley.

4.2. Otras jurisdicciones que pueden conocer de asuntos laborales

Además de la jurisdicción laboral, otras jurisdicciones podrían conocer de asuntos laborales, como la jurisdicción constitucional y la penal.

Como se indicó previamente, la jurisdicción constitucional permite que el Tribunal Constitucional pueda llegar a conocer controversias en materia laboral (y también en materia previsional). Las decisiones emitidas, sobre todo desde inicios del siglo XXI, han sido muy relevantes en el Perú, en particular porque la reforma laboral efectuada en la década del noventa del siglo pasado fue claramente flexibilizadora en materia de derechos laborales individuales y colectivos, y eso motivó que se tuviera que acudir en muchos casos a dicho tribunal, para la defensa de los derechos constitucionales de los trabajadores, no solo previstos en la Constitución de 1993 sino también en tratados internacionales

---

[37] La demanda de acción popular procede contra los reglamentos, normas administrativas y resoluciones de carácter general que infrinjan la Constitución o la ley, o cuando estas no hayan sido expedidas o publicadas en la forma prescrita por la Constitución o la ley, según el caso.

sobre derechos humanos ratificados por el Perú, los cuales tienen rango constitucional[38].

De esta manera, se han ido dictando una serie de precedentes vinculantes que han reconfigurado el marco en el que se desenvuelven las relaciones laborales en el Perú, al resolver casos vinculados al derecho al trabajo, jornada de trabajo, protección contra el despido y derechos laborales inespecíficos, entre otras materias. Procesos, como advierte Sanguineti, que se sustentan en un texto constitucional que "al margen de cual fuese la intención de sus impulsores, contiene elementos que aseguran la pervivencia del Derecho del Trabajo como disciplina jurídica especializada dirigida a ofrecer una regulación tendencialmente equilibrada de las relaciones de trabajo"[39].

Con respecto a la jurisdicción penal, esta conoce la comisión de delitos contra la dignidad humana, como la esclavitud y otras formas de explotación, y el trabajo forzoso[40].

Además, existen entes administrativos como el Instituto Nacional de Defensa de la Competencia y de la Protección de la Propiedad Intelectual (INDECOPI), a cargo de procedimientos que pueden tener incidencia laboral, como el procedimiento de eliminación de barreras burocráticas, el cual fue utilizado hace unos años por diversos empleadores para cuestionar las disposiciones

---

38 El sustento de esa posición, en vista de que la Constitución de 1993 no contiene una disposición similar a la del artículo 105 de la Constitución de 1979, que les reconocía expresamente ese rango, puede revisarse en VILLAVICENCIO, A., "Los tratados sobre derechos humanos y sus interpretaciones como normas de rango constitucional", en PARRA ARANGUREN, F. y CARBALLO MENA, C.A. (Coordinadores), Derecho del Trabajo y Derecho de la Seguridad Social. Estudios en homenaje a la memoria del profesor Rafael Caldera, Universitas Fundación, Estado Lara, 2011.

39 SANGUINETI RAYMOND, W., Derecho Constitucional del Trabajo. Relaciones de trabajo en la jurisprudencia del Tribunal Constitucional, Gaceta Jurídica, Lima, 2007, p. 11.

40 Tipificados en los artículos 129-Ñ y 129-O del Código Penal.

del Decreto Supremo 001-2022-TR que modificó el Reglamento de la Ley de Tercerización, prohibiendo la tercerización del núcleo del negocio. Esta institución también está a cargo de los procedimientos concursales a los que se somete a las empresas en crisis, para que cumplan las obligaciones con sus acreedores (entre los cuales se pueden encontrar los trabajadores), quienes deciden si la empresa es liquidada o se reestructura, a través de la Comisión de Procedimientos Concursales.

5. CONDICIONES DE ACCESO A LA JUSTICIA LABORAL: CAPACIDAD Y LEGITIMACIÓN

De acuerdo con el artículo 57 del Código Procesal Civil (CPC), de aplicación supletoria en lo no previsto por la NLPT en virtud de lo dispuesto por la Primera Disposición Complementaria de ésta, tienen capacidad para ser parte material en un proceso, toda persona natural o jurídica, los órganos constitucionales autónomos y la sociedad conyugal, la sucesión indivisa y otras formas de patrimonio autónomo.

En la jurisdicción laboral, tendrían capacidad procesal los trabajadores, los empleadores y las organizaciones sindicales. En el caso de los trabajadores, no solo los mayores de edad (18 años) sino también los menores de edad;[41] además, los prestadores de servicios de carácter civil que aleguen el encubrimiento de relaciones de trabajo.[42] Con respecto a los empleadores, estos no solo

---

41 De acuerdo con el artículo 65 del Código de los Niños y Adolescentes (Ley 27337), los adolescentes trabajadores podrán reclamar, sin necesidad de apoderado y ante la autoridad competente, el cumplimiento de todas las normas jurídicas relacionadas con su actividad económica. El artículo 51 del mencionado código señala los 14 años como edad mínima para trabajar (pudiendo concederse autorización a partir de los 12 si las labores a realizar no perjudican su salud o desarrollo, ni interfieran o limiten su asistencia a los centros educativos y permitan su participación en programas de orientación o formación profesional).

42 Si bien el artículo II del Título Preliminar de la NLPT excluye expresamente del ámbito de la justicia laboral las prestaciones de servicios de

podrían ser personas jurídicas sino también diversos tipos de patrimonio autónomo. No existen normas específicas para grupos de empresas, pero las empresas que conforman el grupo podrían ser demandadas.

El artículo 8 de la NLPT ha establecido reglas especiales de comparecencia para los trabajadores menores de edad y los sindicatos.

Los trabajadores menores de edad pueden comparecer sin necesidad de representante legal, pero si un menor de 14 años actuara de esa manera, el juez pondrá la demanda en conocimiento del Ministerio Público para que proceda según sus atribuciones.

En el caso de las organizaciones sindicales, estas pueden comparecer en causa propia, en defensa de los derechos colectivos y en defensa de sus dirigentes y afiliados.[43] De acuerdo con el artículo 23 de la Ley de Relaciones Colectivas de Trabajo, la comparecencia se realizará a través de los miembros de la junta directiva del sindicato que ejercen la representación legal de este, o de la persona señalada en su estatuto.

También existen en la NLPT disposiciones en materia de legitimación especial, en dos casos específicos:

- Afectación al derecho a la no discriminación en el acceso al empleo o del quebrantamiento de las prohibiciones de trabajo forzoso e infantil.

---

carácter civil, establece una excepción: que la demanda se sustente en el encubrimiento de relaciones de trabajo.

43 En el caso que los sindicatos actúan en defensa de sus dirigentes y afiliados, no requieren de poder especial de representación; pero en la demanda o contestación deben identificar individualmente a cada uno de los afiliados con sus respectivas pretensiones (a fin de que el empleador ponga en conocimiento de los trabajadores la demanda interpuesta, sin que la inobservancia de este deber afecte la prosecución del proceso). La norma precisa que la representación del sindicato no habilita al cobro de los derechos económicos que pudiese reconocerse a favor de los afiliados.

En esos casos, las pretensiones no solo pueden ser formuladas por los afectados directos, sino también por una organización sindical, una asociación o institución sin fines de lucro dedicada a la protección de derechos fundamentales con solvencia para afrontar la defensa a criterio del juez, la Defensoría del Pueblo o el Ministerio Público (artículo 9.1).

- Afectación a los derechos de libertad sindical, negociación colectiva, huelga, a la seguridad y salud en el trabajo y, en general, cuando un derecho corresponda a un grupo o categoría de prestadores de servicios[44].

Pueden ser demandantes el sindicato, los representantes de los trabajadores, o cualquier trabajador o prestador de servicios del ámbito (artículo 9.2). En este caso, estamos ante derechos individuales homogéneos, derechos individuales que se tratan colectivamente debido a su origen común, derivado de una conducta específica del empleador.

Con respecto a aquellos derechos que tienen contenido patrimonial, el artículo 18 de la NLPT ha establecido que si la sentencia declara la afectación del derecho, los miembros del grupo o categoría o quienes individualmente hubiesen sido afectados podrán iniciar, sobre la base de dicha sentencia, procesos individua-

---

44 El artículo II del título preliminar de la NLPT se refiere a tres tipos de conflictos jurídicos: individuales, plurales o colectivos. Como explica Espinoza, el primero se genera entre un trabajador y su empleador y se refiere al reconocimiento de un derecho subjetivo de carácter singular; el segundo afecta en forma singular y simultánea los intereses de varios trabajadores (no constituye una reivindicación de carácter general que los afecte como conjunto) y los terceros afectan a grupos o categorías de trabajadores con un interés general e indivisible, un interés colectivo. ESPINOZA, J., "Algunas cuestiones relacionadas con la regulación de la legitimidad para obrar de los sindicatos en la Nueva Ley Procesal del Trabajo", IV Congreso Nacional de la Sociedad Peruana de Derecho del Trabajo y de la Seguridad Social, SPDTSS, Cusco, 2010, p. 186.

les de liquidación del derecho reconocido,[45] siempre y cuando la sentencia declarativa haya sido dictada por el Tribunal Constitucional o la Corte Suprema de Justicia de la República, y tenga autoridad de cosa juzgada. Esto determinaría que se requiera un primer juicio para obtener una sentencia declarativa genérica, y posteriormente juicios individuales de liquidación de derechos, por parte de cada uno de los trabajadores afectados, que les permitan obtener el pago del monto que se les adeuda, lo que podría llevar a que los litigantes prefieran seguir procesos individuales, que permiten que la sentencia sea ejecutable sin requerirse un nuevo proceso, situación que podría generar el riesgo de sentencias contradictorias[46].

Como advierte Glave, la regulación tiene algunos vacíos y genera dudas importantes, como qué ocurriría si existiese litispendencia o prejudicialidad entre dos procesos iniciados por sujetos distintos, que aleguen ser miembros del grupo, o qué efectos tendría una sentencia con autoridad de cosa juzgada, no emitida por ninguno de los mencionados órganos jurisdiccionales[47].

Con respecto a la asistencia jurídica profesional mediante un abogado, el artículo 16 de la NLPT deriva el tema de los requisitos de la demanda al CPC, cuyo artículo 424 establece que se requiere la firma del demandante o de su representante o apoderado y la del abogado (requisito no exigible en los procesos de alimen-

---

45 En los procesos individuales de liquidación del derecho reconocido será improcedente negar el hecho declarado lesivo en la sentencia. El demandado puede, en todo caso, demostrar que el demandante no se encuentra en el ámbito fáctico recogido en la sentencia (artículo 18, NLPT).

46 CIUDAD REYNAUD, A., "Insuficiencia de las modalidades especiales del conflicto colectivo jurídico en la legislación procesal laboral peruana", Tesis para optar el grado de Magíster en Investigación Jurídica, Pontificia Universidad Católica del Peru, 2017, pp. 96-97.

47 GLAVE MAVILA, C., "Apuntes sobre algunos elementos del contenido del derecho al debido proceso colectivo en el Perú", Derecho PUCP, 2017, núm. 78, pp. 62-63.

tos y de declaración judicial de paternidad), pero precisa que los prestadores de servicios pueden comparecer al proceso sin necesidad de abogado cuando el total reclamado no supere las 10 URP (aproximadamente USD 1,400). Cuando supere este límite y hasta las 70 URP (aproximadamente USD 9,850), será facultad del juez, atendiendo a las circunstancias del caso, exigir o no la comparecencia con abogado.

En los casos en que se comparezca sin abogado deberá emplearse el formato de demanda aprobado por el Poder Judicial. Además, es posible acceder al patrocinio judicial gratuito que ofrece el Ministerio de Trabajo y Promoción del Empleo si el monto de la última remuneración no supera el equivalente a dos remuneraciones mínimas (S/ 2,260 en total, algo menos de USD 600) y el total de la pretensión, sin incluir intereses, no excede las 70 URP[48].

Respecto al coste económico que puede tener el acceso a la justicia, de acuerdo con el artículo III del título preliminar de la NLPT, el proceso laboral es gratuito para el prestador de servicios, en todas las instancias, cuando el monto total de las pretensiones reclamadas no supere las 70 URP. La undécima disposición complementaria de la ley ha precisado que también existe exoneración del pago de tasas judiciales cuando las pretensiones son inapreciables en dinero.

En el caso de las costas y costos, el juez exonerará de estas al prestador de servicios si las pretensiones reclamadas no superan las 70 URP, salvo que la parte hubiese obrado con temeridad o mala fe. También las exonerará si, en cualquier tipo de pretensión, el juez determina que hubo motivos razonables para demandar[49].

---

[48] Uno de los principios de la administración de justicia previstos en el artículo 139 de la Constitución es el principio de la gratuidad de la administración de justicia y de la defensa gratuita para las personas de escasos recursos; y, para todos, en los casos que la ley señala (numeral 16).

[49] Artículo 14 de la NLPT.

6. LA PARTICIPACIÓN DE LAS ORGANIZACIONES SINDICALES

Como ya se indicó, las organizaciones sindicales pueden ser demandantes o demandados ante la jurisdicción laboral. No ocurre lo mismo con las organizaciones empresariales, que solo representan a sus asociados con fines gremiales, es más, en algún caso éstas han colocado en sus propios estatutos que su representación no alcanza aspectos laborales[50].

De acuerdo con el artículo 8.2 de la NLPT, concordante con el artículo 23 de la Ley de Relaciones Colectivas de Trabajo, los sindicatos pueden comparecer al proceso laboral en causa propia, en defensa de los derechos colectivos y en defensa de sus dirigentes y afiliados. Esto determinaría, como señala Espinoza, que puedan tutelar los derechos que les son propios, que se encontrarían vinculados a la libertad sindical colectiva, como su derecho de constitución, su participación en la negociación colectiva o recaudar la cuota sindical;[51] y los del grupo al que pretenden representar, es decir, los intereses colectivos[52]. En opinión de dicho autor, los sindicatos no contarían con legitimidad para obrar en la defensa

---

50 Por ejemplo, el artículo 70.4.1 de los Estatutos de la Sociedad Nacional de Minería, Petróleo y Energía, impide expresamente a dicha asociación a participar en representación de sus asociados en cualquier clase de procedimiento administrativo y/o judicial vinculado a las relaciones colectivas de los trabajadores del sector minería, de hidrocarburos y/o eléctrico.

51 Los que serían de conocimiento del juez especializado laboral, dependiendo la vía del tipo de pretensión, si se trata de una vulneración de la libertad sindical (proceso abreviado laboral), impugnaciones contra actuaciones de la autoridad administrativa de trabajo (proceso contencioso administrativo) o conflictos vinculados a la organización sindical o entre organizaciones sindicales (proceso ordinario laboral). ESPINOZA, Javier. Óp. Cit., pp. 191-192.

52 El sindicato no es titular del interés colectivo, pero tiene legitimidad para obrar en defensa de ese interés pues esa es su función, representar los intereses de la colectividad de trabajadores afectados por el conflicto, no solo a sus afiliados. Ibidem, p. 193.

de intereses individuales que tienen trascendencia sindical, ni en el caso de intereses estrictamente individuales, aunque pueden ejercitar la defensa de los intereses individuales sin necesidad de poder especial[53] (el trabajador sería parte en el proceso, no el sindicato).

7. PRINCIPALES ASPECTOS DEL PROCESO LABORAL PERUANO

El proceso laboral peruano se inspira, entre otros, en los principios de inmediación, oralidad, concentración, celeridad, economía procesal y veracidad (artículo I, Título Preliminar de la NLPT), no obstante, a la fecha no es tan célere como se proyectaba que sería. Debido a la carga procesal, un proceso puede tardar en resolverse en promedio, entre dos y tres años,[54] cuando inicialmente se había proyectado que debía concluir en un plazo no mayor 6 meses, sin contar el recurso de casación,[55] esto afecta sobre todo a los trabajadores, que son quienes interponen mayormente las demandas.

El artículo III del Título Preliminar de la NLPT establece que en todo proceso laboral los jueces deben evitar que la desigualdad entre las partes afecte el desarrollo o resultado del proceso, para cuyo efecto procuran alcanzar la igualdad real de las partes, privilegian el fondo sobre la forma, interpretan los requisitos y presupuestos procesales en sentido favorable a la continuidad del proceso, observan el debido proceso, la tutela jurisdiccional y el

---

53 Ibidem, pp. 196-198.

54 VINATEA RECOBA, L., "Poder Judicial, SUNAFIL e INDECOPI. Justicia laboral, control de legalidad y cumplimiento normativo en materia laboral", IV Congreso Internacional de Derecho Procesal del Trabajo, Sociedad Peruana de Derecho del Trabajo y de la Seguridad Social, Trujillo, 2024, p. 280.

55 MORALES CORRALES, P., "La nueva Ley Procesal del Trabajo y la empresa", Laborem, 2011, núm. 11, p. 252.

principio de razonabilidad. En particular, acentúan estos deberes frente a la madre gestante, el menor de edad y la persona con discapacidad.

Respecto a la exigencia de una conciliación previa para poder acceder a la justicia laboral, se debe precisar que en el Perú no existe una regla que exija acudir previamente a un conciliador o realizar un trámite de similar naturaleza, para tratar de que las partes lleguen a un acuerdo, como ocurre en el caso de los procesos civiles[56].

7.1. Modalidades procesales

El sistema peruano contempla en la NLPT diversas modalidades procesales en función de la pretensión. Existe un proceso ordinario y un proceso abreviado -este último, cuando la pretensión no supera las 70 URP que son aproximadamente USD 9,850, la pretensión principal única es la reposición o la pretensión es relativa a la vulneración de la libertad sindical-,[57] y además regulación especial para el proceso impugnativo de laudos arbitrales económicos, para el proceso cautelar, el proceso de ejecución, y diversos procesos no contenciosos (consignación, autorización judicial para ingreso a centro laboral y entrega de documentos).

El proceso ordinario laboral contempla una audiencia de conciliación y una audiencia de juzgamiento. En la audiencia de conciliación, una vez acreditadas las partes, el juez las invita a

---

56 Lo que establece la Quinta Disposición Complementaria de la NLPT es que la conciliación administrativa es facultativa para el trabajador y obligatoria para el empleador (si éste no asiste, se le impone una multa), pero no la impone como un requisito previo para el acceso a la justicia laboral.

57 También las tercerías de propiedad o de derecho preferente de pago, así como la pretensión de cobro de honorarios de los abogados, se tramitan conforme a las normas del proceso abreviado laboral, de acuerdo con la Cuarta Disposición Complementaria de la NLPT.

conciliar sus posiciones. Si el conflicto no se soluciona o solo se soluciona parcialmente, el juez precisa las pretensiones que son materia de juicio, requiere al demandado para que presente, en el acto el escrito de contestación y sus anexos; entrega una copia al demandante, y fija fecha para la audiencia de juzgamiento, a menos que la cuestión debatida sea solo de derecho, caso en el cual solicita a los abogados que expongan sus alegatos, para luego dictar el fallo de su sentencia. La audiencia de juzgamiento se realiza en acto único y concentra las etapas de confrontación de posiciones, actuación probatoria, alegatos y sentencia.

El proceso abreviado laboral, en cambio, tiene una audiencia única. Verificados los requisitos de la demanda, el juez emite resolución disponiendo la admisión de la demanda, el emplazamiento al demandado para que conteste la demanda en el plazo de 10 días hábiles, y la citación a las partes a audiencia única, la cual se estructura a partir de las audiencias de conciliación y juzgamiento del proceso ordinario laboral. Comprende y concentra las etapas de conciliación, confrontación de posiciones, actuación probatoria, alegatos y sentencia, las cuales se realizan, en dicho orden, una seguida de la otra.

7.2. Demanda y carga de la prueba

Con respecto a la demanda, esta se presenta por escrito y debe contener los requisitos y anexos establecidos en la norma procesal civil, considerando las precisiones realizadas por el artículo 16 de la NLPT[58].

En materia probatoria, el artículo 23 de la NLPT establece que la carga de la prueba corresponde a quien afirma hechos que configuran su pretensión, o a quien los contradice alegando nuevos hechos. Sin embargo, para facilitar el éxito de la pretensión, la

---

[58] Debe incluirse, cuando corresponda, la indicación del monto del petitorio (total y de cada uno de los extremos que integren la demanda) y señalarse la finalidad de cada medio de prueba.

norma considera ciertas reglas especiales de distribución de la carga probatoria.

En principio, se dispone que, acreditada la prestación personal de servicios, se presume la existencia de vínculo laboral a plazo indeterminado -salvo prueba en contrario-, pero además existen ciertas disposiciones aplicables si el demandante invoca la calidad de trabajador o extrabajador, o el demandado es señalado como empleador.

El trabajador o extrabajador tiene la carga de la prueba de la existencia de la fuente normativa de los derechos alegados de origen distinto al constitucional o legal; el motivo de nulidad invocado y el acto de hostilidad padecido; y, la existencia del daño alegado. Mientras que el empleador tiene la carga de la prueba del pago, el cumplimiento de las normas legales, el cumplimiento de sus obligaciones contractuales, su extinción o inexigibilidad; la existencia de un motivo razonable distinto al hecho lesivo alegado; el estado del vínculo laboral y la causa del despido.

Adicionalmente la NLPT ha dispuesto que, si de la demanda y de la prueba actuada aparezcan indicios que permitan presumir la existencia del hecho lesivo alegado, el juez debe dar este por cierto, salvo que el demandado haya aportado elementos suficientes para demostrar que existe justificación objetiva y razonable de las medidas adoptadas y de su proporcionalidad. Los indicios pueden ser, entre otros, las circunstancias en las que sucedieron los hechos materia de la controversia y los antecedentes de la conducta de ambas partes.

7.3. Conclusión del proceso

Dentro de las diversas formas especiales de conclusión del proceso previstas en el artículo 30 de la NLPT, se encuentran incluidas la conciliación, el allanamiento, el reconocimiento de la demanda, la transacción, el desistimiento o el abandono.

De acuerdo con la mencionada norma, la conciliación y la transacción pueden ocurrir dentro del proceso, cualquiera sea el estado en que este se encuentre, hasta antes de la notificación de la sentencia con calidad de cosa juzgada.

El juez puede en cualquier momento invitar a las partes a llegar a un acuerdo conciliatorio, sin que su participación implique prejuzgamiento y sin que lo manifestado por las partes se considere declaración. Si ambas partes concurren al juzgado llevando un acuerdo para poner fin al proceso, el juez le da trámite preferente en el día. Es importante advertir que para que un acuerdo conciliatorio o transaccional ponga fin al proceso debe superar el test de disponibilidad de derechos[59].

Los acuerdos conciliatorios y transaccionales también pueden darse independientemente de que exista un proceso en trámite, en cuyo caso no requieren ser homologados para su cumplimiento o ejecución. La demanda de nulidad del acuerdo es improcedente si el demandante lo ejecutó en la vía del proceso ejecutivo habiendo adquirido, de ese modo, la calidad de cosa juzgada.

Con respecto a la posibilidad de que el juez pueda tomar decisiones sobre el proceso, como diligencias de prueba e investigación de los hechos, el artículo 22 de la NLPT establece que excepcionalmente, el juez puede ordenar la práctica de alguna prueba adicional, en cuyo caso dispone lo conveniente para su realización, procediendo a suspender la audiencia en la que se actúan las pruebas por un lapso adecuado no mayor a 30 días hábiles, y a citar, en el mismo acto, fecha y hora para su continuación. Esta decisión es inimpugnable.

---

59 El test de disponibilidad de derechos considera los siguientes criterios: el acuerdo debe versar sobre derechos nacidos de una norma dispositiva, debiendo el juez verificar que no afecte derechos indisponibles; debe ser adoptado por el titular del derecho; y, debe haber participado el abogado del prestador de servicios demandante.

8. LOS RECURSOS CONTRA LAS RESOLUCIONES JUDICIALES

Las resoluciones judiciales de instancia son apelables, para garantizar el derecho a la doble instancia reconocido en el Perú a nivel constitucional. Además, existen ciertos supuestos excepcionales que permiten interponer recurso de casación contra las sentencias o autos que ponen fin al proceso, expedidos por las salas superiores como órganos de segundo grado, que debe ser resuelto por la Corte Suprema de Justicia de la República. Este recurso extraordinario fue objeto de cambios en el año 2023, cuando la Ley 31699 modificó la NLPT con el objeto de reducir la carga procesal de la Corte Suprema,[60] disponiendo que puede interponerse recurso de casación si la sentencia o auto ha sido expedido con inobservancia de alguna de las garantías constitucionales de carácter procesal o material, o con una indebida o errónea aplicación de dichas garantías; incurre o deriva de una inobservancia de las normas legales de carácter procesal sancionadas con la nulidad; contiene una indebida aplicación, una errónea interpretación o una falta de aplicación de la ley, tratados o acuerdos internacionales ratificados por el Perú en materia laboral y de seguridad social, o de otras normas jurídicas necesarias para su aplicación; ha sido expedido con falta de motivación o manifiesta ilogicidad de la motivación o cuando el vicio resulte de su propio tenor; o se aparta de las decisiones vinculantes del Tribunal Constitucional o de la Corte Suprema. Además, en caso de sentencias que obliguen a dar suma de dinero, se ha dispuesto que el monto total reconocido en ellas debe superar las 500 URP (aproximadamente USD 70,400), subiendo el umbral inicialmente establecido en la NLPT, que era de 100 URP[61].

---

60 Una modificación previa a la NLPT fue realizada el año 2014, cuando la Ley 30229 además de incorporar normas a la LOPJ y modificar el CPC y el Código Procesal Constitucional, modificó el artículo 13 de la NLPT, relativa a notificaciones en los procesos laborales.

61 El efecto de esa reforma ya se pudo observar el año 2024, en que disminuyó en aproximadamente 40% la cantidad de los recursos de casación. VINATEA & TOYAMA, Óp. Cit., p. 26.

Con respecto a la posibilidad de acudir a instancias internacionales, de acuerdo con el artículo 205 de la Constitución, agotada la jurisdicción interna, quien se considere lesionado en los derechos reconocidos por la Constitución, podrá recurrir a los tribunales u organismos internacionales constituidos según tratados o convenios de los que el Perú es parte, como la Corte Interamericana de Derechos Humanos (Corte IDH), órgano judicial del sistema interamericano.[62] Esto último podría ocurrir si una persona estimara que no ha tenido la posibilidad de un recurso judicial efectivo contra actos violatorios de sus derechos fundamentales (incluidos los derechos protegidos por el artículo 26 de la Convención Americana),[63] si no ha tenido derecho a ser oído con las debidas garantías y dentro de un plazo razonable por un juez competente, independiente e imparcial y a contar con un recurso sencillo y rápido ante jueces o tribunales competentes, derechos contenidos en los artículos 8.1 y 25.1 de la Convención Americana sobre Derechos Humanos. Claro que el caso podría ser visto eventualmente por la Corte IDH si la Comisión Interamericana de Derechos Humanos lo considerara pertinente[64] pues solo esta y los Estados Parte tienen derecho a acceso a la Corte, estando las personas excluidas de la posibilidad de presentar una denuncia directamente.

---

62 Competencia de la cual el Estado Peruano trató de sustraerse en el año 1999, durante el gobierno de Fujimori, lo cual fue rechazado por la propia Corte IDH por considerar que un Estado solo podría desvincularse de sus obligaciones internacionales observando lo previsto al respecto por el propio tratado. LANDA ARROYO, C., Convencionalización del Derecho peruano, Palestra Editores, Lima, 2016, pp. 43-44.

63 Protege aquellos derechos que se derivan de las normas económicas, sociales y sobre educación, ciencia y cultura contenidas en la Carta de la OEA, como el derecho al trabajo.

64 La Convención Americana sobre Derechos Humanos no regula los criterios que debe seguir la Comisión para someter un caso ante la Corte, aunque el artículo 45 del Reglamento de la Comisión marca ciertas pautas. CANESSA MONTEJO, M., El Sistema Interamericano de Derechos Humanos y la protección de los derechos humanos laborales, Palestra Editores, Lima, 2014, p. 103.

9. LA EJECUCIÓN DE LAS RESOLUCIONES JUDICIALES

La ejecución de resoluciones judiciales firmes es una manifestación del derecho a la tutela jurisdiccional efectiva establecido en el numeral 3 del artículo 139 de la Constitución (sentencia del Tribunal Constitucional recaída en el Expediente 0015-2001-AI/TC). Asimismo, el numeral 2 de dicha norma señala que ninguna autoridad puede dejar sin efecto resoluciones que han pasado en autoridad de cosa juzgada ni retardar su ejecución.

El artículo 4 de la LOPJ establece que toda persona y autoridad está obligada a dar cumplimiento a las decisiones judiciales en sus propios términos, sin poder calificar su contenido o sus fundamentos, restringir sus efectos o interpretar sus alcances. A este efecto, es necesario mencionar que de acuerdo con el artículo 123 del CPC, una resolución adquiere la autoridad de cosa juzgada cuando no proceden contra ella otros medios impugnatorios que los ya resueltos; o las partes renuncian expresamente a interponer medios impugnatorios o dejan transcurrir los plazos sin formularlos.

Con respecto a la jurisdicción laboral, la NLPT contiene en su Capítulo V regulación específica sobre el proceso de ejecución, señalando los títulos ejecutivos que se tramitan en ese proceso,[65] así como ciertas disposiciones sobre la ejecución, aplicándose supletoriamente las reglas del CPC. Esto implica que, una vez recibida la demanda con el título ejecutivo, el juez verificará los requisitos de la demanda y del título ejecutivo y expedirá un "mandato de ejecución" fundamentado, disponiendo el cumplimiento del

---

65 De acuerdo con el artículo 57 de la NLPT, se tramitan en proceso de ejecución las resoluciones judiciales firmes; las actas de conciliación judicial; los laudos arbitrales firmes que resuelven un conflicto jurídico de naturaleza laboral; las resoluciones de la autoridad administrativa de trabajo firmes que reconocen obligaciones; el documento privado que contenga una transacción extrajudicial; el acta de conciliación extrajudicial, privada o administrativa; y la liquidación para cobranza de aportes previsionales del Sistema Privado de Pensiones.

mandato de la sentencia, bajo apercibimiento (el obligado puede formular contradicción alegando el cumplimiento de lo ordenado o la extinción de la obligación, lo cual debe acreditar con prueba instrumental).

La ejecución dependerá de si la obligación es de dar un bien determinado o dinero, o se trata de una obligación de hacer o de no hacer. Estos supuestos se presentan, por ejemplo, en caso se deba entregar acciones de inversión al trabajador, se le tenga que pagar la indemnización por despido arbitrario, se requiera reponerlo o se ordene el cese de un acto antisindical, respectivamente[66].

En el caso de las obligaciones de dar, si el obligado no cumple con el mandato, el juez hará efectivo el apercibimiento e iniciará la ejecución forzada, ordenando el embargo sobre los bienes del deudor, para posteriormente ordenar el remate de los bienes embargados. Si se tratara del pago de una suma líquida, de acuerdo con el artículo 716 del CPC, se concederá a solicitud de parte medidas de ejecución con arreglo a las medidas cautelares para futura ejecución forzada. Al respecto, el artículo 60 de la NLPT precisa que se podrá suspender de forma extraordinaria la ejecución de intereses o de monto liquidado en ejecución de sentencia, a solicitud de parte y previo depósito o carta fianza por el total ordenado.

Tratándose de las obligaciones de hacer o no hacer[67] si, habiéndose resuelto seguir adelante con la ejecución, el obligado no cumple, sin que se haya ordenado la suspensión extraordinaria de la ejecución, el juez impondrá multas sucesivas, acumulativas

---

66 PUNTRIANO, C., "Sentencias Laborales. Pautas para la mayor eficacia en el cumplimiento". Jurídica, Suplemento de análisis legal de El Peruano, 2018, núm. 705, p. 3.

67 Como la reposición del trabajador, caso en el cual el artículo 42 de la LPCL establece que, si el empleador no cumple el mandato de reposición dentro de las 24 horas de notificado, será requerido judicialmente bajo apercibimiento de multa, cuyo monto se incrementará sucesivamente en 30%, tal como lo establece el artículo 62 de la NLPT.

y crecientes en 30% hasta que el obligado cumpla el mandato; y, si persistiera el incumplimiento, procederá a denunciarlo penalmente por el delito de desobediencia o resistencia a la autoridad[68] (artículo 62, NLPT).

Con respecto a la ejecución de sentencias dictadas en un proceso de alcance colectivo, como lo señala el artículo 8.2 de la NLPT, los sindicatos no se encuentran habilitados al cobro de los derechos económicos que pudiese reconocerse a favor de los afiliados en un proceso colectivo, por lo que correspondería que cada uno de los trabajadores solicite el cobro.

Más allá de la regulación legal de la materia, es necesario advertir como lo ha hecho Vinatea, que el problema más complejo puede llegar a ser el número de procesos en etapa de ejecución, ya que las medidas que se han ido emitiendo para que los procesos se resuelvan con mayor rapidez, podrían llegar a crear un "embalse" en los juzgados, además, según identifica el mencionado autor, el 35% de los procesos en ejecución corresponden a procesos contenciosos administrativos, en los cuales la ejecución de sentencia se encuentra limitada por disposiciones presupuestales, lo cual determina que el proceso sea más largo del proceso de ejecución que involucra a empleadores del sector privado[69].

---

68 El artículo 368 del Código Penal establece que, el que desobedece o resiste la orden legalmente impartida por un funcionario público en el ejercicio de sus atribuciones, salvo que se trate de la propia detención, será reprimido con pena privativa de libertad no menor de seis meses ni mayor de dos.

69 VINATEA RECOBA, L., Óp. Cit., p. 280.
Las entidades públicas se encuentran sujetas al procedimiento previsto en la Ley 30137, que establece criterios de priorización social y sectorial (las deudas laborales y previsionales tienen los primeros rangos), que, si bien podría considerarse una traba para la eficacia de las sentencias, resulta necesario pues al tratarse de fondos públicos se requiere garantizar un pago adecuado, aunque debería tratarse de agilizar el procedimiento para evitar un cobro tardío. PUNTRIANO C., Óp. Cit., p 5.

10. REFLEXIÓN FINAL

Como ha podido apreciarse a lo largo de este trabajo, la implementación de la Nueva Ley Procesal del Trabajo que reemplazó a la Ley 26636 (aunque esta se sigue aplicando a los procesos iniciados a su amparo), buscó mejorar el acceso a la justicia laboral en el Perú y permitir procesos más céleres, sin embargo, el transcurso del tiempo ha permitido observar que, pese a haberse reducido el tiempo de duración de los procesos laborales, este aun es significativo. Se han establecido ciertas medidas orientadas a reducir la carga procesal de algunos órganos, pero esto no ha sido suficiente.

Actualmente se viene planteando una reforma, promovida por el Poder Judicial, mediante un Código Procesal de Trabajo que implementaría cambios muy importantes a nivel procesal laboral, que incluyen la creación de un proceso único con características del actual proceso abreviado (con una audiencia única, eliminándose la audiencia de conciliación) y de nuevos procesos que permitan dar una solución más rápida a ciertos casos, que por la cuantía o derechos en discusión lo requieren. Esperemos que los cambios que se realicen tengan en cuenta los errores y deficiencias que se produjeron durante la implementación de la NLPT, para que se pueda lograr una mejora relevante en el acceso a la justicia laboral, lo cual supone que esta sea idónea y oportuna, y se logre la realización plena de la eficacia de las resoluciones judiciales.

BIBLIOGRAFÍA

AMPUERO DE FUERTES, V., "Modificación del procedimiento laboral desde 1988-2013", en Homenaje Aniversario de la SPDTSS. 25 Año de las Bodas de Plata de la Sociedad, Sociedad Peruana de Derecho del Trabajo y de la Seguridad Social, Lima, 2013, pp. 535-552.

ARCE ORTIZ, E., "La tutela laboral de los derechos fundamentales del trabajador. Una asignatura pendiente en tiempos de reforma", Derecho PUCP, 2012, núm. 68, pp. 435-448.

CANESSA MONTEJO, M., El Sistema Interamericano de Derechos Humanos y la protección de los derechos humanos laborales, Palestra Editores, Lima, 2014.

CIUDAD REYNAUD, A., "Insuficiencia de las modalidades especiales del conflicto colectivo jurídico en la legislación procesal laboral peruana", Tesis para optar el grado de Magíster en Investigación Jurídica, Pontificia Universidad Católica del Peru, 2017.

ESPINOZA, J., "Algunas cuestiones relacionadas con la regulación de la legitimidad para obrar de los sindicatos en la Nueva Ley Procesal del Trabajo", IV Congreso Nacional de la Sociedad Peruana de Derecho del Trabajo y de la Seguridad Social, SPDTSS, Cusco, 2010, pp. 181-202.

GLAVE MAVILA, C., "Apuntes sobre algunos elementos del contenido del derecho al debido proceso colectivo en el Perú", Derecho PUCP, 2017, núm. 78, pp. 43-68.

INSTITUTO NACIONAL DE ESTADÍSTICA E INFORMÁTICA. Perú: Comportamiento de los Indicadores del Mercado Laboral a Nivel Nacional y en 27 Ciudades. Año 2024, INEI, Lima, 2025.

INSTITUTO NACIONAL DE ESTADÍSTICA E INFORMÁTICA. Situación de la Población Peruana 2024. Una mirada a la diversidad étnica, INEI, Lima, 2024.

LA ROSA CALLE, J., "El acceso a la justicia como condición para una reforma judicial en serio", Derecho PUCP, 2009, núm. 62, pp. 115-128.

LANDA ARROYO, C., Convencionalización del Derecho peruano, Palestra Editores, Lima, 2016.

MINISTERIO DE JUSTICIA. Exposición de Motivos del proyecto de Código Procesal del Trabajo, publicación dispuesta por Resolución Ministerial 0103-2024-JUS.

MORALES CORRALES, P., "La nueva Ley Procesal del Trabajo y la empresa", Laborem, 2011, núm. 11, pp. 251-261.

PASCO COSMÓPOLIS, M., "La nueva ley procesal del trabajo del Perú: pilares y paradigmas", Laborem, 2011, núm. 11, pp. 137-155.

PODER JUDICIAL, Estadísticas de la función jurisdiccional a nivel nacional. Periodo: Enero-diciembre 2024.

PODER JUDICIAL, Boletín Estadístico Institucional No 04-2024 Enero-Diciembre.

PODER JUDICIAL, Mapas y dependencias judiciales a nivel nacional por Distrito Judicial al 30 de junio de 2024.

PRIORI POSADA, G., "Reflexiones en torno al doble grado de jurisdicción". Advocatus, 2003, núm. 9, pp. 405-422.

PUNTRIANO, C., "Sentencias Laborales. Pautas para la mayor eficacia en el cumplimiento". Jurídica, Suplemento de análisis legal de El Peruano, 2018, núm. 705, pp. 3-5.

SANGUINETI RAYMOND, W., Derecho Constitucional del Trabajo. Relaciones de trabajo en la jurisprudencia del Tribunal Constitucional, Gaceta Jurídica, Lima, 2007.

VINATEA RECOBA, L., "Poder Judicial, SUNAFIL e INDECOPI. Justicia laboral, control de legalidad y cumplimiento normativo en materia laboral", IV Congreso Internacional de Derecho Procesal del Trabajo, Sociedad Peruana de Derecho del Trabajo y de la Seguridad Social, Trujillo, 2024, pp. 271-291.

VINATEA & TOYAMA, Juicios Laborales 2025: situación actual, tendencias y retos, V&T, Lima, 2025, p. 11.

Portugal

Acesso à justiça laboral – Portugal

ANTÓNIO MONTEIRO FERNANDES

SUMÁRIO - Introdução. – 1. Os antecedentes históricos da organização judicial do trabalho. – 2. A competência material dos juízos do trabalho. – 3. O Código do Processo do Trabalho. – 4. A intervenção processual das organizações representativas de trabalhadores e empregadores - 5. As principais especificidades do processo do trabalho.

INTRODUÇÃO

I. O acesso ao Direito e aos tribunais para defesa dos direitos e interesses dos cidadãos que sejam legalmente protegidos está consagrado na Constituição Portuguesa (art. 20°), no âmbito dos "princípios gerais" do ordenamento jurídico nacional. No desenvolvimento desse princípio, a Lei Fundamental exclui a denegação da justiça por insuficiência de meios económicos e edifica os direitos "à informação e consulta jurídicas, ao patrocínio judiciário" e ao acompanhamento por advogado "perante qualquer autoridade". Ademais, o mesmo artigo atribui aos cidadãos o "direito a que uma causa em que intervenha seja objecto de decisão em prazo razoável e mediante processo equitativo".

Com especial interesse para a justiça do trabalho, saliente-se o mandato conferido pelo mesmo artigo ao legislador ordinário no sentido de assegurar "procedimentos judiciais caracterizados pela celeridade e pela prioridade, de modo a obter tutela efectiva e em tempo útil contra ameaças ou violações desses direitos".

II. Para adequada compreensão do sistema português de justiça laboral, importa ter presentes os traços fundamentais da organização judiciária nacional[1].

Ela integra, antes do mais, o Tribunal Constitucional; depois, os tribunais judiciais, que se hierarquizam em tribunais de comarca (1ª instância), tribunais de Relação (2ª instância) e Supremo Tribunal de Justiça; e engloba, ainda, os tribunais administrativos e fiscais, o Tribunal de Contas, os tribunais arbitrais e os julgados de paz[2].

A justiça laboral é ministrada pelos tribunais judiciais, competindo, na 1ª instância – isto é, nos tribunais de comarca – aos chamados *juízos do trabalho,* que são órgãos jurisdicionais de competência especializada[3]. Em regra, existe em cada tribunal de comarca um juízo do trabalho. Em certas comarcas caracterizadas

---

1 Veja-se a Lei 62/2013, de 26/8 (Lei de Organização do Sistema Judiciário – LOSJ).

2 O julgado de paz é um órgão de administração de justiça em causas de pequeno valor (até 15.000 euros), criado ao nível do município, e dotado de uma estrutura e regras de funcionamento muito simples. O juiz de paz decide "de acordo com a lei ou equidade", depois de procurar conciliar as partes. Os julgados de paz não são, porém, competentes para apreciar litígios em que estejam em causa incumprimentos do contrato de trabalho (Lei 78/2001, de 13/7).

3 É antiga em Portugal a tradição de uma jurisdição especializada para as questões de trabalho. Essa tradição remonta aos tempos da 1ª República (1910-1926), mas ganhou particular consistência no período em que vigorou em Portugal um regime corporativo e autoritário (1933-1974). Nesse tempo, funcionava uma "magistratura do trabalho" independente da organização judicial comum, e existiam tribunais do trabalho em todos os distritos. Os juízes do trabalho não se integravam no quadro geral dos magistrados judiciais, e os tribunais dependiam, sob o ponto de vista administrativo, do Ministério das Corporações. De resto, o direito do trabalho não era sequer ensinado no âmbito das licenciaturas em Direito: até à abolição do regime, os juízes e advogados que se dedicavam aos litígios laborais formavam-se e instruíam-se por conta própria, estudando os ,manuais estrangeiros, sobretudo espanhóis e italianos.

por maior volume de processos, há vários juízos do trabalho (por exemplo, em Lisboa e no Porto).

O regime processual observado nos juízos do trabalho está regulado no Código do Processo do Trabalho[4]. No entanto, este mesmo Código aponta como subsidiária – isto é, aplicável aos casos omissos – "a legislação processual comum, civil ou penal" (art. 1°/2), indicando como recursos adicionais a regulamentação dos casos análogos previstos no mesmo Código, assim como a respeitante aos previstos nos Códigos do Processo Civil e do Processo Penal, e ainda os princípios gerais do processo do trabalho e do processo comum. Todavia, a utilização destes recursos subsidiários é excluída "quando forem incompatíveis com a índole do processo regulado neste Código" (art. 1°/3), o que parece implicar a consideração das fundamentais directrizes conformadoras do processo do trabalho.

Como veremos um pouco adiante, os juízos do trabalho são competentes para uma vasta gama de matérias enquadráveis no domínio do direito social. Para além da matéria laboral em sentido estrito, isto é, dos litígios respeitantes à aplicação do regime jurídico das relações individuais de trabalho ("acções emergentes do contrato de trabalho", na linguagem do legislador), cabem na sua competência as acções relativas à aplicação da legislação sobre acidentes de trabalho e doenças profissionais[5], as respeitantes ao contencioso das instituições de previdência social, associações sindicais e associações de empregadores, comissões de trabalhadores, e uma gama de outros processos especiais, incluindo providências cautelares específicas.

---

4 Aprovado originariamente pelo Decreto-lei 480/99, de 9/11, e sucessivamente alterado por outros diplomas, sendo republicado na íntegra pela Lei 107/2019, de 9/9, a qual já sofreu novas modificações.

5 Note-se que o sistema português de reparação oferece tratamento distinto aos acidentes e às doenças: a reparação dos acidentes cabe aos empregadores, que são obrigados a transferir a sua responsabilidade para companhias de seguros; a reparação das doenças profissionais está confiada à Segurança Social.

1. OS ANTECEDENTES HISTÓRICOS DA ORGANIZAÇÃO JUDICIAL DO TRABALHO[6]

I. No contexto da incipiente industrialização que ocorreu em Portugal já na segunda metade do século XIX, foram instituídos os chamados "tribunais de árbitros avindores"[7]. A palavra "avindor" significa, segundo os dicionários, "aquele que procura harmonizar os litigantes". Na realidade, tratava-se de um misto de conciliadores e árbitros, com funções bastante heterogéneas: cabia-lhes velar pelo cumprimento das leis, sancionar tanto patrões como trabalhadores pelo incumprimento "das boas normas de equidade, doçura, respeito e obediência que devem presidir às relações entre uns e outros", e até participar às autoridades competentes situações de relevância criminal.

Esses "tribunais" manifestavam, na sua própria concepção, o facto de não existir nada de semelhante a uma legislação do trabalho, mas também a emergência de uma litigiosidade com dimensão significativa no parco tecido industrial do país. Na verdade, o diploma que os instituiu esclarecia, logo no art. 1°, que esses órgãos se destinavam às "localidades onde houvesse centros industriais importantes". Para além de uma antiga tradição portuguesa[8], a inspiração dos *conseils des prud'homes* era evidente: os tribunais de árbitros avindores eram compostos por um presidente e dois vice-presidentes, escolhidos pelo governo de entre sete "cidadãos estranhos às classes interessadas nas controvérsias", designados pelos municípios em que devessem funcionar, e um número igual de representantes dos trabalhadores e dos empregadores, eleitos por "colégios" das respectivas classes.

Como órgãos de uma jurisdição especializada em matéria laboral, esses tribunais foram realmente instalados e funcionaram

---

6 Veja-se ALCIDES MARTINS, *Direito do Processo Laboral*, 5ª ed., Coimbra, 2023, pp. 27 ss..

7 Pela Lei de 14 de agosto de 1889.

8 Cfr. TEIXEIRA BASTOS, *Tribunaes de Árbitros-avindores*, Lisboa, 1898, p. 3.

– ainda que de modo defeituoso e com grandes demoras – em várias cidades com alguma concentração industrial (nomeadamente Lisboa e Porto).

II. Muito mais tarde (em 1919), complementarmente, foram criados os "tribunais de desastres no trabalho" , na sequência da primeira lei sobre a matéria (a Lei nº 83, de 24 de julho de 1913), os quais se destinavam especificamente a julgar as questões relacionadas com o cumprimento dessa lei. Também estes tribunais tInham uma composição tendencialmente paritária: integravam-nos delegados dos trabalhadores, delegados dos patrões e médicos, sendo ainda atribuído voto consultivo (não deliberativo) a representantes das companhias de seguros.

No mesmo ano, foram ainda instituídos os "tribunais arbitrais de previdência social" em conexão com o seguro social obrigatório na doença (Decreto 5636, de 10 de maio de 1919).

Durante várias décadas, funcionou assim uma espécie de "jurisdição social" integrada por três tipos diferentes de órgãos, mas todos ligados, sob o ponto de vista administrativo, ao departamento governamental competente para as questões de trabalho.

III. Esse conjunto de órgãos, que não chegava a constituir uma organização estruturada, foi extinto e substituído pela instituição dos "tribunais do trabalho"[9], no quadro do regime corporativo nascido em 1933, com uma nova Constituição e um diploma de natureza "quase-constitucional" – o Estatuto do Trabalho Nacional.

Esses tribunais não integravam simplesmente uma jurisdição especializada – pertenciam a uma organização judiciária autónoma, administrativamente ligada ao departamento governamental que tratava da supervisão do "sistema corporativo". Os juízes eram nomeados pelo governo à margem dos normais movimentos da carreira judicial. Das respectivas decisões cabia recurso para o Supremo Tribunal Administrativo (Secção do Contencioso de Tra-

---

[9] Pelo Decreto-lei 24363, de 15/08/1934.

balho e Previdência Social). Durante todo o tempo de vigência do regime autoritário-corporativo – cerca de quarenta anos –, a jurisprudência laboral foi construída através de decisões deste tribunal.

No que respeita ao enquadramento processual, esses novos tribunais do trabalho começaram por aplicar um regime estabelecido pelo mesmo diploma que os instituiu. No entanto, poucos anos depois, surgiu o Código do Processo dos Tribunais do Trabalho (CPTT)[10], o qual desde logo designava como subsidiários os Códigos de Processo Civil e de Processo Penal. Com isso, o quadro processual da justiça do trabalho ficava de algum modo dependente das evoluções que viessem a verificar-se nesses regimes de aplicação subsidiária. A relativa instabilidade da regulamentação do processo do trabalho era inevitável. Assim, após o aparecimento de um novo Código do Processo Civil em 1961, foi publicado o Código de Processo do Trabalho (CPT) de 1964[11], o qual, com diversas alterações, veio a vigorar até 1981[12].

IV. Entretanto, em 1977 – na sequência do movimento revolucionário de 1974/1976 – , a estrutura judicial criada no âmbito do regime corporativo foi extinta. Melhor se dirá: foi normalizada. Com efeito, continuaram a existir tribunais do trabalho, como órgãos jurisdicionais especializados, mas integrados na orgânica geral dos tribunais, sob a supervisão do Ministério da Justiça.

Entretanto, surgiu uma experiência nova: a das "comissões de conciliação e julgamento" (CCJ)[13], órgãos actuantes a nível distrital, compostos por um elemento designado pelo Ministério do Trabalho, outro pelas organizações patronais e outro pelas organizações sindicais, eram encarregados de duas missões: a de tentar a conciliação prévia em todos os litígios respeitantes a relações individuais de trabalho, e a de julgar as questões de menor valor

---

10 Decreto-lei 30910, de 23/11/1940.

11 Decreto-lei 45497, de 30/12/1963.

12 Decreto-lei 272-A/81, de 30/09.

13 Decreto-lei 463/75, de 27 de agosto.

ou que lhes fossem submetidas por acordo das partes. Destas decisões não caberia, em regra, recurso. O processo que as comissões deviam seguir correspondia ao modelo do processo sumário estabelecido para os tribunais do trabalho.

A experiência das CCJ não foi positiva. Tendo sido criadas para aliviar o movimento nos tribunais, acabaram por ter em papel pouco relevante nesse sentido. Dúvidas de constitucionalidade surgiram também quanto às competências decisórias que lhes foram atribuídas. Foram extintas em 1985[14].

Os tribunais do trabalho, como tribunais de primeira instância com competência especializada, mantiveram-se nas sedes de distrito e em localidades em que se concentravam actividades industriais relevantes.

Foram extintos somente em 2013[15], numa reforma da organização judiciária que os substituíu por secções com competência especializada dos tribunais judiciais instalados nas "comarcas" – circunscrições territoriais inicialmente próximas dos municípios. Actualmente, a justiça do trabalho é ministrada por "juízos do trabalho", que se integram nos tribunais de comarca como órgãos de primeira instância com competência especializada. Os juízos do trabalho têm como titulares juízes de carreira, dotados de formação geral e especializada, que é fornecida pelo Centro de Estudos Judiciários e constitui requisito do acesso à profissão.

Das decisões dos juízos do trabalho cabe recurso, em diversas modalidades, para os Tribunais de Relação (2ª instância) e destes para o Supremo Tribunal de Justiça.

---

14 Decreto-lei 115/85, de 18 de abril.

15 Lei 62/2013, de 26 de agosto.

2. A COMPETÊNCIA MATERIAL DOS JUÍZOS DO TRABALHO

I. Os juízos do trabalho não têm a sua competência material limitada aos litígios de natureza propriamente laboral. Trata-se de instâncias judiciais abertas a um amplo leque de matérias susceptíveis de serem agregadas na noção de "direito social".

Assim, eles são competentes para as seguintes matérias[16]: questões relativas à anulação e interpretação das convenções colectivas de trabalho; questões emergentes de relações de trabalho subordinado e de relações estabelecidas com vista à celebração de contratos de trabalho; questões emergentes de acidentes de trabalho e doenças profissionais; questões de enfermagem ou hospitalares, de fornecimento de medicamentos emergentes da prestação de serviços clínicos, de aparelhos de prótese e ortopedia ou de quaisquer outros serviços ou prestações efetuados ou pagos em benefício de vítimas de acidentes de trabalho ou doenças profissionais; ações destinadas a anular os atos e contratos celebrados por quaisquer entidades responsáveis com o fim de se eximirem ao cumprimento de obrigações resultantes da aplicação da legislação sindical ou do trabalho; questões emergentes de contratos equiparados por lei aos de trabalho; questões emergentes de contratos de aprendizagem e de tirocínio; questões entre trabalhadores ao serviço da mesma entidade, a respeito de direitos e obrigações que resultem de atos praticados em comum na execução das suas relações de trabalho ou que resultem de ato ilícito praticado por um deles na execução do serviço e por motivo deste, ressalvada a competência dos tribunais criminais quanto à responsabilidade civil conexa com a criminal; questões entre instituições de previdência ou de abono de família e seus beneficiários, quando respeitem a direitos, poderes ou obrigações legais, regulamentares ou estatutárias de umas ou outros, sem prejuízo da competência própria dos tribunais administrativos e fiscais; questões entre as-

---

16 Art. 126º da Lei 62/2013, na sua redacção mais recente.

sociações sindicais e sócios ou pessoas por eles representados, ou afetados por decisões suas, quando respeitem a direitos, poderes ou obrigações legais, regulamentares ou estatutárias de uns ou de outros; processos destinados à liquidação e partilha de bens de instituições de previdência ou de associações sindicais, quando não haja disposição legal em contrário; questões entre instituições de previdência ou entre associações sindicais, a respeito da existência, extensão ou qualidade de poderes ou deveres legais, regulamentares ou estatutários de um deles que afete o outro; execuções fundadas nas suas decisões ou noutros títulos executivos, ressalvada a competência atribuída a outros tribunais; questões entre sujeitos de uma relação jurídica de trabalho ou entre um desses sujeitos e terceiros, quando emergentes de relações conexas com a relação de trabalho, por acessoriedade, complementaridade ou dependência, e o pedido se cumule com outro para o qual o juízo seja diretamente competente; questões reconvencionais que com a ação tenham relações de conexão, salvo no caso de compensação, em que é dispensada a conexão; questões cíveis relativas à greve; questões entre comissões de trabalhadores e as respetivas comissões coordenadoras, a empresa ou trabalhadores desta; questões relativas ao controlo da legalidade da constituição, dos estatutos e respetivas alterações, do funcionamento e da extinção das associações sindicais, associações de empregadores e comissões de trabalhadores; e quaisquer outras que por lei lhes sejam atribuídas.

II. Esta longa enumeração evidencia que os juízos do trabalho asseguram não só a resolução dos litígios propriamente laborais, de natureza individual ou colectiva (neste último caso, apenas os conflitos jurídicos) , mas também o contencioso sindical e o da vertente previdencial do sistema de segurança social. Trata-se, em suma, de uma circunscrição do sistema de justiça que podemos designar de "jurisdição social" em sentido amplo, abarcando um conjunto muito desequilibrado de domínios litigiosos que, directa ou indirectamente, interessam aos protagonistas das relações de trabalho. Na verdade, os temas laborais, em especial os que respeitam à reparação dos acidentes de trabalho e das doenças profissionais, são, de longe, aqueles que mais frequentemente ocupam esses juízos.

3. O CÓDIGO DO PROCESSO DO TRABALHO

I. Como se disse, o direito processual do trabalho está, em Portugal, codificado, embora não de forma plena nem estável. Essa codificação evoluiu sempre em articulação com desenvolvimentos legislativos no domínio do processo civil.

Com efeito, o primeiro Código[17] surgiu após a publicação do Código de Processo Civil de 1939. O segundo[18], foi publicado posteriormente à reforma do processo civil de 1961. Já em fins da década de 70 do século passado – ou seja, após a abolição do regime corporativo e autoritário, ocorrida em 1974 – uma nova reforma do processo do trabalho quis antecipar a revisão do processo civil, acabando por ficar em suspenso até 1981, altura em que surgiu a terceira versão do CPT[19].

O actual Código do Processo do Trabalho (CPT), publicado na sua versão original em 1999[20], sofreu dez alterações substanciais desde então.

II. Na realidade, não existe uma codificação integral do regime processual laboral. O CPT é, no fundo, um conjunto de normas especiais, sem qualquer unidade orgânica, tendo como pano de fundo o Código do Processo Civil (CPC) e o Código do Processo Penal (CPP). Estes diplomas legislativos constituem, declaradamente (nos termos do art. 1º do CPT) , as primordiais fontes de solução para todos os "casos omissos" , isto é, para tudo aquilo que, quer na organização dos modelos procedimentais, quer no

---

17 Aprovado pelo Decreto-Lei 30910, de 3/11/1940.

18 Aprovado pelo Decreto-Lei 45497, de 30/12/1963.

19 Decreto-lei 272-A/81, de 30/09.

20 Decreto-lei 480/99, de 09/11. O anterior vigorava desde 1982 (Decreto-lei 272-A/81, de 30/09).

que respeita à sua dinâmica, não encontre tratamento directo e específico na lei do processo laboral.

Como já se sugeriu, a evolução do CPT e do CPC nas últimas décadas operou-se numa espécie de reciprocidade de influências. Se, naturalmente, o CPC constitui o grande quadro de referência para o CPT, a verdade é a que algumas importantes modificações deste influenciaram manifestamente a conformação de soluções adoptadas no primeiro[21]. De algum modo se pode dizer que algumas das inovações introduzidas em reformas do processo civil resultaram da prévia experiência positiva da sua aplicação no domínio laboral[22].

III. Um exame mesmo superficial da estrutura do CPT revela o essencial das suas características como fonte regulatória do processo laboral.

O Título I (Da acção) trata em menos de uma dezena de artigos as matérias da capacidade judiciária e legitimidade e da representação e patrocínio judiciário. Esses temas desenvolvem-se no Código do Processo Civil em meia centena de artigos. As questões de garantia da competência são omitidas: aplica-se o regime geral contido no CPC (arts. 96º-114º).

O Título II (Competência) abrange, em onze artigos, os temas da competência internacional e interna (hierárquica e territorial), abstendo-se de qualquer menção da competência em razão da matéria. Esta, como se viu, encontrámo-la detalhadamente descrita na lei sobre a organização judiciária. De resto, a matéria dos pressupostos processuais deve ser considerada, nos juizos do trabalho, à luz do respectivo regime contido no CPC.

---

21 Sobre isto, pode ver-se ALCIDES MARTINS, *ob cit.*, p. 60.

22 Cfr. ALCIDES MARTINS, *ob. cit.*, p. 65. Aí se lê: "(...) não deverá ainda olvidar-se que o direito processual laboral se tem caracterizado pela inovação e experimentalismo, vindo muitas das suas renovações, pese embora a subsidiariedade, a serem adoptadas pelo direito processual civil, ao longo das últimas décadas".

Segue-se o Título III (Processo), em que são regulados, de forma solta e inorgânica, tópicos como as espécies de processo em função do seu objecto e sua distribuição, as citações e notificações, aspectos particulares da disciplina e da gestão processuais, além de um conjunto de procedimentos cautelares (comum e especificados). A estes haverá ainda que acrescentar os procedimentos cautelares regulados no CPC que forem aplicáveis na área laboral (art. 47º do CPT).

O processo declarativo comum é abordado no Título IV, reunindo o conjunto das regras especiais impostas pelos princípios próprios do processo laboral: celeridade, simplicidade, busca da verdade material. A evolução do CPC, como atrás se referiu, fez que estes princípios sejam hoje, em larga medida, comuns âs duas codificações[23]. Como se salientou já várias vezes, a disciplina do processo declarativo contida no CPT está, por assim dizer, embutida – como conjunto de normas especiais – no quadro normativo correspondente do CPC, que é largamente aplicável no domínio laboral.

O Título V (Processo de execução) incorpora um pequeníssimo número de regras especiais, remetendo-se expressamente toda essa matéria para o regime respectivo do CPC.

E o CPT encerra com um longo Título VI (Processos especiais) em que se agregam os modelos procedimentais utilizáveis em litígios com objectos tão díspares (mas tão especificamente relevantes) como a impugnação do despedimento individual ou colectivo, a reparação de acidentes de trabalho e doenças profissionais, o contencioso das instituições de previdência e das estruturas de representação colectiva de trabalhadores e empregadores, a tutela da personalidade do trabalhador, a igualdade e não discriminação em função do sexo e – por último mas não decerto o menos importante – o reconhecimento da existência de contrato de trabalho.

---

23 Cfr. ALCIDES MARTINS, *ob. cit.*, p. 61.

Desta descrição resulta que a operação nos juízos do trabalho obriga, necessariamente, a ter simultaneamente diante dos olhos dois códigos, ou mesmo três, se tivermos em conta a dimensão penal de alguns litígios.

4. A INTERVENÇÃO PROCESSUAL DAS ORGANIZAÇÕES REPRESENTATIVAS DE TRABALHADORES E EMPREGADORES

Em matéria de legitimidade processual, importa salientar que o processo do trabalho português reserva um papel potencialmente importante às estruturas de representação colectiva de trabalhadores e empregadores (sindicatos e associações de empregadores). Essas organizações são, com efeito, legitimadas para exercerem o direito de acção a diversos propósitos (art. 5° do CPT).

Desde logo, em nome próprio, quando estejam em causa "direitos respeitantes aos interesses colectivos que representam"[24]. Depois, os sindicatos podem intervir "em representação e substituição de trabalhadores que o autorizem", nomeadamente "nas acções respeitantes à violação, com carácter de generalidade, de direitos individuais de idêntica natureza de trabalhadores seus associados". Sendo o direito de acção exercido deste modo, cada trabalhador interessado só pode intervir no processo a título acessório, como assistente.

Para além disso, os sindicatos e as associações de empregadores podem intervir nas acções em que sejam partes os seus associados, mas apenas a título de assistentes e mediante aceitação dos mesmos associados.

---

24 "O conceito de interesse colectivo assenta numa pluralidade de interessados, cujo interesse comum não se reduz ao mero somatório de interesses individuais". – Acórdão do Supremo Tribunal de Justiça de 10/01/2024.

5. AS PRINCIPAIS ESPECIFICIDADES DO PROCESSO DO TRABALHO

I. São numerosas as particularidades de regime que diferenciam o processo do trabalho do processo civil. São elas, e a importância de várias delas, que, pelo menos em parte, explicam a existência de um "código" destacado relativamente ao CPC mas incapaz de "viver" sem a proximidade deste.

Não faltaram, no passado, opiniões no sentido da desnecessidade de um regime processual específico para os litígios relacionados com a aplicação do direito do trabalho, cuja autonomia, enquanto direrito substantivo, não era posta em causa. Parece evidente que nada, nessas questões, gerava incompatibilidade absoluta com o regime geral do processo civil. No entanto, como se observou, desde cedo se reconheceu que a natureza desses litígios obrigava a introduzir, para o seu tratamento judicial, soluções diferentes das que o rito processual ordinário oferecia.

Essas soluções são , em geral, animadas por um propósito de facilitação do acesso à realização do direito dos tribunais – do acesso à justiça, afinal, no quadro de relações sociais caracterizadas por mais ou menos vincadas desigualdades de meios e de capacidades dos sujeitos.

II. Destacaremos, em primeiro lugar, a forte ênfase que no processo do trabalho se coloca sobre a *conciliação* das partes. A tentativa de conciliação, em audiência própria e preliminar, é obrigatória no processo declarativo comum e em vários processos especiais relacionados com a aplicação do regime do contrato de trabalho.

Trata-se de uma diligência imposta por várias razões. A primeira é a da exigência de rapidez de solução que as questões emergentes das relações individuais de trabalho exigem: este é um domínio em que, mais do que em muitos outros, a demora equivale a denegação de justiça. Uma segunda razão prende-se com a autenticidade das soluções: diz o povo que "é melhor um mau acordo do que uma boa demanda", até porque a resolução dos conflitos por decisão judicial, ou seja, por via heterónoma, deixa muitas vezes sequelas nas relações de trabalho, quando subsistem.

III. Em segundo lugar, merece destaque a extraordinária faculdade, atribuída ao autor – que, em regra, será naturalmente o trabalhador – de *acrescentar, no decurso do processo, e até à audiência final, "novos pedidos e causas de pedir"25*, reconfigurando assim a amplitude do litígio, para além da definida na petição inicial. A solução é justificada, desde logo, por razões ligadas à muito diferente posição das partes – trabalhador e empregador – no que toca à disponibilidade de informação segura relativa à gestão das condições de trabalho, o que pode levar a que só durante o processo seja adquirido conhecimento pleno, por parte do autor, daquilo que realmente pode reclamar.

Por outro lado, a solução relaciona-se também com exigências de economicidade processual: é sua finalidade contribuir para que a conclusão do processo represente efectivamente a liquidação do litígio.

IV. Outro traço peculiar do processo do trabalho no ordenamento português é a intensidade da intervenção do juiz na condução das lides: a chamada *oficiosidade*. O art. 27°/1 do CPT, sob o título "Dever de gestão processual", investe no juiz os poderes e deveres necessários para, "sem prejuízo do ónus de impulso especialmente imposto pela lei às partes, dirigir activamente o processo e providenciar pelo seu andamento célere, promovendo oficio-

---

25 Dispõe o art. 28° do CPT: "1- É permitido ao autor aditar novos pedidos e causas de pedir, nos termos dos números seguintes. 2 - Se, até à audiência final, ocorrerem factos que permitam ao autor deduzir contra o réu novos pedidos, pode ser aditada a petição inicial, desde que a todos os pedidos corresponda a mesma forma de processo. 3 – O autor pode ainda deduzir contra o réu novos pedidos, nos termos do número anterior, embora esses pedidos se reportem a factos ocorridos antes da propositura da acção, desde que stifique a sua não inclusão na petição inicial. 4 – Nos casos previstos nos números anteriores, o réu é notificado para contestar tanto a matéria do aditamento como a sua admissibilidade".

samente as diligências necessárias ao normal prosseguimento da acção, recusando o que for impertinente ou meramente dilatório e, ouvidas as partes, adoptando mecanismos de simplificação e agilização processual que garantam a justa composição do litígio em prazo razoável".

O juiz é, assim, o motor do processo, e não apenas um auditor que decide a final. Nesse papel, pode, inclusivamente, "mandar intervir na acção qualquer pessoa" ou "convidar as partes a completar e a corrigir os articulados" quando entenda que neles são omitidos factos com interesse para a decisão (art. 27°/2). Assim, a própria configuração do objecto do litígio e do cenário em que ele é discutido pode ser modificada por iniciativa do juiz, ainda que sujeita a contraditório.

Nesta característica, evidencia-se o reconhecimento de que a regularidade do cumprimento do regime jurídico das relações de trabalho – e, por conseguinte, a efectividade das suas normas – não envolve apenas os interesses privados dos respectivos sujeitos, mas também relevantes exigências de ordem pública social.

V. De entre as numerosas particularidades do direito processual do trabalho, elegemos finalmente a possibilidade de decisões que não se cinjam aos limites dos pedidos pelas partes: a hipótese de *condenação "ultra vel extra petitum"*. Trata-se de uma obrigação e não de uma mera faculdade atribuída ao julgador: estabelece o art. 74° do CPT que "O juiz deve condenar em quantidade superior ao pedido ou em objecto diverso dele quando isso resulte da aplicação à matéria provada, (...) de preceitos inderrogáveis de leis ou instrumentos de regulamentação colectiva de trabalho"[26].

Convém notar que, em processo civil, constitui causa de nulidade da sentença o facto de o juiz condenar em quantidade superior ou em objeto diverso do pedido (art. 615° do CPC).

[26] A última menção deve entender-se referida às convenções colectivas de trabalho.

A solução adoptada no processo do trabalho, já bastante antiga, foi contestada sob o ponto de vista da sua conformidade constitucional, a qual obteve confirmação do Tribunal respectivo. Também ela é tributária do reconhecimento das exigências de ordem pública subjacentes à parte inderrogável do direito substantivo do trabalho e à sua necessária efectividade.

Uruguay

Acceso a la justicia en el ámbito de las relaciones de trabajo en Uruguay

CRISTINA MANGARELLI[1]

SUMARIO: Introducción. 1. La jurisdicción como medio de solución de los conflictos de trabajo. 2. Ámbito competencial de la jurisdicción habilitada para entender en conflictos de trabajo. 3. Capacidad, representación, legitimación y condiciones de acceso a la justicia laboral. 4. Papel de las organizaciones y representaciones colectivas. 5. Proceso laboral. 6. Sistema de recursos. 7. Ejecución de las resoluciones judiciales. Reflexiones finales.

RESUMEN: Uruguay cuenta con una justicia especializada en materia laboral, y con un proceso laboral distinto al civil, con plazos más breves que el proceso general. Los tribunales de la jurisdicción laboral entienden en los asuntos originados en conflictos individuales de trabajo (conflictos jurídicos). No hay justicia especializada en materia de seguridad social. La justicia del trabajo está integrada por jueces letrados. Antes de iniciar un juicio en materia laboral se debe tentar la conciliación previa ante el Ministerio de Trabajo y Seguridad Social. Existen dos tipos de procesos: el proceso laboral ordinario (dos instancias) y el de menor cuantía (única instancia), sin perjuicio de los procesos especiales, como el de tutela especial de la libertad sindical. En algunos casos, puede plantearse un recurso de casación contra la sentencia de segunda instancia que lo resuelve la Suprema Corte de Justicia. El proceso laboral hace efectivos los principios de oralidad, celeridad, gratuidad, inmediación, concentración, publicidad, buena fe y tutela efectiva de los derechos sustanciales. Si bien la demanda y la contestación son escritas (debiéndose adjuntar la prueba), prevalece la oralidad y la inmediación, con la presencia del Juez en la audiencia, quien tienta la conciliación y si no se logra, interroga a los testigos y a las partes. El proceso laboral admite -de acuerdo

---

[1] Ex Decana de la Facultad de Derecho de la Universidad de la República (Uruguay, 2018-2022).

a criterios doctrinarios y jurisprudenciales- facilidades en materia de prueba en favor del trabajador. En cualquier momento del proceso se puede llegar a una transacción. Si bien los juicios laborales por lo general son rápidos, en algunas situaciones prevalece la celeridad por encima de la seguridad jurídica. La justicia laboral es gratuita para el trabajador, y se cuenta con una defensoría de oficio en materia laboral, requiriendo la asistencia letrada para la comparecencia en juicio. El letrado que firma la demanda queda investido de la representación judicial del trabajador. Los sindicatos no pueden representar al trabajador en juicio.

PALABRAS CLAVE: acceso a la justicia laboral, proceso laboral, conflicto individual de trabajo

ABSTRACT: Uruguay has a specialised justice system for labour matters, and a labour process that is different from the civil one, with shorter deadlines than the general process. The labour courts hear cases arising from individual labour disputes (legal disputes). There is no specialised justice in social security matters. The labour courts are composed of judges who are lawyers. Before initiating a lawsuit in labour matters, prior conciliation must be attempted before the Ministry of Labour and Social Security. There are two types of proceedings: ordinary labour proceedings (two instances) and small claims proceedings (single instance), without prejudice to special proceedings, such as the special protection of trade union freedom. In some cases, an appeal in cassation may be lodged against the second instance judgement, which is resolved by the Supreme Court of Justice. The labour process makes effective the principles of orality, celerity, free of charge, immediacy, concentration, publicity, good faith and effective protection of substantive rights. Although the claim and the defence are written (evidence must be attached), orality and immediacy prevail, with the presence of the Judge at the hearing, who attempts conciliation and, if this is not achieved, questions the witnesses and the parties. According to doctrinal and jurisprudential criteria, the labour process admits facilities in terms of evidence in favour of the worker. A settlement can be reached at any time during the process. Although labour trials are generally quick, in some situations speed prevails over legal certainty. Labour justice is free for the worker, and there is a public defender's office for labour matters, requiring the assistance of a lawyer to appear in court. The lawyer who signs the lawsuit is vested with legal representation of the worker. Trade unions cannot represent the worker in court.

KEYWORDS: access to labour justice, labour proceedings, individual labour dispute

INTRODUCCIÓN

En este trabajo se analiza el acceso a la justicia en el ámbito de las relaciones de trabajo con referencia al acceso a los tribunales jurisdiccionales establecidos por el Estado, esto es, los tribunales competentes para resolver los litigios del trabajo.

Se estudian diferentes aspectos que tienen que ver con el acceso a la justicia en materia laboral como, la competencia de la jurisdicción habilitada para resolver los conflictos de trabajo, la composición de la justicia del trabajo, la representación judicial, el papel de las organizaciones y representaciones colectivas, las condiciones de acceso a la justicia laboral, los caracteres del proceso laboral, los principios propios de dicho proceso, los asuntos de instancia única y de doble instancia, el sistema de recursos contra las sentencias judiciales y la ejecución de dichas sentencias. Por último, se realizan algunas reflexiones finales.

1. LA JURISDICCIÓN COMO MEDIO DE SOLUCIÓN DE LOS CONFLICTOS DE TRABAJO

Desde el año 1960 existe en Uruguay jurisdicción especializada en materia laboral. La ley N°12.803 de 30 de noviembre de 1960 (art. 106) creó el primer Juzgado Letrado del Trabajo en Montevideo.

Los tribunales de la jurisdicción laboral conocen en "los asuntos originados en conflictos individuales de trabajo" (ley N°18.572 de 13 de setiembre de 2009 art. 2). Se trata de conflictos jurídicos (no entienden en conflictos laborales de intereses). No se incluyen en la competencia material de dichos tribunales los conflictos de seguridad social.

Los conflictos colectivos de trabajo no son resueltos por los tribunales de la jurisdicción laboral, salvo de que la ley así lo disponga expresamente, como ocurre con la rescisión de un convenio colectivo por incumplimiento del deber de paz (ley N°18.566

de 11 de setiembre de 2009, art. 22), o con la reinstalación o reposición de un trabajador despedido o discriminado por motivo sindical (ley N° 17.940 de 2 de enero de 2006, art. 3). De todos modos, el conflicto colectivo puede presentarse ante la justicia laboral como un conflicto individual, como ocurre, por ejemplo, cuando los trabajadores individuales reclaman el pago de rubros laborales derivados del incumplimiento de un convenio colectivo.

En materia de seguridad social, no hay jurisdicción especializada. En el caso de los conflictos referidos a accidentes de trabajo y enfermedades profesionales, se resuelven por la justicia del trabajo (art. 65 de la ley N°16.074 de 10 de octubre de 1989).

En cuanto a la organización de los Tribunales de la jurisdicción laboral, en Montevideo hay veintidós Juzgados Letrados de Trabajo de la Capital. En el interior del país, los Juzgados Letrados de Primera Instancia del Interior entienden en varias materias, incluidas la laboral (ley N°15.750 de 24 de junio de 1985).

Los juicios laborales tienen doble instancia (salvo los juicios de menor cuantía que cuentan con una única instancia). Hay cuatro Tribunales de Apelaciones del Trabajo, integrados por tres ministros cada uno. Estos Tribunales tienen competencia nacional. Los conflictos de la materia laboral pueden llegar a ser resueltos por la Suprema Corte de Justicia (compuesta por cinco miembros) a través del recurso de casación contra una sentencia de segunda instancia, debiendo reunirse determinados requisitos para su interposición. La Corte no tiene salas especiales por materia, sino que trata todas las materias.

Respecto de la composición de la Justicia Laboral, está integrada exclusivamente por jueces letrados. En ningún momento formaron parte de la justicia laboral representantes del sector trabajador y del sector empleador. Tampoco hay cupos para que juristas de prestigio se incorporen a la carrera judicial.

2. ÁMBITO COMPETENCIAL DE LA JURISDICCIÓN HABILITADA PARA ENTENDER EN CONFLICTOS DE TRABAJO

Además de los tribunales de la jurisdicción laboral, otros tribunales también entienden en controversias que tienen alguna relación con la materia laboral o en conflictos de trabajo, sin perjuicio de los tribunales que conocen en materia de seguridad social.

A) Tribunales de la Jurisdicción Laboral

Los tribunales de la jurisdicción laboral entienden en "asuntos originados en conflictos individuales de trabajo" (art.2 ley N°18.572). Si bien el texto del art. 2 de la ley N°18.572 al no distinguir comprende todo tipo de trabajo y no sólo el trabajo subordinado, habilitando en consecuencia a plantear asuntos referidos al trabajo autónomo[2], la postura que sostiene que se trata de trabajo "subordinado"[3], es la que ha prevalecido en la práctica.

Ello sin perjuicio de que el trabajador que considere que se encuentra erróneamente calificado como autónomo (por ejemplo, por haber suscrito un contrato de arrendamiento de servicios), siendo de que, en los hechos la relación entablada es laboral, pueda reclamar ante la justicia del trabajo los rubros laborales que correspondan.

Los tribunales de la jurisdicción laboral también entienden en los reclamos de daños fundados en el derecho civil. Por ejemplo, daño moral por despido abusivo, daño moral por acoso moral.

---

2 Mangarelli, C., "Competencia material de la justicia del trabajo" En *Veinte Estudios Laborales en memoria de Ricardo Mantero Álvarez*. Grupo de los Miércoles. FCU, Montevideo, pp. 125-126.

3 Plá Rodríguez, A. (1980), *Curso de Derecho Laboral* T.I vol. 2, Acali, Montevideo, p. 200.

Como se señaló precedentemente, los tribunales de la jurisdicción laboral conocen en algunos conflictos colectivos (en el caso de la rescisión de un convenio colectivo por incumplimiento de la cláusula de paz, y en el de la reinstalación o reposición del trabajador despedido o perjudicado por motivo sindical).

Con relación a los accidentes de trabajo y enfermedades profesionales, por expresa disposición de la ley N° 16.074 de 10 de octubre de 1989 (art. 65) que regula el seguro obligatorio de accidentes de trabajo y enfermedades profesionales que debe contratar el empleador con el Banco de Seguros del Estado, todas las controversias que se susciten por la aplicación de dicha ley deben ser resueltas por la justicia laboral. Los conflictos provenientes de la aplicación de dicha ley son variados e involucran a diversos sujetos:

a) Conflictos entre el trabajador siniestrado y el Banco de Seguros del Estado. Por ejemplo, en el caso de que dicho Banco rechace el accidente o la enfermedad por considerar que no se ocasionó a causa o en ocasión del trabajo; o de reclamos por el porcentaje de incapacidad fijado por el Banco, o por la liquidación de la renta permanente.

b) Conflictos entre el Banco de Seguros del Estado y el empleador. Por ejemplo, los reclamos del Banco contra el empleador por no pago de las primas del seguro, por multas. También por pago de indemnizaciones y de gastos de asistencia médica si existió dolo o culpa grave del empleador en el incumplimiento de norma de seguridad y prevención.

c) Conflictos entre el trabajador (y en su caso sus causahabientes) y el empleador. Por ejemplo, cuando el trabajador y en su caso sus derecho-habientes, reclaman contra el empleador la parte del daño no cubierto por el seguro (daño moral, lucro cesante) con fundamento en normas del derecho civil, debiéndose acreditar en dicho supuesto el dolo o la culpa grave del empleador en el incumplimiento de norma de seguridad y prevención (art. 7 ley N°16.074).

B) Juzgados Letrados de Primera Instancia en lo Contencioso Administrativo

Los Juzgados Letrados de Primera Instancia en lo Contencioso Administrativo conocen en materia contencioso administrativa de reparación patrimonial, cuando se demanda a una persona pública estatal (ley N°15.881 de 26 de agosto de 1987). Por ejemplo, en caso de solicitudes de funcionarios públicos de reparación del daño moral sufrido por acoso moral o sexual en el trabajo.

También entienden en conflictos individuales de trabajo en los que sea parte una administración estatal (ley N°18.172 de 31 de agosto de 2007, art. 341). Por ejemplo, cuando se demanda a un ente estatal por responsabilidad subsidiaria o solidaria en caso de tercerizaciones.

C) Justicia Civil

La justicia civil conoce por su competencia residual en reclamos de los funcionarios públicos referidos al trabajo, como, por ejemplo, por pago de horas extras, o reliquidación de rubros laborales.

La justicia civil resuelve conflictos colectivos de trabajo (de derecho), como en el caso de las ocupaciones de los lugares de trabajo cuando se solicita el desalojo a través de acciones de amparo. También entiende en reclamos de daños y perjuicios de un empleador contra un sindicato, o de la organización sindical contra un empleador.

Los Tribunales de Apelaciones en lo Civil conocen en segunda instancia respecto de las sentencias de los Jugados Letrados de Primera Instancia en lo Contencioso Administrativo que refieren a la reparación de daños contra una persona pública estatal, como, por ejemplo, los reclamos de funcionarios públicos por daño moral en caso de acoso moral o sexual.

En materia de seguridad social, se interponen ante los Tribunales de Apelaciones en lo Civil las acciones de nulidad contra los actos de las Cajas Paraestatales de Seguridad Social (Caja de Jubilaciones y Pensiones de Profesionales Universitarios, Caja Notarial de Seguridad Social y Caja de Jubilaciones y Pensiones Bancarias) en única instancia (ley N°20.130 de 2 de mayo de 2023, art. 270). El Tribunal confirma o anula el acto por contravenir una regla de derecho o por haberse dictado con desviación, abuso o exceso de poder.

D) Juzgados Letrados de lo Contencioso Anulatorio/Tribunal de lo Contencioso Administrativo

La acción de nulidad contra los actos administrativos dictados por el Banco de Previsión Social (ente que coordina los servicios estatales de previsión social y organiza la seguridad social) referidos a seguridad social, se interponía ante el Tribunal de lo Contencioso Administrativo, que resolvía en única instancia. Por ejemplo, los actos administrativos relativos a la materia gravada a los efectos de las contribuciones de seguridad social, al seguro de enfermedad, al seguro de desempleo, a jubilaciones, a pensiones, etc. Existe abundante jurisprudencia de este Tribunal sobre la relación de trabajo en casos de actos administrativos del Banco de Previsión Social que dispusieron el pago de aportes como trabajador dependiente, en situaciones en los que el trabajador figuraba como autónomo. Este Tribunal también entendía en las acciones de nulidad contra los actos administrativos del Ministerio de Trabajo y Seguridad Social que establecen sanciones a las empresas por incumplimiento de la normativa laboral.

Estos asuntos son ahora resueltos por los Juzgados Letrados de lo Contencioso Anulatorio, que conocen en primera instancia de las demandas de nulidad de los actos administrativos que produzcan efectos jurídicos particulares (art. 20 del Código de lo Contencioso Administrativo, ley N°20.333 de 11 de setiembre de 2024 que entró en vigencia el 24 de diciembre de 2024). En segunda instancia entiende el Tribunal de lo Contencioso Administrativo (mientras no se instale el Tribunal de Apelaciones en lo Contencioso Anulatorio).

Estos Juzgados conocen en instancia única en casos de calificaciones de funcionarios públicos o de sanciones de observación, apercibimiento o suspensión que no exceda de quince días; clausuras o suspensiones de actividades que no superen el término de cinco días; y fuera de los casos anteriores, cuando la cuantía del asunto no exceda de 70 unidades reajustables[4] (art. 21 Código de lo Contencioso Administrativo).

E) Juzgados Letrados de Concursos

Los Juzgados Letrados de concursos conocen en los procedimientos concursales (ley N°18.387 de 23 de octubre de 2008). Con la autorización judicial, el síndico puede disponer el pago anticipado de los créditos laborales.

F) Justicia Penal

La justicia penal conoce en asuntos laborales que puedan configurar delito. Por ejemplo, en el caso de la responsabilidad penal del empleador por no adoptar medidas de resguardo y seguridad laboral (ley N° 19.196 de 23 de marzo de 2014), o por situaciones de acoso que deriven en un delito.

---

4 Al mes de abril de 2025 equivale a U$S 2.960 (dólares americanos).

3. CAPACIDAD, REPRESENTACIÓN, LEGITIMACIÓN Y CONDICIONES DE ACCESO A LA JUSTICIA LABORAL

A la justicia laboral acceden: a) los trabajadores subordinados, y b) los trabajadores que sostienen que son asalariados, aunque figuren formalmente como trabajadores autónomos.

Para comparecer en todos los actos del proceso, se requiere asistencia de abogado (art. 37 Código General del Proceso). Con la sola presentación de la demanda el abogado que la suscribe queda investido de la representación judicial del trabajador, con amplias facultades de disposición, salvo la cesión de créditos, aunque en cualquier momento el trabajador puede dejar sin efecto o sustituir dicha representación judicial (art. 24 ley N°18.572).

Pueden comparecer en el proceso, las personas que pueden disponer de los derechos que se hacen valer en él. Las personas jurídicas, actúan por intermedio de sus órganos, o de sus representantes, o de las personas autorizadas de acuerdo a derecho (art. 32 del Código General del Proceso que regula la capacidad).

Los sindicatos no representan a los trabajadores en los juicios. Sin perjuicio de que presten asesoramiento a través de abogados. En el caso del proceso por reinstalación o reposición del trabajador despedido o perjudicado por motivo sindical, la ley establece que la legitimación activa le corresponde "al trabajador actuando conjuntamente con su organización sindical" (ley N°17.940, art. 3 literal B). Como muchos sindicatos no tienen personería jurídica, se ha elaborado la noción de "personería gremial", por la que se admite la comparecencia en juicio al sindicato sin personería jurídica.

Se admite que, en una misma demanda, varios trabajadores reclamen rubros laborales contra un empleador. En el caso de que se entienda que el empleador es un conjunto económico, se demandará a todas las empresas que lo integran.

El acceso a la justicia laboral es gratuito para la parte trabajadora. Todas las actuaciones administrativas y judiciales son gratuitas para la parte trabajadora, incluyendo "impuestos y tasas registrales y catastrales, expedición de testimonios de partidas del Registro del Estado Civil, certificados y sus legalizaciones" (art. 28 ley N°18.572 con la redacción dada por la ley N°18.847). Hay defensorías de oficio especializadas en materia laboral a las que el trabajador puede recurrir para obtener una defensa gratuita, tanto en la conciliación previa ante el Ministerio de Trabajo y Seguridad Social, como en el juicio, si no se llega a conciliar en dicho Ministerio.

4. PAPEL DE LAS ORGANIZACIONES Y REPRESENTACIONES COLECTIVAS

Las organizaciones de trabajadores o de empleadores pueden intervenir en sede jurisdiccional como demandantes o demandados.

No pueden ser coadyuvantes del trabajador, ni del empleador, salvo el caso del proceso de reinstalación o reposición del trabajador despedido o perjudicado por motivo sindical, en el que la ley N° 17.940 de 2 de enero de 2006 (art. 3) establece que la legitimación activa la tiene el trabajador actuando conjuntamente con su organización sindical.

El sistema uruguayo no habilita al sindicato a actuar en el proceso laboral en nombre del trabajador.

5. PROCESO LABORAL

5.1 Antecedentes

La doctrina laboral uruguaya siempre sostuvo que se requería un procedimiento especial en materia laboral, que recogiera los principios que se consideraban propios del proceso laboral (oralidad, inmediación, celeridad, concentración, gratuidad). La ley N°14.188 de 5 de abril de 1974, estableció un proceso laboral especial, con plazos más breves que los del proceso civil (previsto en el Código de Procedimiento Civil), y dispuso la obligatoriedad de la presencia del Juez en la audiencia de conciliación. Este proceso contaba con dos instancias.

Posteriormente, el Código General del Proceso (CGP) que entró en vigencia el 20 de noviembre de 1989, unificó todos los procesos (salvo el penal), recogiendo los principios de oralidad, inmediación, concentración y publicidad. Los integrantes de la Comisión que redactó el proyecto de dicho Código indicaron en la Exposición de Motivos que acompañó el proyecto que, los laboralistas, los agraristas y los especialistas en derecho de familia reclamaban la aplicación de dichos principios en sus respectivos procesos, mientras que la Comisión "propone el mismo sistema, pero para todos los procesos"[5].

El CGP contiene dos disposiciones referidas a los procesos en materia social, que incluyen la laboral. El art. 350.3 establece que se puede modificar la pretensión en la audiencia preliminar, cuando resulte que carencias de información o de asesoramiento determinaron omisiones en relación a los derechos que asisten a la parte. Y el art. 350.5 indica que el tribunal dispondrá de todos los poderes de instrucción que la ley acuerde a los tribunales del orden penal en el sumario del proceso penal, sin perjuicio del respeto al principio de contradicción y del debido proceso.

A partir de la vigencia del CGP el proceso laboral comenzó a regirse por las normas generales de dicho Código, que prevé un proceso con una demanda y una contestación escritas, adjuntando la respectiva prueba, con la presencia obligatoria del Juez (y de las partes) en la audiencia preliminar, quien tienta la concilia-

---

5 Adolfo Gelsi Bidart, Luis Torello y Enrique Véscovi, redactores del CGP, Exposición de motivos, p. 13.

ción y si las partes no concilian, interroga a los testigos en dicha audiencia o en una audiencia complementaria.

Con este proceso se hacían efectivos los principios de oralidad, inmediación y concentración[6]. Ello condujo a que Plá Rodríguez expresara que la "tendencia innegable de los procesalistas de trasladar al proceso común las innovaciones ensayadas en materia laboral, ha producido el efecto paradójico de debilitar las razones para justificar la peculiaridad del proceso laboral"[7].

Aunque el proceso laboral compartía una misma estructura procesal con el proceso civil, ello no impidió que el proceso laboral mantuviera particularidades, no sólo por la previsión de las dos normas ya mencionadas del CGP, sino porque la jurisprudencia aplicaba criterios especiales (por ejemplo, en materia de prueba se admitían facilidades para el trabajador), por lo que incluso podía sostenerse que se trataba de un proceso autónomo, aunque dentro del CGP[8].

A mi modo de ver, si bien era necesario reformar el proceso laboral para que fuera más rápido, hubiera bastado con modificar el CGP, estableciendo, por ejemplo, plazos para los actos procesales más breves que los previstos para el proceso común, y plazos máximos para el movimiento del expediente dentro de la oficina, teniendo en cuenta que, una de las causas de la demora radicaba en los trámites dentro de la oficina judicial[9]. Debe tenerse en

---

6 Sin perjuicio de la gratuidad para la parte trabajadora establecida en otras normas.

7 Plá Rodríguez A., "Visión crítica del derecho procesal del trabajo", *Revista Derecho Laboral* N°163, julio-setiembre 1991. FCU, Montevideo, p. 569.

8 Mangarelli, C., La autonomía del proceso laboral en el Código General del Proceso, En *Derecho Procesal del Trabajo. Treinta estudios. Grupo de los Miércoles.* FCU, Montevideo, p.37.

9 Pereira Campos (2010) también sostuvo que la excesiva duración del proceso laboral radicaba en la gestión, por ejemplo, demoras en las notificaciones, en el diligenciamiento de la prueba, y en la fijación de las audiencias, "El nuevo proceso laboral: antecedentes, problemática,

cuenta que los principios que la doctrina laboral siempre reclamó como propios del proceso laboral, están contemplados en el CGP.

Sin embargo, este no fue el criterio que prevaleció, entendiendo la postura mayoritaria que el proceso laboral debía estar regulado en una ley especial. Finalmente se aprobó la ley N°18.572 de 13 de setiembre de 2009 que prevé un proceso laboral ordinario y un proceso de menor cuantía. Esta ley contenía varias disposiciones inconstitucionales, alguna de las cuales señalé en la Comisión de Constitución y Legislación del Senado en oportunidad de la invitación que se me efectuara para emitir opinión respecto del proyecto de ley[10], que fuera posteriormente aprobado.

Luego de la aprobación de la ley N° 18.572 se plantearon acciones de inconstitucionalidad en los juicios laborales, paralizándose los litigios a la espera de la resolución de la Suprema Corte de Justicia en cada juicio. Varias disposiciones de la ley N°18.572 fueron declaradas inconstitucionales por la Suprema Corte de Justicia:

a) El art. 14 inciso 1 establecía que la inasistencia no justificada del actor en la audiencia única determinaba el archivo del expediente, mientras que, ante la inasistencia no justificada del demandado, el Tribunal debía dictar sentencia de inmediato, teniendo por ciertos los hechos afirmados por el actor en la demanda y estando a la prueba obrante en autos.

La Corte consideró que había una evidente desigualdad en el trato a las partes frente a una misma situación jurídica. Si bien se admite regular en forma diversa situaciones desiguales, la gravedad de la sanción en el caso del demandado excedía la razonabi-

---

y principales modificaciones al régimen anterior", En *El nuevo Proceso Laboral Ley N° 18.572. Enfoque Interdisciplinario.* Universidad de Montevideo. Facultad de Derecho, pp. 28-29.

10 Por ejemplo, el diferente tratamiento a las partes ante la inasistencia injustificada a la audiencia. https://parlamento.gub.uy/documentosyleyes/documentos/versiones taquigráficas/senadores/46/3155/0/HTM

lidad de dicha diferenciación (entre otras, sentencia N°137 de 21 de junio de 2010).

b) El artículo 17 inciso 2, disponía que, si la sentencia (de primera instancia) era de condena, el apelante debía depositar el 50% del monto de la condena a la orden del Juzgado. Si no se cumplía este requisito la apelación era rechazada y se tenía por desistido al apelante. La Corte entendió que se restringía el derecho de defensa, y se infringía el principio de igualdad procesal al tratar en forma diferente a las partes (entre otras, sentencia N°137 de 21 de junio de 2010).

c) El artículo 21, referido al proceso de menor cuantía establecía que, dentro de las cuarenta y ocho horas de recibida la demanda, el Tribunal debía ordenar el traslado y el emplazamiento del demandado, convocando a la audiencia única en un plazo no mayor a diez días (contados desde la presentación de la demanda), debiendo el demandado concurrir con toda la prueba. La Suprema Corte de Justicia sostuvo que este artículo violaba las garantías del debido proceso al carecer de plazos razonables ciertos para ejercer la defensa en juicio (entre otras, sentencia N°221 de 2 de agosto de 2010).

d) El artículo 22 inciso 2, relativo al proceso de menor cuantía, preveía la sanción por la incomparecencia no justificada de las partes a la audiencia: el archivo del expediente en el caso de la inasistencia del actor, y el dictado de sentencia teniendo por ciertos los hechos afirmados por el actor en el caso de la inasistencia del demandado. Las razones sostenidas por la Corte fueron similares a las invocadas en la declaración de inconstitucionalidad del artículo 14 inciso 1 referido al proceso laboral ordinario (sanción en caso de incomparecencia no justificada a la audiencia) (entre otras, sentencia N°221 de 2 de agosto de 2010).

Como vemos, las declaraciones de inconstitucionalidad de la Suprema Corte de Justicia se basaron fundamentalmente en la violación de dos principios: la igualdad procesal y el debido proceso. La postura de la Corte fue adecuada y mesurada. No desconoció la particularidad del derecho laboral sustancial, ni la procedencia del tratamiento desigual en situaciones desiguales. Consideró que, en el caso de las normas declaradas inconstitucionales, la solución legal violentaba el derecho de defensa y el debido proceso, y no se advertía la desigualdad real que requiriera una solución procesal más beneficiosa.

Por otra parte, otras disposiciones de esta ley no guardaban un razonable equilibrio entre celeridad y garantías. Por ejemplo, había un excesivo acortamiento de los plazos, incluso respecto de los que regían para ambas partes (como el plazo para apelar la sentencia definitiva de primera instancia) donde la brevedad del plazo (cinco días) conducía a una falta de garantías lindante con la imposibilidad de una adecuada defensa. La ley también presentaba oscuridades en materia de cómputo de plazos y de los recursos que se admitían, lo que llevó en la práctica a una situación de inseguridad jurídica y de falta de garantías en el desarrollo de los procesos.

Finalmente, la ley N°18.572 fue modificada por la ley N°18.847 de 25 de noviembre de 2011 resolviendo las inconstitucionalidades que habían sido declaradas por la Suprema Corte de Justicia, y solucionando algunas de las oscuridades que presentaba la ley (por ejemplo, en materia de recursos y de cómputo de plazos) y la falta de garantías que planteaba el texto legal (por ejemplo, el plazo para apelar la sentencia definitiva se extendió a diez días)[11].

---

[11] Pérez del Castillo (2010) había señalado que "la celeridad impuesta a fuerza de plazos imposibles de respetar puede conspirar contra la aplicabilidad efectiva de la ley...", "El nuevo proceso laboral y los principios". En *El nuevo Proceso Laboral Ley N° 18.572. Enfoque Interdisciplinario.* Universidad de Montevideo. Facultad de Derecho, p. 21.

5.2 El proceso laboral en la ley N°18.572 de 13 de setiembre de 2009 (con las modificaciones de la ley N°18.847 de 25 de noviembre de 2011)

El proceso laboral es un proceso distinto al civil, regulado en una ley especial (ley N°18.572 con las modificaciones de la ley N°18.847), con plazos más breves que el proceso común establecido en el Código General del Proceso.

Se exige tentar la conciliación en forma previa al inicio del juicio, ante el Ministerio de Trabajo y Seguridad Social, con asistencia letrada, salvo que la reclamación sea por un monto inferior a 20 unidades reajustables[12].

Puede solicitarse una medida cautelar previa al juicio, como el embargo preventivo en bienes del empleador[13].

Los principios del proceso laboral están establecidos de modo expreso en la ley N°18.572 (art. 1 inciso 1): "Los procesos laborales se ajustarán a los principios de oralidad, celeridad, gratuidad, inmediación, concentración, publicidad, buena fe y efectividad de la tutela de los derechos sustanciales". Se trata de los principios que tradicionalmente la doctrina reclamó como propios del proceso laboral, que ahora están reconocidos en el texto legal[14].

En la estructura del proceso laboral se hacen efectivos los mencionados principios: el de oralidad e inmediación con la exigencia de la presencia del Juez en la audiencia para tentar la conci-

---

12 Al mes de abril de 2025 equivale a U$S 846 dólares americanos.

13 Por lo general, no se exige contracautela a la parte trabajadora para conceder dicho embargo.

14 Entre otros, Arlas (1974) "Caracteres generales del régimen procesal laboral de la ley N°14.188", En *Nuevo proceso laboral uruguayo*, Colegio de Abogados del Uruguay, FCU, pp. 21-23; Sarthou (1974) "Los principios del derecho laboral y el nuevo procedimiento para la solución de las controversias del trabajo", En *Nuevo proceso laboral uruguayo*, Colegio de Abogados del Uruguay, FCU, pp. 185-193.

liación y si no se logra, interroga a los testigos y a las partes[15]; el principio de celeridad, con plazos breves para los actos procesales y plazos máximos para la fijación de la audiencia única; el de concentración, con el requisito de adjuntar la prueba y ofrecerla con la demanda y con la contestación.

El principio de igualdad de las partes en el proceso tiene plena aplicación en el proceso laboral, pero ello no impide que existan facilidades en materia de prueba para el trabajador, de acuerdo a los criterios elaborados por la doctrina y la jurisprudencia. Se considera que el empleador se encuentra en mejor situación que el trabajador para aportar la prueba de determinados hechos al juicio[16].

De acuerdo al art. 139.1 del Código General del Proceso, le corresponde probar a quien pretende algo los hechos constitutivos de su pretensión, y a quien la contradiga, los hechos modificativos, impeditivos o extintivos de dicha pretensión. Dicha norma se utiliza cuando el trabajador alega que su relación es laboral y el demandado la controvierte. En otros casos, se aplican criterios doctrinarios y jurisprudenciales que sostienen que, determinados hechos deben ser acreditados por el empleador (por ejemplo, el número de jornadas trabajadas)[17].

El Tribunal puede de oficio "averiguar o complementar la prueba" de los hechos objeto de la controversia, quedando investido con las facultades inquisitivas establecidas para el orden procesal penal (ley N° 18.572, art. 1 inciso 2).

---

15 Las audiencias son presenciales.

16 Criterio impulsado por De Ferrari (2004) que aplica la jurisprudencia. "Los problemas de la prueba en el derecho del trabajo", *Derecho Laboral*, N° 215, octubre-diciembre, 2004, p. 767.

17 Rossi (2022) sostiene que, quien esté en mejores condiciones de probar el hecho es quien estará gravado por la prueba (atribución dinámica de las cargas probatorias con fundamento en el art. 139.2 del CGP que permite apreciar las omisiones de la prueba de acuerdo a la sana crítica), *Tutela judicial efectiva en materia laboral. La carga de la prueba desde el derecho del trabajo*, FCU, pp. 237 y 244.

Es posible arribar a una transacción en cualquier estado del proceso antes de que exista sentencia ejecutoriada. Aunque no se llegue a una transacción en la audiencia, las partes pueden transar luego de la audiencia presentando un escrito, solicitando al juez que homologue la transacción.

Si bien el proceso laboral es autónomo, con una regulación especial establecida en la ley N°18.572 y con principios propios, la propia ley en su art. 31 admite que se recurra a las normas generales, esto es, al Código General del Proceso en todo lo que no esté previsto en dicha ley ("Todo lo que no esté previsto en la presente ley se regirá por lo dispuesto en las disposiciones especiales en materia laboral y en el Código General del Proceso en cuanto sea aplicable, se ajuste a lo dispuesto en los arts. 1° y 30 de esta ley y no contradiga los principios del Derecho del Trabajo"[18]). En la práctica, los jueces aplican dicho Código en lo que no está regulado en la ley N°18.572.

5.3 Tipos de procesos en materia laboral

La ley N°18.572 regula dos tipos de procesos en materia laboral: un proceso de menor cuantía y un proceso laboral ordinario. Además, hay procesos especiales, como el de tutela de la libertad sindical (ley N°17.940 de 2 de enero de 2006).

A) Proceso laboral ordinario (ley N°18.572 arts. 7-18 con las modificaciones de la ley N°18.847)

La demanda y la contestación se presentan por escrito con ofrecimiento de la respectiva prueba (se agrega la prueba documental y se ofrece la prueba de testigos y otras pruebas como las inspec-

---

[18] El art. 1 de la ley N°18.572 refiere a los principios ya mencionados, y el art. 30 a la interpretación: "Las normas procesales deberán ser interpretadas conforme a los principios enunciados en el artículo 1° de la presente ley y a los principios y reglas que integran el bloque de constitucionalidad (artículos 72 y 332 de la Constitución de la República)".

ciones oculares y los peritos). El carácter escrito de la demanda y de la contestación otorga seguridad jurídica. En el caso de la contestación, permite controvertir adecuadamente los hechos relatados en la demanda y los rubros reclamados, teniendo en cuenta que, de acuerdo a la norma general (art. 130.2 del CGP) los hechos invocados en la demanda que no son controvertidos en la contestación, se consideran admitidos.

La demanda debe contener la liquidación detallada de cada uno de los rubros que se reclaman. El Tribunal controla que la demanda contenga dicho requisito, y si tiene defectos ordena subsanarlos en tres días. Si ha sido interpuesta en forma, el Tribunal decreta el traslado y el emplazamiento del demandado.

El demandado contesta la demanda en el plazo de 15 días, debiendo oponer con la contestación las excepciones previas. Si se oponen excepciones, se da traslado al actor por el plazo de 5 días.

Dentro de las 48 horas de recibida la contestación de la demanda o el traslado de las excepciones o del vencimiento del término, el Tribunal fija en forma provisoria el objeto del proceso y de la prueba, ordena el diligenciamiento de la prueba y convoca a la audiencia única en un plazo no mayor a sesenta días.

En la audiencia única el Juez debe tentar la conciliación. Si las partes no concilian, se fija en forma definitiva el objeto del proceso y de la prueba[19], y se recibe la prueba en la audiencia (la

---

[19] Respecto de si luego de la vigencia de la ley N°18.572 resulta aplicable el art. 350.3 del CGP que habilita a modificar la pretensión en la audiencia preliminar si carencias de información o de asesoramiento determinaron omisiones en relación a los derechos de la parte, se han planteado las dos posturas. Se comparte la posición de López Mangarelli que sostiene que al haberse regulado un procedimiento especial que prevé el contenido de la audiencia única (art. 14 ley N°18.572 con la redacción de la ley N° 18.847) no hay vacío normativo que permita recurrir a dicho Código, "Aplicación del artículo 350.3 del CGP en el nuevo proceso laboral", *Revista Derecho del Trabajo*, Año III, número 7, abril-junio 2015, LA LEY URUGUAY, pp. 162-163.

declaración de los testigos y en su caso la declaración de parte), se formulan los alegatos y se dicta sentencia en la audiencia o dentro de los veinte días siguientes a la audiencia. Se admite prorrogar la audiencia para continuar con la prueba (por ejemplo, si no fue posible recibir la declaración de todos los testigos).

Se exige que la sentencia que condena al pago de créditos laborales, contenga el monto líquido de dichos créditos (incluyendo multas, intereses, actualizaciones y recargos).

B) Proceso de menor cuantía (ley N°18.572 arts.19-23 con las modificaciones de la ley N°18.847)

El proceso de menor cuantía tiene una sola instancia. Son asuntos de monto que no supere la suma de $191.000[20]. Para estos asuntos se prevé un proceso más breve que el proceso laboral ordinario.

La demanda y la contestación son escritas y con ofrecimiento de la prueba. El demandado contesta en el plazo de 10 días. El Tribunal fija el objeto del proceso y de la prueba, se ordena el diligenciamiento de la prueba, y convoca a una audiencia única en un plazo no mayor a diez días. Si las partes no concilian en la audiencia, el Tribunal fija en forma definitiva el objeto del proceso y de la prueba, y se recibe la prueba en la audiencia, las partes alegan y se dicta sentencia en la audiencia o dentro de los seis días posteriores a la audiencia. La sentencia condenatoria debe incluir la liquidación de los créditos laborales.

C) Proceso especial (tutela de la libertad sindical)

La acción de reinstalación o reposición del trabajador despedido o perjudicado por motivo sindical está regulada por la ley N°17.940 de 2 de enero de 2006, con dos procesos distintos:

a) Tutela especial. Es un proceso rápido en el que se aplican algunas de las disposiciones de la acción de amparo (arts. 4 a 10 de la ley N° 16.011 de 19 de diciembre de 1988). Está previsto para

---

20 Al mes de abril de 2025: U$S 4.440 dólares americanos.

los miembros de los órganos de dirección de una organización sindical, los representantes de los trabajadores en los órganos bipartitos o tripartitos, los representantes de los trabajadores en la negociación colectiva, los trabajadores que hayan realizado actividades para constituir un sindicato (hasta un año después de la constitución del sindicato), los trabajadores a los que se conceda tutela especial por la negociación colectiva.

b) Proceso general de tutela de la actividad sindical. Se aplica el proceso laboral ordinario establecido por la ley N°18.572 con las modificaciones de la ley N° 18.847.

6. SISTEMA DE RECURSOS

El sistema de recursos es especial en materia laboral, con plazos más breves que los previstos en el CGP para el proceso civil, y con algunas regulaciones particulares. Los recursos están previstos en la ley de procedimiento laboral (ley N°18.572 con las modificaciones de la ley N°18.847).

En el caso del proceso de menor cuantía, las resoluciones dictadas en el curso del proceso admiten la interposición de los recursos de reposición, aclaración y ampliación. Y contra la sentencia que pone fin a este proceso se pueden interponer los recursos de aclaración y ampliación (art. 23, ley N°18.572 con las modificaciones de la ley N°18.847).

En el proceso ordinario laboral, se admiten los siguientes recursos: aclaración, ampliación, reposición, apelación, queja por denegación de apelación, revisión, y casación. Los recursos de aclaración, ampliación y reposición proceden contra todas las resoluciones que se dicten en el curso del proceso. Los recursos de aclaración, ampliación, apelación y revisión proceden contra la sentencia definitiva y contra la sentencia interlocutoria que ponga fin al proceso (art. 18, ley N°18.572 con las modificaciones de la ley N°18.847).

El plazo para interponer el recurso de apelación contra la sentencia definitiva de primera instancia es de diez días, del que se da traslado a la contraparte por el término de diez días. Se eleva el expediente ante el Tribunal de Apelaciones en un plazo no mayor a cinco días, debiendo dicho Tribunal dictar sentencia en treinta días.

Para interponer el recurso de casación ante la Suprema Corte de Justicia se exigen determinados requisitos (arts. 268-270 CGP):

- la sentencia de segunda instancia no puede ser confirmatoria de la sentencia de primera instancia[21],
- el monto del asunto debe superar el importe equivalente a 4.000 unidades reajustables[22],
- el recurso debe fundarse en la infracción o errónea aplicación de una norma de derecho (incluye la infracción a las reglas legales de admisibilidad o de valoración de la prueba).

Los plazos para la interposición del recurso de casación, para el traslado y para la sentencia definitiva son más breves que los que se aplican en otras materias distintas a la laboral (diez días para la interposición, diez días para el traslado y noventa días para pronunciar y notificar la sentencia definitiva, art. 18, ley N°18.572 con la redacción dada por la ley N°18.847).

7. EJECUCIÓN DE LAS RESOLUCIONES JUDICIALES

No hay un procedimiento especial para la ejecución de las sentencias en materia laboral. Se aplica el procedimiento general establecido en el Código General del Proceso. Procede la ejecución en vía de apremio, cuando se pide en virtud de una sentencia pa-

---

21 Salvo juicios contra el Estado, debiendo el monto superar el importe equivalente a 6.000 unidades reajustables (al mes de abril de 2025 equivale a U$S 253.800 dólares americanos).

22 Al mes de abril de 2025 equivale a U$S 169.250 dólares americanos.

sada en autoridad de cosa juzgada que condena a pagar una cantidad líquida o de una transacción aprobada judicialmente (art. 377 de dicho Código). El acuerdo celebrado en el Ministerio de Trabajo y Seguridad Social también habilita a su ejecución forzada (art. 4 ley N°18.572 con la redacción dada por la ley N°18.847).

Tratándose del procedimiento de tutela de la libertad sindical (ley N°17.940), si se constata la violación de la libertad sindical, la sentencia dispone "la efectiva reinstalación o reposición del trabajador despedido o discriminado", con imposición de conminaciones pecuniarias por cada día en el que no se cumpla la sentencia.

La ejecución de la sentencia tiene lugar en los Juzgados que hayan conocido en el proceso de conocimiento (art. 27 ley N° 18.572). En el caso de concurso, se aplica la ley N°18.387 de concursos que establece que el Juez del concurso es el único competente para conocer en el procedimiento de ejecución (art. 59).

En el caso de las sentencias anulatorias de los actos administrativos, el nuevo Código de lo Contencioso Administrativo dispone que, todas las administraciones públicas se encuentran obligadas a cumplir las sentencias anulatorias firmes, y que es competente para la ejecución de la sentencia el tribunal que dictó la sentencia. Si transcurrido el plazo fijado la sentencia no se hubiere cumplido, el Tribunal, a pedido de la parte actora, adoptará las medidas para el cumplimiento del fallo, pudiendo intimar el cumplimiento inmediato, e imponer el pago de conminaciones económicas (astreintes) (arts. 191-192)[23].

---

23 Se trata de una importante modificación ya que se había planteado el debate de si el Tribunal de lo Contencioso Administrativo podía o no ejecutar las sentencias que dictaba, entendiendo una postura que se debía concurrir a la justicia civil para obtener una sentencia de condena. Sin embargo, Valentín (2025) considera que, de acuerdo al principio de tutela jurisdiccional -que ingresa por el art. 72 de la Constitución- la función jurisdiccional no solo incluye juzgar sino también ejecutar lo juzgado, *El sistema de justicia administrativa. Introducción al análisis del CCA*, FCU, p. 487.

REFLEXIONES FINALES

1. La reforma procesal llevada a cabo en Uruguay en el año 2009 con la ley N°18.572 de 13 de setiembre de 2009 buscaba la abreviación de los juicios laborales. Sin embargo, preveía soluciones extremas, con plazos brevísimos, incluso para ambas partes, y oscuridades (no quedaba claro los recursos que podían interponerse contra las sentencias) que ponían en riesgo las debidas garantías en el proceso. Y con un tratamiento diferente de las partes en el proceso, que llevó a que la Suprema Corte de Justicia declarara la inconstitucionalidad de varias de sus disposiciones, por violar la igualdad procesal y el debido proceso. Luego de una paralización de los juicios a la espera del resultado de las acciones de inconstitucionalidad y de los pronunciamientos de la Corte en tal sentido, la ley N°18572 fue modificada por la ley N°18.847 de 25 de noviembre de 2011. La experiencia uruguaya da cuenta de la reacción del sistema ante una ley que, pretendía imponer un determinado régimen, violentando incluso los derechos de la parte a quien la propia ley buscaba tutelar. La celeridad no puede alcanzarse a costa de la seguridad jurídica.

2. El proceso laboral ha influido claramente sobre el proceso civil teniendo en cuenta que, los principios oralidad, inmediación, concentración y publicidad que se postulaban como propios del proceso laboral, han sido recogidos por el Código General del Proceso (1988) y aplicados a todos los procesos, como expresamente han reconocido los redactores de dicho Código.

3. El sistema de acceso a la justicia en el ámbito de las relaciones laborales en Uruguay se ajusta a la concepción tradicional, sostenida por la doctrina laboral, con una justicia especializada en materia laboral, en primera y en segunda instancia, y con un procedimiento especial, regulado por la ley N°18.572 (con las modificaciones de la ley N°18.847), distinto al común, con plazos más breves que los generales, que ha llevado a que los juicios laborales sean más rápidos que en el pasado.

Sin embargo, considero que, el proceso laboral en algunos aspectos sigue priorizando la celeridad sobre la seguridad jurídica, cuestión que afecta a ambas partes (actores y demandados). La ley de proceso laboral requiere algunos ajustes. Entre otros, correspondería establecer un procedimiento brevísimo para la liquidación de los créditos laborales condenados en la sentencia (por ejemplo, la presentación por el actor de la liquidación en cinco días, la contestación del demandado en cinco días y la resolución por el Juez en el plazo de cinco días). Ello evitaría que el Juez tuviera que liquidar en la sentencia el monto de los rubros laborales condenados. Asimismo, los plazos que tienen los Tribunales de Apelaciones del Trabajo para resolver los recursos de apelación contra las sentencias de segunda instancia parecen breves, si se tiene en cuenta la cantidad de asuntos a resolver y la complejidad jurídica que presentan algunos de ellos.

4. Los asuntos que resuelven los tribunales de la jurisdicción laboral son los originados en conflictos individuales de trabajo (de derecho). Incluyen los conflictos en los que se reclaman daños y perjuicios fundados en normas civiles.

Dichos tribunales no entienden en conflictos colectivos (salvo que la ley así lo disponga), aunque pueden conocer en algún conflicto colectivo (de derecho) que se presente como conflicto individual.

Tampoco entienden en materia de seguridad social. Los conflictos sobre accidentes de trabajo y enfermedades profesionales son resueltos por los tribunales de la jurisdicción laboral, por expresa disposición de la ley de accidentes de trabajo y enfermedades profesionales.

Considero que se requiere establecer una justicia especializada en materia de seguridad social, no sólo por la cantidad de los asuntos, sino también por las especificidades de dicha materia.

5. La justicia laboral está compuesta por jueces letrados, lo que conduce a una mayor seguridad jurídica. A la misma conclusión se llega con el requisito de la asistencia letrada, tanto para la ins-

tancia de conciliación administrativa, como para la defensa en juicio.

6. A la justicia laboral accede el trabajador subordinado, y el trabajador que figura como autónomo pero que considera que la relación trabada es de trabajador dependiente. La justicia laboral es gratuita para la parte trabajadora y se puede acceder a la defensa de oficio por letrados especializados. El abogado que firma la demanda queda investido de la representación judicial del trabajador. Los sindicatos no se encuentran habilitados a representar a los trabajadores en juicio.

7. El requisito de la obligatoriedad de la conciliación previa al juicio laboral que se lleva a cabo en el Ministerio de Trabajo y Seguridad Social, resulta adecuado, teniendo en cuenta la gran cantidad de asuntos que se transan en el ámbito administrativo.

8. El proceso laboral hace efectivos los principios de oralidad e inmediación, con la presencia obligatoria del Juez en la audiencia, interrogando a los testigos y a las partes.

9. La experiencia en el litigio judicial durante muchos años me lleva a concluir que el sistema uruguayo de doble instancia en los juicios laborales otorga mayor seguridad jurídica a ambas partes (trabajadora y empleadora), teniendo en cuenta la complejidad actual de dichos litigios. Salvo el caso de los asuntos de menor cuantía, en los que la única instancia resulta correcta. La inexistencia de una sala especializada en materia laboral en la Suprema Corte de Justicia, no ha impedido que la Corte falle en los asuntos de dicha materia de acuerdo a las especificidades del derecho laboral.

REFERENCIAS BIBLIOGRÁFICAS

Arlas, José A. (1974). "Caracteres generales del régimen procesal laboral de la ley N°14.188". En *Nuevo Proceso Laboral Uruguayo*, Colegio de Abogados del Uruguay, FCU, Montevideo.

Gelsi Bidart, Adolfo, Torello, Luis y Véscovi, Enrique (2013), Exposición de Motivos, *Código General del Proceso*, FCU, Montevideo.

López Mangarelli, Claudio (2015), "Aplicación del artículo 350.3 del CGP en el nuevo proceso laboral", *Revista Derecho del Trabajo,* Año III, número 7, abril-junio 2015, LA LEY URUGUAY.

Mangarelli, Cristina (2004), "Competencia material de la justicia del trabajo" En *Veinte Estudios Laborales en memoria de Ricardo Mantero Álvarez.* Grupo de los Miércoles. FCU, Montevideo.

Mangarelli, Cristina (2005). La autonomía del Derecho Procesal del Trabajo y el Código General del Proceso. En *Derecho Procesal del Trabajo. Treinta estudios. Grupo de los Miércoles.* FCU, Montevideo.

Mangarelli, Cristina (2009), Exposición realizada el 5 de mayo de 2009 ante la Comisión de Constitución y Legislación de la Cámara de Senadores acerca del proyecto de abreviación de los juicios laborales,

https://parlamento.gub.uy/documentosyleyes/documentos/versiones taquigráficas/senadores/46/3155/0/HTM

Mangarelli, Cristina (2010). "Principios del proceso laboral. Interpretación e integración de la norma". En *El nuevo Proceso Laboral Ley N° 18.572. Enfoque Interdisciplinario.* Universidad de Montevideo. Facultad de Derecho.

Pereira Campos, Santiago (2010). "El nuevo proceso laboral: antecedentes, problemática, y principales modificaciones al régimen anterior", En *El nuevo Proceso Laboral Ley N° 18.572. Enfoque Interdisciplinario.* Universidad de Montevideo. Facultad de Derecho.

Pérez del Castillo, Santiago (2010). "El nuevo proceso laboral y los principios". En *El nuevo Proceso Laboral Ley N° 18.572. Enfoque Interdisciplinario.* Universidad de Montevideo. Facultad de Derecho.

Plá Rodríguez, Américo (1980). *Curso de Derecho Laboral* T. I Vol. 2, Acali, Montevideo.

Plá Rodríguez, Américo (1991). "Visión crítica del derecho procesal del trabajo", *Revista Derecho Laboral* N°163, julio-setiembre 1991. FCU, Montevideo.

Rossi, Rosina (2022). *Tutela judicial efectiva en materia laboral. La carga de la prueba desde el derecho del trabajo.* FCU, Montevideo.

Sarthou, Helios (1974) "Los principios del derecho laboral y el nuevo procedimiento para la solución de las controversias del trabajo", En *Nuevo proceso laboral uruguayo,* Colegio de Abogados del Uruguay, FCU.

Valentín, Gabriel (2025). *El sistema de justicia administrativa. Introducción al análisis del CCA.* FCU, Montevideo.

Venezuela
Acceso a la justicia laboral

CÉSAR AUGUSTO CARBALLO MENA[1]

En cada Estado debe existir una jurisdicción especial de trabajo y un procedimiento adecuado para la rápida solución de los conflictos
Carta Internacional Americana de Garantías Sociales (1948), art. 36

RESUMEN: El presente ensayo pretende, en primer lugar, delimitar la idea del acceso a la justicia, con énfasis en la perspectiva de los derechos humanos, para luego describir y ponderar el origen y las peculiaridades del modelo venezolano de justicia laboral que ensambla órganos y fórmulas de naturaleza judicial y administrativa.

PALABRAS CLAVE: justicia, tutela, autocomposición, heterocomposición, conciliación, mediación.

ABSTRACT: This essay first aims to define the concept of access to justice, with an emphasis on a human rights perspective, and then to describe and assess the origins and specificities of the Venezuelan labor justice model, which combines judicial and administrative institutions and processes.

---

[1] Director del Instituto de Investigaciones Jurídicas de la Universidad Católica Andrés Bello (UCAB). Jefe del Departamento de Derecho Social UCAB. Individuo de número de la Academia de Ciencias Políticas y Sociales. ID ORCID: 0000-0002-1470-0492. https://orcid.org/0000-0002-7343-266X. carballomena@gmail.com.

KEY WORDS: justice, protection, self-composition, hetero-composition, conciliation, mediation.

I. PREÁMBULO

En el ámbito del presente ensayo adoptaré una concepción amplia del derecho al acceso a la justicia, vinculado a la "efectividad de los derechos"[2], es decir, "el derecho a la propia realización de la justicia"[3].

En este sentido, el acceso a la justicia es concebido como:

"...un derecho consistente en la disponibilidad real de instrumentos judiciales o de otra índole previstos por el ordenamiento jurídico que permitan la protección de derechos o intereses o la resolución de conflictos, lo cual implica la posibilidad cierta de acudir ante [-o merecer tutela *ex officio* de-] las instancias facultadas para cumplir esta función y de hallar en éstas, mediante el procedimiento debido, una solución jurídica a la situación planteada"[4].

Destaco la inserción en la cita que antecede, referente a la idea de que el acceso a la justicia abarca, más allá del derecho a *acudir* ante los órganos competentes en materia de protección de derechos o intereses y/o la resolución de conflictos, la garantía de *recibir* la idónea tutela por parte de aquellos órganos[5].

---

2 Díaz Cornejo, María Soledad (2006): "Hacia un enfoque integral del acceso a la justicia. La situación en la provincia de Córdoba", *Acceso a la justicia: Trabajos del concurso Argenjus 2005*, Ramón Brenna (director), Editorial La Ley, Buenos Aires, p. 157.

3 Antonio Cançado Trindade, *El derecho de acceso a la justicia en su amplia dimension*, Editorial Librotecnia, Santiago de Chile, 2012, pp. 297 y 298.

4 Jesús María Casal H., *Los Derechos Humanos y su protección. Estudios sobre derechos humanos y derechos fundamentales*, UCAB, Caracas, 2008, p. 133.

5 En *Ake v. Oklahoma*, 470 U.S. 68, 77 (1985), el juez de la Corte Suprema de Justicia de los EE.UU., Thurgood Marshall, a propósito del alcance de la garantía del debido proceso inserta en la Decimocuarta Enmien-

Se trata, en suma, de advertir que el acceso a la justicia supone, sin duda, el derecho a acudir ante los órganos competentes, pero también, sobre todo en lo que respecta a los grupos sociales vulnerables[6], la existencia de instituciones y mecanismos orientados a impulsar *ex officio* la realización de la justicia.

Por ello, en lo que atañe al acceso a la justicia laboral, articulada en torno a la tutela de la integridad del prestador de servicios personales bajo subordinación del beneficiario, resulta insoslayable insertar como engranajes fundamentales lo atinente a las funciones de conciliación y/o mediación[7], inspección, y sanción que ejercen los sistemas de administración del trabajo[8].

---

da, afirmó lo siguiente: "*Mere access to the courthouse doors does not by itself assure a proper functioning of the adversary process...* " ("El mero acceso a las puertas del juzgado no garantiza por sí mismo el apropiado funcionamiento del proceso adversarial").

6 "...no podía pasar inadvertida la situación de sectores sociales para los que era sumamente dificultoso o hasta imposible acceder a los órganos llamados a proporcionar la tutela de los derechos humanos [...] Con estas y otras motivaciones, en los países occidentales surgió una atención particular hacia lo que se denomina el acceso a la justicia, la cual comenzó con el establecimiento de servicios o programas públicos dirigidos a satisfacer las necesidades de asistencia y representación jurídica de los más pobres, y después incluyó la previsión para la defensa de intereses difusos o colectivos. Más recientemente se impuso un enfoque del acceso a la justicia que ha colocado el énfasis no tanto [...] en la entrada al sistema judicial, cuanto en la propia configuración y funcionamiento de este sistema". Ibidem, pp. 131 y 132.

7 La "institución de resolución de conflictos laborales [...] abarca a las instituciones judiciales y no judiciales, incluidos los organismos basados en el consenso y los decisorios. También abarca, según el contexto nacional, una serie de diferentes dispositivos incluidos los ministerios y departamentos de trabajo [...], organismos estatutarios independientes [...], tribunales y acuerdos compartidos...". OIT, *Acceso a la justicia laboral: Una herramienta de diagnóstico para la autoevaluación de la efectividad de las instituciones de prevención y resolución de conflictos laborales,* OIT, Ginebra 2023, p. 3.

8 De conformidad con el Convenio sobre la administración del trabajo, 1978 (núm. 150), el sistema de administración del trabajo "comprende

Incluso, aunque ello desborda los límites trazados para la confección del presente ensayo, cabría también ponderar la pertinencia en este ámbito de los mecanismos de tutela autárquica susceptibles de ser desgajados del principio de libertad sindical[9]:

"...los empleadores y los trabajadores, sus respectivas organizaciones y los mecanismos de diálogo social en los que participan tienen un papel central en la gobernanza del mercado de trabajo y, por tanto, en la existencia de unos sistemas de justicia laboral efectivos, mientras que la libertad de asociación y la libertad sindical y el reconocimiento efectivo del derecho de negociación colectiva son requisitos previos para la efectividad de estos sistemas"[10].

En definitiva, el acceso a la justicia en materia laboral supondría la garantía de la integridad del derecho sustantivo que regula las relaciones laborales en plano individual y colectivo, mediante la prevención y composición de los conflictos que pudiesen engendrarse en dicho ámbito, y la sanción de las conductas infractoras que fuesen advertidas.

---

todos los órganos de la administración pública -ya sean departamentos de los ministerios u organismos públicos, con inclusión de los organismos paraestatales y regionales o locales, o cualquier otra forma de administración descentralizada- responsables o encargados de la administración del trabajo, así como toda estructura institucional para la coordinación de las actividades de dichos órganos y para la consulta y participación de los empleadores y de los trabajadores y de sus organizaciones" (art. 1.b).

9 Me refiero, en los términos de los arts. 2 y 10 del Convenio sobre la libertad sindical y la protección del derecho de sindicación, 1948 (núm. 87), a la libre organización de los trabajadores para fomentar y defender sus intereses.

10 OIT, *Acceso a la justicia laboral para todos: Prevención y solución de conflictos laborales*, OIT, Ginebra, 2025, p. 31.

II. PERSPECTIVA DE LOS DERECHOS HUMANOS

El acceso a la justicia es reconocido como un derecho humano, tal como se deduce, en la esfera del Sistema Interamericano de Derechos Humanos, del análisis conjunto de los arts. 8.1 y 25 de la Convención Americana sobre Derechos Humanos (CADH):

"Artículo 8. Garantías judiciales

1. Toda persona tiene derecho a ser oída, con las debidas garantías y dentro de un plazo razonable, por un juez o tribunal competente, independiente e imparcial, establecido con anterioridad por la ley, en la sustanciación de cualquier acusación penal formulada contra ella, o para la determinación de sus derechos y obligaciones de orden civil, laboral, fiscal o de cualquier otro carácter...".

"Artículo 25. Protección judicial

1. Toda persona tiene derecho a un recurso sencillo y rápido o a cualquier otro recurso efectivo ante los jueces o tribunales competentes, que la ampare contra actos que violen sus derechos fundamentales reconocidos por la Constitución, la ley o la presente Convención, aun cuando tal violación sea cometida por personas que actúen en ejercicio de sus funciones oficiales.

2. Los Estados Partes se comprometen:

a) a garantizar que la autoridad competente prevista por el sistema legal del Estado decidirá sobre los derechos de toda persona que interponga tal recurso;

b) a desarrollar las posibilidades de recurso judicial, y

c) a garantizar el cumplimiento, por las autoridades competentes, de toda decisión en que se haya estimado procedente el recurso".

En relación con la latitud del transcrito art. 8.1 CADH, la Corte Interamericana de Derechos Humanos (Corte-IDH), ha reseñado, entre otros muchos tópicos, lo siguiente:

"De conformidad con la separación de los poderes públicos que existe en el Estado de Derecho, si bien la función jurisdiccional compete eminentemente al Poder Judicial, otros órganos o autoridades públicas pueden ejercer funciones del mismo tipo. Es decir, que cuando la Convención se refiere al derecho de toda persona a ser oída por un «juez o tribunal competente» para la «determinación de sus derechos», esta expresión se refiere a cualquier autoridad pública, sea administrativa, legislativa o judicial, que a través de sus resoluciones determine derechos y obligaciones de las personas. Por la razón mencionada, esta Corte considera que cualquier órgano del Estado que ejerza funciones de carácter materialmente jurisdiccional, tiene la obligación de adoptar resoluciones apegadas a las garantías del debido proceso legal en los términos del artículo 8 de la Convención Americana" (*Tribunal Constitucional vs. Perú*, 31 de enero de 2001, párr. 71).

"Es un derecho humano el obtener todas las garantías que permitan alcanzar decisiones justas, no estando la administración excluida de cumplir con este deber. Las garantías mínimas deben respetarse en el procedimiento administrativo y en cualquier otro procedimiento cuya decisión pueda afectar los derechos de las personas (*Baena Ricardo y otros vs. Panamá*, 2 de febrero de 2001, párr. 127).

"...si bien el artículo 8 de la Convención se titula «Garantías Judiciales», su aplicación no se limita a los recursos judiciales en sentido estricto, «sino al conjunto de requisitos que deben observarse en las instancias procesales» a efecto de que las personas puedan defenderse adecuadamente ante cualquier acto emanado del Estado que pueda afectar sus derechos. De este modo, cuando la Convención alude al derecho de toda persona a ser oída por un «juez o tribunal competente» para la «determinación de sus derechos», está refiriéndose a cualquier autoridad pública, ya sea administrativa, legislativa o judicial, que a través de sus resoluciones determine derechos y obligaciones de las personas. De esta forma, se desprende que cualquier órgano del Estado que ejerza funciones de carácter materialmente jurisdiccional, tiene la obligación de adoptar resoluciones apegadas a las garantías del debido proceso legal en los términos del artículo 8.1 de la Convención Americana. Por esta razón, en la determinación de los derechos y obligaciones de las personas, de cualquier carácter, se debe observar «las debidas garantías» que aseguren, según el procedimiento de que se trate, el derecho al debido proceso. Esto significa que el incumplimiento de una de esas garantías conlleva necesariamente una violación de dicha disposición" (*Petro Urrego vs. Colombia*, 8 de julio de 2020, párr. 119).

De otro lado, en lo que atañe al art. 25 CADH, como componente indisociable del acceso a la justicia, la Corte-IDH precisó -con destacable trascendencia- los siguientes conceptos:

"El artículo 25 de la Convención también consagra el derecho de acceso a la justicia. Al analizar el citado artículo 25 la Corte ha señalado que éste establece la obligación positiva del Estado de conceder a todas las personas bajo su jurisdicción un recurso judicial efectivo contra actos violatorios de sus derechos fundamentales. Y ha observado, además, que la garantía allí consagrada se aplica no sólo respecto de los derechos contenidos en la Convención, sino también de aquéllos que estén reconocidos por la Constitución o por la ley. La Corte ha señalado, asimismo, en reiteradas oportunidades, que la garantía de un recurso efectivo «constituye uno de los pilares básicos, no sólo de la Convención Americana, sino del propio Estado de Derecho en una sociedad democrática en el sentido de la Convención», y que para que el Estado cumpla con lo dispuesto en el artículo 25 de la Convención no basta con que los recursos existan formalmente, sino que los mismos deben tener efectividad, es decir, debe brindarse a la persona la posibilidad real de interponer un recurso que sea sencillo y rápido. Cualquier norma o medida que impida o dificulte hacer uso del recurso de que se trata constituye una violación del derecho al acceso a la justicia, bajo la modalidad consagrada en el artículo 25 de la Convención Americana" (*Cantos vs. Argentina*, 28 de noviembre de 2002, párr. 52).

"...para satisfacer el derecho de acceso a la justicia no basta que en el respectivo proceso se produzca una decisión judicial definitiva. También se requiere que quienes participan en el proceso puedan hacerlo sin el temor de verse obligados a pagar sumas desproporcionadas o excesivas a causa de haber recurrido a los tribunales. Esta última situación se agrava en la medida en que para forzar el pago procedan las autoridades a embargar los bienes del deudor o a quitarle la posibilidad de ejercer el comercio" (*Ibidem*, párr. 55).

"La otra cuestión debatida [...] es la de si el procedimiento se ha ajustado a los artículos 8 y 25 de la Convención Americana en cuanto garantizan el derecho a una respuesta de la autoridad judicial dentro de un plazo razonable..." (Ibidem, párr. 57).

"...la aplicación de la tasa judicial y los honorarios de acuerdo a los parámetros permitidos por la ley condujeron a que se cobraran sumas exorbitantes, con el efecto de obstaculizar el acceso [...] a la justicia [...] Ante esta situación, las autoridades judiciales han debido tomar todas las medidas pertinentes para impedir que se produjese esa situación, y para lograr que se hicieran efectivos el acceso a la justicia y el derecho a las garantías judiciales y a la protección judicial" (*Ibidem*, párr. 60).

En este mismo orden de ideas:

"...la autoridad estatal administrativa encargada de resolver la solicitud de información no adoptó una decisión escrita debidamente fundamentada, que pudiera permitir conocer cuáles fueron los motivos y normas en que se basó para no entregar parte de la información en el caso concreto y determinar si tal restricción era compatible con los parámetros dispuestos en la [CADH...], con lo cual dicha decisión fue arbitraria y no cumplió con la garantía de encontrarse debidamente fundamentada protegida en el artículo 8.1 de la Convención..." (*Claude Reyes y otros vs. Chile*, 19 de septiembre de 2006, párr. 122).

En síntesis, el acceso a la justicia no se satisface con el mero reconocimiento formal de recursos -judiciales o de otra especie- para garantizar la integridad del ordenamiento jurídico, sino que reclama la observancia de múltiples estándares que aseguren su "efectividad", entre los cuales destacan la posibilidad real de interponer un recurso sencillo y rápido[11], que no entrañe el temor de verse obligado a pagar sumas desproporcionadas o excesivas a causa de haber recurrido a los tribunales, y recabar decisiones debidamente fundamentadas.

En lo que atañe, de modo particular, al acceso a la justicia laboral, resulta del mayor interés reseñar el criterio plasmado por la Corte-IDH en la Opinión Consultiva OC-27/21 de 5 de mayo de 2021:

"...el acceso a la justicia en materia laboral requiere de un sistema de administración de justicia que reúna las siguientes características: 1) la irrenunciabilidad del derecho de los trabajadores y las trabajadoras a acudir a las autoridades judiciales competentes para someter conflictos laborales de toda índole, salvo los casos en que estén legalmente previstos otros medios de resolución de conflictos; 2) una jurisdicción especializada y con competencia exclusiva en materia laboral, conforme al número de casos y de demandas en materia laboral; 3) la aplicación de la perspectiva de género en la resolución de conflictos laborales; 4) la previsión de un procedimiento especializado que atienda a las particularidades de los asuntos laborales; 5) la distribución de las cargas probatorias, el análisis probatorio y la motivación de las providen-

---

11 "...una demora prolongada, como la que se ha dado en este caso, constituye en principio, por sí misma, una violación de las garantías judiciales. La falta de razonabilidad, sin embargo, puede ser desvirtuada por el Estado, si éste expone y prueba que la demora tiene directa relación con la complejidad del caso o con la conducta de las partes en el mismo [...] Sin embargo, el Tribunal advierte que las demoras en el proceso administrativo que se examina en la presente Sentencia no se han producido por la complejidad del caso, sino por las actuaciones sistemáticamente demoradas de las autoridades Estatales" (Corte-IDH, *Comunidad Indígena Yakye Axa vs. Paraguay*, 17 de junio de 2005, párrs. 66, 71, 86 y 88. Criterio ratificado en *Comunidad Indígena Sawhoyamaxa vs. Paraguay*, 29 de marzo de 2006, párrs. 2, 88, 89).

cias judiciales conforme a principios que compensen las desigualdades propias del mundo del trabajo, tales como el principio in dubio pro operario y el principio de favorabilidad; 6) la gratuidad de la justicia laboral y 7) la garantía del derecho de defensa especializada." (párr. 116).

De este modo, a manera de colofón, cabe enfatizar que, desde la perspectiva de los derechos humanos laborales, queda en claro que la efectividad del acceso a la justicia exige la observancia de, por lo menos, aquellos estándares reseñados por la Corte-IDH, los cuales atienden, de un lado, al asimétrico poder de negociación que caracteriza a los sujetos de la relación de trabajo, y del otro, a la potencial lesión de la integridad -física, psíquica y/o moral- de quien presta servicios en condiciones de subordinación y ajenidad: irrenunciabilidad de la jurisdicción laboral, jurisdicción especializada e idónea, perspectiva de género, procedimiento adaptado a las peculiaridades del conflicto laboral (brevedad, sencillez, etc.), mecanismos compensatorios del asimétrico poder que caracteriza a los sujetos de la relación de trabajo (in dubio pro operario, lex favorabilis, primacía de la sustancia sobre las formas, etc.), gratuidad, y servicio adecuado de asistencia y representación jurídica[12].

---

12 En este sentido, la Corte-IDH ha precisado lo siguiente: (i) "...si una persona que busca la protección de la ley para hacer valer los derechos que la Convención Americana le garantiza, encuentra que su posición económica (en este caso, su indigencia) le impide hacerlo porque no puede pagar la asistencia legal necesaria [...] queda discriminada por motivo de su posición económica y colocada en condiciones de desigualdad ante la ley" (Opinión Consultiva OC-11/90, 10 de agosto de 1990, párr. 22); y (ii) "...la negativa de la prestación de un servicio público gratuito de defensa legal [...] impide que se hagan valer los derechos en juicio. Al respecto, el Estado debe garantizar que el acceso a la justicia sea no solo formal sino real" (Opinión Consultiva OC-18/03, 17 de septiembre de 2003, párr. 126).

III. RÉGIMEN VENEZOLANO

1. Precedentes

Durante el siglo XIX el trabajo en Venezuela fue regulado básicamente a través de reglamentos locales de policía, contentivos de normas sobre esclavos, sirvientes, jornaleros, artesanos y aprendices[13], y del régimen del arrendamiento de servicios previsto en el Código Civil (1862) y algunas leyes emanadas de entidades federales[14].

La aludida normativa, orientada por los principios liberales e individualistas imperantes, reguló esencialmente lo que concierne al deber de trabajar, la idoneidad profesional, las formalidades y modalidades del contrato, las causas y consecuencias de su extinción, la remuneración, la jornada, y los infortunios del trabajo[15].

Resulta fundamental advertir que las diversas autoridades provinciales atribuyeron las funciones de composición de conflictos intersubjetivos y aplicación de sanciones por trasgresión del ordenamiento jurídico a instancias policiales, y sólo excepcionalmente a jefes políticos, jueces, o alcaldes[16].

De otra parte, es de señalar que el Código de Minas de 30 de junio de 1891 previó el cargo de "ingeniero inspector", al que correspondía velar por el cumplimiento de dicha ley y ejercer funciones de mediación en caso de huelga. La potestad de impulsar la autocomposición de conflictos colectivos de trabajo fue atribuida, en el Código de Minas de 29 de marzo de 1893, al "guarda-

---

13 Fernando Parra Aranguren, *Antecedentes del Derecho del Trabajo en Venezuela 1830-1928*. Facsímil de la edición de 1965 por la Universidad del Zulia, Fondo Editorial Nacional - José Agustín Catalá (editor), Caracas, 1999, pp. 79-94.

14 Ibidem, pp. 56-69.

15 Ibidem, pp. 97-210.

16 Ibidem, pp. 222-224.

minas", y suprimida en el Código de Minas de 16 de agosto 1909, en cuyo ámbito tales conflictos serían dirimidos –bajo fórmula de heterocomposición- por una junta de tres árbitros arbitradores[17].

Con base en lo expuesto cabe sostener que la legislación sobre minas de finales del siglo XIX introdujo las primeras normas procesales del trabajo, al prever la función de conciliación-mediación[18] en caso de conflictos colectivos de trabajo, y posteriormente, con el Código de 1909, el mecanismo arbitral como medio de heterocomposición.

La Ley de Talleres y Establecimientos Públicos de 26 de junio de 1917 y la Ley del Trabajo de 23 de julio de 1928, si bien consagraron derechos subjetivos en tutela del trabajador dependiente, contemplando aquélla la imposición de sanciones pecuniarias por incumplimiento de deberes patronales (art. 6°), y esta las funciones de policía administrativa con el objeto de velar por el cumplimiento de la normativa legal (art. 4°), no previeron mecanismos adjetivos bajo la rectoría del principio tuitivo, correspondiendo –en todo caso- a los tribunales civiles dirimir las controversias que pudiesen suscitarse.

---

17 Fernando Parra Aranguren, *Antecedentes del Derecho del Trabajo en Venezuela (1916-1928)*, UCAB, Caracas, 1980, pp. .68-76.

18 En la órbita de nuestro vigente ordenamiento jurídico (art. 166 del Reglamento de la Ley Orgánica del Trabajo de 25 de abril de 2006, Gaceta Oficial 38426 de 28 del mismo mes y año), las funciones de conciliación y mediación aparecen diferenciadas en atención a las facultades reconocidas al tercero interviniente: en aquélla, coadyuva a los sujetos del conflicto a alcanzar un acuerdo negociado, mientras que en esta, además de ello, somete a consideración de los interesados fórmulas específicas de arreglo. Esta distinción resulta particularmente trascendente en la esfera judicial (regulada en la actualidad por la Ley Orgánica Procesal del Trabajo de 2002), por cuanto los jueces, en todas las instancias, deben ejercer la conciliación, mientras que la mediación, que como acaba de verse entraña quebrantar la neutralidad y ofrecer fórmulas específicas de composición del conflicto, solo atañe a jueces especializados (juez de sustanciación, mediación y ejecución), excluidos –por regla general- de función dirimente.

2. Génesis del Derecho procesal del trabajo

El primer instrumento normativo con vocación de eficacia general en el ámbito de las relaciones laborales fue la Ley del Trabajo de 16 de julio de 1936[19], toda vez que:

- Atribuyó a la Oficina Nacional del Trabajo –anunciada en el Programa de Febrero[20] del presidente Eleazar López Contreras e instalada el 1° de marzo de 1936[21]- la función de cumplir y hacer cumplir las disposiciones legales (art. 145.c), contando para ello con la adscripción de órganos administrativos desconcentrados, denominados inspectorías del trabajo, a los cuales correspondía coadyuvar en el cumplimiento de dicha Ley (art. 151.a, en concordancia con el art. 145.c *eiusdem*), ejercer funciones de concilia-

---

19 Gaceta Oficial de los Estados Unidos de Venezuela, julio 16, 1936 (Año LXIV.-Mes X).

20 Programa político y administrativo expuesto por el presidente de los Estados Unidos de Venezuela, Eleazar López Contreras, el 21 de febrero de 1936, como medida de apaciguamiento de la conflictividad política y social desatada con la muerte del Gral. Juan Vicente Gómez, el 17 de diciembre de 1935, después de haber gobernado autoritariamente al país, por sí o interpuesta persona, desde 1908. Entre los puntos principales del programa, a los fines del presente ensayo, destacan: 1. "La reorganización de la Administración de Justicia [...y la reforma] de las leyes que rigen el procedimiento judicial, [...con el objeto de asegurar] una justicia rápida, eficaz y no onerosa"; y 2. "[A]daptar a las condiciones peculiares de la República la legislación internacional del trabajo existente; y a tales fines creará pronto una Oficina Nacional del Trabajo, encargada de velar por la aplicación de la legislación vigente sobre la materia, y de emprender, al propio tiempo, el estudio metódico de las reformas que en ella deben introducirse." Congreso De La República, *Gobierno y época del presidente Eleazar López Contreras. Mensajes y memorias 1935-1941.* Pensamiento político venezolano del siglo XX. Documentos para su estudio, T. VIII, V. I, N° 17, Ediciones conmemorativas del bicentenario del natalicio del Libertador Simón Bolívar, Caracas, 1985, p. 76.

21 Rafael Caldera Rodríguez, *Derecho del trabajo,* Tipografía La Nación, Caracas, 1939, p. 158.

ción (arts. 151.c, 163 y 169) y arbitraje en el supuesto de conflictos colectivos de trabajo (arts. 175-177), sancionar con multa las infracciones legales (art. 236), y –muy relevantemente- dirimir –bajo régimen transitorio[22]- conflictos intersubjetivos mediante el procedimiento pautado en el Código de Procedimiento Civil de 1916 para las excepciones dilatorias[23]; y

- Previó un amplio régimen de sanciones en el supuesto de infracción de la normativa legal (arts. 203-232), a cargo –como antes fue señalado- de los inspectores del trabajo.

La comentada Ley del Trabajo constituyó la expresión primera del Derecho Laboral Procesal venezolano por incorporar instancias (inspectorías del trabajo) y procedimientos (conciliación y arbitraje en la esfera de conflictos colectivos, composición de conflictos intersubjetivos, y sanciones) idóneos para asegurar la observancia de la normativa sustantiva en materia laboral.

No obstante, la función jurisdiccional atribuida a instancias administrativas –en lugar de órganos judiciales- mereció la crítica temprana de Rafael Caldera, funcionario de la Oficina Nacional del Trabajo durante el proceso de sanción de la Ley del Trabajo de 1936:

"Peca la Ley al atribuir la jurisdicción especial del Trabajo a los Inspectores del Trabajo o a la persona que ellos comisionen, en la primera instancia; y en la segunda, a la Dirección de la Oficina Nacional del Trabajo. Derívase una duplicidad de funciones, administrativas propiamente dichas y administrativo-judiciales, que ocasiona multiplicidad de inconvenientes. [...De otra parte, el procedimiento presenta tres claros defectos:] 1°.- El doble prin-

---

22 "Para los asuntos que no correspondan a la conciliación y al arbitraje, y, en todo caso, para las cuestiones de carácter contencioso que suscite la aplicación de las disposiciones legales y de las estipulaciones de los contratos de trabajo, [...] mientras sean creados metódicamente por el Ejecutivo Federal Tribunales especiales..." (art. 182).

23 Art. 184 de la Ley del Trabajo de 16 de julio de 1936.

cipio de la justicia mixta y electiva [previsto en...] el Art. 183 de la Ley del Trabajo [, conforme al cual las partes pueden pedir la constitución del Tribunal con asesores, y con ello...] llevar a la primera instancia una función de equidad, más que de estrecho razonamiento jurídico [...] 2°.- Establece la Ley que el procedimiento a seguir será el pautado en el Código de Procedimiento Civil para las excepciones dilatorias (Art. 184) [...; y] 3°.- [Conforme al Art. 187 de la Ley,...] *la denuncia del caso deberá hacerse dentro de los diez días de ocurridos los hechos que la motivaron, y contendrá los datos que determine el Reglamento de esta Ley* [..., pretendiéndose deducir de ello] que no [habría...] lugar a juicio mientras dichos datos no se establecieran reglamentariamente"[24].

Es de destacar que la atribución de amplísimas funciones jurisdiccionales a los inspectores del trabajo, en el momento fundacional del Derecho Laboral Procesal venezolano, delineó quizá el protuberante protagonismo de la administración del trabajo en el ámbito de nuestro sistema de relaciones laborales. A pesar de la configuración –a partir de 1937- de órganos judiciales especializados en materia laboral, las instancias administrativas ejercen, incluso con carácter preeminente en la actualidad, además de las clásicas funciones de conciliación, inspección y sanción, la composición de una amplísima gama de conflictos intersubjetivos, en detrimento del poder judicial.

En efecto, mediante Decreto de 4 de diciembre de 1936 se creó el Tribunal de Primera Instancia del Trabajo del Estado Zulia, y por mandato de un Decreto de 15 de noviembre de 1937 se crearon dos Tribunales de Primera Instancia del Trabajo con competencia en el Distrito Federal y un Tribunal Superior –colegiado[25]- del Trabajo con competencia nacional. Dichos órganos judiciales, en observancia de lo dispuesto en el art. 184 de la Ley del Trabajo de 1936, habrían de dirimir los conflictos intersub-

---

24 Rafael Caldera Rodríguez, ob. cit., pp. 198-200.

25 Compuesto por tres miembros (Presidente, Vicepresidente y Canciller) y dos vocales. Ibidem, p. 207.

jetivos derivados de la aplicación de dicha Ley, mediante el procedimiento previsto en el Código de Procedimiento Civil para las excepciones dilatorias. En el resto del país continuó en plena vigencia el régimen transitorio que atribuía jurisdicción a las inspectorías del trabajo[26].

Aunque el procedimiento estuviese pautado en el Código de Procedimiento Civil, resultaba conforme al principio protectorio que también orienta al Derecho Laboral Procesal, habida cuenta su carácter breve, en tanto circunscrito al trámite y decisión de excepciones dilatorias, y los ajustes[27] de que fue objeto con la finalidad de garantizar la tutela judicial efectiva: opción de demanda verbal y deber del juez de plasmarla en acta que encabezaría el procedimiento (art. 378 del Reglamento de la Ley del Trabajo de 1938), gratuidad (art. 14 de la Ley del Trabajo), carácter urgente de todas las actuaciones (art. 379 del Reglamento de la Ley del Trabajo de 1938), audiencias todos los días hábiles y garantía de horarios convenientes para los trabajadores (arts. 350 y 351 del Reglamento de la Ley del Trabajo de 1938), decisión de excepciones en la sentencia definitiva (jurisprudencia del Tribunal Superior del Trabajo[28]), facultad del tribunal de decretar de oficio las pruebas que estime de mérito (art. 380 del Reglamento de la Ley del Trabajo de 1938), y servicio público de defensa gratuita mediante procuradores de trabajadores (Decreto Ejecutivo de 17 de diciembre de 1938)[29].

---

26 Ibidem, pp. 197 y 198.

27 Ibidem, pp. 209-221.

28 Ibidem, pp. 216 y 217.

29 Ibidem, p. 225.

IV. VERTEBRACIÓN JUDICIAL

La Ley Orgánica de Tribunales y de Procedimiento del Trabajo de 16 de agosto de 1940 organizó los tribunales del trabajo[30] y el procedimiento que habrían de observar en el ejercicio de la función jurisdiccional, con aplicación supletoria del Código de Procedimiento Civil en lo que respecta al juicio breve (art. 47).

Su artículo 1[31], referido al ámbito material de validez, delimitó idealmente –aunque con escasa eficacia temporal[32]- los ámbitos

---

30 Artículo 2.- "Los Tribunales del Trabajo son: a).- Los Tribunales del Trabajo, que conocen en primera instancia; y b).- El Tribunal Superior del Trabajo, que conoce en segunda instancia". Este último, "compuesto de tres jueces que se denominarán Presidente, Relator y Canciller"; con sede en la ciudad de Caracas y con competencia para conocer, "en segunda y última instancia, de las apelaciones y consultas de los fallos que dicten los Tribunales que conozcan en primera instancia de los juicios del trabajo" (art. 3).

31 "Los asuntos contenciosos del trabajo, que no correspondan a la conciliación ni al arbitraje, y en todo caso, las cuestiones de carácter contencioso que suscite la aplicación de las disposiciones legales y de las estipulaciones de los contratos de trabajo, serán sustanciados y decididos por los Tribunales Federales que se indican en la presente Ley".

32 El art. 165 de la Ley del Trabajo reformada el 4 de mayo de 1945, publicada en Gaceta Oficial 132 Ext. de 10 del mismo mes y año, atribuyó a los inspectores del trabajo la composición de los conflictos derivados del régimen de inamovilidad o estabilidad reforzada en beneficio de dirigentes sindicales. Dicho fuero fue luego extendido a los promotores de organizaciones sindicales (art. 198 de la Ley del Trabajo de 3 de noviembre de 1947, Gaceta Oficial 200 Ext. de la misma fecha). Progresivamente la inamovilidad se extendió a otras categorías de trabajadores, potencialmente víctimas de discriminaciones por razones de actividad sindical (trabajadores interesados en elecciones sindicales, negociaciones colectivas, conflictos colectivos, etc.), maternidad, paternidad, discapacidad por accidente de trabajo o enfermedad profesional, y suspensión del vínculo laboral, y en la actualidad ampara a la –prácticamente- totalidad de los trabajadores *ex* Decreto 2158 con Rango, Valor y Fuerza de Ley de Inamovilidad Laboral de 28 de diciembre de 2015, publicado en la Gaceta Oficial 6207 Ext. de la misma fecha.

de la justicia laboral administrativa y judicial: aquélla atendería los procesos de conciliación y arbitraje de conflictos colectivos de trabajo, y esta –expansivamente- el resto de los asuntos contenciosos en materia de trabajo.

En términos abreviados, la Ley Orgánica de Tribunales y de Procedimiento del Trabajo de 1940 reprodujo los rasgos esenciales del procedimiento ensamblado en la Ley del Trabajo de 1936 y su Reglamento de 1938, con los ajustes introducidos por la jurisprudencia, es decir, brevedad de los lapsos procesales (art. 47), gratuidad (art. 18) y carácter urgente de las actuaciones (art. 68), opción de demanda oral y deber del juez de plasmarla en acta que encabezaría el procedimiento (art. 77), y servicio público de defensa gratuita (arts. 49-55).

No obstante, dicha Ley previó opciones en cabeza del accionado que resultaron contrarias a los rasgos de simplicidad, celeridad y tuición del trabajador:

- Opción de oponer sucesivamente excepciones dilatorias y de inadmisibilidad que habrían de ser resueltas *in limine litis,* promoviéndose la arborización[33] del procedimiento (arts. 78-80); y
- Opción de contestar la demanda –agotada la incidencia por excepciones, si fuese el caso- de manera pura y simple (art. 82), colocando sobre el demandante –bajo los criterios entonces imperantes- la carga probatoria.

Las falencias advertidas fueron objeto de reforma mediante Ley de 2 de agosto de 1956 (Gaceta Oficial N° 494 Ext.), por cuya virtud, las excepciones dilatorias y de inadmisibilidad debían ser opuestas juntamente en la oportunidad de la litis-contestación[34]

---

33 Mario Pasco Cosmópolis, *Fundamentos de Derecho Procesal del Trabajo,* 2ª edición, Aele, Lima, 1997, p. 43.

34 Lo previsto en el referido art. 64 "no excluye la posibilidad de proponer las excepciones de inadmisibilidad como defensas de fondo, de acuerdo con lo dispuesto por el artículo 262 del Código de Procedimiento

(art. 64), y el accionado, en ocasión de dar contestación a la demanda, determinar "con claridad cuáles de los hechos invocados en el libelo admite como ciertos y cuáles niega o rechaza y expresar asimismo los hechos o fundamentos de su defensa que creyere conveniente alegar", so pena de incurrir en confesión ficta (art. 68). Esbozando los rasgos de inmediatez e inquisición de la verdad, se previó que, antes de concluir el acto de la litis-contestación, el Juez podría interrogar a la parte demandada sobre alguno o más de los hechos que este no hubiese rechazado en forma determinada, teniéndose su repuesta como parte de la contestación[35].

La Ley Orgánica de Tribunales y de Procedimiento del Trabajo fue objeto de una segunda reforma, esta vez puntual, mediante Ley de 18 de noviembre de 1959 (Gaceta Oficial 26266 de 19 del mismo mes y año), por cuya virtud se ajustó la cuantía exigida para la procedencia del recurso de casación (art. 78).

El modelo de justicia laboral encarnado en la Ley Orgánica de Tribunales y de Procedimiento del Trabajo colisionó con la axiología de la Constitución de la República (CRBV) aprobada mediante referendo de 15 de diciembre de 1999 (Gaceta Oficial 36860 de 30 del mismo mes y año) y enmendada a través de idéntico mecanismo el 15 de febrero de 2009 (Gaceta Oficial 5908 Ext., de 19 del mismo mes y año).

La CRBV proclama un Estado democrático y social de Derecho y de Justicia que propugna como valores superiores de su ordenamiento jurídico y de su actuación, la vida, la libertad, la justicia, la igualdad, la solidaridad, la democracia, la responsabilidad social y, en general, la preeminencia de los derechos humanos, la ética y el pluralismo político (art. 2).

Civil. En este caso, se seguirá el procedimiento pautado por el último de los artículos citados y se decidirá la excepción en la sentencia definitiva" (art. 67).

35 La reforma legislativa eliminó la Corte Superior del Trabajo y consagró, en su lugar, Tribunales Superiores del Trabajo, unipersonales o colegiados (arts. 2.b, 3 y 21-24).

En este contexto, la CRBV concibe a la función jurisdiccional orientada, más que a solo dirimir las controversias que surjan en el seno de la sociedad, a garantizar la paz social a través de la materialización del modelo de justicia que traducen los valores, principios y reglas que integran el sistema constitucional, y el proceso deviene instrumento fundamental para la realización de la justicia (art. 257 CRBV), superador, por tanto, de formalismos inútiles, incidencias proliferadas, onanismos adjetivos que centran la atención sobre el régimen procesal y sepultan la sustancia de lo debatido, y jueces mercenarios[36].

Una tal configuración del Estado supone que los poderes públicos no solo deban apegarse estrictamente, en su organización y actuación, a las previsiones del sistema jurídico, erradicando así la arbitrariedad, como corresponde al Estado de Derecho, sino que además, como se deduce de un Estado de Justicia, se ordenen para garantizar a todos los habitantes de la República, con especial énfasis sobre aquellos que integren clases o grupos sociales preteridos[37], el pleno y eficaz ejercicio de los derechos que dimanan del sistema constitucional.

La realización del Estado democrático y social de Derecho y de Justicia, a través de la plena y oportuna satisfacción de los fines esenciales que se le atribuyen, reclama una adecuada tutela

---

36 "El proceso no puede convertirse en un simple ejercicio de actividades contrapuestas, ni en un fin en sí mismo. La búsqueda de la verdad, para hacer justicia, es lo que en definitiva da efectividad a los derechos reconocidos en las normas sustantivas. Tratándose de normas protectoras de los trabajadores, es todavía más claro y necesario que ese sea el objeto del proceso." Rolando Murgas Torrazza, *Tendencias actuales del Derecho laboral procesal y su influencia en las reformas del proceso del trabajo en América Latina.* Material de apoyo del Seminario de Postgrado Internacional y Comparado sobre Derechos Laborales Fundamentales y Procesal del Trabajo, Isla de Margarita 14-22 de marzo de 2011, Sociedad Internacional de Derecho del Trabajo y de la Seguridad Social, Porlamar, 2011, p. 164.

37 Ver sentencia 85 de 24 de enero de 2002, proferida por la Sala Constitucional del Tribunal Supremo de Justicia.

judicial porque, en definitiva, la trascendencia de los derechos fundamentales en una determinada sociedad no ha de estimarse atendiendo a su mera proclamación sino, sobre todo, a los medios adjetivos que se ofrecen para garantizar su pleno y eficaz ejercicio, como garantía de cohesión en una sociedad democrática donde, por definición, coexisten intereses diversos e, incluso, contrapuestos[38].

En este orden de ideas, el texto constitucional dispone:

"Artículo 26.- [...] El Estado garantizará una justicia gratuita, accesible, imparcial, idónea, transparente, autónoma, independiente, responsable, equitativa y expedita, sin dilaciones indebidas, sin formalismos o reposiciones inútiles";

"Artículo 257.- El proceso constituye un instrumento fundamental para la realización de la justicia. Las leyes procesales establecerán la simplificación, uniformidad y eficacia de los trámites y adoptarán un procedimiento breve, oral y público. No se sacrificará la justicia por la omisión de formalidades no esenciales"; y

"Artículo 258.- [...] La ley promoverá el arbitraje, la conciliación, la mediación y cualesquiera otros medios alternativos para la solución de conflictos"[39].

Como se desprende de las normas transcritas, la potestad jurisdiccional del Estado y, por ende, el proceso, como modo de realizar dicha potestad[40], se conciben en el sistema constitucional como instrumentos para la consecución de la justicia, debiendo a

---

38 Luis Prieto Sanchís, *Ley, principios, derechos*, Instituto de Derechos Humanos Bartolomé de las Casas - Universidad Carlos III - Ed. Dykinson, Madrid, 1998, pág. 61.

39 De conformidad con el art. 253 CRBV, los medios alternativos de resolución de conflictos constituyen uno de los componentes del *sistema de justicia*.

40 Enrique Véscovi, *Teoría general del proceso*, Temis, Bogotá, Enrique, 1984, p. 103.

tal fin promover los medios alternativos de solución de conflictos intersubjetivos.

Con la orientación expuesta en los párrafos precedentes, se ordenó a la Asamblea Nacional aprobar, dentro de su primer año de vigencia:

"una ley orgánica procesal del trabajo que garantice el funcionamiento de una jurisdicción laboral autónoma y especializada, y la protección del trabajador o trabajadora en los términos previstos en esta Constitución y en las leyes. La ley orgánica procesal del trabajo estará orientada por los principios de gratuidad, celeridad. Oralidad, inmediatez, prioridad de la realidad de los hechos, la equidad y rectoría del juez en el proceso" (Disposición Transitoria Cuarta, numeral 4, CRBV).

La Ley Orgánica Procesal del Trabajo de 13 de agosto de 2002 (Gaceta Oficial 37504 de la misma fecha), dictada en acato al citado mandamiento constitucional, derogó la Ley Orgánica de Tribunales y de Procedimiento del Trabajo[41] e instauró, con una *vacatio legis* de un año (art. 194), un régimen procesal que presenta, entre otras, las tres siguientes peculiaridades:

- **Preeminencia de la oralidad, organización por audiencias e inmediatez del juzgador**

además de la opción de demandar oralmente, consagrada primero en el Reglamento de la Ley del Trabajo de 1938 e incorporada luego en la Ley Orgánica de Tribunales y de Procedimiento del Trabajo, se prevé la celebración de audiencias, presididas por el juzgador, para impulsar medios alternativos de solución del conflicto (audiencia preliminar), debatir la controversia y probar lo conducente (audiencia de juicio), debatir y probar sobre la impugnación de la sentencia proferida en primera instancia

41 Salvo en lo que respecta al Servicio de Procuraduría de Trabajadores, previsto en los Arts. 33-41 de la Ley Orgánica de Tribunales y de Procedimiento del Trabajo (art. 206 de la Ley Orgánica Procesal del Trabajo).

(audiencia de apelación), y debatir sobre los vicios imputados a la sentencia definitiva dictada en segunda instancia (audiencia de casación o de control de la legalidad[42]).

Es de destacar que la primera instancia articula dos fases sucesivas e imperativas, denominadas audiencia preliminar y audiencia de juicio, a cargo de jueces autónomos, destinadas al saneamiento y concreción de la litis y al impulso de medios alternativos de composición del conflicto, en aquélla, y en esta, si fracasase la autocomposición procesal, al debate y resolución mediante sentencia del conflicto intersubjetivo sometido a escrutinio judicial.

- **Celeridad y simplicidad**

Abreviación de los trámites destinados a la notificación del accionado, previsión de lapsos brevísimos para dictar sentencia (sesenta minutos a partir de la culminación de la audiencia de juicio, de apelación o de casación, susceptible de diferirse –en casos de extrema complejidad- hasta por cinco días hábiles), supresión de incidencias por cuestiones previas (antes, excepciones dilatorias y de inadmisibilidad), negativa de recurso por admisión de pruebas promovidas por la contraparte, y –lo que resulta particularmente trascendente- casación sin reenvío[43].

---

42 El control de la legalidad constituye un peculiar y extraordinario recurso susceptible de interponerse contra las sentencias definitivas de segunda instancia "que aún y cuando no fueran recurribles en casación, sin embargo, violenten o amenacen con violentar las normas de orden público o cuando la sentencia recurrida sea contraria a la reiterada doctrina jurisprudencial de [...la] Sala de Casación [Social del Tribunal Supremo de Justicia]" (art. 178 de la Ley Orgánica Procesal del Trabajo). Se atribuye a la Sala de Casación Social del Tribunal Supremo de Justicia una amplísima discrecionalidad en el trámite del recurso, análoga al *writ of certiorari* del derecho procesal federal norteamericano, hasta el grado de exonerarla de motivar las razones estimadas relevantes en caso de declaratoria de inadmisibilidad. Ver, Jesús María Casal H., *Constitución y justicia constitucional*, UCAB, Caracas, 2006, pp. 97-104.

43 De conformidad con el art. 175 de la Ley Orgánica Procesal del Trabajo, la Sala de Casación Social del Tribunal Supremo de Justicia se pro-

- **Impulsión de medios alternativos de solución de conflictos**

Como antes se señaló, en la audiencia preliminar el juez de sustanciación, mediación y ejecución ejerce, entre otras, funciones de conciliación y mediación (modelo de conciliación-mediación intra-judicial). Esta última supone proponer a las partes fórmulas específicas de resolución del conflicto y, por tanto, avanzar opinión sobre el conflicto intersubjetivo que se ventila, lo cual no compromete su imparcialidad puesto que se encuentra exonerado de dirimir, mediante sentencia, dicha controversia: si no fuese posible la autocomposición en la audiencia preliminar, el asunto sería conocido por el juez de juicio a los fines de su heterocomposición.

Debe, por último, destacarse que siendo la impulsión de medios alternos de solución de conflictos un rasgo que transversaliza el sistema desarrollado por la CRBV y Ley Orgánica Procesal del Trabajo, todos los jueces –y no solo el de sustanciación, mediación y ejecución- deben ejercer la conciliación, esto es, propiciar el diálogo entre los actores y facilitar la autocomposición del litigio. En ningún caso deberán traspasar tales límites y mediar, toda vez que con ello quebrantarían el ideal de imparcialidad, debiendo entonces inhibirse o haciéndose pasibles de recusaciones que trastornarían el normal desenvolvimiento del proceso.

---

nunciará, en la sentencia respectiva, "sobre las infracciones denunciadas, *extendiéndose al fondo de la controversia, al establecimiento y apreciación de los hechos que hayan efectuado los tribunales de Instancia* [...] La sentencia de casación deberá *decidir el fondo de la controversia* casando o anulando el fallo, *sin posibilidad de reenvío,* o lo confirmará, según sea el caso...". En todo caso, si el alto tribunal detectase alguna infracción al debido proceso, "se decretará la nulidad del fallo y la reposición de la causa al estado que considere necesario para restablecer el orden jurídico infringido, *siempre que dicha reposición sea útil*".

V. VERTEBRACIÓN ADMINISTRATIVA

La perspectiva judicial del Derecho Procesal del Trabajo venezolano debe complementarse con el protuberante componente administrativo, al cual se atribuyeron, a partir de la Ley del Trabajo de 1936, funciones de conciliación y arbitraje en materia de conflictos colectivos de trabajo[44], sanción de transgresiones al régimen legal[45], y –con carácter transitorio- la heterocomposición de conflictos derivados de la aplicación de la legislación del trabajo.

Así, los inspectores del trabajo, o quien estos comisionasen, gozaron de potestad jurisdiccional para dirimir los asuntos contenciosos derivados de "la aplicación de las disposiciones legales y de las estipulaciones de los contratos de trabajo, [...] mientras sean creados metódicamente por el Ejecutivo Federal Tribunales especiales..." (art. 182 de la Ley del Trabajo de 1936).

Con la progresiva creación de los tribunales especiales en materia laboral y la sanción de la Ley Orgánica de Tribunales y de Procedimiento del Trabajo (1940), quedaron nítidamente escindidas las funciones administrativas y judiciales en el ámbito de la justicia laboral: aquéllas centradas en la conciliación y arbitraje de conflictos colectivos laborales, y la sanción de infracciones al régimen legal, y estas en la composición de los restantes conflictos intersubjetivos que dimanasen de la aplicación de disposiciones legales en materia laboral y de las estipulaciones de los contratos de trabajo[46].

---

44 Con antecedentes en los Códigos de Minas de 1891, 1893 y 1909.

45 Con antecedente en la Ley de Talleres y Establecimientos Públicos de 1917.

46 Art. 1 de la Ley Orgánica de Tribunales y de Procedimiento del Trabajo (1940): "Los asuntos contenciosos del trabajo, que no correspondan a la conciliación ni al arbitraje, y en todo caso, las cuestiones de carácter contencioso que suscite la aplicación de las disposiciones legales y de las estipulaciones de los contratos de trabajo, serán sustanciados y decididos por los Tribunales del Trabajo que se indican en la presente Ley".

La dicotomía apuntada se resquebrajó con la atribución a los inspectores del trabajo de la potestad dirimente en caso de conflictos derivados de la inamovilidad o estabilidad reforzada que se reconoció –primero- a los directivos sindicales (art. 165 de la Ley del Trabajo reformada el 4 de mayo de 1945, publicada en Gaceta Oficial132 Ext. de 10 del mismo mes y año), y –luego- a quienes promoviesen la organización de sindicato (art. 198 de la Ley del Trabajo de 3 de noviembre de 1947, publicada en Gaceta Oficial 200 Ext. de la misma fecha).

Progresivamente se reconoció inamovilidad o estabilidad reforzada a quienes se estimaron potenciales víctimas de discriminación por razones, principalmente, de actividad sindical[47], ma-

---

47 1. Dirigente sindical (arts. 95 CRBV, 419.3, 419.4, 419.5 y 419.6 DLOTTT), desde el momento de su elección y hasta tres (3) meses después del cese de sus funciones; 2. Promotor y adherente sindical (arts. 95 CRBV, 419.1 y 419.2 DLOTTT), desde el momento en que sea presentada la solicitud de registro de la organización sindical o fuese presentada la manifestación de voluntad de adherirse a dicho proceso, y hasta quince (15) días después del registro o su negativa; 3. Delegado sindical en buque en donde presten servicios más de quince (15) trabajadores (art. 265 DLOTTT), desde el momento de su elección y hasta tres (3) meses después del cese de sus funciones (por aplicación analógica de los arts. 419.3, 419.4, 419.5 y 419.6 DLOTTT); 4. Interesado en la elección de los miembros de la junta directiva de una organización sindical (art. 419.7 DLOTTT), desde la convocatoria y hasta la proclamación (originalmente prevista en el art. 452 de la Ley Orgánica del Trabajo de 20 de diciembre de 1990); 5. Postulado a una elección sindical (art. 419.8 DLOTTT), desde la postulación y hasta sesenta (60) días después de la proclamación de la respectiva junta directiva; 6. Interesado en la negociación de una convención colectiva de trabajo (originalmente prevista en los arts. 369 y 408 del Reglamento de la Ley del Trabajo de 31 de diciembre de 1973): 6.1. A nivel descentralizado o de empresa (arts. 419.9 DLOTTT), desde la presentación del proyecto de convención colectiva y hasta la culminación del proceso; y 6.2. A nivel centralizado o de sector de actividad, mediante una Reunión Normativa Laboral (arts. 419.10 y 456.f DLOTTT), desde su inicio (por solicitud, convocatoria de oficio o reconocimiento) y hasta la culminación del proceso; 7. Concernido por un conflicto colectivo de trabajo (arts. 419.9, 419.11 y 489, último aparte DLOTTT), desde la presentación del

ternidad[48], paternidad[49], discapacidad derivada de accidente de trabajo o enfermedad profesional[50], suspensión del vínculo laboral[51]; y desde 2002 dicho régimen se extiende a la totalidad de los trabajadores, con exclusión apenas de quienes ejerzan funciones de dirección, acumulen menos de treinta días de antigüedad en el servicio, o ejecuten labores de temporada u ocasionales[52].

A estas funciones jurisdiccionales, dirimidas en la actualidad a través de los procedimientos administrativos previstos en los arts. 422-425 DLOTTT, se suman otras, entre las que destacan la composición de conflictos derivados del valor de comida y alojamiento a fines de retribuir el período vacacional (art. 193 DLOTTT), la oportunidad de disfrute vacacional (art. 200 DLOTTT), la arbitra-

---

pliego de peticiones y hasta la conclusión del procedimiento; y 8. Delegado de Prevención en el Comité de Seguridad y Salud Laborales (art. 44 de la Ley Orgánica de Prevención, Condiciones y Medio Ambiente de Trabajo), a partir de su elección y hasta tres (3) meses después de vencido el término para el cual resultó electo.

48 Trabajadora en estado de gravidez (arts. 335 y 420.1 DLOTTT), desde la concepción y hasta dos (2) años después del parto (antes prevista en los arts. 218 del Reglamento de la Ley del trabajo de 31 de diciembre de 1973 y 384 de la Ley Orgánica del Trabajo de 20 de diciembre de 1990). Igualmente, trabajador que adopte un niño menor de tres (3) años (arts. 335 y 420.3 DLOTTT), durante dos (2) años contados a partir de la fecha en que el niño sea dado en adopción.

49 Trabajador cuya pareja se encuentre en estado de gravidez (arts. 420.2 DLOTTT y 8 de la Ley para Protección de las Familias, la Maternidad y la Paternidad), desde la concepción y hasta dos (2) años después del parto.

50 Trabajador víctima de accidente o enfermedad ocupacional que produjese pérdida de su capacidad habitual, hasta por un (1) año después de su efectiva reubicación en un puesto de trabajo adecuado (art. 100, cuarto aparte de la Ley Orgánica de Prevención, Condiciones y Medio Ambiente de Trabajo).

51 Art. 420.5 DLOTTT (antes prevista en los Arts. 54 del Reglamento de la Ley del Trabajo de 31 de diciembre de 1973 y 96 de la Ley Orgánica del Trabajo de 20 de diciembre de 1990).

52 Decreto 2158 con Rango, Valor y Fuerza de Ley de Inamovilidad Laboral de 28 de diciembre de 2015 (Gaceta Oficial 6207 Ext. de la misma fecha).

ria negativa u omisión de afiliación sindical (art. 364 DLOTTT), otras conductas antisindicales (art. 363 DLOTTT), alegatos y defensas que pretendan enervar la negociación de un proyecto de convención colectiva de trabajo (arts. 439 y 460 DLOTTT) o el trámite de un pliego de peticiones (art. 173 del Reglamento de la Ley Orgánica del Trabajo), y los reclamos que versen –confusamente y en detrimento de la potestad jurisdiccional de los órganos judiciales- sobre condiciones de trabajo (art. 513 DLOTTT).

Asimismo, durante la vigencia de la Ley contra Despidos Injustificados[53] (1974-1990), que previó un régimen de estabilidad relativa o impropia, por cuya virtud el patrono debía indemnizar a los trabajadores despedidos sin justa causa, o que se retirasen por causa justa, correspondió dirimir los conflictos intersubjetivos que se suscitasen a comisiones tripartitas de primera y segunda instancia, es decir, órganos administrativos adscritos al ministerio del trabajo e integrados por sendos representantes de dicho ministerio y de las organizaciones más representativas de patronos y trabajadores[54].

La señalada tendencia a la *administrativización* de la justicia laboral, que el DLOTTT diáfanamente intensifica[55], trajo como consecuencia que se asignara a los tribunales laborales competencia en materia contencioso-administrativa de anulación (art. 25.3 de la Ley Orgánica de la Jurisdicción Contencioso Administrativa de 16 de junio de 2010, reimpresa por error material en Gaceta

---

53 Gaceta Oficial 30468 de 8 de agosto de 1974.

54 Francisco Hung Vaillant, *Contribución al estudio de la Ley contra Despidos Injustificados*, 2ª edición, Editorial Jurídica Venezolana, Caracas, 1985, pp. 61-89.

55 El apuntado sesgo del DLOTTT, propiciador de la administrativización de la justicia, se explica, en gran medida, por emanar del presidente de la República en ejercicio de la habilitación legislativa conferida por la Asamblea Nacional (art. 1.9 de la Ley que Autoriza al Presidente de la República a Dictar Decretos con Rango, Valor y Fuerza de Ley en las Materias que se Delegan, de 17 de diciembre de 2010, publicada en la Gaceta Oficial 6009 Ext. de la misma fecha).

Oficial 39451 de 22 del mismo mes y año, en concordancia con criterio vinculante de la Sala Constitucional del Tribunal Supremo de Justicia contenido en sentencia 955 de 23 de septiembre de 2010), incluso respecto de los actos administrativos emanados del ministro con competencia en materia laboral (Sala Político Administrativa del Tribunal Supremo de Justicia, sentencia 532 de 17 de mayo de 2016).

Resulta imperativo, finalmente, destacar que la expansión y preeminencia de la justicia administrativa exhibe como principales falencias, de un lado, el desconocimiento de estabilidad en favor de los inspectores del trabajo, lo cual trasgrede frontalmente la imparcialidad e independencia del juzgador[56] que entraña el núcleo esencial del derecho al debido proceso[57], y del otro, la

---

56 En relación con la garantía del debido proceso y las actuaciones de la justicia administrativa, véase la sentencia del caso *Petro Urrego vs. Colombia*, proferida por la Corte-IDH el 8 de julio de 2020: "...si bien el artículo 8 de la Convención se titula «Garantías Judiciales», *su aplicación no se limita a los recursos judiciales en sentido estricto, «sino al conjunto de requisitos que deben observarse en las instancias procesales»* a efecto de que las personas puedan defenderse adecuadamente *ante cualquier acto emanado del Estado que pueda afectar sus derechos.* De este modo, cuando la Convención alude al derecho de toda persona a ser oída por un «juez o tribunal competente» para la «determinación de sus derechos», *está refiriéndose a cualquier autoridad pública, ya sea administrativa, legislativa o judicial, que a través de sus resoluciones determine derechos y obligaciones de las personas.* De esta forma, se desprende que *cualquier órgano del Estado que ejerza funciones de carácter materialmente jurisdiccional, tiene la obligación de adoptar resoluciones apegadas a las garantías del debido proceso legal* en los términos del artículo 8.1 de la Convención Americana. *Por esta razón, en la determinación de los derechos y obligaciones de las personas, de cualquier carácter*, se debe observar «las debidas garantías» que aseguren, según el procedimiento de que se trate, el derecho al debido proceso. Esto significa que el incumplimiento de una de esas garantías conlleva necesariamente una violación de dicha disposición" (párr. 119).

57 "Conforme a la jurisprudencia de esta Corte y del Tribunal Europeo, así como de conformidad con los Principios Básicos de las Naciones Unidas relativos a la independencia de la judicatura [...], las siguientes

consecuente atrofia de la función inspectiva como método destinado a advertir y sancionar las trasgresiones del ordenamiento jurídico que fuesen advertidas.

VI. CONCLUSIÓN

El Derecho Procesal del Trabajo venezolano, con precedentes en los mecanismos de conciliación y arbitraje de conflictos colectivos previstos –a partir de 30 de junio de 1891- en la legislación de minas, se configuró nítidamente en la Ley del Trabajo de 16 de julio 1936, atributiva de potestades sancionatorias, conciliatorias, arbitrales, y jurisdiccionales –estas con carácter transitorio- a instancias administrativas desconcentradas denominadas inspectorías del trabajo.

A partir de entonces, la justicia laboral es impartida por órganos administrativos y judiciales:

- Las autoridades administrativas, además de la sanción de infracciones y la conciliación de conflictos colectivos de trabajo, ejercen funciones jurisdiccionales con carácter *transitorio* en la Ley del Trabajo de 1936; *excepcional* a partir de la Ley del Trabajo de 1945, con ocasión de la inamovilidad reconocida a directivos sindicales y luego, progresivamente, a otras categorías de trabajadores en situación propiciatoria de discriminaciones; *expansivo*, a propósito del régimen de estabilidad relativa o impropia previsto en la Ley contra Despidos Injustificados (1974-1990[58]); y *preeminente* al reconocerse –sin solución de continuidad- inamovilidad a todas

---

garantías se derivan de la independencia judicial: un adecuado proceso de nombramiento, la *inamovilidad en el cargo* y la *garantía contra presiones externas*" (Corte-IDH, *Chocrón Chocrón vs. Venezuela*, 1° de julio de 2011, párr. 98).

58 Derogada el 1° de enero de 1991, *ex* Art. 665 de la Ley Orgánica del Trabajo de 20 de diciembre 1990 (Gaceta Oficial 4240 Ext. de 20 de diciembre de 1990).

las categorías de trabajadores (2002-2018[59]) y atribuirse -en el DLOTTT- amplísimas potestades jurisdiccionales.

- Órganos judiciales, regulados primero en la Ley del Trabajo de 1936, que remitió al procedimiento para el trámite y resolución de excepciones dilatorias previsto en el Código de Procedimiento Civil, luego en la Ley Orgánica de Tribunales y de Procedimiento del Trabajo de 16 de agosto de 1940 (reformada en 1956 y 1959), que a su vez remitió al juicio breve previsto en el Código de Procedimiento Civil, y actualmente en la Ley Orgánica Procesal del Trabajo de 2002, que reflejó la concepción constitucional del proceso como instrumento de realización de la justicia.

Finalmente, destaco como rasgo peculiar del modelo venezolano de justicia laboral la -hipertrofiada- potestad jurisdiccional que se reconoce a los órganos administrativos desconcentrados, denominados inspectorías del trabajo, a los que compete dirimir la casi totalidad de los conflictos derivados de la vulneración del régimen general de inamovilidad o estabilidad reforzada que rige en el país desde el año 2002. Lo anterior deviene agravado por una doble circunstancia: de un lado, el hecho de que los funcionarios públicos que dirimen los referidos conflictos intersubjetivos carecen de estabilidad en el cargo, lo cual trasgrede frontalmente la imparcialidad e independencia del juzgador que entraña el núcleo esencial del derecho al debido proceso, y del otro, la consecuente atrofia de la función inspectiva como método destinado a advertir trasgresiones del ordenamiento jurídico y orientar su idónea subsanación.

---

59 En la actualidad, mediante Decreto (2158) con Rango, Valor y Fuerza de Ley de Inamovilidad Laboral de 28 de diciembre de 2015, publicado en Gaceta Oficial 6207 Ext. de la misma fecha.

Epílogo

Si lo entendemos como disposición de medios específicamente dedicados a la solución de conflictos y litigios, es obvio que todos los países del área latinoamericana que tienen presencia en esta obra colectiva acreditan sobradas razones –sin descartar eventuales quejas, críticas o propuestas de mejora– para dar por cumplido el objetivo de "acceso a la justicia laboral". Cabe suponer que todos ellos lo han perseguido, en primer término, por coherencia con los dictados de su propia legislación social, pero en absoluto puede negarse la influencia que en ese mismo sentido han dejado sentir sobre los sistemas nacionales todos aquellos instrumentos internacionales –incluidos los específicamente americanos y los particularmente europeos– que reconocen el derecho a la tutela judicial efectiva, el derecho a un proceso justo y equitativo o, en general, el derecho a reaccionar frente a decisiones ilícitas, injustas o improcedentes. Derechos de ese tenor, por cierto, se han ido incorporando progresivamente a los textos constitucionales nacionales, que en los tiempos que vivimos raramente dejan de contener alguna cláusula sobre el poder judicial, sobre el ejercicio de la jurisdicción o incluso sobre los tribunales de trabajo, aunque no es frecuente, ni seguramente pertinente, que se ocupen con detalle de los aspectos organizativos o procedimentales de la administración de justicia. Tampoco todos los sistemas, como se ha podido deducir, contienen referencias expresas o monográficas a una jurisdicción específica para la materia social, que más bien suele quedar implícitamente comprendida en previsiones jurisdiccionales de carácter más global.

Por lo general, los ordenamientos nacionales de los que aquí hablamos abordan ese objetivo de justicia laboral mediante una muy variable combinación de medios extrajudiciales y estructuras judiciales especializadas en la materia. Medios extrajudiciales que, dicho sea de paso, cuentan en muchos países con gran raigambre histórica, y estructuras judiciales que en bastantes casos son de más reciente implantación pero que, en este cometido de resolución de litigios laborales, parecen haber alcanzado el papel de protagonista en la mayor parte de las naciones. Es así, incluso, en aquellos países que optaron en un primer momento por encargar la solución de los litigios laborales a comités o "juntas" de conciliación de extracción profesional y composición paritaria, y sucede así, igualmente, en los que, por tradición o por convicción, han decidido apostar fuerte por estos medios "alternativos" de solución de controversias laborales. Partiendo de esa generalizada combinación, es bastante habitual, por otra parte, que el acceso a medios judiciales haya de ir precedido de intentos de composición de la controversia mediante técnicas de conciliación o mediación previa (que muchas veces se pueden desarrollar ante servicios de naturaleza administrativa y mediante procedimientos muy reglamentados), con la precisión añadida de que la normativa de referencia suele prever la posibilidad de que las partes puedan alcanzar un arreglo amistoso en cualquier fase del proceso judicial.

La opción institucional más corriente en nuestros días es la que determina que los juzgados y tribunales con poderes de decisión en materia laboral formen parte de una organización judicial de contornos más generales (el "poder judicial"), como una especie de "sección" dentro de un tribunal de más amplias competencias si nos ceñimos a las primeras instancias judiciales, y como un "orden" jurisdiccional especializado si enfocamos el asunto desde la configuración global de la jurisdicción del Estado. Estos juzgados y tribunales suelen ser servidos por miembros de la carrera judicial, aunque en algún país se prevé –o se conserva en su caso— la participación orgánica de personas legas en derecho en representación de trabajadores y empleadores, de forma pura o en la híbrida fórmula del escabinado. En los Estados federales o compuestos, la jurisdicción social se compone a veces de diversos circuitos (federal y estatales), o cuando menos se estructura –en todo o en parte– atendiendo a las distintas unidades políticas que componen el Estado. En algún sistema nacional, la organización jurisdiccional también toma en cuenta las circunstancias especiales de determinadas ciudades, zonas o demarcaciones territoriales dentro del conjunto del Estado, normalmente por la densidad de su población, por su relevancia económica o por algún tipo de singularidad desde el punto de vista político.

Las competencias de la jurisdicción especializada en asuntos laborales coinciden *grosso modo* con el ámbito propio del Derecho del Trabajo (en una especie de "coextensión" entre lo sustantivo y lo adjetivo), pero a partir de esa afirmación básica habría que introducir numerosas precisiones en función de las características de cada sistema nacional, unas veces por su sentido extensivo y otras, en cambio, por su tenor restrictivo. Por lo pronto, no siempre los tribunales de trabajo son competentes en el conjunto de la materia social, en tanto que no resulta insólito que algunas parcelas importantes de la misma –como la seguridad social o la asistencia sanitaria– se remitan a órganos de otro tipo u órdenes jurisdiccionales distintos (son salvedades a veces en lo que respecta a los accidentes de trabajo o riesgos profesionales). En ocasiones, la exclusión competencial afecta incluso a ciertos temas de neto contenido laboral, que en tal caso quedan adscritos o bien a tribunales de lo contencioso-administrativo, por estar directamente implicada la Administración pública, o bien a tribunales civiles o mercantiles, por la índole del trabajo, por tratarse de asuntos propios del "ciudadano" o, en fin, por estar sometida la empresa a procedimientos de quiebra o concurso de acreedores. En sentido opuesto, no son pocos los casos en los que la competencia de la jurisdicción laboral se extiende a parcelas de trabajo no asalariado, como sucede, señaladamente, con determinados supuestos de trabajo autónomo o con el trabajo "parasubordinado".

De cualquier modo, los tribunales laborales suelen estar abiertos a toda reclamación de calificación de laboralidad del trabajo realizado, en justa correspondencia con el conocido principio –muy propio de la tradición latina– de prevalencia de la realidad sobre la forma, pauta que también ayuda a la viabilidad de las demandas procedentes de la economía informal. Materia muy singular es la relativa al empleo público, de la que cabe reseñar, en una visión comparada, que probablemente sea la que en mayor grado oscila entre la jurisdicción social y la jurisdicción administrativa, lo cual suele estar influido por el tipo de régimen jurídico (funcionarial o laboral) que se atribuya al trabajo asalariado dentro de ese amplio –y al parecer creciente– sector de actividad. Un sello peculiar revisten asimismo los conflictos de (potencial o real) alcance colectivo, que constituyen sin duda una de las facetas más típicas de la litigiosidad laboral pero que no siempre se contemplan de modo expreso en el elenco de competencias de la jurisdicción social, o que no siempre cuentan con cauces procesales bien definidos para su planteamiento (imprecisiones que, dicho sea de paso, a veces también se advierten en relación con la tutela de la libertad sindical o la legitimación procesal de los sindicatos). No debe olvidarse, en fin, la persistente lucha entre los mecanismos jurisdiccionales y los puramente administrativos en la resolución de conflictos laborales (como aún cabe apreciar en determinados sistemas nacionales), ni lo delgada o incluso porosa que muchas veces parece ser la línea que separa la jurisdicción de trabajo de otros órdenes jurisdiccionales a la hora de asignarles competencias lindantes con la temática laboral. Por lo demás, y como es de rigor, las acciones u omisiones que pudieran tener calificación de delito se asignan sistemáticamente a los tribunales penales, aun cuando se registren en el ámbito de la prestación de servicios a cambio de salario.

Como era de esperar, estamos ante sistemas jurisdiccionales de extraordinaria diversidad, incluso cuando se comparan países vecinos, y ello puede predicarse tanto de los europeos como de los americanos. Podría decirse, aun a riesgo de exagerar, que cada país es "un mundo" en este contexto. Pero también es cierto que la justicia laboral comparte muchos rasgos en el conjunto del área latinoamericana. Para empezar, todos los sistemas nacionales parecen estar animados por principios idénticos o cuando menos muy similares, entre los que la oralidad, la celeridad, la inmediación (o "inmediatez") y la concentración tal vez sean los más veteranos y habituales, con independencia de que de unos países a otros varíe bastante su formulación e incluso su propia denominación, y sin perjuicio de que con frecuencia aparezcan acompañados en los correspondientes pasajes legales de algunos otros (como los de gratuidad, veracidad, buena fe, publicidad o economía procesal). Son habituales, igualmente, las declaraciones legales en pos de un proceso sencillo, asequible y rápido que proporcione suficientes dosis de confianza y seguridad a los interesados y que procure realmente la satisfacción efectiva de los derechos laborales. Por ello, y con el fin de evitar obstáculos, no es raro que se prescinda del requisito civil de asistencia profesional en el proceso a través de representante o letrado versados en derecho, aunque generalmente se da la posibilidad de servirse de estos auxilios profesionales con cargo a medios sufragados por el Estado (a través de abogados de oficio o de sistemas de "defensa pública"). En general, se suele procurar la justicia gratuita para quienes carecen de medios, a veces con carácter automático para trabajadores o asimilados, e incluso para las organizaciones que los representan (como los sindicatos).

Con esos mismos objetivos de sencillez y facilidad, normalmente se prevé la posibilidad de demandar en grupo (mediante la acumulación de acciones o procedimientos similares) y de dirigir la demanda a un colectivo, así como la agrupación de procesos por afinidad. En general, los requisitos de capacidad y legitimación suelen contemplarse en términos amplios, con admisión en muchos casos de la presencia del sindicato en el proceso, bien es verdad que no siempre con una definición clara de sus funciones o posibilidades de actuación. En más de un país se consagra el principio *pro operario* para resolver dudas insuperables de interpretación o aplicación de las normas, y siempre suele notarse un cierto apoyo al trabajador como contratante débil, por ejemplo mediante la atribución al juez de amplias facultades de exploración de la verdad material con vistas a la salvaguarda de los derechos laborales, mediante la posibilidad de solicitar medidas preparatorias o cautelares para asegurar el fin de la demanda, o mediante la traslación al empleador de mayores cargas en lo que se refiere a la prueba. En algún sistema –aunque no es algo usual– se procura información a los ciudadanos sobre las posibilidades de accionar ante la justicia.

Con un muy habitual apoyo supletorio de la legislación propia del proceso civil (que en más de un caso se ha visto influida a su vez por los más modernos criterios de regulación del proceso laboral), las normas reguladoras de la jurisdicción social suelen prever junto al juicio o proceso "ordinario" una serie más o menos amplia de modalidades procesales (o "procesos especiales"), diseñados para atender de forma más cabal determinado tipo de acciones (como las de despido) o para lograr mayor agilidad en la respuesta (como en los casos de lesión de derechos fundamentales). También se prevén en algunos sistemas nacionales procesos más concentrados, más sencillos o más expeditivos en su desarrollo y conclusión, al estilo del proceso monitorio, o con otras diversas fórmulas de ribetes parecidos, como el proceso "abreviado" o el proceso de "menor cuantía".

Desde el punto de vista de la organización (o "estratificación") de los itinerarios procesales, entre los países tomados en consideración cabe distinguir dos grandes opciones estructurales: la que se deja guiar por el criterio de instancia única, con admisión en exclusiva de recursos extraordinarios (que es claramente minoritaria), y la que prefiere en cambio la doble instancia, con la consiguiente posibilidad de apelación o nueva "revisión" del asunto, una posibilidad que a veces queda sujeta, bien es cierto, a la concurrencia de motivos que en algo recuerdan a los recursos extraordinarios. Al margen de esas opciones básicas, también ocurre que en algunos sistemas los procesos pueden acabar transitando por tres fases o grados, con el recurso de casación ante la correspondiente corte suprema como paso final, todo ello sin perjuicio de que –como ocurre en muchos países– quede abierta tras ese periplo "interno" la vía subsidiaria de la justicia constitucional, además de los recursos que pudieran interponerse ante tribunales supranacionales de derechos humanos, siempre en función de la índole del asunto litigioso.

En fin, para la hipótesis de no cumplimiento voluntario, y como parece natural, en todos los sistemas se prevén medios de ejecución coactiva de las resoluciones judiciales, que generalmente se han de activar a instancia de parte interesada (aunque con alguna posibilidad para la activación de oficio), y que suelen combinar las medidas previstas con carácter general para el proceso civil con instrumentos más específicamente atentos a la realidad laboral. La ejecución provisional en tanto se sustancia el recurso, la adopción por el juez de más intensas medidas de coerción en caso de resistencia o desacato, y la especial insistencia en el cumplimiento de las condenas a la readmisión del trabajo en los casos de despido nulo, injusto o improcedente, son aspectos ejecutivos con habitual presencia en los sistemas de jurisdicción social.

Como hemos podido ver, los medios existen, pero seguramente a nadie extrañará que con frecuencia se registren opiniones críticas acerca del sistema de justicia laboral en cuestión, no tanto por su diseño formal o por su configuración estructural como por su funcionamiento real o su rodaje práctico. A decir verdad, son quejas casi inevitables no sólo a la vista de la experiencia, sino también porque es harto complicado conseguir un sistema que funcione a la perfección. La excesiva duración de los procesos, la desbordante carga de trabajo de juzgados y tribunales, la insatisfacción que ello produce desde el punto de vista de la reparación de injusticias, la falta de información y transparencia, las dificultades de acceso con que normalmente tropiezan los trabajadores de la economía informal o las reticencias para demandar que suelen detectarse entre quienes sienten algún riesgo sobre la conservación de su empleo, unido todo ello a la percepción de deficiencias técnicas de tenor muy variado, suelen ser los principales motivos de crítica y, al mismo tiempo, las más frecuentes alegaciones para proponer la reforma del sistema.

Si a ese caldo de cultivo de etiología predominantemente nacional agregamos las recomendaciones que suelen difundir periódicamente las organizaciones internacionales interesadas en el tema (con especial protagonismo de la Organización Internacional del Trabajo), tampoco podrá sorprendernos que la reforma no sea ni mucho menos una realidad desconocida en este terreno jurisdiccional y procesal, en el que, por el contrario, han sido frecuentes las modificaciones o innovaciones legales, y en el que prácticamente en ningún momento han dejado de presentarse proyectos de cambio y de barajarse propuestas de revisión o mejora. Además del reto axial que nunca deja de plantear la sempiterna tensión entre la loable búsqueda de soluciones rápidas y la necesidad de respetar unos tiempos mínimos para el buen desarrollo del proceso, otros muchos factores de orden más general vienen empujando en pos de la transformación y modernización de los sistemas nacionales de justicia laboral, como puede fácilmente comprobarse con la irresistible pujanza de la tecnología digital o con la poco menos que incontenible revalorización de los medios alternativos de solución de controversias.

Veremos qué nos depara el legislador –y la propia sociedad– en un futuro más o menos próximo, tanto en lo que tiene que ver con estos nuevos desafíos como en lo que se refiere a los problemas estructurales de toda la vida. Sea lo que fuere, con esta obra colectiva hemos querido contribuir –en la medida de nuestras limitadas posibilidades y con la perspectiva comparada que el lector ha podido advertir– a la irrenunciable labor de descripción, comprensión y diagnóstico de los medios de solución de los contenciosos del trabajo realmente existentes en las naciones y regiones de nuestro entorno, bajo el presupuesto de que la existencia de una jurisdicción especializada para proporcionar "acceso a la justicia laboral" es ya un componente ineludible e irreversible de nuestros sistemas políticos y de nuestros ideales sociales, y con la fundada convicción de que, descartada por utópica la vana pretensión de descubrir modelos impolutos e infalibles, tan sólo podremos aspirar a que las respuestas "humanas" vayan puliéndose y mejorándose con la enseñanza del tiempo y el auxilio del conocimiento. La comparación entre países –y entre sus respectivos sistemas– siempre será un buen método para procurar esos fines. Ese es uno de nuestros lemas.

JOAQUÍN GARCÍA MURCIA
VASCO TORRES DE LEÓN